高等政法院校专业主干课程系列教材

 # 法 理 学

主　编　严存生

副主编　李其瑞　　宋海彬

撰稿人（以撰写章节先后为序）

严存生　　王海山　　宋瑞兰

董青梅　　杨建军　　朱继萍

宋海彬　　李其瑞

中国政法大学出版社

# 出版说明

　　质量是高等院校的生命线,教学工作始终是学校的中心工作。多年来,我校始终把人才培养作为根本任务,弘扬老延大"政治坚定、实事求是、勇于创新、艰苦奋斗"的优良传统,不断改革进取,提高教学质量,为全国特别是西北地区经济社会发展和民主法制建设培养了大批高素质的专门人才。近年来,学校按照适度稳定规模、合理调整结构、充实办学条件、全面提高质量的工作原则,进一步深化教育教学改革,狠抓教学与管理工作,正在向着"法学特色鲜明、多学科协调发展、在国内有重要影响的高水平教学研究型大学"的目标迈进。

　　教材作为反映教育思想、教育观念,以及教学改革成果的重要载体,是我校新一轮课程建设的重点。为了适应培养德、智、体全面发展的基础扎实、知识面宽、实践能力强、富有创新精神的人才目标的要求.学校决定紧紧抓住实施"质量工程"的有利时机,与中国政法大学出版社合作,启动新一轮的教材建设工作。

　　本轮教材建设围绕各专业的核心课程和方向课程进行,命名为"高等政法院校专业主干课程系列教材",由长期从事教学工作、教学经验丰富,具有教授、副教授职称的教师承担编写任务。我们力求教材具有较强的科学性、系统性、新颖性和适应性,也希望这套教材能够为进一步提高学校的教育教学质量打下坚实的基础。

西北政法大学本科教材编审委员会

2009 年 7 月

# 编写说明

　　发展与繁荣是当今中国的主题,这也表现在法理学教材出版方面。近几年的一个显著特点就是打破原有的全国统一编写教材的局面,形成了百花齐放、百家争鸣的繁荣景象,各地、各校纷纷自编教材。作为西部法学重镇的西北政法大学也紧跟这一趋势,从上个世纪以来开始自编法理学教材,并随着形势的发展不断地修改。本教材就是这一进程中的一个产品。

　　该教材编写者全部是西北政法大学法理学教研室的教师,具体的分工是:

严存生　绪论、第一至六章、附录

王海山　第七、八章

宋瑞兰　第九章

董青梅　第十章

杨建军　第十一、二十二章

朱继萍　第十二至十六章

宋海彬　第十七至十九章

李其瑞　第二十、二十一章

　　本书的编写大纲由严存生拟定,统稿工作由严存生和宋海彬完成。

　　感到荣幸的是,该教材能在全国知名的中国政法大学出版社出版,也得到学校领导的大力支持,在此特表衷心感谢!

编　者

2009 年 7 月

# |目 录|

## 第三编　法的社会论

## 第六编 法的方法论

# 绪论
## 法理学的对象、意义和历史变迁

**【内容提要】**

任何一门课程的绪论部分所回答的都不外乎三个问题：该课程的研究对象是什么、为什么学和怎样学？法理学作为法学中的一门基础性学科，它所研究的对象是法，即作为一种特殊的社会现象——由公共权力通过创制和实施行为规则的办法而建构社会秩序的活动及由此产生的观念和社会制度。法理学研究的法，其范围很广，包括应然的法和实然的法、作为观念的法和作为制度的法，历史上的法和现在的法，乃至将来的法。法理学的绪论对法理学的基本面貌、精神旨趣以及学术价值进行简要论述，阐述法理学与周边学科的关系，指出法理学在整个法学中的地位和价值；展示法理学的理论框架，指出其学习的意义和方法。

**【基本概念】**

法学、法理学、法哲学、法社会学

## 第一节　法理学的概念

### 一、"法理学"的词源和词义

"法理学"这个词，英语为 Jurisprudence，德文为 Jrusprudenz，均渊源于拉丁文 *Jurisprudentia*，原义是"法律的知识"或"法律的技术"，即"法学"。我国学界一般认为，西方真正现代意义的"法理学"一词始于分析法学家奥斯丁（John Austin）的《法理学范围之限定》（*The Province of Jurisprudence Determined*，1832）一书。其实这一说法并不准确。因为在 19 世纪之前，法学还没有从哲学

绪
论

和政治学等学科中彻底独立出来，其内部当然也没有学科划分，不可能有现代意义上的"法理学"；而且那时的"法学"著作大都是哲学家的，他们所研究的侧重点是应然法或自然法，而不是实然法。这一情况一直延续到边沁和奥斯丁，特别是奥斯丁，他对这一状况非常不满，决心要创立一种真正意义上的"法学"。这种"法学"只研究"实证法"（positive law），不研究自然法（natural law or law of nature）。不过他仍把这个叫 Jurisprudence。很显然，这时的 Jurisprudence 只是一般意义上的"法学"，只是一种不同于原来的自然法学的实证主义法学，他并没有在法学中分化出一个独立学科——一个区别于其他法学分支的理论法学，尽管他在其《法理学范围之限定》一书中所论述的侧重于法的一般理论，有点像现代的法理学。因而后来人们一般把这视为法理学的开端，并把他的书名中的 Jurisprudence 一词，译为"法理学"。甚至于把他之前的边沁的同样性质的一本书即《法理学限定的界限》（1782）中的 Jurisprudence 也译为"法理学"。

由此来看，Jurisprudence 一词有两种用法：其一是"法学"，不过是特指西方的实证主义分析法学；其二是我们现在所说的法理学，但不包含我们现在所说的"法哲学"的含义，因为它研究的只是实在法（positive law），而"法哲学"研究的是应然法，并且是从人的本性的角度来研究应然法的。《牛津法律大辞典》在解释"法理学"（Jurisprudence）一词时清楚地指出这两种用法："'法理学'一词包括有多种含义。①作为'法律知识'或'法律科学'，在最为广泛的意义上使用，包括法律的研究与知识，与最广义理解的法律科学一词同义。②作为最一般地研究法律科学的一个分支，有别于某一特定法律制度的制定、阐述、解释、评价和应用，是对法律的一般性研究，着力考察法律中最普遍、最抽象、最基本的理论问题。……第二种意义上的法理学，即对法律及其问题进行一般性研究的学科，很早就产生了，至少可以说哲学家们、社会（学家们）和国家（学家们），法学家们也就同样对这些问题加以研究。哲学家们致力于总结具有抽象性和普遍性的理论，而法学家们则注重于研究具体的法律制度、法律原则和法律问题中产生的一般问题。……在英语中，从边沁和奥斯丁开始，法学一词才在上述第二种意义上使用。因为他们两个（尤其是后者）强调对英格兰（法）的结构、理论及术语加以分析，所以在英格兰，直到20世纪中叶为止，法理学多被认为就是分析法学。"[1] 这样说来，Jurisprudence 作为"法理学"，在英国就有两种用法：①包含着法哲学，或与之混用；②特指实证主义分

---

〔1〕 ［英］戴维·M. 沃克编：《牛津法律大辞典》，北京社会与科技发展研究所译，光明日报出版社1989年版，第489页。

析法学，即只研究实在法（而且往往是一国的实在法）的理论法学。

应该指出的是，与英语 Jurisprudence 相应的学科在不同地区有不同的叫法，如在俄罗斯原来叫"国家与法的理论"，现在则叫"法的一般理论"。在德国，甚至于欧洲大陆各国叫"法哲学"或"法律哲学"。"法哲学"与"法律哲学"之间的区别在于后者只研究"实在法"。

中文的"法理学"一词是由日文转用过来的，它是由日本法学家穗积陈重根据中文创造的。不过他采用了上面所说的英国对"法理学"一词的广义用法，即把法理学和法哲学糅合在一起。1881 年他在日本东京大学开设关于法律根本问题的课程时，考虑到当时日本所说的"哲学"一词"形而上"味道太重，故取名"法理学"。这一用法在日本被大多数学者所接受，并一直沿用至今。所以，在日本一般没有欧洲的法理学和法哲学之分，法理学就是法哲学。但这不是绝对的，有些日本学者没有采纳穗积陈重这一用法，而是采用了德国学者的用法，使用"法律哲学"的概念，如高柳贤三于昭和四年出版的著作就叫《法律哲学要论》[1]。日本学者对"法理学"和"法律哲学"概念的用法也影响到新中国成立前我国的法学界。那时，大部分人把法理学和法哲学两个概念混用，而且大部分人采用"法理学"的概念。

新中国成立后，由于我国一切以前苏联为师，故法理学也改称前苏联的"国家与法的理论"。据说是因为他们认为法和国家之间有一种内在的不可分割的关系。改革开放后，随着学科的发展，法学与政治学分开，因而改为"法学基础理论"，近几年又改称"法理学"，并且大都与"法哲学"混用，指的是法学中研究法的一般理论的学科，属于理论法学。

由此看来，"法理学"这个词有广、狭二义。狭义的法理学指西方自分析法学以来以实在法为研究对象和用实证方法进行研究所产生的法的一般理论，特别是指分析法学；广义同于理论法学，包括以研究应然法为主要对象的"法哲学"、狭义的法理学、法社会学、比较法学总论等。我国法学界大都采用其广义的用法，故本教材也采取此用法。

**二、法理学的对象和范围**

（一）法理学的对象

法理学既然同于理论法学，因此它研究的就不仅是实在法，而且有应然法或理想的法。就实在法而言，也就不限于本国、本时代的法，而是包括古今中外一切法；也不限于成文法或"国家法"，还包括判例法、习惯法等各种法的形式。这就是说，法理学所研究的是"法"，而不限于"法律"。

---

〔1〕　中译本于 1931 年由张与公译，上海法学编译社出版。

（二）法理学和其他法学的区别

1. 法理学与部门法学的区别。①法理学着眼于法的全体，部门法学只侧重于某一方面的法；②部门法学研究的目的是为了当前的法律实践，即法的应用，法理学则着眼于法的理解，是为了从总体和根本上认识法；③就理论而言，法理学所要求得的是法的一般理论，部门法学所求得的只是某一方面的法的共同问题。

2. 法理学与法制史学的区别。法制史学侧重于研究法的制度层面，法理学则侧重于其观念层面；法制史学侧重于过去，法理学则侧重于当代。

3. 法理学与法律思想史学的区别。法律思想史学侧重于法观念的历史及其演变，而法理学则侧重于现代的法观念。不过在西方有些国家的学者把思想史放入法理学，作为法理学的一部分，即法理学史。典型的如博登海默的《法理学——法哲学及其方法》。

（三）法理学的范围

广义的法理学包括法哲学、法律哲学、法律教义学、法社会学、法经济学、法政治学、比较法学等许多分支学科。就法理学本身来说，也包括法的本体论、法的价值论、法的社会论、法的范畴论、法的方法论、法律文化论、法的运行论及法治论等许多部分。

**三、法理学的性质和任务**

从上面对法理学的对象、范围和它与其他学科的关系的介绍中可以看出，法理学是法学中的一门基础性学科，由于它以现代的法观念为研究对象，它能从深层次和总体上把握法律现象，因而它能为其他法学分支学科的研究和现实的法制建设提供法学的世界观和方法论指导，能使法律工作者更好地理解法的精神或灵魂。这就是说，法理学能为其他分支法学提供理论指导和方法论指导，能为它们提供先进的和正确的观念、科学的概念和研究方法。另外，法理学也是法学与其他学科，特别是其他理论学科，如哲学、社会学、经济学等连结的纽带，通过法理学，一方面把其他学科的最新研究成果，即新的观念和方法，引入法学；另一方面，把法学中的带有普遍性的和跨学科的问题提交给其他学科。

对于法律工作者来说，学习法理学是非常重要的，它可以使我们从总体上和更高的层次上理解法的精神，更准确地把握法的基本观念和概念，更重要的是，它可以提高我们的理论思维能力，从而能更深刻、更全面、更迅速地观察和分析法律问题。

**四、学习法理学的方法**

法理学研究的是法的观念，而法的观念是以法的概念、原理等形式表现出来的，因此法理学从一定意义上可以说是一个概念的体系，这决定了我们学习法理学的着力点必须放在这些概念和原理上。如何掌握这些概念和原理？就概念而言，必须弄清其内涵和外延，避免把它们混淆。但也不能孤立地研究某一个概念，因为任何概念都是一定时代的人在认识某一种现象的基础上对其认识的一个总结，不仅带有局限性，而且其内涵和外延也随着时代的变化而发展，具有相对性。所以在研究和理解中必须有辩证的观点，不能孤立地进行研究，必须与其他相似的概念进行比较，弄清其间的联系和区别。而且应把它放到法理学整个概念体系中来理解，搞清其位置。就原理而言，要掌握当然更难，它往往涉及几个概念，往往所论述的是几个概念、甚至许多概念的关系，所以自然要以对有关概念的正确理解为前提。

# 第二节　法理学的历史沿革

## 一、西方法理学的产生、发展及其主要流派

广义上的法理学包括法哲学。法哲学这个概念也可以分广、狭二义。广义的法哲学指一切以某种哲学为基础所创立的法的一般理论，包括法学尚未从哲学中分化出来之前的哲学家的法律观。依此义法理学和法学是同时产生的，甚至可以追溯到古希腊、古罗马时代。狭义的法哲学产生于近代，是在法学从其他学科中独立出来并不断分化为多个二级学科之后才产生的。法哲学这个概念最早见于黑格尔的《法哲学原理》一书，此书首次出版于 1821 年。这就是说，狭义的法哲学产生于 19 世纪初。至于狭义的法理学则要更晚，一般以 1832 年出版的奥斯丁的《法理学范围之限定》为标志。此后，随着法学其他分支学科的发展，法理学才迅猛发展，并形成了许多流派。现在西方主要的法理学流派有：

（一）自然法学

这是西方产生最早和影响最大的一种法哲学流派或法哲学思潮。这一流派认为在制定法或实在法之外还有一种更根本的法。这种法根源于事物的本性，特别是人的本性，即社会性和理性，是被人的理性所发现的人过社会生活所应遵循的规律或规则。这种法既是实在法的客观基础，又是衡量其好与坏的绝对标准。这种法律观认为，人生而自由平等，法能使人符合这一本性而生活，因为法是理性的具体化，是实现正义的工具。而正义就是人人各尽其能，各得其所，就是人人获得幸福。由于自然法学家侧重于从道义的角度对实在法进行评价和强调法与道义的内在联系，即侧重于研究法的价值问题，因而，人们一般把它称为价值法学。自然法学从古希腊时就产生了，一直存在到现在。其中经历了许多发展阶段，又分化为许多小流派。现在的自然法学可分为神学的和非

神学的两支，二者的主要差异在于神学的自然法学家把法的最后根源归之于上帝的理性，而非神学的自然法学家把法的最后根源归之于人的理性。现代自然法学的主要代表，神学的有法国的马里旦（Josques Maritain）、英国的菲尼斯（John Finnis，代表作是《自然法和自然权利》）；世俗的有美国的富勒（Lon Fuller，代表作是《法律的道德性》）、罗尔斯（John Rawls，代表作是《正义论》）、德沃金（Ronald Dworkin，代表作有《认真对待权利》和《法律帝国》）等。

（二）分析法学

这是 19 世纪中期在功利主义法学的基础上产生的一个实证主义法学流派。此派以实证主义哲学为指导，认为法学只能以实在法为研究对象，而且只能用实证的方法去进行研究。基于此，此派认为法与价值无涉，即与政治、道德没有直接关系，法是一种规则或规范的体系，是一种社会控制的技术。因而他们要求保持法，特别是司法机关的中立。分析法学从创立到现在大体可分为两个阶段：老分析法学和新分析法学。老分析法学是指创立初期以奥斯丁为代表的分析法学，主要代表还有英国的霍兰德（Thomas Erskine Holand）、美国的霍菲尔德（John Hohfeld）、新西兰的萨尔蒙德（John Selmond）等。新分析法学中有许多分支学派，如凯尔森（Hans Kelsen）的纯粹法学、哈特（Herbert Hart）的现代分析法学，近来又从现代分析法学中分化出以麦考密克（Neil MacCormik）和魏因贝格尔（Ota Weinberger）为代表的制度法学。

（三）社会法学

此派是在西方社会学的影响下于 19 世纪末产生的又一个实证主义法学流派，它以社会学的观点和方法为指导研究法律问题。此派认为，法扎根于社会之中，真正的法是在社会中被人们遵守的能形成社会秩序的东西，因此一切与此有关的东西，如风俗习惯、社团规章、宗教礼仪等都是法，而以往被人们称为法的国家制定的规范性法律文件，并不是真正的法律，起码不是唯一的或主要的法律。因此，他们批判分析法学把法律局限于国家制定的规范性法律文件和认为法律只是一个规则体系的观点，认为法律有复杂的结构和多种渊源。他们也很重视法律的实际运行过程的研究，即重视法律的实效和效率的研究。由于社会学的方法很多，因而社会法学中有许多分支流派，如狄骥（Leon Duguit）的社会连带主义法学、庞德（Roscoe Pound）的实用主义法学、弗兰克（Jerome New Frank）的现实主义法学，另外还有法人类学、行为主义法学、北欧法学等。

（四）综合法学

此派是 20 世纪 50 年代由美国的法学家杰罗姆·霍尔（Jerom Hall）创立的，1947 年他发表了《综合法学》一文，认为法律是由价值、形式和事实三个方面构成的，西方的自然法学、分析法学和社会法学实际上分别研究其一个方面，而且各侧重使用一种方法，因而各有其优点和局限性。他提出自己要创立一个能综合三派的优点的新学派。此派的其他代表还有美国的埃德加·博登海默（Edgar Bedenheimer）、伯尔曼（Harold J. Berman）和澳大利亚的朱利叶斯·斯通（Julius Stone）等。

（五）经济分析法学

这是 20 世纪 70 年代由著名的经济学家科斯（Ronald Coase）创立的一个用经济学的观点和方法分析法律问题所形成的一个学派，其法学方面的主要代表是波斯纳（Richard Posner，代表作是《法律的经济分析》）。此派用经济效益原则来认识和分析法律问题，认为法律根源于经济，也应以追求经济效益为目的，法律的制定和实施应贯彻经济效益原则。

（六）批判法学

此派是 20 世纪 70 年代在美国从现实主义法学中分化出来的一个以批判、否定西方的法律制度和所有的传统法学为特点的法学流派。它是西方 20 世纪 60 年代所爆发的震惊世界的学生运动的产物。主要代表有哈佛大学的邓肯·肯尼迪（Duncan Kennedy）和罗伯特·昂格尔（Robert Unger）。此派认为，法从属于政治，是穿着法袍的政治。而政治并不是经济的集中体现，只是一种随意偶然的东西。所以，法并不像传统法学家所说的是什么社会结构的客观必然的反映，也不反映社会的共识和具有什么中立性，而是统治阶级意志的体现，是实现其统治的工具。

**二、中国法理学的产生和发展**

我国古代虽然有着丰富的法律思想，但像西方一样没有独立的法学。法学，特别是现代法学，对我国来说，是作为西学从西方传入的，而在这一过程中日本往往是个中转站，日本学者是个"二传手"。法理学也是这样，其概念和体系最初就是从日本引进的。我国最早的法理学著作是日本学者穗积重远的《法理学大纲》，是 1928 年由李达翻译的。[1] 在此之前，梁启超于 1904 年发表的《中国法理学发达史论》一文，所指的"法理学"，显然只是指一般的法律思想，并不是我们现在所说的法理学。由中国人所写的法理学著作，最早是 1934 年作为

---

〔1〕　李达（1890～1966），号鹤鸣，中国马克思主义哲学家、社会学家，湖南零陵人。1913 年赴日本留学，入东京第一高等师范学校学习。1923 年任湖南自修大学校长，主编《新时代》杂志。1930～1949 年，历任上海法政学院教授，暨南大学教授兼社会学系主任，北平大学法商学院教授兼经济学系主任，广西大学经济学系教授兼主任，中山大学教授等职。1949 年后，历任中央政法干校副校长，湖南大学校长，武汉大学校长，中国科学院哲学社会科学学部委员，中国哲学学会会长等职，著有《李达文集》。

朝阳大学教材的黄俊编的《法理学》，此后有 1936 中山大学出版的沈龙翔的《法理学讲义》，1947 年李达在湖南大学开设"法理学"课程，并编有《法理学大纲》。遗憾的是，此大纲 1983 年才由法律出版社出版，而且大部分内容已佚失。

　　解放后我国法学长期的停滞不前也必然影响到法理学的发展，虽然作为一门课程仍被保留下来，但已完全成为政治斗争的附庸。文化大革命后我国才真正迎来了法学的春天，法理学也开始有了起色，虽则它显得比部门法学更难于一下子摆脱政治的影响，因而前进的步伐更艰难一些，但毕竟已成为一门独立的法学学科开始迈步。20 世纪 80 年代以来，我国法理学界开展了一系列的争论，如法治与人治之争、法的社会性和阶级性关系之争、法的权利本位和义务本位之争等。最近又展开"法理学向何处去？"的讨论，在讨论中大家对法理学的对象和研究方法越来越关注并且观点趋于统一，普遍认为，我国的法理学要有大的发展，必须增大自己的独立性和科学性，必须与哲学和部门法学建立更密切的关系和建立联盟。

## 参考文献

1. 胡旭晟："'法学'的层次分析"，载《法学》1999 年第 7 期。
2. 陈金钊："法理学的对象和范围"，载《法学》1999 年第 11 期。
3. 刘星："法理学的基本使命和作用"，载《法学》2000 年第 2 期。
4. 葛洪义："法理学的定义和意义"，载《法律科学》2001 年第 3 期。
5. 严存生："法理学、法哲学辨析"，载《法律科学》2000 年第 5 期。
6. 刘作翔："法理学的定位"，载《环球法律评论》2008 年第 4 期。

## 思 考 题

1. 如何理解法理学及其学习的意义、方法？
2. 法理学、法哲学概念辨析。
3. 如何认识法理学与部门法学的关系？
4. 试述西方法理学的缘起与流变。
5. 试论中国法理学的发展与创新。

# 第一编　法的本体论 ‹‹‹

## 第 1 章

### 什么是法？

**【内容提要】**

　　法的概念及本质是法理学上最基本、最难以把握，却又无法回避的问题。本章从中外"法"的词源和词义的探讨入手，在介绍了有关法的本质的各种学说的基础上，对法的定义进行了分析、概括。本书认为，法是人类社会特定历史阶段人们所公认的行为准则，是那种社会（包括国际社会）占主导地位的价值观念及其实现系统。以此定义为核心，展开了法的六对基本属性，法的构成要素以及法与客观规律、利益的关系等问题上的进一步分析，最后从不同的角度对法的分类问题进行了介绍。

**【基本概念】**

　　法的本质、法的现象、法的基本属性、法的确定性、法的阶级性、法的构成、法律原则、法律规则、法律规范、实践理性、意志、法情感、法信仰、国家法、民间法、超国家法、国际法、制定法、自然法、实在法、活的法、习惯法、学理法、判例法、实体法、程序法、普通法、衡平法、公法、私法、规律、利益

## 第一节　"法"一词的词源和词义

　　"法"是什么？在中外历史上，由于不同时代的人对它有不同的理解或内心有不同的所指，因而使用了不同的名词或概念，或赋予其不同的涵义，这就为

我们的研究提出了一个不能回避的问题，即对"法"的词源和词义进行研究，而这一研究对于我们了解历史上"法"的观念的变迁和更全面地思考"法"的问题，显然不是无意义的。

**一、中文"法"的词源和词义**

中文中用以指现在我们所指的"法"的词有许多，如刑、法、律、典、法律等。其使用情况在历史上有一个演变过程。据考证，我国历史上最早出现的"法"字为"刑"，如禹刑、汤刑、吕刑。到了春秋战国时，出现刑书、刑鼎、竹刑；魏国丞相李悝集诸国刑典，改刑为法，并著《法经》六篇。不过最早出现的"法"字为繁体字的"灋"，战国时"灋"才简化为"法"。秦孝公三年李悝的学生商鞅变法，以《法经》为蓝本，改称"法"为"律"。这一用法为后来的历代所沿用，如秦律、汉律、隋律、唐律、明律、清律等（不过宋叫刑统、元叫典章）。到了 19 世纪末 20 世纪初，西方文化传入我国，才把"法"与"律"二字合在一起，称之为"法律"。正基于此，隋、唐以后也把法学叫"律学"。应该指出的是，中国古代各朝对于不同渊源的法还有不同的称呼，如律、令、典、敕、格、式、科、比、例等。律和典指成文性法规汇编；令即命令，皇帝发布的命令叫敕，亦称制、制书、诏等；格即条格、令格，相当于规程、准则；式亦称品式，类似现今所说的标准；例就是皇帝就具体案件所做出的决定，经编例程序而成为法规的一部分。我国古代的判例有"廷行事"、"科"、"比"。廷行事始于秦，秦律的《法律问答》有七处允许以廷行事断狱；"科"为先例；"比"即比附。

我国古代"法"字的涵义很多，有作为客观规律的"法"，有作为事物道理的"法"，有作为行为准则的"法"。而作为后者，其涵义有以下几方面：

（1）指刑罚，即以刑事制裁的办法所维护的准则。刑的最初的含义为"兵"，后转义为刑罚制裁，即以强制性制裁的办法促使人们遵守的行为准则。

（2）指公平、正义。这从古代繁体"灋"的构成上就看得出来，它由三部分构成，即"水"、"廌"、"去"。水在古代人看来是最平的，我们常说"一碗水端平"即表达此义；廌是古代传说中的类似于牛的独角兽，性耿直，因此在神判中用于判定是非，在事实难以查清时牵廌于法庭，被触者败诉。故东汉许慎编的《说文解字》中解释说："灋，刑也，平之如水，从水；廌，所以触不直者去之，从去。"

（3）整齐划一。这从"律"字上看得出来，"律"来自音乐，其含义为有规律。《说文解字》中对其解释说："律，均布也。"清朝段玉裁所著《说文解字注》进一步补充说："律者，所以范天下之不一而归于一，故曰均布也。"

（4）常规。据我国历史上最早的解释词义的书《尔雅·释诂》记载："法，常也，律，常也。"

我国近现代把法和律合二为一称"法律"以来，很长一段时期里很少用"法"一词，因而"法律"一词有广、中、狭三义：广义上的"法律"与"法"同义，包括应然法和实然法；中义上的"法律"一词仅指实然法中的成文法，不包括其他形式的实然法，如判例法、习惯法、学理法等；狭义上的"法律"一词仅指有立法权的最高立法机关，如我国的全国人民代表大会及其常务委员会所制定的法规，而其中人们往往又把它们分为宪法和法律。不过近些年里一些学者倾向于把"法"与"法律"分开，认为"法律"一词不应该再包括应然法。

**二、西文"法"的词源和词义**

西方文化渊源于古希腊，"法"一词也是如此，因此我们的研究从古希腊始。古希腊最早的"法"字为 *Themis*（译为"特密斯"）和 *Dike*（译为"达克"），与"正义"同词，是借用了传说中的司法正义女神的名字，前者为宙斯的妻子，后者为她与宙斯所生的女儿。古希腊中期以后的"法"字为 *Nomos*，与风俗习惯同词。古罗马时表达"法"有三个词 *Jus*、*Lex* 和 *Leg*。不过三词的所指与涵义有所不同，*Jus* 所指的主要是客观法或自然法，并与正义同词；*Lex* 和 *Leg* 所指主要是实在法或制定法。古罗马这一区别后成为一种传统，使西方各国的语言至今大都有两个词来表达"法"，如英语的 law 和 leg 或 legal、法语的 Droit 和 Loi、德语的 Recht 和 Gesetz、意大利语的 Diritto 和 legge、西班牙语的 derecho 和 ley、俄语的 Право 和 Закои 等。也像拉丁文的 *Jus*、*Lex* 一样，这些词在涵义上略有差别，law、Loi、ley、Gesetz、Закои 兼有规律、法则之义，Droit、Recht、Diritto 和 Право 兼有正义、权利之义。

综上可见，在西方各种语言中，表示"法"的词往往是多义词，其涵义概括起来除"法"外主要还有：①客观的规律、法则；②正义；③权利。

# 第二节　法的本质

## 一、"法的本质"的概念和研究的意义

### （一）"法的本质"的概念

"法的本质"是与"法的现象"相对而言的一个概念。"法的现象"指法作为一种事物能为人们的感官所感知的种种外部表现之总和，它是社会现象的一种，一般地说它包括法律意识、法律制度、法律行为、法律关系等几个方面。"法的本质"是指隐藏在"法的现象"背后的法的深层的稳定不变的部分，是法所特有的与其他事物相区别的质的规定性。法的现象有假象和真相两种。真相

是本质的直接显露，假象是本质的曲折表现。因此，人们对法的本质的认识，不能停留于现象，应透过现象看本质。

（二）研究法的本质的意义

研究法的本质对于我们正确地认识和对待法律问题有重要的意义。就认识而言，只有认识了法的本质，我们才能更全面地和深刻地认识法的现象，才不会被假象所迷惑，也才不会停留于其表层或只是抓住其一鳞半爪；就实践而言，我们才能制定出好的法律和准确地执行和遵守法律。当然，就某一个时代的人来说，他们对法的本质的认识是相对的，只能达到他们那个时代所允许的程度，也就是说，必有其时代的局限性。但我们不能因此放弃对法的本质的不断研究。

**二、历史上关于法的本质的种种理论**

法是很复杂而又不断变化着的社会现象，因而人们对它的认识也是不断发展的，在法的本质的认识上也是如此。古今中外对法的本质的种种理论就充分地说明这一点。这些理论主要有：

（一）规律说

规律说认为法与规律同义，事物的规律就是其法则，人的法就是人的活动规律。持此观点者有古希腊的斯多葛派、近代法国著名的法学家孟德斯鸠和德国的黑格尔等。如孟德斯鸠说："法是由事物的性质产生出来的必然关系"，"自然法就是人在自然状态下的规律"[1] 黑格尔说："规律分为两类，即自然规律和法律。"[2] 狄骥的法律观也基本上属于规律说。他认为，法律就是人的规律，不过由于人是自觉的存在物，他们能认识规律，其行动对规律的遵守只是一种"应然"，所以法律作为规律不同于自然的规律，应叫社会规范。

（二）意志说

意志说认为法的本质是一种精神——意志，即一种表达出来的包含着主体目的性的意识，而且这种意识要求别的主体的认同和服从。意志说的种类很多，归纳起来有：

1. 理性意志说。又有神意说和人意说两种。神意说的代表是西塞罗和托马斯·阿奎那理性意志说。他们认为法是上帝或神的理性意志的表达，是其对世界上的事物运动的安排，如西塞罗说："法就是最高的理性，并且它固植于应该作的行为和禁止不应该作的行为的自然之中。当这种最高的理性，在人类的智慧中固定地和充分地发展了的时候，就是法"[3] 人的理性意志说其代表很多，

---

〔1〕［法］孟德斯鸠：《论法的精神》（上册），张雁深译，商务印书馆 1982 年版，第 1～2 页。

〔2〕［德］黑格尔：《法哲学原理》，范扬、张企泰译，商务印书馆 1961 年版，序言，第 14 页。

〔3〕 法学教材编辑部：《西方法律思想史资料选编》，北京大学出版社 1983 年版，第 64 页。

如柏拉图、亚里士多德、格老秀斯、洛克等。如柏拉图说："在家庭和国家两个方面都要服从我们内心那永恒的要素，它就是理性的命令，我们称之为法律。"[1] 亚里士多德说："法律恰恰正是免除一切情欲影响的神祇和理智的体现。"[2]

2. 君意说。这是古代君主制国家比较流行的一种法的理论。如我国封建社会的思想家大都认为君主的话就是法律，那时流行的君主"言出法随"、君主的话就是"金科玉律"的观念就是这一理论的核心观念。在西方古罗马时期也有类似的说法，如乌尔比安说："皇帝所决定的都具有法律的效力"[3]

3. 公意说。这种理论认为国家和法律是社会契约的结果，因而真正的法律就是社会契约本身，它是在所有社会成员协商一致的基础上产生的，它所表达的是全社会成员的共同意志，是以保护公共利益为目的的。此理论的代表是卢梭。他对法律所下的定义是："法律乃是公意的行为"，"法律只不过是公意的正式表示"[4]

4. 命令说。这是自柏拉图以来在西方就很有市场的一种观点，它与理性说有时重合。不过，作为一种理论是由霍布斯、奥斯丁正式确立的。霍布斯对法律所下的定义是："法律普遍说来不是建议而是命令，……是国家以语言、文字或其他充分的意志表示他们来区分是非的法规。"[5] 奥斯丁说："'法律'一词或严格意义上的法律，是命令。"[6] 现代西方的许多法学家对法所下的定义也基本属于命令说。如罗尔斯说："法律制度是对理性的人所发的公共规则的强制命令，旨在调整他们的行为，并提供合作的结构。"[7]

5. 强者意志说或统治阶级意志说。古希腊的智者中一些学者如色拉雪马霍斯就认为法律反映的是强者的利益。西方的批判法学则认为法律是统治阶级意志的体现。

（三）正义说

这是从法的目的的角度给法所下的定义。西方的自然法学家大都这样界定法律的。如古罗马法学家塞尔苏斯给法所下的定义就是："法乃善良公正之术。"乌尔比安在解释这一定义时说："所谓善良，即是道德；所谓公平，即是正义。"

---

〔1〕　法学教材编辑部：《西方法律思想史资料选编》，北京大学出版社 1983 年版，第 23 页。

〔2〕　[古希腊] 亚里士多德：《政治学》，吴寿彭译，商务印书馆 1983 年版，第 169 页。

〔3〕　[古罗马] 查士丁尼：《法学总论》，张企泰译，商务印书馆 1993 年版，第 8 页注 3。

〔4〕　[法] 卢梭：《社会契约论》，何兆武译，商务印书馆 1980 年版，第 51、118 页。

〔5〕　[英] 霍布斯：《利维坦》，黎思复等译，商务印书馆 1985 年版，第 206 页。

〔6〕　法学教材编辑部：《西方法律思想史资料选编》，北京大学出版社 1983 年版，第 500 页。

〔7〕　[美] 罗尔斯：《正义论》，何怀宏等译，中国社会科学出版社 1988 年版，第 235 页。

他还进一步把法学定义为关于正义的科学。他说:"法学是关于神和人的事物的知识;是关于正义与不正义的科学。"[1] 一些社会法学家如庞德也持此观点,不过他对正义做了实证主义的解释,即解释为一个社会人们之间的尽可能减少冲突的协调统一状态。[2]

### (四) 自由说

这也是从法的目的的角度给法所下的定义。不过不是把法的目的归之为正义,而是个人的自由。持此观点的主要是哲理法学和存在主义法学。如康德给法所下的定义是:"法律就是那些使任何人的有意识行为按照普遍自由法则确实能与别人的有意识行为相协调的全部条件的综合。"[3] 黑格尔也说:"法就是作为理念的自由。"[4]

### (五) 规范说

这是纯粹法学家凯尔森关于法的基本观点,他认为法律是一个纯粹的规范体系。所谓规范即规定人们应该做什么的规定或行为准则。

### (六) 规则说

这是现代分析法学家哈特对法律的基本观点。他认为法律是一个规则的体系。所谓规则就是对人的种种行为模式的明确规定。在法律规则中有规定一般权利和义务的规则,叫主要规则;有规定如何制定和适用一般规则的规则,叫次要规则。法律就是两种规则的结合体。

### (七) 秩序说

认为法律是一种秩序者甚多,但对秩序的解释上不太统一。如社会法学家埃利希认为,法律就是社会秩序本身,他说:"人类联合体的内部秩序不但在最初是法律的基本形式,而且到目前为止也是如此。"[5] 再如凯尔森也把法律定义为一种秩序,他说:"法律是以特定技术为社会的每个成员规定他的一定义务及其在社会中的地位,对不履行义务的社会成员采取强制行为(制裁)的秩序"。而秩序"是些许规则的一个体系"[6]。

### (八) 制度说

这是制度法学家对法律的基本看法。他们认为法律是一种制度事实。所谓

---

〔1〕 [古罗马] 查士丁尼:《法学总论》,张企泰译,商务印书馆1993年版,第5页。

〔2〕 参见 [美] 庞德:《法学肆言》,雷沛鸿译,商务印书馆1934年版,第3页。

〔3〕 法学教材编辑部:《西方法律思想史资料选编》,北京大学出版社1983年版,第399页。

〔4〕 [德] 黑格尔:《法哲学原理》,范扬、张企泰译,商务印书馆1961年版,第36页。

〔5〕 [奥] 尤根·埃利希:《法律社会学基本原理》,叶名怡、袁震译,九州出版社2007年版,第77页。

〔6〕 [奥] 凯尔森:《法与国家的一般理论》,沈宗灵译,中国大百科全书出版社1996年版,第3页。

制度就是以规则为主的法律原则、法律规范和法律组织的集合体。[1]

（九）事业说

这是著名的现代自然法学家富勒的观点。他说："法律是人的行为服从规则治理的事业。"伯尔曼在解释这个定义时说："这个定义适当地强调法律活动高于法律规则。……这个事业的目的不仅仅是公正地制定和适用规则，而且也包括其他的管理方式，诸如投票选举、发布命令、任命官吏和宣布判决等。而且，在法律一词通常的意义上，它的目的不仅仅是管理：它是一种促进自愿协议的事业——通过交易谈判、发布证件（……）和履行其他性质的法律行为。实际运作的法律包括人的立法、裁决、执行、谈判和从事其他法律活动。它也是分配权利和义务和由此解决冲突和创造合作渠道的一个生活的过程。"[2]

（十）解纷说

美国的现实主义法学家在谈到法律时说："那些负责做这种事的人，无论是法官、警察、书记官、监察人员或律师，都是官员。这些官员关于纠纷的事，在我看来，就是法律本身。"[3]

（十一）预测说

这种理论最初是由美国法学家霍尔姆斯提出来的。他说："我所指的法律的意思就是法院事实上将要做什么的预测。"[4] 后来弗兰克加以发挥说："就任何具体情况而论，法律或者是：①实际的法律，即关于这一情况的一个已作出的判决；或者是②大概的法律，即关于一个未来判决的预测。"[5]

（十二）社会控制工程说

这是美国的著名法学家庞德对法律的另一种观点。他说："我们把法律理解为发达的政治上组织起来的社会高度专门化的社会控制形式……一种通过有系统地适用社会强力的社会控制。在这个意义上，它是一种统治方式，我们称之为法律秩序的统治方式。"他在《我的法哲学》一书中又说："我们为实际的目的，可以走近这一点，便是依照一种权威性技术，使调整与合理的纠正工作系列化。我们称这一程序为一种社会工程（social engineering）。法律科学便是一种

---

〔1〕［英］麦考密克、［奥］魏因贝格尔：《制度法论》，周叶谦译，中国政法大学出版社1994年版，第69页。

〔2〕［美］伯尔曼：《法律与革命》，贺卫方等译，中国大百科全书出版社1993年版，第5页。

〔3〕转引自沈宗灵：《现代西方法理学》，北京大学出版社1997年版，第314页。

〔4〕转引自［美］E.博登海默：《法理学——法哲学及其方法》，邓正来等译，华夏出版社1987年版，第147页。

〔5〕［美］弗兰克：《法律与现代精神》（英文版），第50～51页，转引自沈宗灵：《现代西方法理学》，北京大学出版社1992年版，第258页。

社会工程的科学。"[1]

（十三）民族精神说

这是早期历史法学派对法律的基本观点。这个学派的代表萨维尼认为，法律是一种像语言文字、风俗习惯一样的民族文化现象，它基于一个民族的"精神"或"共同信仰"。

### 三、马克思主义者对法的本质问题的论述

马克思主义是在批判地继承人类的全部优秀文化遗产的基础上产生的，它在法的本质问题上的论述也是如此。马克思主义在哲学上的渊源或出发点是德国古典哲学，因而在法律观上也就批判地继承了康德和黑格尔等人的法律意志说。而这种意志说是把法律视为一种既是公共意志、理性意志、自由意志，又必须反映事物规律的规范的总和。马克思主义的创始人对此没有盲目地予以接受，而是在批判地吸收其合理因素的基础上提出了一种新的法律观。这种法律观，一方面指出法律作为一种必须体现公意、反映客观规律和保护个人自由的普遍的行为规范。如他们说："立法者应该把自己看做一个自然科学家。他不是在制造法律，不是在发明法律，而仅仅是在表述法律，他们把精神关系的内在规律表现在有意识的法律之中。"[2] "法律是肯定的、明确的、普遍的规范，在这些规范中自由的存在具有普遍的、理论的、不取决于个别人的任性的性质。法典就是人民自由的圣经。"[3] 另一方面，他们并不停留于上述法律观，并不停留于认为法律是一种意志和公意，而是进一步指出此意志的国家属性、阶级属性，并且用历史唯物主义观点探究意志的客观基础。在《德意志意识形态》中，他们揭示了资本主义国家的资产阶级性质，认为国家不过是组织起来的统治阶级，其法律不过是实现其统治的工具，不过是"由他们的共同利益所决定的"共同意志的表现。[4] 在《共产党宣言》中他们在批判资产阶级法律的阶级性时更加清楚地指出："你们的观念本身是资产阶级的生产关系和所有制关系的产物，正像你们的法不过是被奉为法律的你们这个阶级的意志一样，而这种意志的内容是由你们这个阶级的物质生活条件决定的。"[5]

马克思和恩格斯对资产阶级法律的这些论述，后来被列宁进一步发挥和予以强调，并从中推导出一个一般的法律定义："法律是什么呢？法律是统治阶级

---

〔1〕［美］庞德：《法律、道德与正义》，张文伯译，台北监狱印刷工场 1959 年版，第 130 页。
〔2〕《马克思恩格斯全集》第 1 卷，人民出版社 1956 年版，第 183 页。
〔3〕《马克思恩格斯全集》第 1 卷，人民出版社 1956 年版，第 71 页。
〔4〕《马克思恩格斯全集》第 3 卷，人民出版社 1956 年版，第 377～378 页。
〔5〕《马克思恩格斯选集》第 1 卷，人民出版社 1995 年版，第 289 页。

的意志的表现。"[1]"法律就是取得胜利并掌握国家政权的阶级的意志的表现。"[2] 十月社会主义革命取得胜利之后，苏联的法学家以上述论述为出发点，结合苏联当时的实际，在斯大林左倾思想的影响下，将列宁的上述法律定义演化为20世纪40年代的维辛斯基的以下定义："法是以立法形式规定的表现统治阶级意志的行为规范和为国家权力认可的风俗习惯和公共性规则的总和，国家为了保护、巩固和发展对统治阶级有利的和惬意的社会关系和秩序，以强力保证它的实施。"[3] 这一定义对我国法学界影响很大，被作为马克思主义法律观的经典表述，长期在我国法学界处于主导地位。这一定义显然把马克思主义经典作者对法律的论述中的某些深刻之处过分强调了。而任何真理都有其适用的范围，超出这个范围，再向前走一步，哪怕是一小步，都会变为谬论。

我们认为，从马克思主义经典作者的以上论述中，以及根据马克思主义的基本立场和观点，马克思主义的法律观应包括以下几个方面：①法与法律是不同的；②作为公共的行为准则的法律，与其他行为准则相比，本质上是一种集体意志、国家意志，而由于在有阶级的社会里国家掌握在统治阶级手里，所以它体现的主要是统治阶级的意志；③法作为一种意志，虽然其形式是主观的，但是其内容是客观的，它与意志主体所在的社会环境密切相关，特别是与其经济状况关系密切。

从上面种种对法的本质的观点中可以看出，不同的思考角度和方法往往得出不同结论。这一方面说明，法的本质的认识是很难的；另一方面也说明，研究法的本质问题需要科学的观点和方法作指导。

**四、法的定义**

要给法下一个科学的定义是不容易的，因为它必须有最大的包容性，既包括现时代的法，又包括历史上的法，既包括国内法，又包括国际法，它还必须能揭示法的最深层的本质和基本属性。基于此，我们认为，法是人类社会特定历史阶段人们所公认的行为准则，是那种社会（包括国际社会）占主导地位的价值观念及其实现系统。这一定义可以从应然和实然两个方面分别理解：应然的法是一个社会的人们在充分认识客观规律和衡量各种利益基础上所达成的关于社会正义的共识，并据此由公共权力所确认的交往的原则、规则的体系及其实现系统。因此，法应以实践理性为基础，应以正确地认识客观规律为前提，应兼顾社会中各种人的利益，应以社会正义为其追求的价值目标，应以公共权

---

〔1〕《列宁全集》第15卷，人民出版社1988年版，第145页。
〔2〕《列宁全集》第16卷，人民出版社1988年版，第292页。
〔3〕［苏］安·扬·维辛斯基：《国家和法的理论问题》，法律出版社1955年版，第100页。

力为后盾。实然的法或实在法是一种制度性的社会存在，是社会中掌握着公共权力的社会集团以社会的名义颁布的普适性的行为准则及其实现系统。其目的在于通过建立公共秩序的办法实行社会控制。

这一定义，首先指出法是一种公认的行为准则，这就告诉我们，法具有一般行为准则的功能和特点，即它能规范人们的行为，而任何规范都具有某种强制性，问题只在于强制的程度和方式，法既然得到社会的公认，因而其强制的程度最强。另外，作为行为规范，对人来说，它只是"应该"，并不意味着"必须"如此，但却意味着若不如此就会受到强制。还有，"公认"从字面解释，意味着所有人的承认，但这在任何社会都是不可能的，所以只能理解为被大多数人承认或被权威机关、组织所承认。这个权威组织，可以是国家，也可以是超国家的组织，如欧盟、联合国、世贸组织等。承认的形式可以是公开的，也可以是默许的；其表现形式可以是规范性文件，也可以是习惯、判例等。

其次，它告诉我们，法本质上是一种价值观念及其实现系统。这意味着法包括观念和技术两个部分，因而它并不是像分析法学所说的只是一种中性的、与价值无涉的纯粹的技术，而是包含着人们的愿望和要求。因为价值观念并不是人对客观世界的直接认识，而是在这种认识的基础上，从自己的需要出发做出评价和选择，并对自己如何利用客观事物以达到自己的目的做出决定。因此，法应以实践理性为基础，应以正确地认识客观规律为前提，应兼顾社会中各种人的利益，应以社会正义为其追求的价值目标并不是人对具体事物的价值的认识，而是一种对各种事物的价值的抽象和概括的结果，是在长期认识和享受各种事物的价值的基础上于内心积淀而成的用于评价事物的价值的主观标准。由于不同社会地位的人有不同需要和认识水平，因而价值观念也不同。但由于同一社会的人处于同一个生态系统中，因而必有某些共同的需要和认识。所以他们的价值观念中会有一些共同的部分，或者说能达成某种"共识"，形成共同的社会政治理想和道德观念。虽然这种共同的社会政治理想和道德观念是相对的，只能是大多数人的或占主导地位的人的价值观念。而当这些共同的社会政治理想和道德观念一旦形成之后，就具有很大的稳定性和权威性，必然要求大家一体遵从，不允许被严重违反，否则就必然使用各种办法予以维护。而法律技术，即法的实现系统，如各种法律制度、组织，就是被人们发现、发明的并日益发展起来的实现这种价值观念的社会系统。显然，由于价值观念不仅受制于人们对客观事物的认识，而且受制于人们的需要，而需要是被意识到了的人的利益，它是随着社会的发展，特别是社会的经济基础的变化而变化的，所以不同国家、不同时期的法会有其特殊性，并不断地发展变化。

## 第三节　法的基本属性

### 一、法的基本属性的概念及其研究的意义

事物的属性是其本质的一种表现，它是某事物与其他事物发生关系时所显露出来的某种特点，或是在某一条件下所显示出来的不同于其他事物的特点。事物的基本属性指某一事物在各种环境里或各个发展阶段所显示出来的共同特点。它是事物的本质的一种稳定的表现。法的基本属性像任何事物的基本属性一样，是法与其他事物相区别的基本特点，是各种法所共有的特点。研究法的基本属性对于我们正确地认识法和使用法都有重要意义。从认识的角度讲，只有正确而全面地认识了法的各种基本属性，我们才可能真正地把法与其他事物，譬如法与道德等区分开来，也才能谈得上正确地对待法和使用法的问题。从使用的角度看，由于法是一种人造物，是由人制定和实施的，因此，只有正确而全面地认识了法的各种基本属性后，我们才可能制定出好的法律，也才能更准确地掌握和使用法律。

由于法是发展的，不同阶段有不同的表现，因而对于某个阶段的具体的人来说，他们对法的基本属性的认识必然具有历史的局限性，这就使不同的思想家往往对法的基本属性有不同的概括，但有以下几种认识为一般所同意。

### 二、法的普遍性和特殊性

法的普遍性和特殊性是从法的内容和适用对象的角度所概括出来的对法的基本属性的两种对立的看法，或从两个不同的角度对法的内容和适用对象的强调。

法的普遍性有两种意义：

1. 是指法的内容的高度抽象性和适用对象的广泛性。卢梭在谈论这点时说："我说法律的对象永远是普遍性的，我的意思是指法律只考虑臣民的共同体以及抽象的行为，而绝不考虑个别的人以及个别的行为。因此，法律可以规定有各种特权，但是它却绝不能指名把特权赋予某一个人；法律可以把公民划分为若干等级，甚至于规定取得各该等级的权利的资格，但它却不能指名把某某人列入某个等级之中；它可以确定一种王朝政府和一种世袭的继承制，但是它却不能选定一个国王，也不能指定一家王室：总之，一切有关个别对象的职能都丝毫不属于立法权力。"[1] 马克思也说，法律是一种"普遍的规范"。[2] 这就是

---

[1]　[法]卢梭：《社会契约论》，何兆武译，商务印书馆1980年版，第50页。
[2]　《马克思恩格斯全集》第1卷，人民出版社1956年版，第71页。

说，法律作为一种普遍适用的行为规范，它不应对具体的人和事做出规定，或者说法律只能对某种人和某种事作原则性的规定。

2. 是与法的特殊性相对而言，指各国的法律或各个时期的法律有共同性，因而可以互相借鉴和移植。另外，新的法律的产生也必然包含着对旧的法律的继承。这是因为，法作为一种事物，必有其不同于其他事物的自己所特有的质的规定性，有共同的本质和属性，虽然不同地区和时代的法律各有其特殊性，但没有不包含共性、普遍性的个性、特殊性。

法的特殊性是与第二种意义上的法的普遍性相对而言的，指的是各个国家、各个时代的法律的不同特点，因而不能互相取代，不能把一个国家的法律生搬硬套到另一个国家里。这意味着适用于英国的法律，或在英国能产生好的效果的法律，不一定适合于法国或能在法国产生同样的效果。这是因为，法是一种行为的规则，而不同的生活方式、不同的文化和不同的时代，不可能适用同样的行为准则，恰恰相反，各有其特有的法律。因此，那种企图用一种法律加之于全世界的想法，不仅是有害的，而且是不可能的。法的特殊性并不排除各国法律的一体化趋势，或者说，法律的一体化并不排除其内部的多元化。法律是一种文化，而文化的发展是有赖于多种文化的相互不断地交流和碰撞，有赖于百花齐放、百家争鸣局面的形成和维持。

### 三、法的阶级性和公共性

法从应然的角度讲，它是为一个社会的全体社会成员制定的行为准则，理应体现所有社会成员的共同意志，也应服务于全体社会成员的共同福利。但是，由于任何社会中人与人都是有差别的，人的社会性也使他们往往以集团的形式而存在，这意味着社会中有贫富差别，有强势群体与弱势群体的对立与斗争。而这一现实必然影响到法的制定和实施，必然使法不可能平等地表达所有人的意愿和公平地保护所有社会成员的利益，而是更多地表达富人、强者的意愿和保护他们的利益。这意味着在存在阶级分化的社会里，经济上居于统治地位的集团或阶级，他们能更多地影响法律的制定和实施。显然，完全不受"意识形态"影响和纯粹中性的法律是不存在的，任何法律必然受到所在社会的人们的价值观念的影响，而各种人的价值观念对其影响绝不会是同样的。这样一来，实际上存在的法律就带有阶级的倾向和烙印，这就叫法的阶级性。但是，法律毕竟是一种公共的行为规范，它要得到全社会人们的遵守，这决定了它不能只为某个阶级服务，而必须管理社会的公共事务。否则，它就难以具有权威性，难以使人们折服。而实际上，它为某个阶级服务时必须以管理社会的公共事务为前提，必须渗透其中。恩格斯在谈到这一点时深刻地说："政治统治到处都是以执行某种社会职能为基础，而且政治统治只有在它执行了它的这种社会职能时才能继续下去。"[1] 这又意味着没有纯粹的离开公共性或非阶级性的阶级性，阶级性存在于公共性之中。[2]

**四、法的实体性和程序性**

法作为一种公共的行为规范，在一般理解中，它能为人们提供一套辨别是非、区分真伪的标准，而且，法律必然要对人们的权利和义务做出规定，所以它主要是一种实体性规范。这种认识和理解有其合理性，但对法的认识是片面的。实际上法除了实体方面（实体法）和属性外，还具有程序的方面（程序法）和属性，而且后者是它更重要的方面。这一点越来越被人们所认识，甚至于有些学者认为，法就是一种解决社会纠纷的程序。如美国的程序法学派就认为，法律是制度化的解决问题的程序和原则。[3]

程序是与实体相对而言的，指的是人为实现某一目的所必须采取的方式、方法、措施和必须经历的步骤。季卫东先生说："程序，从法学角度看，主要体现为按照一定的顺序、方式和步骤来做出法律决定的过程。其普遍形态是，按照某种标准和条件整理争论点，公平地听取各方意见，在使当事人可以理解或认可的情况下做出决定。但是要注意，程序不能简单地还原为决定过程，因为程序还包含着决定成立的前提，存在着左右当事人在程序完成之后的行为态度的契机，并且保留着客观评价决定过程的可能性。这是一方面，另一方面，程序没有预设的真理标准，程序通过促进意见疏通、加强理性思考、扩大选择范围、排除外来干扰来保证决定的成立和正确性。"[4]

法的程序性表现在三个方面：

（1）法律中必然包含着程序的规定，每种实体法都有其对应的程序法，如刑法有刑事诉讼法、民法有民事诉讼法与之相对应。这说明，离开程序法的实体法是无法发挥作用的。许多学者经过研究发现，实体法，乃至于整个法律的发展，都有赖于程序。德国法学家卢曼说："法的发展是通过程序体系的严密化而实现的。"日本学者谷口安平认为："诉讼法乃实体法发展之母体。"他指出，西方的"实体法上的重要法则全部是经过现实的诉讼而形成的"。[5]

（2）法律在社会生活中的实际作用，特别是在解决纠纷时，正是通过一系

---

[1] 《马克思恩格斯选集》第3卷，人民出版社1995年版，第523页。

[2] 我国法学界一般把法的"公共性"称作"社会性"，笔者在这里没有采用这一概念，因为我认为"阶级性"与"社会性"并不是相对应的一个概念，恰恰相反，它是社会性的一种或一种表现，如人的阶级性就是人的社会性的一种表现。

[3] 参见信春鹰："美国的程序法学派"，载《法学研究》1987年第6期。

[4] 季卫东："法律程序的意义"，载《中国社会科学》1993年第1期。

[5] [日]谷口安平：《程序的正义与诉讼》，王亚新等译，中国政法大学出版社1996年版，第63、69页。

列程序实现的。有些社会纠纷的双方各有过错，有的纯粹是一个误会，所以并没有必要，也没有可能分清谁是谁非。法律程序所起的作用是帮助他们消除误会，因为程序能给当事人双方一个了解对方立场和观点的机会，使他们冷静下来认真思考自己的过错。这就是说，法中的程序部分在解决社会纠纷中有时比实体部分更能发挥作用。

（3）从法的历史发展来看，由于不同时代的人有不同的政治理想和道德观念以及不同的追求目标，因而法中关于实体的内容很难保留下来，程序部分则相反，作为解决问题的方法和步骤，它能不断地充实和完善，为后代所继承，因而似乎更具有稳定性和持久性，这样在法中保留或积淀下来的更多地是程序部分。

上面强调了法的程序性，并不意味着我们否认法的实体性。我们认为，法的实体性是很重要的：①法中包含着大量的实体的内容，如刑法、民法；②法中的程序方面从根本上讲，是服务于人们所追求的实体目的的，否则就毫无意义，甚至成为一种祸害或游戏。因此，要使法的程序从属于法的实体，防止使之形式化，而且程序本身必须合理、公平。

**五、法的确定性（稳定性）与不确定性**

（一）法的确定性的概念

法的确定性可以从立法和执法两方面来理解。从立法的角度看，法的确定性有三种用法：

1. 法的稳定性，即某一法律在制定或确定之后，其内容在一段时期里要保持相对不变的特性，或者说某一法律已经正式颁布就不能随意更改，就要适用于一个长的时期。而且，它还意味着后来修改的同样的法律，必须与它保持某种连续性。法的稳定性的原因，从形式上讲是因为其制定和修改要经过严格的和复杂的程序；从内容上讲，它凝聚着集体的智慧，反映着大家的共识和寄托，而这种共识和智慧其形成和被否定都不是那么容易的；从更根本上讲是因为其具有权威性和科学性，因为法律的内容是高度抽象的，故而有更大的适用度，不会因客观情况的细小变化而过时。

2. 法存在的客观实在性，即法作为一种制度性社会存在，特别是当它以成文的形式公布以后，人们能确定地指出它存在于什么地方和它的具体内容，因此在遇到法律纠纷时能明确的知道该适用什么法律。

3. 法表达上的明确性，这是与道德等规范相对而言的。由于大部分的法律是以规范性法律文件的形式出现的，它用社会上通用的词语对人们的行为作出明确的规定，因而它能使人们一目了然，清楚地了解法律的意图，在理解上较少发生歧义。

从执法的角度看，法的确定性是指当法律规范被用来处理具体的事实时，执法者能确切地知道适用于该事实的法律在哪里以及它的具体内容，因而能用法律推理的办法在法律中找到该事实的确切答案，并且该答案往往是唯一正确的答案。对于当事人来说，他们也可以用法律指导自己的行为，并对其法律结果做出预测。这就是说，对于适用来说，法律的确定性意味着行为结果的可预测性和正确结果的唯一性。

（二）法的不确定性的概念

法的不确定性是由美国的现实主义法学家在批判上述观点的基础上提出来的，他们认为，在一个案子的判决作出之前，适用于这个案子的法律规则是不确定的。后来的法学家在争辩中也有所论述，概括起来法的不确定性有以下用法：

1. 是指否认法律规则的客观实在性，即认为社会上并不存在什么能供法官判决适用的法律规则，说那些由立法机关所制定出来的规范性法律文件，对法官来说只是权威性的参考文献。这种观点被人们称为"规则怀疑论"。这是否认法的确定性的一种极端的观点。

2. 是指那种认为法律内容中存在不确定、含糊的方面的观点。他们在肯定法的内容有确定的方面的同时，指出它存在不确定的方面，如法律中的原则性规定、法律中有意使用的含糊用语、法律概念中边缘部分的含义模糊不清等。如哈特在解释自由裁量权的必要性时说，法律所使用的概念和所有的概念一样，是一种空缺结构，可分为核心和边缘两部分，其核心部分对使用者来说是清楚的和明确的，但其边缘部分则是含糊不清的，因而需要法官使用自由裁量权予以解释。他说：法律的空缺结构意味着的确存在这样的行为领域，在那里，很多东西留待法官和法院去发展，他们根据具体情况在互相竞争的、从一个案件到另一个案件分量不等的利益之间做出平衡。[1]

3. 是指用多元的观点来认识判决的结果的观点。他们认为，正确的或好的判决不是只有一个，而是有多个，是可以选择的。

4. 是基于以上理由而否认判决结果的可预测性。

显然，以上观点虽有其合理的方面，但也是片面的，是用形而上学的观点来认识法的属性，是用模糊的部分否定清楚的部分，是用法官的自由裁量权否定法律规则存在的客观实在性和判决结果的可预测性，是不懂得法律中既有清楚的部分，又有模糊的部分，它们对法律来说都是不可或缺的，不懂得法律自由裁量权的使用目的不是要否定法的确定性，而恰恰是为了克服法律中不确定

―――――――――――

〔1〕 ［英］哈特：《法律的概念》，张文显等译，中国大百科全书出版社1996年版，第134页。

的部分，使不确定的部分在具体事实中确定下来，使模糊的部分清楚化。

（三）法的确定性与不确定性的辩证关系

法的确定性与不确定性都是在法的发展变化中显出的两种基本属性，是法在不同时空给人的不同展示，也是人们在认识法律时从不同的角度对法律的不同感受。其根源在于，法律运动是绝对与相对的统一，不确定性是人对其运动的绝对性的一种感知方式；而确定性则是对其相对性，即其运动中的相对静止状态的感知。它们之间并非绝对的排斥，而是对立的统一。仅看到法的确定性而无视其不确定性，或者由于不确定性的存在而从根本上否定法的确定性，都是不可取的和有悖于法的客观现实的。

**六、法律遵守的自觉性和强制性**

有一种观点认为，法律的被人们遵守必须经过强制，或者说人们之所以遵守它是因为害怕受到惩罚。这种理解虽然有其合理的方面，但并不全面和准确。因为法律的被遵守虽然离不开强制，但并不完全甚至于主要不是依赖于强制。尽管剥削阶级的法律对劳动人民来说，更多地依赖于强制。但我们知道，并不是所有的法律都是如此，如社会主义社会的法律的特征之一就是更多地依赖于广大人民的自觉。我们还知道，所有的行为规范的实施都离不开强制，它们与法律的区别不在于有没有强制，而在于强制的方式和程度。法的强制只是一般在程度上强于其他规范，只是强制中更多地动用国家权力而已。基于此，我们认为在法律的遵守上不应更多地强调使用强制手段，而应强调人们的自觉，应当一方面注意法律内容的合理性和科学性，这是最主要的，另一方面，则应加强对法律的宣传和注意培养广大人民遵守法律的习惯。

# 第四节　法的构成

**一、法的构成的概念和研究的意义**

世界上没有单一的事物，任何具体事物都是由多种要素构成的。事物的构成指的是：①其构成的要素或元素，即看它是由哪些成分组成的；②其内部的结构，即这些要素以怎么样的方式组成该事物，这包括各种要素在其中的地位，各种要素是怎么样排列的，该事物有多少层次，每个层次有着怎样的结构等。前一个方面，由于主要涉及事物的实质要素，所以可以称之为事物的实质构成，后一方面则称之为形式构成。而形式构成又包括内在构成和外在构成两个方面：内在构成指的是其内部结构，即隐含于其中的内部的框架，也就是该事物的各要素的内部构架；外在构成指表现出来的该事物的外部诸形式的联结方式。

基于此，法的构成就是指法这种事物的构成要素和各要素的排列方式。它也包括两个方面，即法的实质构成和形式构成。法的实质构成是指构成法的诸要素，即法是由哪些成分构成的。法的形式构成包括内在构成和外在构成两个方面：内在构成指法的内部结构层次和每个层次的构成要素和方式；外在构成指法的各种表现形式的关系，即一个时期某个国家里的法有哪些表现形式和它们如何联结成一个统一体。

应该认为，每种事物之所以能与其他事物区别开来，就是因为它有着与其他事物不同的构成，或者说它的构成是它区别于其他事物的内在根据或内在原因。当然，这不是说事物的构成是绝对不变的，特别是对人造物来说，更非如此，否则就不能理解事物的发展变化，也就决然否定了人类改造客观事物的可能性，从而完全否认了人的主观能动性。必须承认，事物的构成，特别是其形式构成的可变性是很大的，否则就不能解释自然物的变化，更不能解释人造物的不断改良。但是，这种改变得有个度，否则一事物将会变成另外一种事物，如原来的畜力车，如果改变结构改用蒸汽机、内燃机、电动机起动，就不再是马车而成为汽车、火车、电车了，再如飞机结构的改变如果使它的性能有一个质的飞跃，即能飞出大气层进入外空，它就不再是飞机而是宇宙飞船了。既然如此，法作为一种人造物虽然其构成的可变性大于一般自然物，但其构成的基本方面，如构成的基本要素和构成的基本方式，应该是不变的。这是我们研究法的构成问题的基本出发点。还应该注意的是，不同类型的法在构成上，特别是在形式构成上会有差别，例如英美法系的法与大陆法系的法在构成上就明显不同。

研究法的构成问题有重要的理论和现实意义。从理论上说它可以使我们更深刻地认识法的本质、属性和功能。因为我们对法的认识像对任何事物的认识一样，如果只是停留于外部，不深入其内部，不弄清其内部结构，包括在对外部的认识中，如果视野不宽，只是盯住某个局部，不能从全局上把握所有现象，不了解各部分之间的关系，是不可能真正认识法的本质、属性和功能的。因为法的本质实际上就是法中最主要或最根本的质，而法的诸种质其实就是法的诸构成要素，法的实质构成所研究的就是法中的各种质及其相互关系，显然不搞清法的实质构成是不可能弄清法的本质的。再从法的属性和功能来说，法之所以具有某种属性和功能，归根到底是因为它包含着某种元素和这些元素之间以特殊的方式结合在一起，在于其内部的各部分和各种形式有不同的结构。如就法中的理性和强力因素来说，古代的法和专制的法中强力就占据主要地位，而现代的文明社会的法则理性占据主要地位，西方大陆法系和英美法系的区别也能从结构上找到很好的说明，其外在结构上的一个明显区别就是判例法形式居于不同的地位。从实践上说，法作为一种人造物，其功能是可以改进的，改进

第一章

的办法之一就是调整法的结构，而要调整其结构，不研究法的结构问题，显然是不可能的。从一定意义上说，法律的任何一种改进都离不开其结构的调整，而结构的调整也必然离不开相应的理论指导。

二、对法的构成的各种论述

法是一种复杂的社会历史现象，法的构成所研究的就是组成法的基本元素或成分。但是在很长一段时期里人们没有认识到这一点，因而也没有明确地提出这个问题。就西方来说，开始明确提出这一问题的是分析法学家奥斯丁。他认为法是由主权、命令和制裁三种要素构成的，现代分析法学的主要代表凯尔森也论述了法的构成问题，他认为法律是由基本规范、一般规范和个别规范组成的。另一位代表哈特则认为法是由主要规则和次要规则构成的。不过很明显，他们所讲的只是法的形式构成，而对法的实质构成，即构成要素却持否定态度，认为法是由单一的规则或规范构成的。

社会法学家庞德打破了这一观念，认为法作为一种实现正义的工具，仅仅由规则组成和仅仅靠一套现成的规则是无法达到这一目的的。他说："法律比之许多法规的集合体有更多的东西，这使法律成为正义的活工具。"[1] 他进一步指出："法律的功能在于纠正各方面的人群关系，而一切人群关系又错综百出，在势，国家必不能预先制定一部规则，使法院以之御繁应变于无穷。故法律的本身必不是单纯的一部规则。换言之，少数规则可以用条文记载；但法律初不尽限于条文。在任何法系，法律本体实为原理；原理蕴蓄于条文内之字里行间。必有原理，法吏乃能有所依据，复由类推方法而求出新例。然后可以御繁，可以应变。由此观之，法律的界说，与其称为一部规则，毋宁称为一部规则及原理。"[2] 这就是说，他认为法律的构成不仅有规则，而且有原理或原则。在《法律的任务》中，他进一步把实在法的构成归纳为律令、技术和理想三个方面。他说："这一意义的法律是由律令、技术和理想构成的：一批权威性的律令，并根据权威性的传统理想或以它为背景，以权威性的技术对其加以发展和运用。"[3] 他还指出，律令中又有规则、原则、概念和标准组成。"规则是对一个确定的具体事实状态赋予一个确定的具体后果的法令。""原则是一种用来进行法律论证的权威性出发点。""一个概念是一种可以容纳各种情况的权威性范畴，因而，当人们把这些情况放进适当的框子里时，一系列的规则、原则和标准就都可以适用了。买卖、信托、保释就是例证。在这些情况下，……有的只

〔1〕 ［美］庞德：《法律、道德与正义》，张文伯译，台北监狱印刷工场1959年版，第154页。
〔2〕 ［美］庞德：《法学肄言》，雷沛鸿译，商务印书馆1934年版，第16页。
〔3〕 ［美］庞德：《通过法律的社会控制：法律的任务》，沈宗灵等译，商务印书馆1984年版，第23页。

是可以将各种情况归入其中的一些确定范畴，而这样的结果就使各种规则和标准成为可以适用的了——即令各种定义必须不时修改并且和各种规则比较起来更富有伸缩性，这些范畴也是确定的。”“标准是法律所规定的一种行为尺度，离开这一尺度，人们就要对所造成的损害承担责任，或者使他的行为在法律上无效。例如适当注意不使其他人遭到不合理损害的标准；为公共事业设定的提供合理服务、合理便利和合理取费的标准；受托人的善良行为的标准。”[1]　庞德还从更抽象的高度谈到法的强力和理性两种要素。他指出，作为社会控制的一种主要手段，当前，法律“主要依靠的是政治组织社会的强力……通过有秩序地和系统地适用强力，来调整关系和安排行为”[2]。“并且就整个来说事实上保持着一种对强力的垄断。所有其他社会控制的手段被认为只能行使从属于法律并在法律确定范围内的纪律性权力。”[3]　因此有些人认为法律就是一种强力。庞德认为这一认识是不正确的，或者说是片面的，因为“强力不可能是社会控制的最终实现”[4]。他说：“今天许多人都说法律乃是权力，而我们却总是认为法律是对权力的一种限制。社会控制是需要权力的，它需要用其他人的压力来影响人们行为的那种权力。作为社会控制的一种高度专门形式的法律秩序，是建筑在政治组织社会的权力或强力之上的。但是法律决不是权力，它只是把权力的行使加以组织和系统化起来，并使权力有效地维护和促进文明的一种东西。”[5]　“它们忽视了经由政治组织社会所进行的社会控制的一个最主要的特点，即谋求在理性的基础上并以人们所设想的正义作为目标来实现社会控制。”[6]　他认为，法律中理性是一种更重要更根本的成分。他说：“立于各种成分之后而为其中心者实为理性。理性是活的英美法律，……理性是法律的生命。通常所谓常法（common law）并非它物，只是理性。”[7]　“我们必须永远记住：在我们的法律中记录着为理性所发展的经验和被经验所验过的理性这样一种教导传统。”[8]

　　后来，著名的自然法学家德沃金也认为构成法律的除了规则外，还有原则、政策等。另外，其他法学家还从其他角度论述了法的构成问题，如综合法学认为法由事实、价值和形式三个方面构成。法人类学家霍贝尔认为构成法的有三种因

[1]　[美]庞德：《通过法律的社会控制：法律的任务》，沈宗灵等译，商务印书馆1984年版，第24～26页。
[2]　[美]庞德：《通过法律的社会控制：法律的任务》，沈宗灵等译，商务印书馆1984年版，第10页。
[3]　[美]庞德：《通过法律的社会控制：法律的任务》，沈宗灵等译，商务印书馆1984年版，第12页。
[4]　[美]庞德：《通过法律的社会控制：法律的任务》，沈宗灵等译，商务印书馆1984年版，第15页。
[5]　[美]庞德：《通过法律的社会控制：法律的任务》，沈宗灵等译，商务印书馆1984年版，第26页。
[6]　[美]庞德：《通过法律的社会控制：法律的任务》，沈宗灵等译，商务印书馆1984年版，第51～52页。
[7]　[美]庞德：《法学肆言》，雷沛鸿译，商务印书馆1934年版，第103页。
[8]　[美]庞德：《通过法律的社会控制：法律的任务》，沈宗灵等译，商务印书馆1984年版，第27页。

素：特殊的强力(privileged force)、官吏的权力(official authority)和规律性(regularity)。[1] 他指出，法离不开强力，这已为大多数法学家所公认，正如耶林所言："没有任何强力的法律徒有虚名"，"没有强制的法律规则是不燃烧的火，不发亮的光"。不过，作为法律的强力，不是一般的强力，而是特殊的强力，即被社会所公认的强力。他说："当然，像权力一样，强制也有许多形式。在这多种形式中，只有特定的形式是法律。由歹徒实施的强制决不是法律。甚至由父母所实施的物质强制也不是法律。法律强制的基本特征是物质力量适用上的社会承认，他或者以威胁的方式，或者事实上以特权部分为合法的理由，以合法的方式和在合法的时间内适用。这就使法律惩罚与其他社会规则区别开来。"[2] 构成法的第二种因素就是公认的适用法律的官方机构和官员。他说："适用强力的特权构成了法律中的'官吏'因素。他们是一般地或特殊地被承认的正确执行物质强制的因素，是社会权力的构成部分。""法律的第三个特性是规律性，这就是说法在法律意义上与科学意义上相同。但是必须注意，它并不意味绝对的必然。哪儿人类开始存在，哪儿可能就没有真正的必然。"[3] 这就是说，霍贝尔认为，构成法的因素是社会承认的强力、适用这个强力的公共权力机关和法律内容的科学性。

我国法学界提出和论述法的构成问题是近些年的事，最早见之于著作的是张文显教授，他在其1993年出版的《马克思主义法理学》一书中指出，法是由法的规则、法的原则、法的概念三种要素构成的，而法的原则又分公理性原则和政策性原则，法的概念也分涉物的概念、涉人的概念和涉事的概念。显然这一观点是在综合庞德和德沃金的观点的基础上提出来的。之后，有些《法理学》教材开始涉及这一问题，但大都重述张文显教授的上述观点，了无新意。不过有些学者在论述法的本质问题时，间接地谈到法的本质构成问题，如孙国华提出法是理和力的结合，并指出其中理是基本的，力是必要的。[4] 周永坤教授则认为，法律是理性和意志的复合体。[5] 我们认为，这些论述或概括各有其合理之处，但角度和出发点明显不同，有的是从实质的角度，有的是从形式的角度提出的。它们都可以作为我们思考法的构成的重要参考。

### 三、法的构成

法的构成可以分为两个方面，即实质构成和形式构成，而形式构成又分为内在构成和外在构成。下面分别论述：

〔1〕 [美]霍贝尔：《原始人的法》，严存生等译，贵州人民出版社1992年版，第25页。

〔2〕 [美]霍贝尔：《原始人的法》，严存生等译，贵州人民出版社1992年版，第24页。

〔3〕 [美]霍贝尔：《原始人的法》，严存生等译，贵州人民出版社1992年版，第24~25页。

〔4〕 参见孙国华：《马克思主义法理学研究——关于法的概念和本质的原理》，群众出版社1996年版。

〔5〕 参见周永坤：《法理学——全球视野》，法律出版社2000年版，第311页。

（一）法的实质构成

从上面的介绍中我们看出，关于法的实质构成西方学者提出了各种假设，如价值、事实、形式，或规则、组织和活动过程，有的还从更深层次归纳为强力和理性等。我们认为在这几种假设中，第三种比较科学。因为价值、事实和形式是任何事物都有的人们认识或观察事物的三个方面或角度，并不是构成法的特有要素，至于规则、组织和活动过程，它们只是法的三种表现或方面，主要属于形式问题，而且这三者是所有的社会规范所共有的。只有第三种假设，指出了构成法的两种质：即理性和强力，并指出其中理性居于主导地位，强力只是一种辅助性的东西。正因为如此，庞德认为法实为理性。不过应该认为，理性在法中的地位并不总是如此，实际上在很长一段历史时期里，强力在法中居于更主要的地位，或者说，法更多地是象征着一种强力。我们说法是统治阶级意志的体现，是阶级统治的工具，正是从这个意义上说的，正是指历史上阶级统治的国家里的法律的。但是随着文明的发展和社会的进步，法中的理性因素逐渐增多，乃至于占主导地位。但是，应该认识到，法并不是纯粹的理性，强力在其中始终存在，否则它就不叫做法。因为法作为一个社会公认的价值观念、行为规范和社会秩序，作为一种制度权威，如果没有强力为后盾就会失去其对人的约束力和权威性。这里要指出的是，作为法的理性，并不是先验的，而是来源于实践和经验，特别是广大人民的经验。所以不能把法理解为少数精英人物关起门来构思出来的，他们的工作只能是对经验的再加工和提炼。还应该指出的是，作为法的理性，显然属于实践理性或理性意志，而且它主要是一种其中的"公共理性"（罗尔斯语），即广大社会成员对共同生活规则进行理性思考的结果，而作为法律的强力，也显然属于公共权力，即具有权威性、合法性的强力。

（二）法的形式的内在构成

理性和强力这两种因素在法中是通过各种方式表现出来和组成一个统一体的。我们认为，观念、原理、原则、概念、标准、规则等都是法的理性的表现形式，而法的组织、设施、人员及其活动则是法的强力的外在表现形式。这些分别构成法的观念、制度和秩序三个层次：观念层次——观念中的法或法的观念、法的原则；制度层次——表现为规则和制度的法，纸上的法，可能中的法；秩序层次——落实到行为中的法，而合法的行为的总和，或合法行为的体系就是法律秩序。

1. 观念（idea）层次。法的观念层次是指作为观念的法或内心的法。它是在人对法的认识的基础上所形成的公共的意识形态。这个层次包含着丰富的内容和复杂的结构。从认识论的角度看它可以分为理性和非理性两个方面：非理性方面又有法的情感和法的信仰；理性方面则包括两个方面的法的观念，即法的事实观念和法的价值观念。法的事实观念是有关法是什么（法的本质）和为什么（法的目的)的相对稳定的认识或知识,其表现的主要形式是概念(concept)和原理(tenet)。系统的知识表现为法的理论。

概念是人对某种法的现象的本质概括,原理则是对诸概念或诸法的现象间内在关系的揭示。法的概念指在法律文件中或在从事法律活动时所使用的名词、范畴,它们是法律工作者在长期认识法律现象的基础上对某一类法律现象的概括和对其本质的揭示和把握的主观形式。它是构成法律文件的基本材料,也是法律工作者进行思想交流的中介。法的概念一般分为三种:①涉人的概念,如自然人、法人、当事人、代理人等;②涉事的概念,如正当防卫、紧急避险、违约、侵权、自首、行贿等;③涉物的概念,如标的物、押金、证据、票据等。

法的价值观念是在前一个认识的基础上人据此应该怎么样行为的认识或知识以及如何评价现存法律制度的内心观念,它表现的主要形式是原则(principle)。法的原则所表达的主要是一个社会人们所公认的社会政治理想和道德准则。它反映着该社会人们的普遍性的价值观念和价值取向,如一般原则或公理性原则所反映的是普遍性的价值观念,而政策性原则所反映的则是该社会某一特别时期或地区的价值取向。

法的原则,也称之为法的原理,是隐藏在法律中的带有普遍指导性的思想观念,是人们进一步理解和适用法律时所应把握的法的具体精神。它能为人们理解和适用法律指明大的方向和途径。法的原则一般是以观念的形态存在于人们的内心,有时也以文字形式明确地写在成文法中,如我国《刑法》第一章中就明确地写上罪刑法定、罪刑相适应、平等适用刑法等原则。法的原则大都是人们在对事物的规律、原理认识的基础上概括出来的,更直接地表现为公理、公德和政治社会理想,如我国宪法中的四项基本原则,民法中的诚实信用原则,合同法中的合同内容不违反公认的道德的原则等。有些法的原则不具有以上法的原则的恒久性,只是基于一时的需要提出来的,具有策略性质,因而可称之为政策性原则,前一种则称之为公理性原则。但不管怎么样,法的原则与法的规则相比,它都具有更大的涵盖性和抽象性,因而它并不提出具体的行为模式,也不存在适用时与其他原则不并容的问题,而能与其他原则一起为适用规则提供指导。原则与规则的关系,是抽象与具体、普遍与特殊的关系,因此,每个法的规则都是某一或某几个原则的具体应用,是根据这一或这些原则所设计的特定情况下的行为模式。

2. 制度(system,institution)层次。广义上的制度包括规则和相应的组织设施两个方面。规则(rule)是有关人的行为模式的明确规定。狭义上的制度就是规则的体系,即诸规则的统一体。规则是原则的进一步明确化,其作用在于给人的行为以明确的指导,提供选择的种种模式和评价的具体标准。规则在人类社会中处于很重要的地位并存在于各个方面。人的各种活动都会有相应的规则,因此规则的种类很多,如体育规则、语言规则、经济规则、道德规则、宗教规则等。法的规则不是与这些规则并列的一种规则,而是从这些规则中由社会的公共权力机关提炼而成的并以公共权力保障其贯彻执行的社会规则。其他社会规则变为法的规则可以通过多种渠道和方式,有公开的和不公开的,正式的和非正式的。由此可以分为正式的法的规则和非正式的法的规则或准法的规则。前者指通过有立法权国家机关的公开的创制规则的活动所产生的法的规则,后者指没有立法权的国家机关、社会组织所创制的具有法的作用的社会规则或事实上被作为法的社会规则。前者主要指成文法,后者如习惯法、判例法、政策法等。法的规则,特别是正式的规则从逻辑上一般由三部分构成:适用的条件(又称假设)、行为模式(又称处分,即关于人们可以做什么和不可以做什么的规定)、法律结果(又称制裁)。法的规则构成的成分也很复杂,如概念(即定义,是揭示某种法的现象的本质的语句)、标准(standard,即关于事物界限的度的具体规定,如空气污染的标准、贩毒罪的毒品的量的标准、高速公路的车速的标准等)、技术(先做什么和后做什么的程序性规定)。规则的类型很多,从不同的角度可以作不同的区分,如从其内容上可分为授权性规则、义务性规则和职权性规则,从是否直接规定公民的权利和义务上可分为实体性规则和程序性规则,从与法的规则的产生和适用的关系上可分为主要规则和次要规则等。

广义上的法的制度的另一方面是法的组织和设施。它是法的强力因素的具体化或者说是体现为物的法、物化的法。它对法的规则的产生、实现起着巨大的作用,是法的规则得以存在和实现的物质载体和物质推动者。这种组织种类很多,如立法机关、行政机关、司法机关。每种又包括许多种,如司法机关有法院、检察院、监狱等。这种组织可分为人和物两个方面。物的方面指其物质设施,如房屋场所、机械仪器设备、资金等;人的方面指法律职业工作者或西方所称的"法律人"(lawyer),他们包括法官、警察、律师、法学家等,他们是法的化身,是法的发现者、制造者、解释者、执行者,他们掌握和驾驭法的规则和法的物质设施,使其沿着正确的方向和真正地发挥作用。

3. 秩序(order)层次。秩序指的是运动着的事物之间的一种协调的和比较固定的关系,它表现为每一事物运动的可预测性和整个运动的协调统一性,是事物运动的规律性和世界的统一性的外在表现。法的秩序是指社会中通过法的制度的作用而出现的人与人关系的一种协调统一的局面或状态。它表现为法的要求能顺利地得到贯彻,社会中大部分人能自觉地依法办事,少数人的违法行为能及时地得到纠正,法律所认可和维护的社会关系不受到随意破坏和能及时地得到维护,法律所规定的人们的权利能得到实现和法律所规定的义务能得到履行等。法的秩序主要表现为人们的合法行为,而合法行为有立法行为、执法行为、司法行为和守法行为等。只有这些行为合在一起,才表现为法的秩序,而只有在一个有法的秩序的社会里,法才能真正地落实到人们的行为中,从而使法变为行为中的法。因而法律秩序最初表现为人的行为合法和有序,更进一步表现在主要的社会关系的法律化、各种法律关系的建立和形成体系。

(三)法的形式的外在构成

法的形式的外在构成指的是表现出来的法的不同形式的构成方式。从历史上看法的表现形式一般有习惯(法)、判例(法)、学术著作(学理法)和规范性法律文件(成文法)四种。而规范性法律文件又有单行法规和法典。应该认为,不同地区(国家)、不同时期这四种形式的法的地位是不同的。法产生初期以习惯法为主,后来有些地区出现了判例法形式,并以之为主,有些地区则出现了成文法形式并以之为主。目前世界上不同法系就是这种发展的多样性的表现和结果。但是不管怎样,可以肯定的是任何一个国家的法都不可能是单一的形式构成的,问题只在于以哪一种为主,在于是公开地承认还是不承认这一点。这是因为,任何一种形式都有其局限性,而且,这四种形式之间有一个互补和互动的关系。如成文法往往以前三种法为前提和基础,是它们提炼的产物。但由于成文法的稳定性和由此而来的滞后性,难以适应社会的迅猛发展,所以需要判例法和学理法予以补救。这样,任何社会就不能仅靠某一种法的形式,而必须同时让多种形式的法同时并存。各国的差别只在于以哪个为主。

法的形式构成图如下:

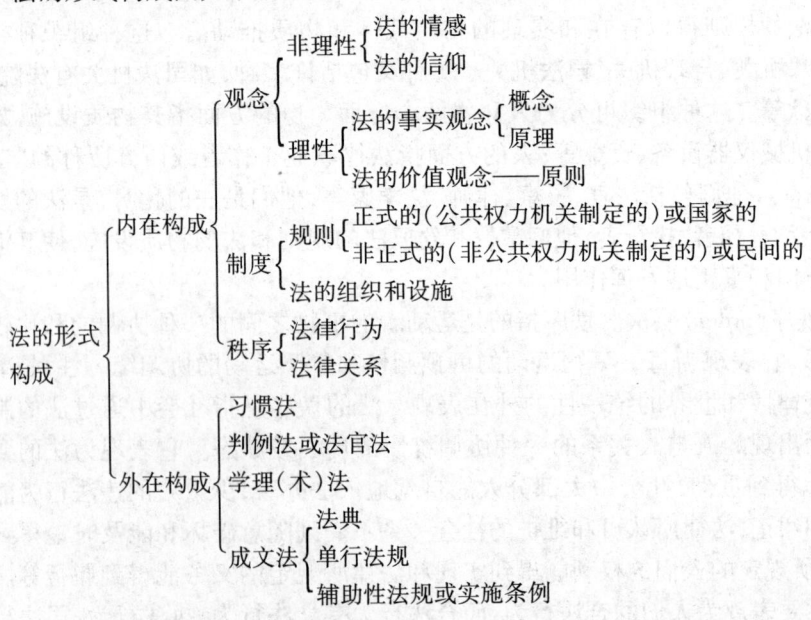

## 第五节　法的种类

法是个很复杂的社会现象,因而其种类也很多,基于不同的认识和角度大体上可从以下角度进行分类:

### 一、从法的表现形式上可分为成文法与非成文法

成文法指以规范性法律文件形式表现出来的法。但这也是相对的,因为最初的成文法往往是习惯法整理而成的。非成文法又分为习惯法、判例法、学理法。习惯法指有法律效力的风俗习惯。判例法指以法院判决形式出现的法,又称为法官法,因为它是由法官在审判活动中创造或发现的。判例法在英美法系国家根据其产生的途径又分普通法和衡平法,前者是由普通法院的审判活动所产生的判例法,后者是由衡平法院的审判活动所产生的判例法。学理法又叫学术法,指由法学家在学术研究中以学术著作形式所阐述的法。

### 二、从产生的方式上可分为自然法与制定法

自然法一词有两种用法:一是指非制定法或习惯法,因为它不是由某人刻意创造的,而是产生于广大群众长期的自发行动中;二是指应然法,它是西方自然法学家所说的从事物的本性、特别是人的本性(理性和社会性)中所产生的法或规律、规则。制定法即由当权者所立的法,其中在西方又分为神定法和人定法。前者是由"上帝"通过其使者昭示给人类的法,如基督教的《圣经》,后者指世俗的当权者所立的法。

### 三、从适用范围上可分为国际法与国内法

国际法指超出国家范围被许多国家所承认的法,它或者由某种国际组织制定,或者来自国际惯例,或者来自一些国家所签订的条约。其中根据其适用的领域又分为国际公法、国际私法、国际商法、国际刑法、国际经济法等。国内法指只适用于一国内部的法,其中根据适用的领域和适用方式也分为民法、经济法、宪法、刑法等许多部门。

### 四、从其功能上可分为实体法与程序法

实体法指能为人们判定是非和解决纠纷提供实质性标准的法或规定人们的实质性权利和义务的法,其典型是刑法、民法;程序法指能为人们解决纠纷指明途径和方法的法,其典型是诉讼法。但应该指出的是,纯粹的实体法和程序法都是不存在的,差别只在有的侧重于实体,有的侧重于程序而已。

### 五、从效力和重要性上可分为根本法、基本法、主法和附法

根本法指一个国家中具有最高效力和处于其他法之上的法,最典型的是成文宪法。它规定了公民的基本权利和义务,规定了国家的基本政治制度、经济制度、

文化教育制度等。基本法指在某一领域适用于全国的法,如刑法、民法等。主法指在某一领域享有很大独立性和处于骨干地位的法,如森林法、水法等。附法指为落实主法所制定的辅助性法规或实施细则。

**六、根据所要解决的问题的性质在欧洲大陆国家还把法分为公法和私法**

其区别在于法所要解决的是纯粹私人之间的问题还是涉及国家利益的问题。这一分类源于古罗马法学家乌尔比安。他们把只涉及私人间关系的法叫私法,涉及国家利益的叫公法。这一用法为后来欧洲大陆国家的学者所沿用,但后来的发展实际表明,不仅公、私之间利益的界限很难划定,而且由于国家与个人在角色上的不断换位,致使出现了公、私法之间的互相渗透,甚至于出现了许多混合型的法,所以这种划分的标准在认识上很不统一,任何一个标准已难以坚持下去。

## 第六节　法与客观规律、利益

### 一、法与客观规律

#### (一)客观规律的概念和种类

客观规律,指的是某种同类事物在运动中所显露出来的共同的属性和轨迹,它表现为其运动过程的确定性和可预测性,它是由客观事实所固有的本质所决定的,是其本质在运动中的重复显露。因此,规律和本质这两个概念有时候可以交互使用。客观规律又称为必然性,而必然性是与偶然性相对而言的。偶然性、特殊性、个性是三个意义相近的概念,指的都是某一具体事物所特有的不同于另一具体事物之点,它们都是必然性的特殊表现形式,事物的必然性、规律正是从大量的偶然性中抽象、概括出来的。也就是说,偶然里面有必然和规律。规律,特别是社会规律具有统计学的特点,它只是一种概率,一种普遍的趋势。

客观规律大的可分为两类,即自然规律和社会规律。其差别主要表现在自然界的事物对其规律完全处于盲目之中,而社会领域的人是自觉的、有目的地进行活动,因而能认识和利用规律。恩格斯在谈到这一区别时说:"但是,社会发展史却有一点是和自然发展史根本不同的。在自然界中(……)全是没有意识的、盲目的动力,这些动力彼此发生作用,而一般规律就表现在这些动力的相互作用中。在所发生的任何事情中,无论在外表上看得出的无数表面的偶然性中,或者在可以证实这些偶然性内部的规律性的最后结果中,都没有任何事情是作为预期的自觉的目的发生的。相反,在社会历史领域内进行活动的是具有意识的、经过思虑或凭激情行动的、追求某种目的的人;任何事情的发生都不是没有自觉的意图,没有预期的目的的。"[1]社会规律是随着社会的发展变化而变化的,具有相对性,如商品经济有不同于自然经济的规律。社会的不同领域有不同的规律,如文化教育发展有不同于经济发展的规律。

（二）人对客观规律的认识和利用：真理和行为规范

人与其他事物的不同点就是能认识和利用规律。而真理就是人对规律的正确认识,就是变为人的内心观念的规律。认识的目的在于利用,在于使自己的行为符合规律,从而减少失误,提高效率。那么,人如何利用客观规律呢? 这就是在认识的基础上为自己制定行为准则或行为规范。"规范"英语为 norm,意为"应该"（ought）,它是与"必然"（is）相对应的。在西方一般认为,人的行为不同于自然物者在于,人对规律的服从有选择的自由,所以他们的行为符合规律只是"应该",而不是"必然"。他们甚至于认为,"规范"就是人的规律的特殊表现,就是人的规律与自然规律的不同之处。显然,这一观点并不准确,"规范"不等于规律,因为行为规范大都是人的有意识的产物,是一种意识形态,且不说其表现形式是主观的,就其内容来说,也不完全符合客观规律,而是加进了许多制定者的愿望并受到其认识水平的很大影响。

行为规范的种类很多,大的可分为技术规范和伦理规范。技术规范主要是人在处理与自然物（包括人造自然物）关系时所应遵循的准则,如栽培植物的准则或技术,使用药物的准则,驾驶各种交通工具、操作各种机械的准则等,其目的在于使人的行为符合这些事物运动的规律,从而能更有效益。伦理规范是适用于人际关系的行为准则,如道德规范、宗教规范等,其目的在于协调人际关系,减少矛盾和冲突,增强与自然斗争的力量。法律规范是由这两种规范转化而成的行为规范,是对这两种规范中的某些部分的全社会认可并借助于社会权力予以实施。

（三）法与客观规律的关系

法律既然是一种社会规范,而任何规范都是人们在认识客观规律的基础上制定的,都必须在某种程度上反映客观规律,因而,它就必须以客观规律为基础,不能完全有悖于客观规律。正因为如此,马克思说:"只有在自由的无意识的自然规律变成有意识的国家法律时才起真正法律的作用。……法律是不能预防人的行为的,因为它是人的行为本身必备的规律,是人的生活的自觉反映。"[2]并进一步说:"立法者应该把自己看做一个自然科学家。他不是在制造法律,不是在发明法律,而仅仅是在表述法律,他把精神关系的内在规律表现在有意识的现行法

---

[1]《马克思恩格斯选集》第 4 卷,人民出版社 1995 年版,第 247 页。
[2]《马克思恩格斯全集》第 1 卷,人民出版社 1956 年版,第 72 页。

律中。"[1]

法必须反映客观规律,不能完全有悖于客观规律,不等于就是客观规律,且不说一个是客观的,一个是主观的,就其内容来说,除了包含客观规律的内容外,还包含有制定者的愿望,而这个愿望是从自己的需要出发的,并不一定符合客观实际,更不要说他对客观规律的认识并不一定全面和正确。这样,在法律中必然包括着与客观规律不一致的部分,法律对客观规律的反映就永远是相对的。决定法的内容的还有其他客观因素,其中最重要的和最直接的一个就是利益。

### 二、法与利益

#### (一)利益的概念和种类

利益是人生存和发展的条件的总和,这条件包括现有的和未来的、物质的和精神的。由于不同的人有不同生存条件,因而有不同利益,这是因为他们生存在不同的自然背景和社会关系中。而在诸类社会关系中,对利益起决定作用的主要是经济关系。从这个意义上讲,利益是经济关系的一种表现,是不同的经济关系所决定的不同地位的人的社会物质生活条件。恩格斯说:"每一个社会的经济关系首先是作为利益表现出来的。"[2]利益从不同的角度可划分为不同的种类:如从是否已享有上可分为既得利益和未得利益或有待争取的利益;从利益的属性上可分为物质利益和精神利益;从利益与法律的关系可分为合法利益和非法利益;从利益的重要性上可分为根本利益和非根本利益;从利益的主体上可划分为个人利益和集体利益,后者又可以分为集团利益、阶级利益、民族利益、国家利益、社会利益、人类利益等。个人利益是每个个体所特有的赖以生存和发展的条件。集团利益是某个利益群体所特有的利益。国家利益又称为公共利益,指的是以国家这种公共权力机关的名义所享有的利益,而国家在历史上实际并不真正代表全社会,所以其利益并不是全社会成员的共同利益,因此就有另外一种利益,即社会利益。人类利益是从更广和更长远的角度,即从整个人类的存在和发展的角度来思考的,它指的是人类持续发展和日益进步的条件。

人的活动与人的利益有直接关系。马克思说:"人们奋斗所争取的一切,都同他们的利益有关。"[3]人的需要与利益有直接的关系,它是被人意识到的利益,而人的需要在人的价值观念的形成中是一个重要因素,它是人判断一个事物有无价值的直接出发点。法国的著名哲学家爱尔维修说:"唯有利益指使着我们对人们的各种行为和观念表示尊重或蔑视。""无论在道德问题或认识问题上,都只有利

---

〔1〕《马克思恩格斯全集》第1卷,人民出版社1956年版,第183页。
〔2〕《马克思恩格斯全集》第18卷,人民出版社1964年版,第307页。
〔3〕《马克思恩格斯全集》第1卷,人民出版社1956年版,第82页。

益宰制着我们的一切判断。"[1]

### (二)法与利益的关系

人类社会充满着矛盾和冲突,这些冲突从表面上看起因于不同的价值观念,即不同的政治理想和道德观念,但更深层次的根源是各种利益的差异或对立。基于某种共同的价值观念而产生的各种社会规范,包括法律规范,既是各种利益冲突的产物,又是协调和解决社会冲突的办法。一般说,法律是一种解纷的手段,一种社会控制的工程,正是从这个意义上讲的。不过,马克思主义者认为,法和国家主要是阶级矛盾的产物,是要把这种矛盾和斗争控制在一定的范围内,以免社会的毁灭。因此,法律虽然能在一定程度上缓和或解决因利益冲突所产生的矛盾,但并不能完全消除矛盾。而且,在解决这些矛盾时,它并不是站在完全中立的立场上的,而是带有某种倾向,更多地考虑的是统治阶级的利益。马克思认为,每个阶级都有某些共同的利益,为了保护这些共同的利益就必须组织起来,而国家就是组织起来的统治阶级,"国家是属于统治阶级的各个个人借以实现其共同利益的形式","由他们的共同利益所决定的这种意志的表现,就是法律。"[2]那么,法律为什么能够,以及如何协调和解决各种利益的矛盾呢? 这是因为法是在基于国家利益、社会利益甚至于人类利益而形成的公共的价值观念指引下制定的,这些观念所考虑的是人类社会的总体和根本利益,因而能包容各种利益,能为大多数人所接受,能作为衡量各种利益合理性与否的公认的标准,进而能协调各种利益和解决其间的矛盾和冲突。其办法就是划定各种利益在其所在社会里的合理界限,规定其冲突时解决冲突的正当程序和权威机构。既然如此,在制定法律时,特别是当今利益多元的社会,我们就不能只是考虑某一部分人的利益,而必须考虑各种利益的协调发展,这样才能真正发挥其协调和解决社会利益冲突的作用。马克思说:"法律应该是社会共同的、由一定物质生产方式所产生的利益和需要的表现。"[3]

利益如果被法律加以认可和保护就成为一种权利,或者说权利就是被法律认可和保护的利益。法律对利益的协调和保护就是通过对人的权利和义务的规定和对侵权行为的排除来实现的。利益只有变成法定权利之后,才能被认为是合理的和有保障的利益。不过,社会利益在法律中一般是以义务的形式表现的,因此对它的保护往往在法律中成为个人义务的内容的一个主要方面。

---

[1] 北京大学哲学系外国哲学史教研室编译:《十八世纪法国哲学》,商务印书馆1979年版,第457页。
[2] 《马克思恩格斯全集》第3卷,人民出版社1960年版,第70、378页。
[3] 《马克思恩格斯全集》第6卷,人民出版社1961年版,第292页。

第
一
章

## 参考文献

1. [日]千叶正士:《法律多元》,强世功等译,中国政法大学出版社 1997 年版。

2. [美]比克斯:《语言与法律的确定性》,邱昭继译,法律出版社 2007 年版。

3. 刘星:《法律是什么》,广东旅游出版社 1997 年版。

4. 孙国华:《马克思主义法理学研究——关于法的概念和本质的原理》,群众出版社 1996 年版。

5. 何勤华、严存生:《西方法理学史》(下编),清华大学出版社 2008 年版。

6. 颜厥安:《法与实践理性》,中国政法大学出版社 2003 年版。

7. 沈敏荣:《法律的不确定性》,法律出版社 2001 年版。

8. 王伟光:《利益论》,人民出版社 2001 年版。

9. 赵培星:《论规律》,人民出版社 1981 年版。

10. 梁治平:"法辨",载《中国社会科学》1986 年第 4 期。

11. 何勤华:"西语'法学'一词的起源及流变",载《法学》1996 年第 3 期。

12. 何勤华:"汉语'法学'一词的起源及流变",载《中国社会科学》1996 年第 6 期。

13. 法律文化研究中心:"民间权威与民间秩序",载《法学》1998 年第 4 期。

14. 童之伟:"法的本质是一种实在还是一种虚无——法的本质研究",载《法学》1998 年第10~12 期。

15. 谢晖:"法律本质与法学家的追求",载《法商研究》2000 年第 3 期。

16. 季卫东:"法律程序的意义",载《中国社会科学》1993 年第 1 期。

17. 严存生:"法律、意志、规律",载《法学研究》1980 年第 6 期。

18. 严存生:"法律、利益、规律",载《晋阳学刊》1982 年第 3 期。

## 思 考 题

1. 什么是法的本质? 研究它有什么意义?

2. 如何评价历史上关于法的本质的种种理论?

3. 什么是法的基本属性? 法有哪些基本属性? 它们之间是什么关系?

4. 构成法的要素有哪些? 什么是法的实质构成和形式构成?

5. 法与实践理性、意志是什么关系?

6. 法有哪些种类? 它们之间是什么关系?

7. 法与规律、利益是什么关系?

# 第2章
## 法的历史发展

**【内容提要】**

　　基于历史和逻辑的统一,在研究了法律是什么的问题后,自然要进一步研究法的历史发展。它包含着法的起源、法的历史变革、法系和法的未来发展趋势等方面的问题,涉及法的历史类型、法发展的机制、法的继承、法的移植、法系、法律全球化等一系列概念。

**【基本概念】**

　　社会调整、法的起源、法的消亡、法律的变革、法律拟制、法律衡平、法的继承、法的移植、法的历史类型、法系、法律的一体化、法律的多元化、法律的全球化、法律殖民主义、"世界法"观念

## 第一节　法的起源

### 一、问题的提出和界定

　　在20世纪30年代以前,西方学者一般把人类社会分为两个阶段,即自然状态与社会状态,或原始社会(野蛮社会)与文明社会,而且普遍认为,在第一个阶段即原始社会尚没有法,法是文明社会的产物。19世纪产生的马克思主义的创始人继承和发展了这一观点,指出法是一种社会历史现象,它是人类社会发展到一定阶段后才出现的,是一定历史条件的产物,因此也将随着这一条件的消失而消亡。这意味着法存在起源和消亡问题。但是在1929年,英国著名的人类学者马林诺夫斯基,在印度尼西亚的特罗布里恩群岛进行了多年的研究之后出了一本书:《原

始社会的犯罪与习俗》,[1] 书中提出了不同的看法,他认为在原始社会里也存在一种类似法的行为规范,并把它叫做原始法。这一观点后来为许多学者所接受,特别是为西方社会法学的法人类学家所接受。他们认为法是一种永恒的社会现象,有人类社会就有法,差别只在于不同历史阶段法有不同性质和形式。他们进而把法的发展分为原始法、古代法和现代法。[2] 这意味着他们否认法有起源和消亡问题。这一观点近些年也为我国的一些学者所接受。不过从他们的论述中可以看出,他们并不否认古代法、现代法与原始法有巨大区别,并明确地指出原始法是一种不同意义的法。既然如此,我们认为,对于与原始法有巨大区别的古代法、现代法来说就有一个怎么样产生的问题,而这与其起源问题并没有本质的区别,只不过是把"法的起源"改为"古代法、现代法的起源"而已! 现在我们要研究的是原始社会的"法"是什么,它有着什么性质和特点,又是怎么样发展为现代法的,其转化的条件和规律是什么?

**二、原始社会的社会调整和社会规范**

现代的科学研究认为,人类与其他动物之间有某种血缘关系,是由低等动物经过漫长岁月进化而来的,在这过程中有一个从高等动物猿变为人的阶段,即人类的史前期,科学家把此阶段叫做原始社会。他们认为,在这一阶段人类的群体是以血缘为纽带组织起来的,叫做氏族,其间经历了以女性为主到以男性为主的过程,前者叫母系社会,后者称之父系社会。在这种社会里,尚没有现代社会所有的超血缘的公共权力机构,有的只是血缘群体中德高望重者,而且往往是年长者的权威。在解决人与人之间的矛盾时所依据的准则,也没有现代社会由人有意识地制定的和以语言文字明确表达的规则,而只有自发形成的风俗习惯。这些习惯涉及社会的各个方面,如在后期有婚姻方面的族外婚习惯,在母系时代有只能由女性的后代继承财产的习惯,在捕猎时有如何分工和分配猎物的习惯,有祭拜天地和图腾崇拜方面的习惯,有解决族内纠纷的决斗习惯和解决族外伤害的血亲复仇习惯等。原始社会的这些社会规范,其特点除了上面讲到的只是以风俗习惯形式表现外,还有以下特点:

(1)这一种行为规范没有现代社会各种行为规范的明确划分,而是道德规范、宗教规范、经济规范等混为一体。

(2)这种行为规范多以禁忌的形式出现,也就是说它往往只是规定不准人们作什么或只对人们提出义务要求,而并不像现今社会的行为规范还授予人们以权利。

---

〔1〕 [英]马林诺夫斯基:《原始社会的犯罪与习俗》,原江译,云南人民出版社 2002 年版。
〔2〕 参见[美]霍贝尔:《原始人的法》,严存生等译,法律出版社 2006 年版,第 1 章。

（3）这种行为规范只适用于一个血缘性群体内部。

（4）这种行为规范的维护首先是靠大家的自觉；其次是靠其首领的威望；然后才是靠以全体成员力量为依托的制裁措施，如驱逐出群体等。

这样看来，我们可以肯定地说，在原始社会没有我们现在意义上的"法"，即以非血缘性的公共政治权力为依托并适用于非血缘的人际关系的行为规范，这意味着"法"的起源并不是个虚拟的问题。

### 三、法起源的条件和规律

#### （一）法起源的条件

"法"是在什么样的社会背景下产生的呢？一般认为它萌发于原始社会后期的父权制时代，其产生的背景很复杂，条件很多，归纳起来大体有以下几个方面：

（1）最根本的原因是生产力的提高，经济有所发展，某些产品有了剩余，需要拿到别的部落交换，从而产生了超血缘的人际关系，这使原有的只适用于某一群体内部的行为规范的风俗习惯已无法调整这些关系，而需要一种新的能适用于不同血缘人际关系的行为规范以及相应的组织机构。

（2）人们内部的分工固定化，进而导致财产的私有和贫富的差别，进而产生阶级差别，加上氏族之间为扩大生存空间所爆发的战争中的战俘逐渐被作为奴隶，从而使氏族内部出现了贵族与平民、奴隶主与奴隶的区分，出现了人对人的剥削和压迫，以及对这些剥削和压迫的反抗的阶级斗争。这也使原有的以亲情为精神依托的风俗习惯的被遵守难以为继。

（3）正是适应解决上述矛盾的需要，产生了一种超血缘性的以地区管辖为特点的权力机构，即"国家"（最初的"国家"往往是该地区中比较强大的氏族或部落的首领们，或者说是各氏族公推的霸主）。其产生一方面使"制定"（更准确地说是"认可"已有的习惯）适用于超血缘人际关系的行为规范有了可能，另一方面，也就为维护这种行为规范寻找到一种权威机构。

#### （二）法起源的规律

法的起源是一个漫长的过程，这一过程的详细情况我们已很难描述，现只能就其大体过程进行一些猜测。

1. 由个别调整到一般调整，或由个例到惯例。任何社会规范都是适应解决社会纠纷而产生的，而任何一种新的社会纠纷的解决，开始时都有一个不断摸索的过程，都从解决第一个纠纷开始，只有在解决同类个案中积累了大量经验的基础上，才可能逐渐形成一套大家认可的习惯性规则。法作为一种社会规范也是如此。任何一个法规范的产生都经历了从个别调整到一般调整，或由个例到惯例的过程。

2. 由习惯到习惯法再到制定法。最初的法作为一种社会规范并不是单独产

第二章

生的,而是从原始社会的习惯演化和分化而来的,即在这些习惯中一部分被公共权力所认可和实施,因而使之具有法的性质,这种以习惯形式出现的法就叫习惯法,这些习惯法被搜集整理而成的法典就叫习惯性法典。人类社会现保留下来的最初的许多法典大都是这种法典,如雅典的《德拉古法典》、罗马的《十二铜表法》等。后来由于社会的迅速发展自发形成的习惯法已不能适用,因而出现了由智者创制法的现象,从而产生了制定法。

3. 由与其他社会规范混为一体到一种独立的社会规范。前面指出,原始社会的行为规范是多种社会规范的合成体,正因如此,从中分化出来的法在产生初期与其他社会规范的界限必然是模糊不清的,特别是在其被整理为习惯性法典之前更是如此。证据之一是在古希腊表达“法”的 Nomos 一词,就是既指法,又指各种风俗习惯。证据之二是,在很长一段时间里,在一些国家和地区,法的实施者由神职人员来进行,并往往采取宗教的形式。法的独立是其产生之后很长一段时间的事,在有了立法活动和真正意义上的现代国家之后,法才有一种有别于其他社会规范的表现形式和实施手段。应该指出的是,法作为一种独立的社会规范,其独立性也是相对的,因为直到现在,法仍需要从其他社会规范中提炼,也就是说法仍扎根于其他社会规范之中,这就使它从表现形式到实施手段仍离不开其他社会规范。

## 第二节　法的历史发展

法产生之后,特别是当它作为一种独特的社会系统独立之后,并没有因此止步,而是像其他社会现象一样,随着社会的发展不断地发展、变革。那么它是怎样发展的呢? 其发展的原因、动力、机制、方法是什么? 又经历了哪些阶段和具有哪些形态?

### 一、法发展和变革的原因和动力

法是社会系统中的一个子系统,而且是一个依赖性很强的系统,即上层建筑的一部分,这就决定了法的发展和变革的原因和动力,更多的不在其自身,而在社会的其他部分,也就是说是由于社会的其他部分的变化向它提出了要求,从而推动了法的发展变化。那么是社会的什么变化引发了法的变化呢? 我们认为,就一种社会形态内部来说,直接的原因是由于社会发展中出现了新的社会问题或社会纠纷,原有的法规范无法解决,促使人们探寻新的法规范。我们知道,法是一种解纷的手段,因此当新的社会纠纷出现而旧的法规范无力解决时,必然会随着纠纷的发展和人们对纠纷的认识,逐渐地寻找到适合于解决这类纠纷的法规范。如果说,法的这一变化只是一种量的增加的话,那么,当一种社会制度已经腐败并为一种新的社会制度所取代时,那么作为原有的社会制度一部分的旧的法规范必然也会随着这一社会变迁而变革。这意味着,法的变革往往要借助于社会革命。

### 二、法发展的阶段和法的历史类型

自从人类社会产生了法以来,法已经经历了多次的变更,因而产生了许多法的类型(type)。[1] 所谓历史类型指在各方面都与原有的法有巨大区别的法的发展的一个历史阶段。那么法有哪些历史类型呢?不同的思想家由于采用了不同的划分标准,因而有不同的认识。

如早期的历史法学家根据法产生的方式把法划分为自然法(或习惯法)、学术法和编纂法,理由是在这几个阶段法分别产生于自发而成的习惯、经学术研究的发现和由法律人对已有法规范的搜集、整理和编纂。后期历史法学的主要代表梅因则在此基础上把法划分为判决型法、习惯型法、法典型法。

又如著名的德国社会学家马克斯·韦伯把法划分为卡里斯玛(Charisma 的音译,意为超凡魅力)型、传统型和形式合理型,理由在于人类社会经历了由英雄的魅力治理的社会、由传统习惯维持的社会和资本主义的形式合理性社会。

美国社会学的代表庞德也对法发展的历史阶段作了自己的划分,即为萌发状态的法、严格的法、衡平或自然法、成熟的法、社会化的法和未来的世界法。而批判法学的代表昂格尔也提出了一种划分,即习惯型法、官僚型法和法治型法。其划分的标准主要是根据法所有的属性和实施的机构,认为第一种法之所以叫做习惯法,是因为它主要表现为习惯,尚不具有实在性,而第二种类型的法之所以叫做官僚法是因为它不仅具有实在性和公共性,而且由一套官僚机构制定和实施,第三种法之所以叫做法治型法,是因为这种法不仅增加了新的属性,如普遍性和自治性,而且能使所在社会建立法律秩序。在这基础上美国的社会法学家诺内特和塞尔兹尼克进而把法划分为压制型法、自治型法和回应型法,其标准是看法是否主要依赖强制的办法实施和法与社会是一种什么关系等。

可以看出,以上分类各有其合理性,它们对于我们认识法的历史发展都有其参考价值。不同的是有的从法与社会的关系来思考,有的只以法自身的外部特征为依据,而这些外部特征不同的思想家从不同的角度作了归纳。马克思主义经典作者也对法的历史类型有所论述,他们以法的经济基础和阶级本质为标准,根据社会的类型把法划分为奴隶制法、封建制法、资本主义法和社会主义法。这一分类对于我们的认识无疑有着深刻的指导意义。

### 三、法发展的机制:习惯、判例(拟制、衡平)、立法

如果说在第一部分里我们指出了社会纠纷是法产生的真正动力的话,那么这

---

〔1〕 参见[英]梅因:《古代法》,沈景一译,商务印书馆 1959 年版,第 2 章。

里我们要进一步探索法自身是通过什么途径或机制满足这一社会需要和促使法向前发展的。我们认为历史上法的发展不外乎两种办法：

（1）自发的办法或阶段，即在社会的自发发展中通过千百万人的摸索和社会纠纷的不断出现，会逐渐地形成对某种纠纷的解决办法，并融化于社会的风俗习惯中。这样形成的法规范，是群众经验和智慧的结晶，它没有明确的创始人，这种办法我们叫习惯的办法。它是任何法规范产生初期所必然经历的，差别只在于时间的长短。在法产生初期这是唯一的办法，在有了制定法之后，这一过程就比较短并不再是主要的产生途径。

（2）自觉的办法或过程，即在有了成文法之后，已有的成文法能为新法的产生找到一个依托或生长点，社会中自觉性比较强的精英们在遇到新的社会问题时，就会以已有的成文法为出发点，通过历史上形成的传统机制去寻找新的法规范。梅因认为这些机制有拟制（legal fictions）、衡平（equity）和立法（legislation）三种。所谓拟制，即法律人假借旧法的某些条文的名义虚拟出能解决新问题的法规，或通过解释用增加原有法律规定内涵的办法使原有法律得到发展。所谓衡平即法律人不凭借任何法律规定而仅仅根据法的精神——正义原则，通过处理所面对的纠纷而使法获得发展的方法。所谓立法即立法机关创制新的法规或修改、废除旧的法规。它与前两者的区别在于：①主体不同，一个为立法者，另一个为执法者；②前两者承认和尊重已有的法律规定，而立法则对原有立法持否定态度。我们认为，以上三种可进一步归纳为判例或司法机制与立法机制。

**四、法发展中的两种技术或方法：继承和移植**

在法的发展中还有一个不同类型或不同社会的法之间的关系问题。显然，任何一种新的类型的法都不可能凭空产生或者说从零开始，它必然以之前社会的法为起点，也必然从其周围其他地区的法中吸收对其有用的东西。新法在发展中对其他法的这两种纵向和横向的借鉴关系，前者叫法的继承，后者的一种叫法的移植（legal transplant）。

（一）法的继承

正确的说叫批判的继承，即哲学上的"扬弃"，指的是在总体否定的前提下保留对自己有用的东西，或在分析批判的基础上从中吸收对其有用的东西，并把它改造为适合的形式。新法之所以要继承旧法，首先，是因为新旧法所适用的对象，即新旧社会之间存在继承关系，也就是说，新社会中的人及其观念、人们的生活方式和要面对的社会问题不可能是完全新的，因而就意味着旧法中有些部分仍然有用。其次，是因为法像任何文化一样，都凝结着群众的智慧，都包含着所在群体的信仰，都是所在群体长期发展的结晶，所以后来产生的新文化只是其发展的一个阶段或总链条中的一个环节。这意味着其产生要以前一个环节为基础，其存在除了要满足所在社会的需要外,还承担着传承文化的角色,所以不可能与之前的法没有什么关系或不保留原有法的某些内容和形式。

法的继承性表现在三个方面:①新法在基本框架、基本术语等许多方面都会沿用原来的,也就是说它不可能创造出一套全新的体系和话语;②新法中会保留旧法中的某些部分,特别是那些政治性不强的部分,如有关社会治安的规定、有关婚姻和财产继承的规定、有关一般民事交往的规定、有关交通安全的规定等;③旧的法观念、法思想、法理论,如关于正义的观念、关于权利与义务的观念、关于犯罪的观念等,也必然会对新法的制定和实施产生某种影响,也就是说在新社会里人们不可能完全创造出一套全新的法观念和法理论。

(二)法的移植

法的移植是借用生物学的一个用语来形容同时存在的两种法之间的某种借鉴关系。它比喻一个国家把国外的法律文化,特别是法律制度引入本国并嫁接于本国的法律制度之中的情况。法是一种文化现象,而古往今来各种文化的交流是一个不争的事实。正因为如此,现今存在的任何一种文化中都可以找到外来文化的痕迹。法作为一种文化也是如此,现有的世界各种法律文化的交流是始终存在的,而进入近现代以来,由于科技的发展、邮电和交通的日益发达,各国经济和文化交往的范围和程度越来越大,这必然导致世界各种法律文化之间的频繁交往,也必然使任何一种法律文化要保持它的纯洁性都是不可能的。这就是说,各种法律文化之间的互相借鉴是必然的,借鉴的方式很多,移植只是其中的一种。法的移植是一种明显的借鉴和引进外国法文化的特别现象,它是进入近现代以来第三世界国家借鉴发达国家的法律制度、改善和发展其法律制度的一种特别形式。其办法就是仿照西方发达国家修改已有的法律制度,在这过程中不仅大量地照抄西方国家的法律条文,而且仿照西方的教育模式建立学校,培养与之相适的法律人才。这种性质和形式的大规模的法律移植活动在 19 世纪首先由日本开始并取得成功,我国在 19 世纪末以来也仿照日本发起了一次又一次移植西方法律制度的运动,例如清末的修律和民国时期乃至于改革开放以来的大量立法活动,基本上都属于这一性质的法律移植活动,但我国却没有出现预想的结果。这突出表现在这些被移植过来的法律没有在中国本土扎下根来,而只是留在法律文献的纸上。正因为如此,在我国国内法学界前几年曾掀起了对法律移植问题的争论,[1]争论主要围绕着法律移植可能性和如何正确地进行法律移植两个问题展开。通过争论,现在第一个问题基本解决,完全反对者已不多见,主要的问题是要划清它与完全西化的界限,不要把法律移植理解为铲除原有法律文化的法律殖民主义。第二

---

[1] 参见王云霞:"法律移植二论",载《中国人民公安大学学报》2002 年第 1 期。

个问题主要围绕外来法律文化与本土法律文化的关系问题。而这个问题自清末以来就一直争论着，著名的有"中学为体，西学为用"说。而这个问题的要害是如何对待中国古代传统的法律文化。我们认为，法律移植必须立足于中国的现实需要，必须以中国的国情为基本出发点，必须充分地尊重原有的法律文化，认真从中挖掘有用的东西，因此在充分肯定移植必要性的前提下，要根据我国法制建设的需要，有选择地和有步骤地进行移植，而且每移植一种法律都必须进行充分的论证和认真的试点，还要把它与我国已有的法律文化很好地加以结合，使之实现"中国化"。否则被移植过来的法律难免会产生"排异"现象和"南橘北枳"现象。

# 第三节 法 系

## 一、法系的概念和分类

在世界范围内各种法律文化的交往中，一些国家的法律制度在历史发展中不断地被移植于其他地区，使各国的法律文化互相渗透，特别是在一些强势法律文化向外扩张中，使世界上许多国家的法律文化出现相似的特点。这一现象被比较法学家发现，他们把这些大体相似的各个国家的法律归于一个家族(family)，并称之为"法系"。所谓法系，是指具有某些共同的特征和共同的历史渊源或文化传统的许多国家或地区的法律统称。这一概念对于我们从宏观上把握世界上的法有一定的意义。著名的法系问题的研究者勒内·达维德说，运用这一概念，"把法归类成系，就像宗教方面(基督教、伊斯兰教、印度教等)、语言学方面(罗曼语、斯拉夫语、闪米特语、尼罗河流域语等)，或自然科学方面(哺乳动物、爬行动物、鸟类、两栖类)等一样，可以忽略次要的区别不去管它，而确认'系'的存在"。[1]

那么世界上有哪些法系呢？对此许多学者都有论述，但具体的划分却并不统一。如勒内·达维德认为当代世界有三个主要法系，即罗马—日耳曼法系、普通法法系和社会主义法系。除此之外，在亚洲、非洲还存在一些次要的法系，如伊斯兰法系、印度法系、远东法系、马达加斯加法系和非洲各国法等。美国法学家埃尔曼认为，当代世界可划分为四大法系，即罗马—日耳曼法系、普通法法系、社会主义法系和非西方法系。德国法学家茨威格特和克茨在其所著《比较法总论》中则提出八大法系的说法，即罗马法、日耳曼法、北欧法、普通法、社会主义法、伊斯兰法、远东法和印度法等。日本法学家穗积陈重则把世界各国的法分为七类，即印度法、中国法、伊斯兰法、英国法、罗马法、斯拉夫法和日耳曼法。

可以看出，这些学者在法系的名称叫法上极不统一，其原因主要是各人站在不同

---

〔1〕 ［法〕勒内·达维德:《当代主要法律体系》，漆竹生译，上海译文出版社1984年版，第23～24页。

的角度和使用了不同的标准。有的站在西方中心主义的立场,有的则站在非西方的立场;有的只是着眼于当代,而有的还兼顾历史;有的只着眼于法的外部特征,有的还考虑其历史渊源和文化背景等。不过,这些划分有些法系是大家公认的,而其中从时间上可划分为,现有的如普通法法系或英美法系、大陆法系或罗马法系、伊斯兰法系、社会主义法系,历史上的则有中华法系、印度法系、古埃及法系等。

**二、当代世界两大法系比较**

(一)当代世界两大法系简介

当今世界的法律状况,一方面是历史自发展的产物,但更多是近现代以来西方列强对外扩张和拓展殖民地的结果。因为当今世界的许多地区和国家曾经变为西方列强的殖民地,致使这些地区原有的法律文化的发展已经中断或已不复存在,从而使西方的两个法系覆盖了世界上的大部分地区。这两个法系就是由英国法发展而来的普通法法系和由古罗马法发展而来的大陆法系。

大陆法系,又叫罗马法系、罗马—日耳曼法系、法典法系、民法法系等,指的是由原来的古罗马法及在其影响下后来产生日耳曼法、并以法典为主要表现形式的欧洲大陆国家及曾是这些国家的殖民地的世界其他地区的国家的法的总称。它包括以法、德为代表的欧洲大陆国家,以及曾是法国、西班牙、荷兰、德国殖民地的国家和地区,如近东的土耳其,远东的日本、泰国、越南、菲律宾、我国的澳门,非洲的南非,英国的苏格兰,北美洲的美国的路易斯安那州、加拿大的魁北克省,中美洲和南美洲的大部分国家等。

普通法法系,又叫英美法系,是指由中世纪英国法发展而来的以判例为主要形式的国家的法的总称。它所及的范围除英国、爱尔兰外,几乎覆盖原英国的殖民地、附属国家,如北美的美国、加拿大,大洋洲的澳大利亚、新西兰,亚洲的印度、巴基斯坦、孟加拉国、缅甸、马来西亚、印度尼西亚、新加坡、我国的香港,非洲的肯尼亚、乌干达、坦桑尼亚、尼日利亚等。

(二)当代世界两大法系比较

大陆法系与普通法系是两种并存的资本主义的法,它们在许多方面,如经济基础和阶级本质、价值取向、宗教信念上都基本相同,历史上也有某些共同的渊源,但也存在许多差异,归纳起来主要有以下几点:

(1)在历史渊源上,大陆法系直接根源于古罗马法,是在 11 世纪复兴古罗马法的基础上演化而来的。而普通法法系在形成中虽然也受到罗马法的影响,但主要是由英国中世纪的习惯法演化而成的。

(2)在表现形式上,大陆法系主要为成文性的法典,而普通法法系则主要为判例法。与此相联系法律的创制者前者主要是立法机构,而后者则主要是司法机构。这一区别也使前者以国会为法律权威的象征,而后者则以最高法院为法律权威的象征。

（3）在法律分类上，大陆法系一般把法律区分为公法和私法，并由此设置相应的两种法院，在法律种类上也有经济法的名称，而普通法法系则没有这一划分和名称，而是把法律根据其产生的法院种类区分为普通法和衡平法。

（4）在诉讼程序上，大陆法系国家一般实行职权主义原则，由法官主动审讯、搜集和核查证据。而普通法法系国家则实行当事人主义原则，在民事审理活动中由当事人为自己的诉讼主张提供证据，并盘问对方的证人，由诉讼双方在法庭进行辩论，法官处于消极地位和保持中立角色，只是在最后才作为一个裁判员。

（5）在法律观上大陆法系崇尚理性主义，比较关注法与正义和法与公众道德的联系、法律体系的逻辑严谨性，因而在大陆国家大学的法学教授比法官更具有权威性。"法学家来自大学教授而不是法官，法学家是法律这部机器的总设计师，法官仅仅是机器的操作工人。"[1]相反英美法系崇尚经验主义，其法律散见于一个个的案件的判决书中，而这些判决虽然也要"遵循先例"，但更强调的是"特事特办"。所以在这些国家中"法既不是大学教授的法律，也不是钻探原理的法律，而是熟悉诉讼程序者和开业律师的法律"[2]"法官既是这部机器的设计工程师又是操作工人。"[3]

（6）在法律适用的推理上，大陆法系的法官遵循从一般到特殊的路径，奉行"罪刑法定"的司法原则。而在英美法系国家里恰好相反，法官的推理是从个别推出一般原理，采取"遵循先例"的司法原则。

但是应该指出的是，20世纪以来随着交往的频繁，这两大法系的国家开始认识到自己的不足，注意吸收和借鉴对方的长处，致使以上的差别有一种日益缩小的趋势。例如，普通法法系国家逐渐加强议会立法，其部门法律也有法典化的趋势，而民法法系由于上诉制度的存在，在司法实践中，法官与律师也更加倾向于遵循先例原则。然而，应该认识到，这并不意味着它们之间的差别会完全消失，恰好相反，它们各自具有的历史传统、风格和特色将会长久保持下去。

## 第四节　法发展的未来趋势

### 一、人类进入全球化时代

人的社会性使人必然与他人交往，而这一交往随着科学技术的发展会越来越

---

〔1〕　董茂云："大陆法系与英美法系的根本区别"，载《法学研究》1987年第1期。
〔2〕　董茂云："大陆法系与英美法系的根本区别"，载《法学研究》1987年第1期。
〔3〕　［法］勒内·达维德：《当代主要法律体系》，漆竹生译，上海译文出版社1984年版，第334页。

多,但在很长的历史时期里,这一交往的范围是很小的,只限于一个地区、一个国家。15~17世纪西方少数资本主义国家实现了工业化,国内的发展已不能满足其需要,开始了对外的一系列探险、商业贸易、文化输出和军事侵略活动,其结果是全球性的资本主义市场经济的形成和少数西方资本主义国家世界霸主地位的确立。这意味着交往已扩展到世界范围。不过,这一时期初期,人类突破国家的交往还是很少的,范围也并没有像现在这样广泛。20世纪下半叶以来,随着交通工具和信息技术的现代化,人类的交往才真正具有全球性,它使物质、能量、信息能在全球范围广泛交流。这突出表现在世界经济已经联成一体,出现了统一的趋势,即资源配置上的统一、市场的统一、科技发展的统一、人才流动的统一、经济管理模式的统一、货币的统一、交往方式甚至是语言的统一,以及各民族文化的融合与趋同。而由此使世界各国面对着许多相同的问题,如世界和平、大气污染、环境保护、跨国犯罪等,显然,这些问题的解决需要各国进行国际性的合作。而外层空间的开发和信息技术的进步,特别是电视、因特网的出现和普及,也使国家的界限日益模糊。另外,世界上出现了国家之外被称为"第三种力量"的许多组织,如跨国公司、绿色和平组织、文明共同体、互联网族、世界贸易组织和国际金融组织等〔1〕这意味着民族国家不再是全球化时代的实体基础,民族国家历史正向全球化世界历史转变。这也就是说,全球性交往的产生和日益发展,意味着人类社会已进入以地球为范围的时代。而"全球化"(globalization)概念正是人们对这一变化感知所产生的观念。人的活动和面对问题的全球性以及国家观念的淡化,正是这个观念的主要内涵。

这一全球化过程可分为初级阶段、发展阶段和高级阶段。

第一阶段是全球化的原始积累时期,它是以西方少数资本主义国家用赤裸裸的暴力为手段向全球范围的扩张和侵略为特点的,它所建立的只是世界资本主义体系。在这个阶段里,交往过程充满了野蛮和血腥,强权和暴力是交往的基本原则。很明显,这一阶段的全球化其实质就是资本主义化或"西化"。它企图把西方国家的资本主义制度和价值观念推向全世界,或者说用西方国家的资本主义制度和价值观念统治全世界。

第二个阶段,即发展阶段,少数发达国家不再单纯以赤裸裸的暴力为手段向全球范围扩张和侵略,而是更多地使用战争之外的手段,但仍以追求和维护少数发展主体的利益为目的,只不过其行为往往披着合法的外衣和打着国际组织的旗

---

〔1〕 此类组织又称"非政府组织",指在全球化过程中针对日益严重和复杂的全球性问题,为了弥补民族国家和超国家的政府组织、跨国公司的不足而由各国人民自发组织起来的非营利性、非暴力性的全球性组织。这种组织20世纪90年代迅猛发展,已从20世纪80年代的6000个猛增为2000年的4万多个。参见张小劲:"非政府组织研究:一个正在兴起的热门话题",载《宁波党校学报》2002年第6期。

号而已。我们所处的正是这一阶段,它是以第二次世界大战的结束为起点的。在这一阶段里,由于世界上除了资本主义世界外,又产生了社会主义世界和第三世界,还存在多种国际性组织。这意味着主体多元化了,西方资本主义国家已经不能完全独霸全球了。因此,这一阶段全球化的资本主义性质虽然没有根本变化,但已不那么纯粹,即已经开始发生着不利于资本主义的变化和产生了非资本主义的新因素。也就是说,在这一阶段全球化已不再仅仅意味着单一化和西方霸权主义,而是引发出多元化和多极化的观念,它主张各种文化都有平等的价值,要求各个国家、各个民族应平等、自由地发展,认为全球化是在这些不同文化的冲突、交流和融合中实现的。因此,它已包含着对第一阶段"全球化"行为的反思与批判,已在揭露其过程和结果的霸权主义性质,已使西方发达国家不再敢公开地蔑视非西方文化的价值了。但是由于交往的基础是实力,目的是利益的扩大,而在这阶段里西方发达国家的实力仍居于主导的地位,因而其他国家不可能在事实上以平等的身份参与世界交往,也就难以从根本上影响全球化的进程和结果。所以,今天的"全球化"仍然带有第一个阶段全球化的胎记,它是西方发达国家(尤其是美国)以强大的经济实力为后盾,以高科技特别是计算机信息网络为手段,以西方政治、社会和文化为附带现象的征服扩张过程。因此,当今全球化的现实并没有根本改变西方霸权主义性质,这也正是当前世界存在一股反全球化思潮的原因所在。

全球化的第三阶段对现在来说还只是一种发展趋势,或者说只是人们对未来的一种设想或理想,它一方面强调了世界的统一性和各种主体发展中的日益接近;另一方面,更强调了发展中各主体的差异性和非同质性,以及由此而来的多极化、多样化、多元化的格局。它所追求的是彻底消灭交往中的不文明行为,使各个个人、各种组织、各个民族和国家以平等的资格自由地进行交往,从而保障多极主体利益的合理、公平、公正的发展。

**二、法律全球化的表现和性质**

**(一)法律全球化的表现**

全球化现象存在于各个领域,就现今而言,法律全球化或全球性突出表现在以下几个方面:

(1)超国家法律或国际法的大量出现,其种类越来越多,适用范围越来越广。应该指出的是,这里所说的"国际法"已大大地不同于原来意义上的"国际法",即区域性的法律,而是具有全球性。如联合国所制定的法律已被世界上的大多数国家所接受,还有其他许多全球性的组织,如世界卫生组织、国际红十字会、国际货币基金组织、世界银行、世界贸易组织等,它们所制定的规章也被世界上的大多数国家所接受,并对各国的法律产生巨大影响。这就是说,"国际法"越来越具有全球性或被全球化。

（2）国内法越来越具有开放性，它不再是一个封闭的系统，而是通过交流、移植等办法在不断地互相吸收和借鉴外国法中对自己有用的东西，因此各国法律之间越来越具有共性和因而能彼此沟通、对接。另外，在司法方面各国之间也越来越多地进行合作和共同打击国际性的犯罪活动，如跨国犯罪、高科技犯罪、国际化毒品走私、国际恐怖活动等。这也就是说，国家之间的法律界限已不那么分明，国内法已不那么纯粹，已越来越包含别国法的因素，或者说越来越与别国的法律有更多的相同之处。

（二）当代全球化法律的主要属性

既然当今的经济全球化在本质上是西方资本主义经济制度在全球范围内继续扩张，是资本主义市场经济伸向全球，因而形成的全球范围内的规则，包括法律，在性质上也必然主要是资本主义性质的。而我们知道，西方发达国家在过去的几个世纪里，不仅在经济和军事上向全球扩张，而且其法律制度也同时向被其占领的国家和地区输出，从而形成了当今西方两大法系主宰全球的格局。这是因为现在所形成的世界经济秩序是由西方发达国家所建立的，或者说当今存在的世界经济体系实质上是"富人的俱乐部"，其规则也主要是为了保障富人间交往的安全和公平而制定出来的。因此，这些规则对于第三世界国家来说，显然是不公平的。但由于世界经济已经一体化，第三世界国家要发展经济无法避开它，要与富人打交道，必须遵守其规则。"或者不参加游戏，要参加就必须遵守规矩。"这意味着第三世界国家在全球化初期，处于被动地位，它要发展就必须顺应或迎合全球化趋势。但这并不意味着完全屈从它，因为当参加进去成为正式成员之后，就取得了发言权，就有资格和有可能对改变规则施加影响。这就意味着，像世贸组织规则今后的发展并不一定按照富人或最初组织者的意愿进行。全球化过程是由西方资本主义国家发起的，在其开始阶段会产生对其有利的结果，也会由其唱主角，但这并不意味着其发展始终由其控制。因此，法律全球化对第三世界国家来说，是一个无法否认和回避的现实，而作为一种现实，是一个机遇与挑战、获利与损失、合作与斗争并存的。对第三世界国家来说，要积极地正视和面对这个现实，要对其进行理性的思考，从中寻找发展的机会；要在其中显示自己的存在，积极地表达自己的意愿。这样才能改变现实中负面的效应，使其向着有利于自己的方向发展。

**三、法律全球化中的两种趋势：一体化和多元化及其关系**

法律全球化并不等于所有的法律统一于某种法律或最后整合为统一的"世界法"，而是各种法律不再孤立地存在或水火不相容地对立着，是各种法律在各保持其相对的独立性和不断的分化中又趋于统一。因此它存在两种趋势，即一体化和多元化。所谓"一体化",英语为 integration,有统一、综合、整体等涵义,指的是许多东西或许多因素在发展中趋于统一或整合为一个协调整体的过程及其结果。既然是把许多东西综合为一个整体,那就意味着其内部不是同质的,有着复杂的结构和包含着许多相对独立的部分。它所强调的只是这些部分能协调相处,从而能组合为一个统一体罢了!

"多元"一词英语为 plurality,是个哲学概念,是与"一元"相对而言的,指一个事物有多重本质和多种来源,而且它们不能最后归结为某种单一的东西,相反其内部的各部分具有相对的独立性。"多元化"是由多元一词演化而来的,指的是事物的发展越来越分化和复杂化的趋势,或者说强调的是事物的多样性或不统一性。可以看出,这两个词并非指两个不同的事物,而是指一个事物同时存在的两种属性或发展趋势。一个强调的是合,另一个强调的是分,或者说一个强调的是统一,另一个强调的是差异。而我们知道,统一与差异是任何事物内部都存在的一对矛盾或一对关系。它们之间是既对立又统一,是对立中包含着统一,统一中包含着差异;统一建立在差异的基础上,以差异为前提,因为没有差异就无所谓统一的问题;而对立时双方又必然存在统一的方面,否则就不可能联系在一起,也就不可能达到统一。就像一个机体内有各种器官和各个部分,它们各有其功能并能组成一个统一体一样。所以,一体化不是单一化,允许内部有差别,而且是以有差别为前提的。只要这些不同的部分其运动有着共同的目的就行,而这个共同的目的不可能是某一部分目的的扩大,只能是各部分不同目的中的共同部分。由此看来,"一体化"与"多元化"不是像一元与多元那样,是截然对立的两个概念。一体是允许多元存在的,甚至于在一定意义上说,它是以多元为基础的。

从一体化的一般概念中我们可以推出,法律的一体化不是指世界上的法律最后统一为一种法律,即出现单一的"世界法";更不是用一种强势法律文化占领、取代其他法律文化,虽然在历史的某个阶段会存在此类情况。而是指世界上的各个国家法律和各种各样的法律,不再是孤立地或截然对立地存在,它们越来越接近、越来越具有共性,因而能融洽相处,和谐地并存于世界之上。或者说它们之间能够接轨、对接、连接起来,组成一个统一体。说得准确一点,有共同的目的,即人类的发展和繁荣。显然,这一共同目的不应是某一种法律的目的或所追求的目标,或者说不应是某一地区、国家的价值观念统治全球,而应该是追求全球人类交往的有秩序和效率,进而能有利于人类的共同进步和繁荣。人类作为一个物种,时至今日,在经济上已联结为一体和各种交往非常频繁的情况下,原来彼此孤立存在的规则和制度,包括法律制度,通过长时间的磨合,必然逐渐能够对接和越来越具有共性,形成你中有我、我中有你的格局,从而能共同组成世界法律体系。虽然现在看来这一体系还不那么协调一致,彼此之间还存在矛盾与冲突。

关于"法律多元"的概念,日本法学家千叶正士有所论述。他认为"法律多元"所指的是一种对法的观念。这种观念认为,存在两种意义的法:一种是传统的西方法学所认为的由国家所制定或认可的正式的法或官方法,另一种是与此相对应的非正式的法或非官方法。而后一种法,"它们被许多学者贴上各种各样的标签,比如,当关注其权威渊源或管辖范围时,就称作为非国家法、非官方法、人民的法、地方性法、部落法等;反过来,当关注于其文化起源时,就称作习惯法、传统法、固有法、民间法、初民法、本地法等。与此相对照,正统法学中的'法'反过来就要附加一些修饰词来加以称呼,就像国家法、官方法、国法等,要不然就像西方法、移植法、继受法、强加的法等一样。这样一种国家法与非国家法或习惯法的并存构成了'法律多元'这一概念的基础,一般而言,人们都假定前者优于后者"[1]他认为,法的这种二元性可从三个不同的角度进行划分:官方法对非官方法、法律规则对法律原理、固有法对移植法。所谓官方法和非官方法分别指的是"'由一国合法权威认可的法律体系及其组成部分',及'没有被任何合法权威正式认可,但实践中被一定范围人们——无论是否在一国疆界之内——普遍认可的法律体系及其组成部分,这时它们对官方法的有效性造成特别影响,补充、反对、修正乃至于破坏官方法,特别是国家法'"。所谓法律规则和法律原理,分别是指"某种指定特定行为方式的法律规制的正式文字表达"以及"某种与特定法律有联系的,在理念上建立、证明、为其指向,或补充、批评、修正现存法律规则的价值、观念及其体系"。所谓固有法与移植法,前者"广义上是'起源于一个民族固有文化的法',狭义上则是'在移植现代西方法之前存在于非西方民族固有文化的法'"。后者"广义是'一个民族从异文化中移植来的法',狭义是'非西方国家从现代西方国家移植来的国家法'"[2]他把这一结构模式称之为"法律的三重二分法",认为这一分析模式"是对一个民族运作中的法律的整体结构进行精确的观察和分析(个别的或比较性的)的有用的分析性工具"[3]显然,千叶正士主要是从国内法的角度来论述"法律多元"的。

我们认为,如果从全球的角度和以全球化的眼光来看,法律多元还表现在多极、多源、多重主体、多种追求和多重价值标准、多层次和多样化等几方面:

所谓多极,指当今世界法律在格局上不是单一的,而是由多种法律系统组成的。就外在形式特点来说,它被划分为许多法系,如大陆法系、普通法法系、伊斯兰法系等,每个法系在法律形式、法律传统、法律技术等方面都有着很大的差异,

〔1〕 〔日〕千叶正士:《法律多元》,强世功等译,中国政法大学出版社1997年版,第2页。
〔2〕 〔日〕千叶正士:《法律多元》,强世功等译,中国政法大学出版社1997年版,第193页。
〔3〕 〔日〕千叶正士:《法律多元》,强世功等译,中国政法大学出版社1997年版,第190～192页。

第二章

故而形成多元化的格局。而在同一法系里,不同国家之间,如普通法法系的英国和美国,在传统和技术上也差别很大。就追求的内在价值来说,西方发达国家(第一世界国家)与中等发达国家(第二世界国家)、第三世界国家和社会主义国家的法律显然是不同的。它们之间的差异和矛盾是会长期存在的,对立和斗争势在难免。总之,各种法律体系能保持其相对的独立性,其法律理想和法律技术各具有独特性,呈现多极对立的格局。

所谓多源,指世界上现有的法律有多种来源。就历史渊源而言,有来自古罗马法的,有来自东方古代法的,有来自基督教和伊斯兰教义的,有来自民间私人商事交往习惯的;就主要表现形式而言,有以成文法为主的,有以判例法为主的,还有习惯法等来源;就层次而言,其构成有国际法和国内法,国际法还有区域性和全球性之分。而区域性的法律和全球性的法律之间也并不完全是部分与整体的关系,而是有差异和对立。全球化与区域化的关系是,区域化是全球化的一个必经阶段,全球化正是从区域化开始的,是区域化扩大的结果。但不同的区域在各自扩大中却往往会产生对立和冲突,因此多个区域的存在有时会延缓全球化的速度。但它会使全球化的发展避免单一性,使全球化过程更趋于合理化。例如人权方面的法律有联合国人权委员会所通过的法律,有各大洲人权组织所通过的法律,还有各国国内法中的相应部分,而它们之间在价值取向、侧重点、具体内容上往往有差异,甚至于存在对立。这种情况的存在,虽然会使彼此之间发生矛盾和冲突,但也能在某种程度上抑制人权领域西方发达国家主宰一切的趋势。

所谓多重主体,指的是造法主体的多元,即国家不再是唯一的造法主体,而是出现了许多新的造法主体。这突出表现在国际法方面,有政治性的如联合国,有经济性的如 WTO、世界银行、跨国公司,还有像国际红十字会、绿色和平组织之类的医疗卫生和环境保护组织等。正因为造法主体多元,因而国际法的表现形式和种类上也呈现多样化的局势,有联合国的章程,有各国之间或地区性的条约,有WTO 和世界银行等非官方组织的规章等。

由此来看,在全球化的今日,作为一种主要的社会制度的法律,虽然在很大程度上已经全球化了,或者说已经一体化了,但并不意味着已经单一化,虽然它在很大程度上还主要属于资本主义的法律制度,或者说是已被"西化",然而并不意味着世界上只存在单一的资本主义法律体系。就资本主义法律体系来说,其内部也是极不统一的,就法系来说存在大陆法系和普通法法系的差别,而每个法系内部,国与国之间也有非常大的区别,如英国与美国。这是因为,法律全球化只是意味着人类社会的一部分法律在一定程度上具有超出国家乃至达于全球的普适性,并不意味着世界上只有一种法律或各个国家的法律毫无差别。恰恰相反,任何一国的法律都有其特殊性,或者说任何一国的法律都有其特殊的价值取向、文化背景、表现形式和实现方式。另外,任何一国的法律的大部分都是该国特有的,不可能具有全球性或能被普遍地适用于其他国家。此外,任何一个具有全球性的法律在适用于不同国家时,都会有不同于另外一个国家的理解、实施方法和效果。正如陈忠在《全球化:普遍制度文明与主体实践选择》一文中在谈到制度文明时所指出的:"全球性普遍制度的建构不意味着人类制度的一元化。全球性普遍制度在本质上是有限的普遍制度,表现在:其规则很难覆盖世界上所有的发展主体,也很难获得所有发展主体的共同认可;其适用范围主要是有关全球性问题、全球性共同利益的领域,不可能扩展到人类生活的所有领域、所有层面;各发展主体的具体制度是普遍制度的产生泉源,在普遍制度的文明化过程中具体制度始终是普遍制度的基础;对普遍规则的解释因发展主体历史文化等理解的不同而必然存在差异;普遍制度的建立需要过程,不可能一蹴而就。这些都说明一元与多元辩证统一,普遍制度与具体制度并存,各发展主体在制度上求同存异是全球性制度体系的基本框架、基本特点。"[1]

法律的发展之所以趋于统一而不会变为唯一,原因在于人类虽然在本性上是统一的,但却是由一个个的个体、种族、民族、社会组织组成的,并且他们生活于不同的自然环境和文化背景中,因而他们之间的差别必然永远存在,每个个体或群体必然具有其个性或特殊性,每个民族或每个不同文化背景里的人群,必然有其特殊的生产方式和生活方式,因而必然有不同的风俗习惯和规则制度。这些差别虽然会随着彼此之间交流的增加而缩小,但永远不会完全消灭,这就像各人种的遗传基因的差别和各地区的地理环境的差别始终存在一样。而且,客观世界的发展日新月异,人们的认识也在不断地变更,它使任何一种由一定的价值观念指导下所产生的社会制度,包括法律制度,不可能具有绝对适用性,因而能够扩大到全球的范围。这样一来,作为社会制度之一的法律,必然是因地而异和因人而异的,也必然是分为许多板块和许多层次的。虽然其中的某些部分会有具有全局性或被所有的人所接受,但绝不会所有的都如此。即使是这些具有普遍适用性的部分,也是相对的,它会随着时间的推移而丧失这一属性。更不用说它在适用于不同时间和地点时会有不同的理解和产生不同的效果。这就是说,虽然由于作为物种之一的人类在本性上的统一和交往的发展已使他们联接在一起,成为一个"地球村"的人,但个性的差异、文化的区别和由此而来的生活方式的不同,永远不会使他们只建立和服从一种法律规则。这样做不仅没有可能,而且也没有必要。因为这样做的结果会使人类的生活变得千篇一律,失去丰富多样性,会使每个人的活动毫无个性和价值,进而会磨光人的创造性并堵塞进一步发展的道路。

---

[1] 陈忠:"全球化:普遍制度文明与主体实践选择",载《广东社会科学》2002 年第 5 期。

第二章

综上所述，人类的本性必然使人类的交往不断扩大，最后达于全球的范围，因而人类会进入全球化时代。这一交往是以经济交往为基础和起点的，所以最早实现的是经济全球化。但它决不会只停留于经济领域，而是会逐渐扩及文化、政治、法律诸领域，因而也必然引发法律的全球化。当今世界，法律全球化已表现在很多方面，它使世界上的各种法律出现一体化的趋势。但与此同时，世界上的各种法律并没有因这一趋势而完全丧失其独立性，虽然在这个过程的初期，由于西方发达国家的法律霸权主义政策曾使世界上的法律在很大程度上资本主义化。但随着社会主义国家的纷纷建立、殖民地国家人民的觉醒与反殖民主义斗争的胜利产生了第三世界，世界政治走向多极化。这就使法律在一体化的同时，也走向多元化。这突出表现在多极、多源、多重主体、多种追求和多重价值标准、多层次和多样化等几方面。而这种情况的出现，它不是要削弱或取消一体化，而是会克服全球化初期法律单一化的不良现象，使其向着更加合理的方向前进。它意味着世界上的各种法律文化将以平等的资格加入世界法律体系的行列，在竞争中互相吸收和借鉴，以求共同的繁荣和发展。

基于以上认识，我们的正确态度是：正视现实，抓住机遇，迅速发展，既保持我国法律体系的社会主义性质和中国特色，又不断地增加其开放性，积极地吸收借鉴各种法律中有价值的因素，使之能与世界其他法律体系顺利接轨，能作为世界法律体系的平等一员并具有越来越强的生命力和竞争力。

## 参考文献

1. [英]梅因：《古代法》，沈景一译，商务印书馆 1959 年版。

2. [英]马林诺夫斯基：《原始社会的犯罪与习俗》，原江译，云南人民出版社 2002 年版。

3. [美]霍贝尔：《原始人的法》，严存生等译，法律出版社 2006 年版。

4. [美]塞德曼：《法律秩序与社会变革》，时宜人译，中国政法大学出版社 1992 年版。

5. [美]诺内特、塞尔兹尼克：《转变中的法律与社会》，张志铭译，中国政法大学出版社 1994 年版。

6. [法]勒内·达维德：《当代主要法律体系》，漆竹生译，上海译文出版社 1984 年版。

7. [法]米海依尔·戴尔玛斯—马蒂：《世界法的三个挑战》，罗结珍等译，法律出版社 2001 年版。

8. [日]千叶正士：《法律多元》，强世功等译，中国政法大学出版社 1997 年版。

9. [德]K. W. 诺尔："法律移植与 1930 年前中国对德国法的接受"，李立强、李启欣译，载《比较法研究》1998 年第 2 期。

10. 郭成伟：《外国法系精神》，中国政法大学出版社 2001 年版。

11. 王学辉：《从禁忌习惯到法起源运动》，法律出版社 1998 年版。

12. 周长龄：《法律的起源》，中国人民公安大学出版社 1997 年版。

13. 苏力：《法治及其本土资源》，中国政法大学出版社 2004 年版。

14. 何勤华：《法的移植与法的本土化》，法律出版社 2001 年版。

15. 严存生:《法的"一体"与"多元"》,商务印书馆 2008 年版。
16. 何勤华、严存生:《西方法理学史》(下编),清华大学出版社 2008 年版。
17. 沈宗灵:"论法律移植与比较法学",载《外国法评议》1995 年第 1 期。
18. 王晨光:"不同国家法律间的相互借鉴与吸收",载《中国法学》1992 年第 4 期。

## 思 考 题

1. 如何理解法是一种社会历史现象?
2. 如何理解法的起源和消亡?
3. 法的历史类型有哪些? 研究它有什么意义?
4. 什么是法系? 西方两大法系有什么区别?
5. 什么是法的继承和移植? 研究它有什么意义?
6. 什么是法律全球化? 法律全球化的性质和趋势是什么?

第二章

# 第二编　法的价值论 <<<

# 第3章
## 法的价值的概念

**【内容提要】**

　　"价值"是与"事实"概念相对应的,因此我们在前两章研究了法的事实之后,有必要探讨"法的价值"问题。这一章从价值的一般概念入手,从法的价值的概念、法的作用、法的价值追求、法的价值评价等四个方面逐一论述。法的价值是法作为一种社会事物并参与社会运动时对人类生存和发展的意义。本章通过与法的功能、法的作用、法的价值目标、法的价值因素、法的价值评价、法的理念等相关概念的关系的分析、界定,进一步明确了法的价值概念的特有内涵。在此基础上,对法的价值研究上的基本问题,即法的价值问题的范围、立场与方法做出概括,以为本编后续章节之统帅。

**【基本概念】**

　　事实、价值、价值观念、价值目标、价值评价、价值因素、法的价值、法的理念

## 第一节　法的价值的概念

### 一、价值的一般概念

　　价值这个概念有各种用法。在日常生活中习惯上是指一种事物对人的意义或用处。在经济学上它是与使用价值相对而言,指的是凝结于商品中的一般社会劳动量。哲学上价值是与事实相对应的概念,指的是事物的两种存在:事实指的是事物的自我存在或自然存在;价值指的是事物的社会存在或对人的存在,即对

人类的生存和发展的意义。这主要表现在它能满足人的某种需要。因此,事物的价值是与人的需要联系在一起的,一种事物只有当它能满足人的某种需要时才有价值。那么,什么是人的需要呢? 人的需要是在某一时代、某一特定环境里人对自己的存在和发展条件即利益的主观感受。它在形式上是主观的,但在内容上却是客观的。人的需要具有历史性和个人差异性。不同时代的人有不同的需要,不同社会地位的人在需要上会有差异。正因为如此,一种事物的价值会受到需要变化的影响。新的需要的产生会使某种事物变得有价值,需要量的增大会提高某种东西的价值。事物价值的根据在于事物本身,在于事物具有某种属性,这种属性能满足人的某种需要,因而它有价值。而事物的某种属性是事物本身所具有的,不是人给予它的。所以,某种东西有价值虽然与人的需要有关,会受到人的需要的影响,但不能认为是人赋予它价值。人不能使无某种属性的东西变为有某种属性,除非他通过自己的劳动改变了某种事物的环境,从而促使该事物向自己需要的方向发展。

这样一来,价值就是事物的属性与人的需要之间的一种关系,是事物的属性与人的需要相关的一种客观存在。这种客观存在如果被人认识,所取得的结果叫价值意识。价值和价值意识之间的关系是存在与思维的关系。因此,人对某种事物的价值,可能已经认识到,也可能还没有认识,还有可能认识得不正确不全面。显然,事物的价值不以人是否认识和怎样认识为转移。价值意识包括价值认识、价值观念等。价值观念是人内心在长期认识各种事物的价值的基础上所产生的一般价值意识。因此,它不是对某一具体事物的价值的认识,而是在对这些价值的抽象和概括的基础上所获得的具有普遍性的价值认识,而且根据自己需要的种类对之加以排列。所以,它不是人们对价值的纯粹认识,而是同时具有评价某一具体事物的价值的标准的作用。从这个意义上讲,价值观念是人们在长期认识和享用各种事物的价值的基础上于内心积淀起来的用以评价客观事物的价值的主观标准。人用这个标准评价各种事物的价值,并指导自己的价值选择,以确定自己的价值目标。由于不同时代各个国家、各个民族、各个人有不同的需要,因而他们的价值观念具有时代特色、文化特色和个人差异,这表现在所追求的价值目标、价值取向诸方面。价值目标是蕴涵于内心的人的活动所要达到的理想境界,价值取向是人选择价值目标时的侧重点,它是各种价值目标之间的一种排列关系。

## 与价值相关的几个概念及其相互关系图

A. 事物的客观存在 $\begin{cases} \text{事实存在:事物的自然存在或与人无关的存在} \\ \text{价值存在:事物的社会存在或与人类相关和作为社会运动一个} \\ \qquad \text{因素的存在} \end{cases}$

```
                       事实意识
                            ┌ 价值观念:人内心积淀的对事物的价值认识的
                            │           观念体系,也叫意识形态
  B. 人对事物的意识          │ 价值评价:人对事物价值的判断
                            │ 价值目标:人内心所追求的理想
                            │ 价值因素:人造物中所包含的人的政治、
                       价值意识│           道德观念因素
                            │ 价值标准:人内心用于评价事物价值的尺度
                            └ 价值取向:进行价值选择时的基本立场和方向
```

## 二、法的价值的概念

### (一)法的价值的概念

法学界对法的价值这个概念的使用尚不统一,如西方学者中新康德主义法学家和存在主义法学家把它理解为法所追求的价值目标,如正义、功利、秩序,社会法学家庞德把它解释为衡量法律的价值尺度,综合法学家把它说成是法中所包含的价值因素等。国内法学者在理解上也有分歧,如有的把它理解为法所追求的东西,有的把它理解为法对人的作用或意义,有的还把法的价值分为法自身的价值和所追求的价值两种。

我们认为,法的价值的概念应与哲学上的价值概念相统一,即应从事物的客观存在与人的存在的关系中去思考。基于此,我们把法的价值理解为法这种事物的属性和存在对人类的生存和发展的意义。它是与法的事实相对而言的。法的事实指的是法与其他事物无关的客观存在,它回答的是"法是什么"的问题,第一编法的本体论所研究的就是法的"事实"问题。法的价值指的是法的另一种存在,即法作为一种社会事物和参与社会运动时对人类的生存和发展的意义。

### (二)与法的价值相关的几个概念

1. 法的价值与法的功能。法的功能或性能是和法的属性密切相关的一个概念,指的是以人的需要为标准对法的属性所作的分类。因此,法的各种属性能满足人的几种需要就说明法有几种功能。所以,法的功能是以法的属性为基础的,是以人的需要作为出发点来看法的各种属性。但法的属性和法的功能也是有区别的,因为,法的属性属于法的"事实"问题,而法的功能则属于法的"价值"问题。也就是说,当我们在讲法的功能时,已把法的属性与人的需要联系起来思考了。

2. 法的价值与法的作用。"作用"这个概念指一个事物对周围其他事物是否发生影响以及如何发生影响。因此,法的作用是法的价值的一个重要方面或重要表现,是法的价值的实现方式。法只有对人发生作用或影响时才能实现其对人的价值,才对人的生存和发展有意义。但法的作用并不等于法的价值。两者的区别表现在两个方面:①法的价值问题包括更多的问题,法的作用只是其一;②法的作

用既有好的方面，又有坏的方面，法的价值则主要指好的作用。

3. 法的价值与法的价值目标。法的价值目标指人通过法所要达到的目的，而这类目的实际上是人类活动的目的。这类目的很多，如秩序、自由、平等、效益、正义等。人类实现这些目的要通过各种活动和手段，法只是手段之一。因此，这类目标并不是法自身的价值，而只是法所追求的目标或所追求的价值。法作为一种行为规范对人的行为有各种规范作用，如指导、教育、预测行为结果、解决彼此间的纠纷等，通过这些进而实现社会正义、保障个人的正当权利和自由、提高社会的经济效益等。前者是法自身的价值，后者是法所追求的价值（目标），二者显然是有区别的。

4. 法的价值与法的价值因素。法作为社会控制的一种技术不是中性的，它必然包含着制定者的价值追求或价值取向。这是因为，制定和实施法律的人是带着一定的目的进行这些活动的。他们必然把自己的愿望和要求带进法律之中，也就是说，法必然受其政治理想和道德观念的影响。另外，法的意志属性也决定了它不可能与价值无涉。因为意志就是人的愿望和要求，它是人在认识客观世界的基础上根据自己的需要所做出的一种内心的价值选择。法的价值因素主要表现为法所包含的政治和道德因素，或法律规则背后的道德、政治观念和原则。法的价值与法的价值因素显然是有区别的。因为后者并不是法的价值本身，而只是指其在实现某一价值时的价值倾向或意识形态倾向，即一般所说的阶级性。如法律的评价作用，它要发挥这一作用就必须有一套相对科学和权威的评价标准，但这个标准的制定和实施离不开人，必然受其政治理想和道德观念的影响。这就使这一套标准带其烙印，法的价值因素指的就是这一烙印。

5. 法的价值与法的价值评价。法的价值评价是指人对实在法的价值所作的评估。这包括对其有无价值（好与坏）、有什么价值和价值有多大的评估。这种评价像任何社会评价一样，是评价者以自己内心的价值观念为标准来衡量现实存在的法律。它是法律评价的一种，是与事实评价有别的价值评价。法律的事实评价所要解决的是法律的真假问题，进而回答法律的效力问题，价值评价所解决的是法律的善恶和美丑问题，以对其进行改良，使其不断地完善。法的价值评价显然包含着人们对现实法律的价值的认识，但已不停留于这种认识，而是在认识的基础上对其价值做出评估，并就如何对待做出决定。另外，法的价值评价所针对的是实在法，用以评价的是理想的法，这意味着评价者内心事先已对法律有一套认识，他现在要做的是用理想的法作标准来衡量现实的法律。这和他事先对法律毫无认识是完全不同的，因为这时他认识的目的不是为了变无知为有知，而是为了决定如何对待和改进现实的法律。

6. 法的价值与法的理念。历史上有的学者把法的价值与法的理念视为一回事,如拉德布鲁赫说,法的概念就是法的本质,法的理念就是法的价值。我们认为,法的理念是人类在认识现实中各种法的基础上,着眼于法的全体和久远,对理想中的法的一种设想,是人类把握法的最高形式。它凝聚着人们对法的全部知识,包含着人类对法的终极境界和终极目的的关注。因而它作为一个概念,具有很大的包容量,既包括法的价值问题,又包括法的事实问题,而且能把二者有机地统一起来,具有本体论和价值论的双重意义。从本体论而言,它指的是法的最真实的存在或存在的最深层次的原因和根据。从价值论而言,它告诉人们法的意义、功能和所追求的最终目标。由此看来,不能把法的价值归结为或等同于法的理念。

## 第二节  法的价值问题的范围

### 一、法的价值和法的价值问题的关系

法的价值和法的价值问题的关系是存在与思维、客观与主观的关系。法的价值是一种客观存在,法的价值问题是人在认识这种客观存在时所涉及的方面和所使用的方式、方法。所以,法的价值问题与法的价值的区别,不仅是主观和客观的关系问题,而且涉及认识的方式、方法,就范围来说,也大大地超出价值本身。法的价值问题包括两个方面:一是所涉及的方面或范围,二是研究时的立场、观点和方法。

### 二、法的价值问题的范围

(一)法的价值的本质和特点

这个问题包括法的价值与法的本质和属性的关系,和人的需要的关系;法的价值与法的作用、功能、理念的关系;法的价值与其他事物的价值的关系;法的价值的特点等。法的价值的本质已如上述。法的价值的特点突出地表现在,法是一种人造物,而且是随着人类社会的发展而发展的。因此,法的价值有着不同于纯自然物的价值的特点。这主要表现在以下几个方面:

(1)法的价值是发展变化的。它随着法自身和人类的不断成熟日益增长。也就是说,在后来的社会里法有着比在以前的社会里更大的价值。这表现在法律的地位越来越重要,人们对法律越来越重视。

(2)法的价值对不同的人的不平等性,这表现在具体的法只对具体的人有价值。如对自由的保护,历史上的具体的法,往往只保护一部分人的而不保护所有人的,甚至于对一部分人的自由的保护要以限制和剥夺另一部分人的自由为前提。

(3)法的价值的实现离不开人的活动,因此,人是否活动和怎么样活动都会影

响到法的价值能否实现和实现到什么程度。由此看来,从一定意义上可以说,法的价值是人赋予的,也是在人的活动中实现的。

（二）法的价值的种类

法的价值从不同的角度可以有不同的分类。如从价值实现与否上可分为实际的价值和应有的价值,或现实的价值和潜在的价值。前者指实在法已发挥的实际作用或已产生的实际效果,后者指在理想的条件下它可能产生的最好效果或理想的法的理想作用。再如从价值的意义上可分为正价值和负价值。前者指法对人的生活的好的影响,后者指坏的影响。

（三）法的价值的实现

这包括衡量法的价值的实现的标准是什么,法的价值的实现的方式和方法是什么,法的价值的实现的机制是什么,法的价值的实现中的异化现象及其预防的对策等。

（四）法所追求的价值目标

它指的是人通过法所要追求的东西,如秩序、自由、人权、效益、正义等。在这里法是作为一种手段出现的,这些目标是人的各种需要的高度抽象的结果,而且在这些目标的实现中法所起的只是一种间接作用。

（五）法中的价值因素

它指的是法中所包含的政治和道德因素,所受的意识形态影响,如制定和执行法律时的政治和道德取向,或所受的制定者和执行者内心的政治理想和道德观念的影响。与此相关的还有法的价值取向,它指的是在某个时期里制定法律的价值出发点,如是个人本位还是社会本位,和对各种价值目标的排列顺序或选取时的侧重点,如是公平优先还是效益优先,是稳定压倒一切还是改革压倒一切。

（六）实在法的价值评价

这包括价值评价与事实评价的关系,价值评价的意义、种类、标准、立场和方法等。

**三、研究法的价值问题的立场、观点和方法**

马克思主义是一种科学的世界观和方法论,在研究法的价值问题时也应当接受马克思主义的指导,否则不仅费时费力,还难以取得理想的结果,甚至于会误入歧途。这里特别要指出的是,西方的价值哲学中明显地有一种唯心主义倾向,各种理论也分歧很大,需要我们用马克思主义的立场、观点和方法认真分析和梳理,批判地加以吸收和借鉴。也就是说,我们不能盲目地接受和乱搬用西方价值哲学的概念和理论,而应以马克思主义为指导,创立新的更加科学的法的价值理论。

## 参考文献

1. [英]彼德·斯坦、约翰·香德:《西方社会的法律价值》,王献平译,中国人民公安大学出版社1989年版。

2. 李连科:《价值哲学引论》,商务印书馆1999年版。

3. 袁贵仁:《价值学引论》,北京师范大学出版社1991年版。

4. 严存生:《法的价值问题研究》(引论),中国政法大学出版社2002年版。

5. 严存生:"论法的理念",载郑永流主编《法哲学与法社会学论丛》(第2辑),中国政法大学出版社2000年版。

6. 张恒山:"'法的价值'概念辨析",载《中外法学》1999年第5期。

## 思考题

1. 什么是法的价值?它与法的事实有何区别?

2. 法的价值问题包括什么内容?

3. 法的价值与法的功能、法的作用、法的理念之间是什么关系?

第三章

# 第4章
## 法的作用

【内容提要】

　　本章研究法的价值问题的第一个方面，即法的作用。它是指法对社会事物、人的存在和发展所产生的影响。法的作用最主要的分类是法的规范作用和社会作用，前者包括指引、评价、预测、教育、解纷、强制等六个方面，后者包括管理社会公共事务和执行阶级统治两个方面。"徒法不足以自行"，高度重视法的作用要求人们清醒地看到法的作用的局限性、法的作用的二重性和功能异化等问题，并对法的作用机制有自觉、全面的认识。

【基本概念】

　　法的作用、法的规范作用、法的社会作用、法的作用的局限性、法的漏洞、法律作用的二重性、法的作用的社会机制

## 第一节　法的作用的概念和分类

### 一、法的作用的概念

　　"法的作用"这个概念指的是法作为一种事物，其存在对其他社会事物、最后对人类的存在和发展所产生的影响。法作为一个社会的上层建筑，是由经济基础决定的，因此，经济基础与法之间是决定和被决定、作用和反作用的关系。显然，我们这里所讲的不是这种意义上的作用与反作用，而只是指法对其他社会事物的影响。前面已经讲过，法的价值的实现是通过它对其他事物的作用进行的，所以，它是法的价值的一个重要方面或是实现法的价值的途径。

### 二、法的作用的分类

法的作用可以从不同的角度进行分类:

(1)从被作用的人,即享有其价值的主体来说,可以划分为对社会的作用、对阶级的作用和对个人的作用。对阶级的作用又可以划分为对统治阶级的作用和对被统治阶级的作用。

(2)从作用的领域可以划分为对政治的作用、对经济的作用、对科学文化和教育的作用。还可以划分为对物质文明建设的作用和对精神文明建设的作用。

(3)从法律的种类来划分,可分为国内法的作用和国际法的作用,国内法的作用又有宪法的作用、行政法的作用、刑法的作用、民法的作用、经济法的作用等。还可划分为实体法的作用和程序法的作用。

(4)从法的历史类型上可划分为奴隶制法的作用、封建制法的作用、资本主义法的作用和社会主义法的作用。

(5)从作用的意义上可分为积极作用和消极作用;从作用的远近上可划分为直接作用和间接作用;从作用的性质上可划分为手段作用和目的作用,或规范作用和社会作用。

### 三、法的规范作用和社会作用及其关系

#### (一)法的规范作用

法从性质上讲,是一种行为规范,而且是一种公共的,即以公共权力为后盾的行为规范。因此,法的直接作用表现为它对人的行为的规范作用。那么,什么是规范作用呢? 规范作用就是协调统一人们行为之间关系的作用。目的是使他们的行为整齐划一,不发生矛盾和冲突,或产生矛盾和冲突时能迅速合理地解决。那么,通过什么途径或办法实现这一目的呢? 这就是为大家制定一个统一的行为标准和解决冲突的合理程序,以衡量是非、辨别善恶、抑强扶弱。法正是这样的行为规范并发挥着行为规范的作用。具体说来,法的规范作用主要表现在以下:

(1)指引作用。即对人的行为的指导作用,它不仅能为人们的行为指出正确的方向,而且能指出正确的步骤和程序。这是因为法是一种行为的准则,法包括着各种行为的模式供人们选择。法还把各种行为的后果告诉人们,这就向那些图谋不轨者事先发出警告,使他们做出正确的选择。

(2)评价作用。评价指对已发生的事情或已实施的行为的性质、好坏做出判断和得出结论。法作为一种公共的行为准则,决定了它作为衡量是非的尺度所具有的最大的权威性,因而能成为大家最能接受的评价标准,并能最大地发挥其评价作用。

(3)预测作用。预测是指行为实施前对其结果的事先估计。法之所以对行为的结果,特别是其法律结果有预测作用,是因为在法律中对每一种行为的法律后

果都作了明确规定。

(4)教育作用。教育的目的在于提高人的素质,这包括思想品德、文化程度、实践能力等。法之所以能给人以教育,是因为法律就是一种知识体系,包含着人们对客观规律的深刻认识,包含着人们对怎么样做人的长期经验,也包含着人们对未来社会的伟大理想。更重要的是,法律通过对社会中具体的人和事的处理,即对行为高尚者的奖励和对越轨者的惩处,以生动的事例教育人。

(5)解纷作用。社会纠纷是人类社会中的一种普遍现象,其对人类社会发展的消极作用是很明显的。因此,各个社会中有头脑的思想家都在寻找解决社会纠纷的办法。各种社会规范也都对解决社会纠纷有作用。而法律是当今社会人们所寻找到的解决社会纠纷的一种最重要的和普遍使用的手段。法之所以能解决社会纠纷,不仅因为它为人们提供了一套辨别是非的标准,而且在于它为人们提供了一套和平解决纠纷的合理程序。而我们知道,有些纠纷,双方都有理也都有错,有些纠纷完全是一场误会,是分不清谁是谁非或没有必要分清是非的。法的解纷作用与其他手段相比,还有很多的优越性,如它得到公共权力的支持等。

(6)特殊的强制作用。强制作用指不是通过说服教育的手段,而是通过惩罚等强迫手段使人们服从某种决定。任何社会规范都有强制性,差别只在于强制的办法和程度不同。法作为一种行为规范,不仅有强制作用,而且有一套依赖于公共权力的最强的强制作用。

(二)法的社会作用

法的社会作用指法对人的行为进行规范和调整后所要达到的社会目的。这类目的归纳起来有两种:

(1)管理社会公共事务的作用。一个社会,即一群有共同的生存空间、共同的利益和以某种组织形式结合在一起的人们,要维持其存在和发展,必有许多关乎大家的共同事务。如生态环境的保护,社会治安的维持,社会秩序的建立和维护,公共设施(如大型的水利工程、文化体育场馆)的修建、管理和维护,公共活动的组织,社会纠纷的解决和对外的共同交往(包括防务、政治经济文化交流)等。这些社会事务的管理,不仅要建立相应的机构,而且要有相应的规章制度。法律就是管理这些社会公共事务中最主要的规章制度。它能使大家在管理这些社会公共事务中做到有章可循,有法可依。

(2)社会控制作用或阶级统治作用。即一个社会的当权者或统治者(由于一般是一个阶级,所以又称统治阶级),他们负责社会公共事务的管理工作,并由此控制社会,使之向着有利于自己利益的方向发展。此目的即带有私利的目的,显然是与前一目的有别的。为此目的,他们必然要加强内部的团结,分化和瓦解敌对势力,缓和各种社会矛盾。在进行这些活动时,也需要有相应的规章制度,法律也是其可利用的规章制度之一。因为法律具有强制性,他们可以利用法律镇压敌对阶级的反抗。法律有解纷作用,他们可以用法律解决内部的矛盾等。

显然,法的两种社会作用之间有某种内在关系。这就是,后一种社会作用的实现必须以前一种社会作用为前提,必须渗入在前一种作用中进行。恩格斯在谈到二者的关系时说:"政治统治到处都是以执行某种社会职能为基础,而且政治统治只有在它执行了它的这种社会职能时才能持续下去。"[1]法律的规范作用和社会作用是内在联系的,规范作用基于法律的规范性特征,社会作用基于法的本质、目的和社会效果,法律通过其规范作用实现其社会作用。

法的作用可用下图归纳:

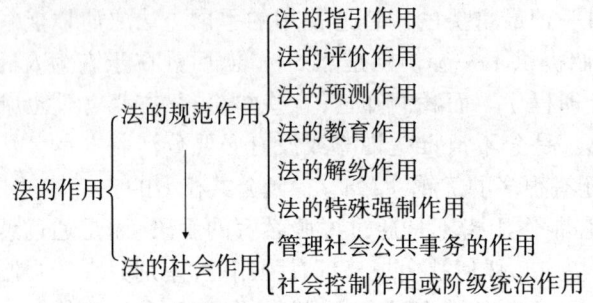

第四章

## 第二节 法的作用的局限性和二重性

### 一、法的作用的局限性和法的漏洞

法作为一种社会历史现象,像任何具体事物一样,其作用和优越性不是绝对的和无限的,更不要说实际中存在的法律往往带有制定者的种种偏见。即使是从理想的角度看,法的作用也有其局限性。因为法只是社会调整方法的一种,它并没有完全取代其他社会调整方法,而每一种方法的存在,都有其合理性,都有其他方法无法取代的地位和作用。而且,任何事物都不可能是十全十美的,否则就不能解释世界上事物的多样性。法的作用的局限性就是指法的作用的这一特点。法的作用的局限性不同于法的漏洞,后者指的是某个具体法律的缺陷、疏漏和内部的矛盾冲突之处,因而留下空隙,使人有可乘之机。二者的区别突出地表现在,法的作用的局限性是任何法律都具有的,带有必然性,而法律的漏洞是针对某个

---

〔1〕 《马克思恩格斯选集》第3卷,人民出版社1995年版,第523页。

具体法律而言的,不带有必然性,它起因于该法律的制定者的疏忽或短视。[1]

法的作用的局限性表现在作用的范围、方式、方法和效果等许多方面,主要有以下几方面:

1. 法的作用的范围是有限的。从历史和现实看,法虽然在社会调整中起着很大的作用,而且越来越被人们看重,但仔细思考我们就会发现,法对社会生活的调整实际上只有很小的领域。人们生活中的大量问题都不是靠法律办法解决的,至于诉诸公堂的更是极少数。有的人可能一生与法律无涉,特别是过去。法律实际上只是解决各种社会问题的最后一种手段,是各种防线中的最后一道防线。实际上法律只解决最严重的社会问题,是万不得已时才使用的一种解纷手段。而且,法律对于再严重的社会问题,如已经完全腐败的社会制度,也是无力解决的,那时只有依靠社会变革和社会革命的办法来解决。再如,法律对于范围广泛、人数很多的群众性违法行为,也是难以解决的,此之谓"法不责众"。

2. 法的优越性是相对的。法律对社会问题的解决,因为有公共权力为后盾且基于国家的权威性,所以与其他社会规范相比,有许多的优越性,如其决定容易为人们所接受、执行得力等。但是,由于法律的滞后性、抽象性和有漏洞等,加上法律机构的庞大,因而,它对问题的解决,往往不能做到真正的合情合理,且往往费力费时费钱,还不够彻底等。

3. 法律的滞后性。即法律跟不上社会的发展,这是由法律的稳定性所带来的,是稳定性的负面效应。没有稳定性法律的权威难以维持,这意味着法律不允许朝令夕改,而这必然使它不能与时俱进,不能及时应变社会的需要。这一点特别是在当法律与政策比较时显示出来,即它不如政策灵活。

4. 法律的制定和实施离不开其他社会规范。法的局限性还突出地表现在,法律的制定和实施离不开其他社会规范。古人云,"徒法不足以自行",指的就是这一点。法律对其他社会规范有依赖性,这不仅表现在制定法律时要以人们内心的政治理想、道德观念为基础,法律规则实际上是一个社会人们普遍的政治理想、道德观念的具体化和规则化。而且表现在执行法律时对其条文的精神的理解和把握也离不开执法者内心的政治理想、道德观念。还表现在,法律决定的真正落实,需要其他社会手段,如行政的力量,社会团体的力量,以及被执行者内心的价值观念。

5. 制定法有缺陷或漏洞。这是因为法律的制定者是具体的人,其理性的有限必然使制定出来的法律有不足之处,加上一个国家的法律是由许多具体的法律组合而成的,它们往往是由不同的人在不同时间里制定而成的,这就使它们之间难免在衔接上有问题,会发生矛盾和冲突,从而使有些人有空子可钻。这种情况虽然对某一具体法律而言具有偶然性,但对一个国家的法律整体而言,却是必然的。

　　上面,我们指出了法的作用的种种局限性,不等于说法是无用的,相反,我们认为法的作用是很大的,在现代社会里它是一种优越性非常明显的治理社会的手段,因而越来越被人们看重,正因为如此,法治社会已成为现代社会所追求的理想状态。但我们也不能因此走向另一极端,即法律万能论。我们的观点是,既要充分认识法的价值,反对法律虚无主义,又要清醒地认识法的作用的有限性或局限性,批判法律万能论。

### 二、法律作用的二重性和功能异化

　　在研究法的作用的局限性时还有一个类似的问题,即法律作用的二重性和功能异化。它们是与法的作用的局限性容易混淆的问题。法律作用的二重性指的是法律作为一种社会事物对人类的影响既有好的方面,又有坏的方面,或者说有正作用和负作用,而这两方面是同时并存、不可分割的,如法律规定和保护自由的同时,又限制甚至压制和剥夺自由。因为在阶级社会里法律所保护的是统治阶级的自由,而这种自由是以被统治阶级的不自由为代价和前提条件的,所以这种法律在保护统治阶级的自由的同时,必然限制和剥夺被统治阶级的自由。自由是如此,平等也一样。从总的性质上讲,法律是要求平等的,这表现在制定时只考虑普遍的利益和要求,适用时要求一视同仁。但是,任何一种法律都不可能真正消灭不平等,都在某种程度或以某种形式规定某种特权。因为任何一种法律都要维护对统治阶级有利的社会秩序,都要维护统治阶级的统治,而统治阶级和被统治阶级之间是不可能真正平等的。这使法律无论在内容规定上还是适用上,都难以达到真正的平等。因而,一方面法律要求平等,另一方面它的存在又意味着实际上存在不平等。

　　法律作用的二重性的原因在于任何事物其属性或特点对人的意义都是相对的,都有它的范围和条件,加上人的需要和客观情况都是不断变化的。所以它的某种属性在一定条件下是优点,而在另一条件下却变成缺点,如法律的稳定性既是法律的优点又是它的缺点,因为稳定性有利于维护其权威和有利于人们把握,但它却难以适应不断变化的客观实际。

　　法律功能的异化是指在实施中法律产生了与其本性不一致甚至于完全相反的作用,这突出表现在司法腐败和有些人利用法律干非法的事。这意味着法律的存在不仅没有成为实现社会公平的手段,反而变成了一些人谋私的工具。法律功能异化的原因主要不在法律自身,而在执法者和使用法律者以不正当的目的使用了法律,而这与法律所在的社会的政治体制等又密切相关,是因为法律的实施,特别是执法活动未纳入法治的轨道。

# 第三节 法作用的机制

## 一、徒法不足以自行

法,特别是表现为规范性文件的法,只是写有法律内容的纸,如果没有被人知晓或不符合一国的国情,或没有相应的人和机构去执行它,或没有相应的社会环境和国民素质,以及没有相应的文化氛围,是很难对人发生什么作用的,即使是发生作用,也难以产生预期的效果,甚至会发生相反的作用,即负作用。因此,法要发挥作用,特别是其应有的作用,除了其自身的因素外,从周围社会环境来说,需要一系列条件,如良好的民主政治体制、健全的执法机构、国民很强的和正确的法律意识等。

## 二、法作用的内部机制

系统论认为,一个事物的功能主要取决于其内部结构,要有最大的功能就必须有最佳的内部结构,要有新的功能也必须有新的结构。所谓结构包括两个方面:一是构成要素的种类,二是这些要素的排列形式。法也不例外,一种残缺不全的法,一种逻辑混乱的法,一种结构畸形的法,是不可能很好地发挥作用的。影响法的作用的内部结构主要有以下两个方面:

### (一)法的形式结构

任何一种类型的法,其形式或渊源都不是单一的,只是有的以成文法为主,如大陆法系,有的以判例法为主,如英美法系。因为每种法的形式都有其优点,也都有其缺点。只有多种形式并存才能互相补充,达到优势互补的效果。所以,我们在法的形式上应做到既以某种形式为主,又要防止单一性,坚持多样性的统一。

### (二)法律体系结构

一国的法律是一个统一的体系,这个体系是由许多部门法构成的,每个部门法的内部又有许多具体的法律,它们处于不同的层次,构成一个立体网络体系。法网恢恢,疏而不漏,要做到这一点,构成这个体系的部门法以及部门法内部的各法律自身都必须有一个合理的结构,要从系统的观点制定各个法律,使之没有漏洞,不互相冲突,能协调成为一个统一体。当然,这并不意味着毫无冲突,这是不可能的,也是没有必要的。这只是意味着,冲突能及时解决,能有办法得到解决。因此,这种协调统一是在法律自身的不断运动中实现的,是一种动态的和有机的统一。

## 三、法作用的中介

中介是此物与它物相联结的中间环节,是实现一定目的的必不可少的工具。

徒法不足以自行,这突出地表现在法的价值的实现需要借助于某种社会组织的力量和活动,由它们出面代表法,促使人们遵守法律。如今社会,这种社会组织主要是国家,它是法作用的中介性环节。因此,法的价值能否实现,不仅取决于法自身,而且与这种中介性组织的状况密切相关。从国家来说,这取决于国家机构的健全程度、体制状况和国家机构中的工作人员的数量和质量。如果机构不健全、体制不顺、人员数量少且质量差,没有相应的人员和机构去执行某种法律,或者他们本身是法盲,或者国家机构的体制是人治和政策治国的体制,那么,法律是不可能被认真贯彻落实的。

**四、法作用的社会机制**

法的作用固然离不开国家这个中介,但国家的力量毕竟有限,因此,如果一个社会不需要某种法律,或不具备此法律实施的起码条件,人们会对这种法律视而不见,不以为然,肆意违反,那么,国家机构的人员再卖力也是无济于事的。因此,法的价值的真正实现,还需要相应的社会环境。概要说来,这相应的社会环境主要就是比较发达的商品经济、比较健全的民主政治和比较发达的法律文化。因为法产生于商品交换,发展于商品经济,所以只有商品经济最需要法律,或者说,只有在商品经济的社会里,法律才"英雄有用武之地"。民主政治是商品经济的政治表现,因此,只有在民主政治里法才可能成为治理社会的主要手段,才可能受到真正的尊重。至于发达的法律文化,那是法的价值实现的精神基础。因为只有在浓厚的法律文化氛围里,在人人知法、懂法、守法、护法的社会环境里,法律才可能被认真地执行和遵守。

## 参考文献

1. [英]拉兹:《法律的权威》,朱峰译,法律出版社 2005 年版。
2. [美]庞德:《通过法律的社会控制:法律的任务》,沈宗灵、董世忠译,商务印书馆 1984 年版。
3. 严存生:《法的价值问题研究》,中国政法大学出版社 2002 年版。
4. 付子堂:《法律功能论》,中国政法大学出版社 1999 年版。
5. 熊乐兰:"论法律的局限性",载《江西行政学院学报》2002 年第 3 期。

## 思 考 题

1. 什么是法的规范作用和社会作用?
2. 什么是法的作用的局限性和法的漏洞?二者有何区别?
3. 什么是法律作用的二重性和法律作用的功能异化,二者有何区别?
4. 法的作用的社会机制有哪些?怎样理解"徒法不足以自行"?

第四章

# 第5章
## 法所追求的价值目标

【内容提要】

本章研究法的价值问题的第二部分,即法所追求的价值目标。我们认为,法所追求的价值目标不是法所独有的和直接的目的,而是人类的或人生的目的,是人类基于其需要而赋予法的、比法的任务更深层更永恒的目标。这就决定了法所追求的价值目标不是单一的,而是多元的,主要有秩序、自由、效益、人权和正义等,法对自身追求的各价值目标具有不同的意义,应当注意多元法律价值目标之间的内在联系,处理好法的价值目标冲突问题。

【基本概念】

法的目的、法的任务、法律追求的价值目标、秩序、效益、成本、自由、平等、人权、正义

## 第一节 法所追求的价值目标概说

### 一、法所追求的价值目标的概念和特点

法所追求的价值目标有秩序、自由、效益、人权和正义等,显然,它们不是法自身的价值,或者说不是法所独有的和直接的目的,而是人类的或人生的目的,也不是前面所说的法的社会作用或目的作用,而是从中进一步抽象出来的带有更普遍性的价值境界中的各项价值目标。它与法的作用或法的实然价值的关系是一般和个别、抽象和具体、主观和客观的关系。这里还需要区分法的目的和法所追求的价值目标这两个概念。法的目的或法的任务,有时候与法所追求的价值目标这个概念混用。严格说来二者是有差别的,法的目的或法的任务一般指一个社会的

具体法律所追求的直接目标和近期目标,而法所追求的价值目标指所有的法共同追求的长远目的。因此,它是比法的目的或法的任务更深层更永恒的目标,可以说是法的目的的目的。

人的需要是多方面的,这决定了人的价值目标不可能是单一的,必然是多元的。既然法所追求的价值目标就是人类所追求的价值目标,那么,法所追求的价值目标也必然具有多元性。这表现为法有多种价值目标,如秩序、自由、效益、平等和正义等。

**二、法所追求的主要价值目标及其关系**

法所追求的主要价值目标一般归纳为秩序、自由、效益、平等和人权、正义。这些价值目标并不是截然分开的,也并不是完全统一的,而是往往互相渗透,既有联系,又有矛盾。其地位也不是平等的,而是有主有次,并且随着情况的变化而变化。如秩序一般是法所追求的首要价值目标,因为一个社会只有在建立了秩序之后,人们的自由才可能有保障,也才能为经济的发展创造一个前提条件,也就是说,才谈得上效益问题和其他问题。但这不是绝对的,当一种秩序或一个体制已经僵化时,显然,就必须打破它,而不能因为害怕破坏秩序而停滞不前。再如,正义在各种价值目标中处于最高的和全局性的地位,它能包容其他价值目标,是衡量其他价值目标在实际追求中的合理性的尺度。但有时也会发生正义和效益之间的冲突,因而有时效益优先,兼顾公平。

# 第二节　法所追求的主要价值目标之一:秩序

**一、社会秩序的概念**

秩序(order)指一个系统内诸事物运动的常态,它表现为事物之间的相对固定的关系,表现为各个事物运动的一致性、连贯性、确定性和可预测性。从更深层次来说,指事物运动的有规律性或相对静止状态。因为只有在相对静止状态里诸事物才能保持相对固定的关系,才具有一致性、连贯性、确定性和可预测性。

社会秩序是社会范围内诸事物之间的运动、特别是人活动的一种有序状态,它主要表现为政局稳定、经济发展平稳、社会治安状况良好、科学文化教育事业繁荣、人心安定等。从更深层次来说,它表现为一切活动有章可循,有法可依,井然有序。所以,有时人们把有序状态与有法状态相提并论,把社会的无序状态理解为无中心、无权威和无章法。社会的有秩序表现出来就是社会稳定,它表现在政治、经济、科学文化教育、日常生活等方面。而在各种稳定中,政治稳定是最重要和影响全局的。社会秩序的建立和维护有各种手段和办法,如军事、行政、宗教、道德等。社会秩序的程度有高低之分,性质有好坏之别。一般认为,法律秩序即法治是一种理想的社会秩序。

## 二、法对社会秩序的价值

法对社会秩序的价值为历来的思想家所看重,如亚里士多德说:"法律意味着秩序。"我国古代的思想家也指出:"法令赏罚者,诚治乱之枢机也。"(王符《三式》)马克思主义的创始人之一恩格斯在谈到国家和法的起源时也明确指出,国家和法既是阶级矛盾不可调和的产物,又是用来解决和缓和这种矛盾的工具。它们作为"表面上凌驾于社会之上的力量,这种力量应当缓和冲突,把冲突保持在'秩序'的范围以内"。[1] 那么,为什么法有利于社会秩序的建立和维护呢? 总的来说,是因为法是一种公共的行为准则,因而它能协调人们之间的关系,消除矛盾,缓和冲突,并为大家树立一个共同的奋斗目标。具体来说有以下几点:

1. 法能为人们树立一个共同的奋斗目标和行为准则,以使大家有一个交往的共同基础,一个衡量是非的公认的标准,从而能自觉地调整自己的行为,预防不必要的矛盾和冲突。这是因为,法在某种程度上是公意的体现,是社会权威的代表,它能最大限度地反映一个社会中人们的政治理想和道德观念。

2. 法能明确人们之间的权利和义务,从而能预防不必要的纠纷,起到"定分止争"的作用。人们之间的纠纷很多是因为彼此的权利和义务不明确,春秋战国时期的慎子就以"一兔走,百人追之,分未定也。积兔于市,过而不顾,非不欲兔,分定不可争也"的形象比喻清楚地指出这一道理。

3. 法能用和平办法迅速解决社会纠纷。这是因为,法是社会公正的化身,因而使人们遇到自己难以解决的纠纷时有个寄托,认识到冤屈有申诉之处,从而避免采取进一步激化矛盾的措施。法有一套辨别是非的标准和和平解决纠纷的程序。博登海默说:"不仅在国际舞台而且在各国的内部事务中,法律的目的就是要起到一种制度性手段的作用,即用人际关系的和平方式去代替侵略力量……法律在遏制有组织的群体内部的斗争方面要比其在控制这种群体之间的战争方面更为有效。"[2]

4. 法能预防和消除各种不安定的社会因素的产生和发展。影响社会稳定和破坏社会秩序的因素很多,其中最主要的是国家工作人员滥用职权所产生的腐败现象和一般社会成员的违法犯罪行为,而法律对抑制和打击这两种行为有着明显的作用和优势。

5. 法能促进民主的发展,从而疏通各种民主渠道,使人们的不满情绪有正常的发泄渠道。"防民之口,甚于防川",而能使民众的愿望和不满及时表达和宣泄

---

[1]《马克思恩格斯选集》第 4 卷,人民出版社 1972 年版,第 166 页。
[2][美]E. 博登海默:《法理学——法哲学及其方法》,邓正来等译,华夏出版社 1987 年版,第 378 页。

的不外乎民主制度。法治在本质上是与民主联系在一起的,从一定意义上说法治是民主的法律化和制度化。因而,法对在疏通各种民主渠道、使人们的不满情绪有正常的发泄渠道方面就有着决定性的作用。

6. 法能迅速有力地惩罚越轨者,用和平办法恢复秩序,并在一定程度上促进新秩序的建立。这主要表现为法对政治体制改革和经济体制改革的促进作用,在其中它通过立法的办法重新划定人们之间的权利义务关系,以培育新的社会关系,进而形成新的社会秩序。

### 三、法的秩序价值目标与其他价值目标的关系

秩序作为法所追求价值目标,在各种目标中居于很重要的地位。这突出地表现在它是达到其他价值目标的前提和基础。因为一个社会如果不稳定,即没有秩序,其他一切,如人的自由、经济和科学文化的发展也就无从谈起。正因为如此,秩序是法所要追求的首要的价值目标,但这并不意味着它始终是最重要的价值目标,更不意味着它是最高的价值目标。因为历史上有些秩序是完全排斥其他价值目标的存在的,如法西斯独裁秩序。所以不能把秩序作为法所追求的唯一价值目标,不能为了秩序而牺牲其他价值目标。必须使秩序能包容其他价值目标,这样建立的秩序才是一种好的秩序,才是一个动态的秩序。

## 第三节　法所追求的主要价值目标之二:效益

### 一、效益的概念和种类

效益(efficiency,beneficial result)本来是个经济学概念,指的是社会资源的最佳配置,使之得到最合理的利用,即以最小的经济投入取得最大的经济产出。因此,效益是投入与产出的关系,产出大于投入叫有效益,二者相等叫无效益,后者小于前者叫负效益。现在,效益这个概念已超出了经济领域,泛指投入与产出的关系,如社会效益,就不仅算经济账,而且算精神账,并且更侧重于后一方面。因此,这里的投入不仅要算经济投入,而且要算精力和感情的投入,产出不仅要看经济收益,而且要看各种社会后果。如一部电影,不仅要看票房效益,而且要看对精神文明建设是否有利,看在观众中产生怎样的心理作用。与效益概念相联系的有成本、效果、效率等概念。成本指某一活动的全部投入,效果指产生的实际结果,效率指产出与投入的比例和增长速度。

### 二、法对效益的价值

效益这个概念对法来说有两种用法:一是指法自身的效益,或简称为法律效益,指的是人在使用法这种工具时投入和产出的关系。它要求所使用的法物美价廉,人人用得起,人人爱用,而不能不敢用、用不起或不顶用。这还包括我们在使

用法律制止某一犯罪行为时,要算犯罪的成本来规定刑罚,不能使犯罪者受到惩罚后仍有利可图。二是指法所追求的经济效益价值目标,即法对发展经济的作用。我们这里指的主要是后一种。

法对发展经济的作用或价值主要表现在以下几个方面:①法能为经济的发展创造一个良好的政治、社会环境;②法能规定适合于生产力性质的财产占有和分配置度,从而有利于社会资源的合理配置和使用;③法能为资源的合理流动打通渠道,如建立与经济发展水平相适应的市场规则等;④法能解决已发生的经济纠纷,使因纠纷而停滞的经济活动重新启动;⑤法能打击破坏经济发展的违法犯罪活动,恢复被破坏的经济秩序;⑥法能保护自然资源,防止对其掠夺性的使用,使资源发挥最大效益;⑦在不相容使用中,法能按照效益原则重新安排各种使用关系,使之尽量相容等。

法的效益价值目标要求我们在制定和实施法律时坚持效益原则。具体来说,要注意以下几点:①要把效益作为法律的一个任务,在一定时期甚至要作为一个中心任务,而不能只注意法律的政治任务、道义任务,也就是说,要认识到法的根本任务在于发展生产力,促使社会资源的合理配置和社会财富的最大化;②在宏观经济调控中,要特别注意发挥法律手段的作用,以之规范和弥补其他手段的不足;③在微观经济管理中,法律要尽量使不清晰的产权清晰,以减少因界限不清而产生的经济纠纷;④在社会纠纷的解决上要以能提高生产力为根本目的;⑤在对违法犯罪者惩罚的进行规定时,要有成本观念,使之无利可图;⑥在法律的制定和实施中,要降低成本,使之物美价廉,人人会用、爱用、敢用。

### 三、法的效益价值目标与其他价值目标的关系

效益本来是经济活动所追求的价值目标,长期以来人们只是把正义等作为法所追求的价值目标,西方的经济分析法学改变了这一传统看法,提出来法的效益价值目标问题,而且把这一价值目标视为法的唯一的和最高的价值目标。这一观点有其合理性,但显然是极其片面的。其合理性表现在它指出了法的这一价值目标,而且对法从经济效益的角度进行了分析。其片面性表现在它忽视了法的其他价值目标,而且过分夸大了效益这个价值目标对法的意义。其结果就是不仅否定了法的价值目标的多元性,而且混淆了法律活动和经济活动的界限,把法律活动等同于经济活动。应当认为,效益对法来说并不是它的直接追求的价值目标,更不是其最高的价值目标。

## 第四节  法所追求的主要价值
## 目标之三：自由

### 一、自由的概念和种类

"自由"(freedom, liberty)这个概念,原义为"摆脱束缚"或"获得独立"。如古代波斯人称其帝国的缔造者居鲁士为"自由的赋予者",因为居鲁士使他们从异族的统治下解放出来。再如古希腊和古罗马人把从父权下解放出来称之为获得自由,并把被释放的奴隶叫"自由人"。现在自由这个概念指的是人类与自然、人类内部个体与群体的一种关系。它要求人类在自然面前有充分的自主权,不受制于自然,个人在群体中有相对的独立性,其价值能得到充分的实现,能力可得到全面地发展。显然,这是人所追求的一种理想境界。马克思把这一境界叫自由的王国。

自由是和限制相对而言的,自由意味着不受限制,可以自主地干自己所想干的事情。这包括想干而能干和不想干而不被强迫着干,即作为和不作为的自由。因此,自由可分为积极自由和消极自由。但是,自由不可能没有限制,问题是该限制是合理的限制还是不合理的限制,是自觉主动的限制还是不自觉和被动的限制。因为无论是人对自然而言,还是人对人而言,都是一种相互制约的关系,完全的无拘无束是不可能的。一个人的活动不仅要受所在的社会的物质生活条件的限制,而且要受其他人活动的制约。

自由和权利有密切关系,权利是自由的一种重要表现,是自由的法律用语。因为人对某种事物的权利,如对财产的权利,实际上就是支配财产的自由。人身权实际上也就是人身自由。

人的自由,无论是对自然的自由,还是对他人的自由,都不是天生的,而是建立在对客观世界及其规律认识的基础上的。人对客观世界及其规律认识到什么程度,其自由才能达到什么程度。人认识了哪些范围的规律,他们才可能在此领域获得自由。因此,自由不是对规律或必然的摆脱和无视,而是对必然的认识和正确利用。正因为如此,人类在科学技术方面的任何一个伟大发现和创造,都会使人类的自由向前迈进一大步。

自由具有历史性和社会性。不同社会、不同的人有不同的自由,现代社会的人的自由与古代人的自由是不能同日而语的,这是因为不同时代、不同社会有不同的科学技术发展水平、物质生活条件和文化氛围。同一社会的人的自由也有差别,有的多一些,有的少一些,在某些领域有的人有自由,有的没有。这是因为不同的人有不同的社会地位、物质基础和文化素质。同一社会的人的自由的这种不平等性,有时还突出表现在一些人的自由以另外一些人的不自由为代价,如奴隶

第五章

社会奴隶主的自由就以奴隶的不自由为代价。因此,自由是从奴役斗争中获得和发展的,在人类历史上,每战胜一种奴役和压迫,就能使自由向前发展一步。

人的自由表现在各个方面,因此,从不同的角度可对自由作不同的分类。如从人的内心和外部活动两方面可把自由分为意志(思想)自由和行为自由;从人的内在构成可把自由分为人格自由、人身自由和人生自由;从活动的领域可分为政治自由、经济自由、军事自由、生活自由等。

**二、法对自由的价值**

西方许多思想家都对法律与自由的关系早有论述。如亚里士多德说:"法律不应该被看做(和自由相对的)奴役,法律毋宁是拯救。"[1]西塞罗说:"为了得到自由,我们才是法律的臣仆。"洛克进一步说:"法律就其真正的含义而言,与其说是限制不如说是指导一个自由而有智慧的人去追求他们的正当权益。……法律的目的不是废除或限制自由,而是保护和扩大自由。"[2]马克思也说:"法律不是压制自由的手段,正如重力定律不是阻止运动的手段一样。……恰恰相反,法律是肯定的、明确的、普遍的规范,在这些规范中自由的存在具有普遍的、理论的、不取决于个别人的任性的性质。法典是人民自由的圣经。"[3]这些深刻论述明确地揭示了自由和法律之间的内在关系。

在有法律的社会里,自由之所以离不开法律,这是因为:①自由是离不开必然的,而法律正是一种被认识的必然,是一定社会人们在认识客观规律的基础上为大家所制定的行为准则。②自由的真正含义是自主,而自主的意思是按自己的意志办事。法律,从根本上说是一种公共意志,而公共意志是个人意志的共同部分,它以公共利益为基础。这意味着按法律办事也就是按自己的意志办事,所以不存在不自由的问题。③自由的社会性决定了人们之间的自由有时会互相冲突,因此必须有一个标准划分人们之间的自由的合理界限,而法律正是人们所寻找到的和普遍接受的这一标准。马克思说:"自由就是从事一切对别人没有害处的活动的权利。每个人所能进行的对别人没有害处的活动的界限是由法律规定的。"[4]④法律能凭借公共权力,从而使自由的保护有可靠的保障。⑤法律还能把自由与自由实现的条件有机地结合起来,如把自由与纪律、权利和义务等统一起来,这就能防止人们片面地理解自由或滥用自由。⑥对自由的侵犯主要来自两个方面,即国家工作人员的滥用职权和个人的违法犯罪活动,而法律对于抑制和惩罚这两种行为是强而有力的。⑦自由是历史的,在人类社会发展的某一阶段,自由属于或主

---

〔1〕 [古希腊]亚里士多德:《政治学》,吴寿彭译,商务印书馆1965年版,第276页。
〔2〕 [英]洛克:《政府论》(下篇),叶启芳等译,商务印书馆1983年版,第35~36页。
〔3〕 《马克思恩格斯全集》第1卷,人民出版社1956年版,第71页。
〔4〕 《马克思恩格斯全集》第1卷,人民出版社1956年版,第438页。

要属于统治阶级,而这个阶级的自由必须由反映其意志的法律来规定和保护。即使是对被统治阶级来说,在那个社会里所应享有的那一点自由,也必须由法律予以明确和保护,因为统治阶级的个别成员会千方百计地侵犯它。

法律既然以自由作为自己追求的价值目标之一,那么,立法者和执法者就必须时时记住这一点,要使立出的法能尽量扩大和保护每一个人的自由,要坚决地同侵犯自由的行为作斗争。我们也应以此为标准来衡量各个国家法律的文明程度。

应该指出的是,自由离不开法律,并不意味着一切法律都能保护自由,因为历史上有许多反动的法律压制人民的起码自由。因此,法律与自由的统一是相对的,其关系除了统一的一面外,还有对立冲突的一面。这种对立还表现在法律对自由的二重性,即每一种法律,往往是既保护自由,又压制自由。因为它往往是保护一部分的人的自由,而压制另一部分人的自由,就是对被保护者来说,也既有保护的一面,又有限制的一面。所以,我们要注意区分真正的自由和法律下的自由(freedom under law)。前者指当时历史条件下各种人所应享受的自由,后者指当时社会的法律实际上规定和保护的各种人的自由。它是人类社会的自由在某个历史阶段所特有的现象,是在有法律的社会里经由法律所确认和保护的自由。这种自由显然只是这种社会里的自由的一部分,而不是其全部。不过,我们又必须认识到,在这种社会里,法律下的自由,即由法律所规定和受法律所保护的自由比其他自由更可靠,也更真实。加上在这种社会里法律对人的自由的主要方面都作了明确的规定,所以,我们在一般情况下不能离开法律谈论自由,不能企求法律外的自由。

### 三、法的自由价值目标与其他价值目标的关系

自由是法律所追求的价值目标,但不是唯一的目标,更不是最高的目标。这是因为个人的自由并不是完全协调一致的,因此就不能允许一个人的无限度的自由,而必须在大家都自由的前提下谈个人的自由。虽然这其中个人的自由可能是有差别的,只要这种差别在当时情况下是合理的,就是可以接受的。这种人人都自由,即平等的自由,就是正义。所以自由价值目标必须受到正义价值目标的制约,也就是说,由正义来衡量其合理性,划定其合理的界限。再如,由于自由的实现离不开一定的物条件,而且往往表现为对财产的自由支配,因而,不能离开效益来空谈自由。再如自由也必须以不破坏社会的基本秩序为前提,否则,社会就必然陷于混乱,人们的生命财产安全就毫无保障,其自由也就无从谈起。

第五章

## 第五节　法所追求的主要价值目标之四：人权

### 一、人权的概念

人权(human rights)又称自然权利(natural rights)，是 17～18 世纪西方学者所使用的一个概念，又译为"天赋人权"，是与"特权"相对立的，原义指作为人类的一分子所应享有的平等的权利或自由。它是平等和权利(自由)观念发展到这个阶段的一个飞跃和结合，是以世界资本主义体系的形成为前提的。恩格斯在谈到这一点时说："社会经济进步一旦把摆脱封建桎梏和通过消除封建不平等来确立权利平等的要求提上日程，这种要求就必定迅速地扩大其范围。……由于人们不再生活在像罗马帝国那样的世界帝国中，而是生活在那些相互平等地交往并且处在差不多相同的资产阶级发展阶段的独立国家所组成的体系中，所以这种要求就很自然地被获得了普遍的、超出个别国家范围的性质，而自由和平等也很自然地被宣布为人权。"[1]因此，最初的人权观念具有明显的资产阶级烙印，实际上是资产阶级把自己的权利宣布为人权，是他们假借人类的名义提出自己的权利要求。马克思主义的经典作者深刻地揭露了这种人权观念的资产阶级性质，指出其核心是私有财产权，而这种权利的真实内容是剥削和压迫工人的自由。他说："所谓人权(droits de l'homme)无非是市民社会的成员的权利，即脱离了人的本质和共同体的利己主义的人的权利。""自由这项人权的实际应用就是私有财产这一人权。……私有财产这一人权就是任意地、和人无关地、不受社会束缚地使用和处理自己财产的权利；这项权利就是自私自利的权利。"[2]最初的一批西方国家的人权性法律文件，如美国的《独立宣言》、法国的《人权宣言》集中表达了资本主义初期的人权观念，后来西方发达国家的人权观是这一人权观念的继承和发展。

不过，马克思主义者并没有否定"人权"这个概念，而是赋予它以科学的内容，认为从人道主义的角度看，它是人类文明所应追求的一个价值目标，而且这个目标，能包容自由、平等等价值目标，是一种带有综合性的价值目标。这一目标，能从全人类的角度关照所有人的生存状况，是反对等级特权、种族歧视等不文明现象的有力武器。那么，什么是人权呢？我们认为它是与法律权利相对而言的一种基础性和道义性权利，它要求一个文明的社会里，每个人、每个民族、每一种组织，都应得到平等的尊重，享受到与此文明相配的"人的"权利。这种权利包括生存权(包括人身权、财产权、环境保护权)、政治权(包括个人的种种政治权利和民族的

---

〔1〕《马克思恩格斯选集》第 3 卷，人民出版社 1995 年版，第 447 页。
〔2〕参见《马克思恩格斯全集》第 1 卷，人民出版社 1956 年版，第 436～438 页。

自决权、国家的主权)、发展权(包括经济、文化和科学技术的发展)、和平权等。当这种权利被法律认可和保护时就简称为"法权"。这里的法律,不仅指国内法,而且指国际法。人权的主体主要是个人,但不限于个人,如妇女、儿童、残疾人、囚犯、民族、国家,甚至于第三世界,在一定条件下都可以成为其主体。至于它们之间的关系,如个人的人权和国家的主权,那是个别和一般的关系。国家主权是个人人权,特别是其政治权利的高度集中的体现。因此,一般情况下二者不发生矛盾,相反,国家主权是个人人权实现的必不可少的中介。当然,二者也可能发生矛盾,国家主权,特别是其对内权运用不当时会侵犯个人人权。我们认为,任何权利,包括人权,都是历史的、具体的,都从根本上取决于所在社会的经济和科学文化条件。正如马克思所说:"权利永远不能超出社会的经济结构以及由经济结构所制约的社会的文化发展。"[1]人权和其他权利一样,也是与义务相对而言的,而不是天赋的和独立存在的。人权与法权相比,是一种基础性权利,法律权利只是对它的法律确认和保护。由于各个国家发展程度的差异,因此,各个国家的人权状况和水平是有差别的。看一个国家的人权状况应历史地看,要看其原来的基础和现在发展的速度,而不能用发达国家的水平衡量不发达国家,更不能把人权作为国际政治斗争的武器,对敌是一个标准,对友和己又是另一个标准。

## 二、法对人权的价值

### (一)人权的法律保护

人权既是一种实然的权利,也是一种应然的权利。作为应然的权利是要通过斗争、通过某种手段才能争取到的,即使作为实然的权利,如果没有什么有效的办法来保护,也是不牢靠的。那么,通过什么办法来保护已有的权利和争取应得的权利呢? 这就是法律的途径,用法律来保护和争取人权。简而言之,就叫人权的法律保护。这法律有国内法和国际法。国内法对个人人权的保护主要表现为对公民权的规定和保护,即人权在国内法中主要表现为公民权。当然不限于此,因为国内法对外侨的正当权利也予以保护。国际法对人权的规定主要体现于一系列的国际人权法律文件中,如《世界人权宣言》、《经济、社会、文化权利国际公约》等,现已有 80 余个。国际法对人权的保护主要通过国际人权组织以国际舆论的办法督促各国改变人权状况。当今世界,一些超级大国以人权卫士的面目出现,对别的国家指手画脚,甚至用经济制裁和军事入侵的办法干涉别国内政。这不是国际法对人权的保护,而是他们推行国际霸权主义的办法,是对人权价值目标的肆意歪曲。

---

〔1〕《马克思恩格斯选集》第 3 卷,人民出版社 1972 年版,第 12 页。

**（二）法律必须以人权为价值目标之一**

既然人权是法律的价值目标之一，那么，法律在制定和执行时就必须认真地对待人权。这包括及时地把当时社会人们应当享有的正当权利用法律确认下来，并从程序上明确规定保护办法。这还包括法律对各种人，即使是罪犯，也应给予应有的保护，使他们享有做人的起码的权利和尊严。因此，法律必须与各种侵犯人权的行为作斗争，特别是对国家机关人员的侵犯人权的行为。

**三、法的人权价值目标与其他价值目标的关系**

法的人权价值目标虽然具有综合性，但它也不是绝对的和最高的。而且，法律也不是保护人权的唯一手段，人权的道义性决定了道德等规范也是保护人权的手段之一。人权价值目标与自由价值目标基本相同，不同的是人权强调了自由的平等性，即强调的是平等的自由，而不只是自由。人权目标的实现也离不开效益，因为物质财富是权利赖以存在和实现的前提条件。

# 第六节　法所追求的主要价值目标之五：正义

**一、正义的概念和种类**

**（一）正义的词源和词义**

"正义"这个概念渊源于西方，英文和法文为 Justice，德文为 Gerechtigheit，均渊源于拉丁文 *Justitia*，是由 Jus（法、正义）衍化而成的。其词义指"各得其所"，开始时泛指各种事物，即每种事物在宇宙中各占其应有的地位。后来主要指人类社会中人和人之间的理想关系。这种关系其核心要旨是平等，而这里的平等不是数量相等，而是比值相等，即每个人在社会中之所得应与其才能和贡献一致。

**（二）正义的本质**

正义的本质是什么？对此回答不一：有的回答说是人的一种品德，如柏拉图；有的回答说是一种社会治理的原则或制度，如罗尔斯。这些回答都不准确，实际上它是人们内心的一种最高的价值观念和内心对理想的人际关系所追求的一种最高的价值目标。这种价值目标的实现，能使人们彼此的关系达到高度的和谐和统一，使每个人感到他得其所得，人人感到幸福。显然，这是实际上所存在的任何一个人的品德和任何一种社会制度所达不到的，而只能是他们所永远追求的一个理想境界，和用来衡量任何一个人的品德和任何一种社会制度的正义程度的绝对标准。平时我们说，那个人是仗义之人，那一种社会制度是正义的，只是意味着比较接近此目标而已。之所以说是最高的价值观念和价值目标，是因为它具有最大的包容性，能把其他价值观念和价值目标包容其中，或者说它是衡量其他价值观念和价值目标的合理性的标准。当代美国的著名伦理学家阿德勒在谈起这一点时特别强调指出,在所有人们所追求的价值中,"正义具有最高的价值"。为此,他比较了正义与其他价值,特别是被有些人认为是最高价值的自由和平等,指出:"在自由、平等和正义三者之中,只有正义才是不受任何限制的实在善",因而具有绝对性。因为,"一个人可能想要太多的自由或过分的平等,他这种自由和平等可以超出他和别人相处时应该拥有的自由和平等。但正义则不然。没有一个社会是过分正义的,没有一个人的行为对他自己或对他周围的人来说会是太正义了"。也就是说,自由和平等都有过分从而变为有害的问题,唯独正义没有。正因为如此,"自由和平等都不是根本的价值,也不是终极的善事物"。它们必须受到正义的调节和限制,"只有在正义的制约下,自由和平等才能协调地达到它们各自的最大限度"。[1] 所以,"一个人只能享有正义所能允许的自由,他不能超出这个限度","一个社会只能在正义所要求的范围内争取最大限度的平等",否则就会变为非正义。他认为,正义对自由和平等的限制表现在,"在自由方面,正义给予人自由以数量上的限制。如果一个人行使的自由是正义许可之内,那他就是正义的行为。否则就是非正义的行为。在平等方面,正义对平等的种类和程度以及不平等的种类和程度加以限制。如果一个社会符合正义的要求,它就会正义地对待它的全体成员。当正义这样制约了自由的追求和平等的追求时,自由和平等才能在一个有限的范围内协调地达到它们各自的最大限度"。[2] 阿德勒把正义的这种不受别的价值观念限制却要限制其他价值观念的性质,称之为正义的神圣性。这些认识,显然是深刻的和正确的。

正义既然是一种价值观念,哪怕是一种最高的价值观念,那么,它就决不是人的头脑生而具有的,而是扎根于所在社会的物质生活条件,是对这些条件的一种观念反映。用恩格斯的话来说,它"始终只是现存经济关系的或者反映其保守方面、或反映其革命方面的观念化的神圣化的表现"。[3] 正因为如此,正义观念是历史的和具体的,不同时代、甚至同一时代的不同人,对正义的具体内容都有不同的理解。正如米尔柏格所说,"一个人一个理解",或者说一个人有一个"主义"。如奴隶制度,在奴隶制社会初期,历史地看并不是不正义的,而到了封建社会,特别是资本主义社会,就严重地同生产力性质不相容,因而不再是正义的了。再如在商品社会,商品质量上弄虚作假是不正义的,因为它违反了商品交换的价值规律。马克思主义认为,正义观念的历史性和个人差异性,并不意味着它是主观随意的,相反,它是客观的,人们对某一事物的正义性判断,归根结底看其是否与所

---

〔1〕 [美]阿德勒:《六大观念》,陈珠泉等译,团结出版社 1989 年版,第 141 页。
〔2〕 [美]阿德勒:《六大观念》,陈珠泉等译,团结出版社 1989 年版,第 142~143 页。
〔3〕 《马克思恩格斯选集》第 3 卷,人民出版社 1995 年版,第 211~212 页。

在社会的占统治地位的生产方式相适应和这种生产方式是否适合生产力的性质，进一步说，看它是否符合客观规律，是否具有历史必然性。

（三）正义的种类

正义作为一种价值观念，一种衡量是非的内心标准，适用于人类生活的各个方面，而在各个方面的具体要求是有差别的。因此，人们把正义区分为许多种，而从不同角度可以有不同的划分。

1. 从个人和社会的差别上可划分为个人正义和社会正义。由于对个人的要求主要是品德问题，对社会的要求主要是制度问题，因此，前者又叫品德之正义，主要指一个人合理处理与别人关系时内心所遵循的信念和原则，而且这种品德是"百德之总"，即能包容和提携所有的其他好品德。后者又叫制度正义，指的是一个社会在制度安排上能使所有人得其所应得。

2. 从对正义程度的要求上可划分为实质正义和形式正义。第一种要求实际上或事实上的正义，即事实上的人人幸福。第二种要求表面的或外观上的正义，如立法中的人人平等参与，执法中一视同仁等。

3. 从目的和手段的差异上可分为实体正义和程序正义。实体正义指行动的目的或目标的正义性。程序正义指实现此目的的方式、方法的正义性，其中有的学者（罗尔斯）又把它分为纯粹的程序正义、完全的程序正义和不完全的程序正义。纯粹的程序正义指只涉及程序而不问结果的程序的正义性，如赌博或游戏规则，只有规则本身的正义问题，其结果即谁赢谁输是无所谓正义不正义的问题。完全的程序正义指包括着衡量结果是否公平并能保障结果公平的程序，如切蛋糕者取最后一块蛋糕的规则。不完全的程序正义指包含着衡量结果是否公平的标准，但没有保障结果公平的完善的程序，如诉讼程序。[1]

4. 从正义的取得方式上可分为持有正义、分配正义和纠正正义。第一种指对某物占有的正义性，这种正义要求某人对某物的占有只能或者通过自己的劳动已使占有物改变了原有的形态和性能，或者用等价交换的方式从别人那儿取得，或者来自继承或赠送；第二种指财物、荣誉、地位和机会的分配原则和方法的正义性；第三种指对不正义行为纠正的标准、方式、方法的正义性。

另外，根据正义观念在不同领域的不同要求，还可以把它划分为政治正义、经济正义、立法正义、司法正义等。还可以从一般和特殊的角度把正义区分为一般正义和特殊正义。前者指正义之根本和全体，即具有普遍性的正义观念，后者如法律正义，指通过法律办法所取得的正义。

第
五
章

---

〔1〕 参见［美］约翰·罗尔斯：《正义论》，何怀宏等译，中国社会科学出版社1988年版，第81~82页。

### (四)正义原则

如果说正义观念是人们对正义的理解,那么,正义原则则是在理解的基础上对如何落实在行动上的一种方向性指导。如果说前者只是告诉了人们正义"是什么"的话,那么,后者则告诉人们"怎么办",虽然还只是很抽象的。如果说前者只是为人们树立了正义的目标的话,那么,后者则开始为人们实现这一目标指出了大的方向和途径。因此,它能把人们对正义的理解转化为可操作的内心标准。只有在这个基础上,人们才能进一步制定具体的行为规则,来规范人们的行为。正义原则的种类很多,其分类同于正义的种类。

### 二、法对正义的价值

正义和法的关系,从总体上说是内容和形式、目的和手段的关系。因此,二者是互相渗透、互相依赖的。也就是说,正义是法的灵魂和精神,是法的出发点和归宿点,法是实现正义的重要手段,也是体现社会正义的主要形式。任何一个社会的法律,如果离开了正义,就失去了存在的根据和意义,就只是一种独有外壳的躯体,甚至是一种与法的名称完全相反的东西。它也就不可能得到人们的尊重和遵守。不仅如此,人们内心的正义观念和正义原则还是用以衡量法的性质、法的权威性的根本标准。另外,从法律规则的产生来说,它实际上是以人们内心的正义观念和正义原则为出发点的,从一定意义上说,法律规则是大家所公认的正义观念和正义原则的具体化和法律化。不仅如此,法律规则的实施也离不开人们内心的正义观念和正义原则,因为只有在它们的激励和指导下,人们才能正确地理解和实施法律规则,才敢于也才会用正确的法律手段与违法犯罪行为做坚决的斗争。正因为如此,西方有些学者把法学称之为关于正义的科学。

法对正义的价值,或法对于实现正义这个价值目标的意义,为历来的思想家所看重和强调,最著名的就是古罗马法学家塞尔苏斯给法所下的定义:"法乃善良公正之术",乌尔比安在解释这一定义时说:"所谓善良即是道德,所谓公平即是正义"。他在谈到正义的含义,以及与法律、法学的关系时说:"正义就是给每个人应有的权利的稳定而永恒的意志"、"法律的准则是诚实生活,不害他人,各得其所"、"法学就是关于神的和人的事物的知识,关于正义和非正义的科学"[1] 法对于实现正义这个价值目标的意义主要表现在以下几个方面:①它能最全面和最准确地表达所在社会人们普遍公认的对正义的看法和要求,因为它是社会通过比较民主的办法在对大家意愿集中的基础上所制定的公共的行为准则。②它能直接使用国家权力机构,这不仅能使正义的实现有最大的强力保障,而且由于国家有一

第五章

---

〔1〕 [意]桑德罗·斯奇巴尼选编:《民法大全选译:正义和法》,黄风译,中国政法大学出版社1995年版,第39~40页。

套专门机构和人员实施法律,从而能使正义的要求比较准确地表达出来,也能给违反正义的行为以最有力的惩罚,使正义所要求的秩序迅速恢复。

应该指出的是,正义是在与非正义相比较、相斗争中存在的,因此,最能体现社会正义的是司法机关对违法犯罪行为的斗争和惩罚。正因为如此,有的思想家把刑罚说成是正义的实存形式,把司法机关和法官说成是正义的化身。如黑格尔说:"就正义的实存形式来说,它在国家中所具有的形式,即刑罚,当然不是它的唯一形式。"[1] 亚里士多德说,裁判者是公正的化身,因此人们到他们那儿去寻公平。[2]

## 参考文献

1. [美]约翰·罗尔斯:《正义论》,何怀宏等译,中国社会科学出版社 1988 年版。

2. [美]阿德勒:《六大观念》,陈珠泉等译,团结出版社 1989 年版。

3. [美]罗纳德·德沃金:《认真对待权利》,信春鹰、吴玉章译,上海三联书店 2008 年版。

4. [英]约翰·密尔:《论自由》,程崇华译,商务印书馆 1982 年版。

5. 刘汪洪主编:《法律效益论》,中国商业出版社 1998 年版。

6. 夏勇:《人权概念的起源》,中国政法大学出版社 1992 年版。

7. 严存生:《法的价值问题研究》,中国政法大学出版社 2002 年版。

8. 何勤华、严存生:《西方法理学史》,清华大学出版社 2008 年版。

9. 张云秀:"论法律与和谐的共同价值追求——秩序与正义",载《重庆工商大学学报》(社会科学版)2006 年第 5 期。

10. 熊霞:"和谐社会的法律秩序解读",载《湖北省社会主义学院学报》2007 年第 1 期。

11. 严存生:"论马克思主义的人权观",载《学习与探索》1990 年第 5 期。

## 思 考 题

1. 什么是法所追求的价值目标? 它与法的价值是什么关系?

2. 法所追求的价值目标有哪些? 它们之间是什么关系?

3. 什么是秩序? 为什么说它是法律所追求的首要价值目标?

4. 什么是效益? 法对实现效益有什么意义?

5. 什么是自由? 为什么说真正的自由离不开法律?

6. 什么是人权? 法对实现人权有什么意义?

7. 什么是正义? 为什么说正义是法的灵魂?

8. 如何理解法乃实现正义的技术和法学乃关于正义的科学?

---

〔1〕 [德]黑格尔:《法哲学原理》,范扬等译,商务印书馆 1979 年版,第 103 页。

〔2〕 参见[古希腊]亚里士多德:《尼各马科伦理学》,苗力田译,中国社会科学出版社 1990 年版,第 95~95 页。

# 第6章
## 实在法的评价

【内容提要】

法律评价是法律价值的自然延伸,是法律价值论研究的重要内容。本章在探讨了法律评价的一般概念和意义的基础上,提出了三种法律评价的类型或角度:合法性评价、合道德性评价和合理性评价,并对它们各自的概念、标准、方法,以及三种评价之间的关系进行了分析。

【基本概念】

法律的价值评价、法律的合法性、法律的合理性、法律的合道德性、良法、恶法

## 第一节 实在法评价概述

### 一、实在法的评价的概念和意义

(一)实在法的评价的概念

评价,是指人对客观事物的性质、意义做出判断,以决定对其所持的态度和应采取的措施。实在法的评价就是指对其性质、意义做出判断的活动。显然,对法律的评价和对法律的认识是有区别的。法律认识是从个别到一般的过程,即以大量的个别法律为出发点,寻找其普遍性的特点和规律,其深层次的相对稳定的因素,以取得对所有法律的本质和价值的认识。法律评价正好相反,是以已取得的这个一般认识为出发点和作为标准,来衡量现实中存在的被称为"法律"的某一东西,看它是否名实相符。

(二)实在法的评价的意义

狭义上实在法指国家制定法,它是由立法者制定的,这就决定了它可能带有

制定者的私念和偏见,法律存在和发展的历史也以大量的事实证明了这一点。而且,由于社会的不断发展,原有的法律难免落后于形势,必须对其予以不断改进。这就决定了对实在法必须进行不断地评价。实在法评价的意义表现在以下五个方面:①实在法是有价值的,而且这个价值有着复杂的结构,不进行研究和评价,就不能知道其价值的各个方面,或者对其了解始终处于朦胧之中,不得其详,或者对其认识是错误的;②立法者在制定法律时必有其目的,但法律所产生的实际结果不一定与原设想一致,不进行评价就不明了这些,或不得其详;③持续性的法律评价工作对立法工作有很大的指导意义,它可以增强其自觉性和科学性;④法律评价工作,特别是群众性的法律评价工作的广泛开展,必然大大地增加广大群众对法律的注意和兴趣,增强其国家主人翁感和法律意识;⑤法律评价工作的开展,也给我们正确认识和评价古今中外的法律制度以指导,使对之评价日益科学化,并推动对评价理论和方法的研究。

**二、实在法的评价的种类**

对实在法的评价种类很多,从不同的角度可以有不同的划分。

1. 从被评价的法的方面来看,可以区分为事实评价和价值评价。事实评价是指对某一实在法的"事实"方面,即它的本质、性质所作的评价,它所要解决的主要是某一实在法的真假问题,看它是不是具有一般法律的性质和特点。其目的在于如何对待这一法律,这包括是否承认它的权威性并决定对它的服从与否的问题,也包括如何对其修改以使其日益完善的问题。价值评价是指对某一实在法的"价值"方面,即它的作用、意义、好坏等所作的评价,它所要解决的主要是某一实在法的良恶问题,看它是否发挥了此类法律所应发挥的作用,是否实现了此类法律的价值,以及实现到什么程度。

2. 从评价的方式上可以划分为客观评价和主观评价。所谓客观评价又称为历史评价、时间评价或实践评价,指的是以实践、时间或历史过程作为标准来评价某一法律。它主要是看此法律所产生的实际结果,即看它颁布实施后产生了怎么样的社会反响和后果,看它是否有生命力,看它是促进还是阻碍了社会的发展。所谓主观评价指人们从其内心对某一法律所作的评价,它是人们在其世界观和价值观的指导下以内心已有的对法律的一般认识为基础,通过一系列的内心活动完成的。主观又可分为事先评价和事后评价。前者指某一法律未制定或颁布之前对其进行的预测,后者指其实施一段时间后在搜集各种反应的基础上所作的评价。

3. 从评价的范围上可划分为宏观评价和微观评价。前者指对一国法律从总体上评价,后者指对某一具体法律、甚至于对其中的某一条款进行的评价。另外,还可以从法律的不同层次上分为形式评价和实质评价。前者从某一法律的外部特征,如逻辑结构、语言表达上进行评价,后者指从其产生的实际结果进行评价。

### 三、实在法的评价的标准和方法

人对一个事物的评价的标准虽然主要取决于他们对此事物的认识,但并不一定限于此,而往往从更大的范围,从对与之相似的事物的认识中获取。例如从花草树木的变化,以判断地球的运动,"一叶知秋"就是一例。对法律评价标准的选取上也是如此。可以从法律之外的事物,特别是受法律影响的事物中寻找标准,也可以从法律自身中寻找,而每类中又有许多种。具体说来,从法律之外选取的标准又分为客观方面和主观方面。客观方面有实践,主观方面有真理、社会理想和社会公德。真理是指人们对客观世界及其规律的认识。社会理想指公众对未来社会图景的设想,它是一个社会人们所追求的共同目标。社会公德即大家所公认的道德观念。显然,这些都是评价实在法所必不可少的标准。例如,当前我国所公认的四项基本原则,就是我们衡量各种事物,包括法律的政治标准,它是我国现时政治理想的具体化。

从法律之内选取的标准有三类:①法律产生方式方面的标准。这主要看其权力来源是否合法、程序是否合法。②表达方式方面的标准,如系成文法,则侧重看其语言文字是否规范,用语是否科学和准确,简单扼要,通俗易懂。③法律结构的逻辑方面,看其是否合乎逻辑,能否组成一个结构严谨和协调一致的体系。

由此看来,法律评价中所使用的标准是很多的,而这些标准彼此之间并不是孤立的,而是互相联系的,从而组成一个评价标准的系统。法律的复杂性决定了人们对它的评价不可能一次完成,而必须从各方面和运用各种标准进行评价。被评价的对象有时也不能仅仅限于实在法本身,而应扩大到其周围环境,因为法的价值的实现与其周围环境密不可分。这就是说,要用系统论的观点来指导评价工作。另外,在评价方法上要坚持群众观点和群众路线,要把专家评价和群众评价有机地结合起来,使专家评价建立在群众评价唯一的基础上,防止评价工作的神秘化和单纯地走专家路线。再就是要坚持实践是检验真理的唯一标准的观点,要把主观评价和客观评价有机地结合起来,使主观评价建立在客观调查的扎实基础上,使主观评价所得出的结论接受并经得起实践的检验。

## 第二节　对实在法的三种评价

历史上对实在法的评价,归纳起来主要有三种,即合法性评价、合道德性评价和合理性评价。这三种评价实际上是从三个角度和三个层次来评价法律的,它们对于我们全面地评价法律意义很大,所以专节予以介绍。

### 一、合法性评价

"合法性",顾名思义其涵义是合于"法"、"法律",似乎这个概念只适用于法律之外的事物,对法律自身谈"合法性"是个逻辑上的悖论,即不可思议的事情。但认真思考之后觉得并非如此,因为"合法性"之"法"并不等于"实在法",而且"实在法"是由许多个具体法规、法律和许多种法律形式组成的,对低一级的法来说,就有一个合乎上一级法的问题,如宪法之外的法律有一个合宪的问题。法之合法性评价的对象往往是某种具体法律,它要回答的是这种、这个、甚至于是某个法规中的有些规定是不是对人们的行为有约束力,它与其他法律,特别是比它效力高的法律有无冲突。对于成文法来说,它要具有法律的权威性和对人们的行为产生法律效力,就必须经由有立法权的机构(人)以法定的程序制定、公布和由有执法权的机构(人)实施,这些往往由有关的法律加以规定,因此产生了对法的合法性评价问题。这一评价属于形式评价的一种,它所要解决的是法的外在权威性和约束力问题。它是对法的评价首先要解决的问题。某一规定如果要以法律的名义使人们认可和遵守,就不能使人们对其合法性产生怀疑,就必须以法定的方式产生和实施,否则任何人或机构都可能以法的名义将自己的意志加之于社会。

合法性的标准是历史的和具体的,不同时代法律有不同的形式或渊源,因而有不同的标准,或多种标准。在现代社会里,这一标准一般多从成文法的角度寻找,它可以分为权限和程序两个方面:权限指某人或组织是否有制定或执行某种法律的权力;程序指它或它们在进行立法或执法活动时是否遵照法定程序。这两方面的标准分别表现在立法和执法中。在立法方面,这一评价要求法律不仅由有立法权的机关制定,不仅要求各种机关只能制定与其权限相适应的法律,而且要求它们严格按照有关法定程序进行立法工作。如在我国宪法的制定和修改只能由全国人民代表大会进行,而且在程序上作了严格和明确的规定。它还要求制定出来的法律不违背上一级法律和宪法。在执法方面,这一标准要求各种执法机关严格地按照自己的职权适用法律,而且在执法中要严格地遵守有关的法定程序,否则将对得出的决定的合法性予以否定。

合法性还有另外一种要求,即下一级法律不得有悖于上一级法律,所有的法律不得有悖于宪法,也就是说不得违宪,而这在合法性中是最高的要求。从另一种意义上可以说合法性的核心是合宪性,而这是现代民主社会的合法性的根本特点。那么由此能不能得出一个结论说宪法不能作为合法性评价的对象? 或者说没有评价宪法的合法性的标准? 不是的。宪法也存在合法性问题。宪法有两种:一种是通过革命新建国家所制定的宪法,一种是适应形势变化重新制定或修改的宪法。对于后一种不仅有一个是否合乎宪法的制定或修改法定程序问题,而且有与旧的宪法的衔接问题,违反其中的任何一个都使其合法性成为问题。对于前一种也有一个国际上公认的民主制国家的宪法的产生的程序问题,当然这属于国际评价问题。

由此看来,被评价的法分宪法和非宪法,两种评价的标准有所不同。非宪法评价的标准有二:一是实体法,包括宪法和上一级法律;二是程序法,即立法法,这包括权限和步骤两个方面。宪法的评价比较复杂,主要是从程序方面考虑,对于新建国家的宪法还涉及国际法标准。在我国的现实中有一种情况值得注意,即在变革中有些地方制定的法律或出台的新措施,效果很好但与中央的法律或宪法不符,后来中央并没有宣布其不合法,而是修改了宪法或有关法律。这一现象不能认为其本身合法,只能视为合理不合法,合理可以转化为合法。这也说明合法性标准的相对性。很显然,这一现象只存在于一个社会发展的特殊时期,即法制建设的初期,某些地区的法制建设速度快于全国的情况下。因此只应作为一种例外,不应视为普遍规律,否则将会导致各自为政,不利于法制的统一。

由上可见,法的"合法性"评价属于法的事实评价,它所要解决的是法的真假问题,即回答以法律的名义所颁布的规范性文件是否对人们有法律的效力,人们是否应该认可它和遵守它?当然只能从表面上和形式上对这个问题作初步的回答,真正和彻底的回答还需研究其内容,即要看它是否合情和合理。而历史上有些思想家对法的"合法性"正是从这个意义上理解的。如亚里士多德就把合法与正义视为不可分的,他说:"正义者①合法②公正之谓"[1] 这意味着法律的"合法性"主要限于形式意义上,实质意义上的"合法性"已属于或渗入"合道德性"和"合理性"的范围。

## 二、合道德性评价或正义性评价

"合道德性"评价又叫"正义性"评价,这是人们对实在法所进行的评价中最基本也是最早的一种评价。之所以叫正义性评价,是因为在古代社会里,正义乃百德之总,它能蕴涵所有的优良道德品质,能为之树立一个共同的奋斗目标。这就是说,正义是道德的精髓和核心。之所以是最早的,是因为在古代社会里法律与道德混为一体,法律是从道德中分化出来的一种特殊的,即一种更具权威的、适用更广泛的行为准则。这种评价顾名思义是要对某种或某一法律的正义性或道德性进行评析,从而对其良与恶、正义与非正义做出回答。显然,在这里"道德"、"正义"所指的不是个人的品德或修养,而是指所评价的法律的目的或价值取向,看它们与所在社会人们所公认的价值观念、社会理想和伦理道德观念是否相统一,以及统一到什么程度。这种评价的实质是要审查法律的内在权威性,其目的是求"善"。以使法律这种由公共权力机关所发布的行为准则,不仅是强有力的,而且

第六章

───────────────

〔1〕 参见[古希腊]亚里士多德:《尼各马科伦理学》(第 5 卷),向达译,商务印书馆 1933 年版,第 96 页。

是好的,得人心的。法律作为一种公认的行为准则,是立法者以国家或公共权力机关的名义向全社会的人们公布并予以实施的。它要得到人们的普遍认可和遵守,要对人们的行为产生约束力,即具有法律所应有的权威性,就必须与所在社会人们所公认的价值观念相一致。因为一个社会人们所公认的价值观念是大家在认识其根本生存条件的基础上所取得的共识,它是该社会人们用以判断是非和进行价值选择的基本标准,是维系成员间关系的精神纽带。法律作为一种公认的行为准则,只是它的具体化和权威化,二者的关系是根本和具体的关系。所以,法律应该也必须体现价值观念,应该以公认的伦理道德观念为基础,以公认的社会理想为价值目标。也就是说,应该具有"道德性"。但是由于实际上存在的法律是由具体的人负责制定的,而制定者的价值观念和价值取向有时与公认的价值观念不一致,这中间有认识问题,也有利益问题。如果某一立法者在进行立法活动时,偏离了公认的价值观念,以自己的价值观念和价值取向为基点,那么制定出来的法律就会不公正,就会变成谋私的工具,从而被人们视为恶法。

对实在法的"道德性"进行评价是非常重要的,因为社会正义是法律所追求的最根本和最高的价值目标,是法的根本精神之所在,而实际中存在的法律很少达到这一要求。不对其"道德性"进行评价,不指出其背离公认的价值观念的方面,就不能促使其不断改善,就不能使人们以正确的态度去对待已公布的法律。从而会使统治者可以在法的名义下肆无忌惮地牟取私利,使法律逐渐变成与土匪头子的命令无异的东西,即完全丧失其道义基础和背离正义精神。

衡量法的道德性的标准实际上是其所在社会公认的价值观念或社会公德,特别是占统治地位的正义观念。由于正义分实质正义和形式正义,因而此标准可具体化为两个方面。实质正义所涉及的主要是所在社会中人们的政治理想和社会理想,这包括理想的政治制度和理想的人际关系。在当今社会里它主要包括政治活动平等参与,个人人格受到尊重,个人正当权益受到保护等,这体现在法律中就是对民主原则和人权原则的确认。形式正义则包括在形式方面对法律的一系列道义要求,如富勒所说的普遍性、公开性、一致性、明确性、可行性、稳定性等,和对法律规定的认真的、一视同仁的贯彻执行。

法的道德性评价的产生是因为法律规范包含着所在社会人们的价值追求,而且是共同的价值追求,是体现和实现这一价值观念的重要手段,因而就有一个是否准确表达和能否实现这一要求的问题。实质正义的标准所衡量的侧重点是其是否准确表达的问题,及其准确表达的程度,也就是说是其对共同的价值观念表达的准确性问题。形式正义的标准则侧重于能否实现的问题,即可行性或技术性问题。当然这主要是从道义的角度,即从人们的心理能否接受上思考的,而不是从技术的可操作性上提出问题的。

第
六
章

### 三、合理性评价

人是理性的存在物,理性是人区别于其他事物,特别是区别于动物的主要之点,是人类文明和进步的基础。从一定意义上讲,人类的发展史就是理性的增长史,人类社会的一切物质财富和精神财富都与理性有着内在的联系,都是理性的产物。正因为如此,自古以来,合理性就成为人们对自己的行为及其产物的一种基本要求,也是对其进行评定的一种尺度。它自然适用于人造物之一的法律。与合法性和合道德性相区别的合理性的基本含义是合乎规律性、合乎真理或科学。黑格尔说:"抽象地说,合理性一般是普遍性和单一性相互渗透的统一。具体地说,这里合理性按其内容是客观自由(即普遍的实体性意志)与主观自由(即个人知识和他追求特殊目的的意志)两者的统一;因此,合理性按其形式就是根据被思考的即普遍的规律和原则而规定自己的行动。"[1]由于人的理性表现在认识和实践两个方面,进而有认识理性(又称理论理性、纯粹理性)和实践理性之分。因此,合理性有理论合理性和实践合理性之分,不同的合理性在具体含义上有差别。实践是人类有目的的活动,是目的与手段的统一,是客观可能与主观需要的结合,因而实践合理性又有目的合理性与手段合理性的划分。目的合理性又叫实质合理性或价值合理性。因为它所要求的是实践目标的设定在价值取向上合理,即有科学和客观依据,不是出自臆想或幻想。也就是说,实践所追求的理想是科学的。行为的目的合理性与行为的正义性是对人的行为既有联系又有区别的两种要求,后者要求行为的目标符合当时社会公认的价值观念,即政治理想和道德观念,前者则要求其科学和客观,而这两者并不总是统一的。

手段合理性又叫形式合理性。它对实在法的体系来说主要体现在以下三个方面:

(1)合逻辑性,这包括思维的合逻辑性和法律规范体系的协调统一性。逻辑在古代也就是规律,不过现代主要指思维的规律,因此主要适用于思维活动及其结果,如理论体系、规范体系等。它主要从形式上提出要求,即思维中思路清晰、概念科学、观点明确,同时观点之间不互相矛盾,能组成一个协调统一的体系。对法律而言,它要求一个国家的成文法有一个合理的结构,能组成一个协调的体系。这不仅表现在微观方面每一规范具备应有的构成要素,每一法规内部各个规范互相配合和没有空白,而且表现在各部门法、乃至全国的法律中各个法规能配套成为一个协调、完整的体系。

(2)可预测性,即行为的法律结果的可知性、非神秘感。马克斯·韦伯在谈到形式合理性的这一意义时说:"这只意味着,在任何时候人如果想知道或相信某种

---

〔1〕 〔德〕黑格尔:《法哲学原理》,范扬、张企泰译,商务印书馆 1979 年版,第 254 页。

东西,他就能学到这些东西。就是说,原则上这里没有神秘的、不可计算的力量在起作用,原则上可以通过计算支配一切事物。这就意味着世界是祛除巫魅的,人不必再像野蛮人那样相信有这种神秘的力量存在,不再诉诸巫术手段去支配或祈求神灵。技术手段和计算可以为人效力。这就是理智化的要义。"[1]从此出发,可以得知,合理性的法可以使人们对自己的行为的法律后果准确地做出预测。

(3)可操作性和有效性。可操作性要求法律规定不流于抽象的原则,而能为人们提供可操作的标准和程序,有些法律还要有与之配套的辅助性法规和地方性法规。有效性则要求所制定的法律能对人们带来实际效果,而不仅仅只是作为一种摆设。

实在法的合理性评价正是基于合理性的以上含义对之所作的评价。它也可从形式和实质两个方面进行,故可以分为实质合理性评价和形式合理性评价两种。实质合理性评价主要是对法律的内容和目标进行评价。其评价的标准是事物的本性和规律,是真理,即人们对事物的本性和规律的正确认识。

形式合理性评价主要是从法律的内在结构和外在形式等方面进行评价。这一评价又可以分为法律自身、立法工作和执法工作等几个方面。法律自身的合理性可分为文字表达和逻辑结构两个方面。语言文字表达上的合理性要求成文法的用语明了、准确、科学、通俗易懂,不引起歧义。逻辑结构上的合理性要求法律规范作为一个体系,各个部门、各个部分能组合成一个协调统一的整体,不仅门类齐备,没有空缺,而且不相互矛盾或抵触,能相辅相成。立法工作的合理性要求此工作既要由有法律知识的专家进行,又要贯彻民主原则,使各种社会成员能平等地参与和监督立法工作。执法工作的合理性要求不仅严格地坚持法治原则,而且要使执法工作专业化和执法者职业化,还包括执法活动中要尽量排除非理性的因素,如政治斗争、社会舆论等的直接影响,在法律推理中要严格遵守逻辑规则等。

由于人的认识和法律都是历史的具体的,因而法律的合理性的具体表现和评价标准也是历史的具体的。从当代社会来说,它主要表现在成文法的迅速发展和日益法典化、系统化,司法机关的专门化和中立化,法律工作者,特别是执法者的职业化等。

**四、三种评价的比较**

三种评价并不是彼此孤立的,而是互相联系、互相依赖和互相渗透的。它们之间既有显著的区别,又有必然的关系。它们的区别表现在:

(1)选用了不同的评价角度和标准。例如合法性评价所审查的主要是某一实在法的权力基础,合道德性评价或正义性评价所审查的主要是其道义基础,而合

---

〔1〕　转引自苏国勋:《理性化及其限制——韦伯思想研究》,上海人民出版社1988年版,第86~87页。

理性评价所审查的则主要是其科学根据。

（2）评价的方面不同。合法性评价侧重于其形式,合道德性评价侧重于其内容,而合理性评价既有内容又有形式。就形式而言,合法性评价与合理性评价也有差别,前者侧重于法律产生的途径和方法,后者侧重于法律体系的完美性和适用的一致性。就内容而言,合道德性评价也不同于合理性评价,前者侧重于法律的价值,后者侧重于法律的事实。

（3）评价的目的也有区别。合法性评价所追求的是形式上的"真",合道德性评价所追求的是"善",合理性评价所追求的是形式上的"美"和事实上的"真"。

（4）性质不同。合法性评价主要属于事实评价,合道德性评价则主要属于价值评价,合理性评价中既有事实评价又有价值评价。

从一定意义说,三种评价分别是从情、理、法三个侧面对实在法进行评价,而情、理、法三者是有差别的,合情而不合法、不合理者有之,合法而不合理、不合情者也有之。

但是,三者并不是互不相涉的,更不是互不相容的。恰恰相反,它们之间是互补的,互相交叉的,能共同构成一个评价系统。这首先表现在,三种评价有一定的顺序性:合法性、合道德性和合理性评价,一个比一个深入。因此,后一种评价能说明前一种评价的理由,前一种评价能蕴涵和引发出后一种评价。因为对法律的评价,首先必须解决其合法性问题,回答它是不是法律,对人们有没有法律的效力,但合法性评价所能解答的只是法律的外在权威问题,只是法律的形式依据,并不能彻底解决这个问题。显然,要彻底解决这个问题就必须进一步研究其道德基础和科学根据,就必须对之开展合道德性评价和合理性评价。其次表现在,它们互相渗透,如合理性评价中的实质合理性评价与合道德性评价中的实质正义评价基本相近,都是针对法律的实体内容和价值目标的。

应该认为,三种评价各有其优点和缺点。合道德性评价的优点是它能为每个人亲自感知和参与,能深入法律的内容和目的。但由于各人的价值观念有差异,加上由于价值观念只是一种内心标准,所以评价的结果难以统一,带有很大的主观性、相对性,难以进行科学的论证和实证操作。在这一点上它不如合法性评价。此种评价标准比较明确,可操作性强,但只能及于法律的表层,虽然其他评价最后都要落实在其上,其他评价都必须法律化、制度化。正因为如此,合法性、合理性和正义性三个概念经常被混用,如前引的亚里士多德的一段话。再如"形式正义"的基本要求就是严格地、平等地适用法律,就是执法的"合法性",而"形式合理性"一词也包含着同样的意义。

由此看来,合法性评价、合道德性评价、合理性评价实际上是从三个不同层次,即从浅、中和深三个层次,和从真、善、美三个方面对实在法进行的评价。正因为如此,三种评价必须有机地结合起来,这样一来,才能起到互相补充的效用,才能达到真、善、美的统一,才能求得对实在法的全面认识。

## 参考文献

1. [美]富勒:《法律的道德性》,郑戈译,商务印书馆 2005 年版。

2. [德]哈贝马斯:《合法化危机》,刘北成等译,上海人民出版社 2000 年版。

3. 严存生:《法的价值问题研究》,中国政法大学出版社 2002 年版。

4. 何勤华、严存生:《西方法理学史》,清华大学出版社 2008 年版。

5. 李龙:《良法论》,武汉大学出版社 2001 年版。

## 思 考 题

1. 什么是实在法? 为什么要对实在法进行评价?

2. 什么叫对实在法的事实评价和价值评价? 二者是什么关系?

3. 什么叫对实在法的客观评价和主观评价? 二者是什么关系?

4. 什么叫对实在法的合法性评价? 评价的标准和方法是什么?

5. 什么叫对实在法的合道德性评价? 评价的标准和方法是什么?

6. 什么叫对实在法的合理性评价? 评价的标准和方法是什么?

7. 对实在法的合法性、合道德性和合理性三种评价之间是什么关系?

8. 什么是良法与恶法? 二者如何区分?

第六章

## 第三编 法的社会论 <<<

## 第 7 章
## 法与社会概述

### 【内容提要】

社会是与自然相对而言的客观存在,是寄居于地球自然时空中的人的集合体,或者说是地球上与自然共时空的人群,它是在自然运动基础上的人的活动及由此所产生的观念、组织制度的总和。社会是五大物质运动形态之一,是有人类参与并以之为主体的客观存在,它包括人与自然两种因素,社会运动就是协调和解决人与自然和人与人的矛盾的过程。社会有着复杂的结构,大的可分为自然环境、组织制度和意识形态三个方面。人的活动穿插其中,根据其内容可分为经济、政治、科学文化教育和日常生活等许多领域。人的活动包括人与自然的交换和人与人的交往,法律就是在人们之间交往中所形成的一种规则,是社会现象的一种,属于社会的制度性存在,它与其他社会现象,如经济、政治、道德、宗教等密切联系,本编就是研究它们之间的关系,以便对法有进一步的认识。

### 【基本概念】

社会、社会交往、社会规范、社会制度、社会权力、经济基础、上层建筑

### 第一节 社会概述

#### 一、社会的一般含义

(一)"社会"一词的词源和词义

从汉语词源上看,"社"和"会"最初分开使用且各有实际意义。"社"由"示"

和"土"组成，"示"的象形含义是古代初民拜祭天神的石桌，"土"的象形之义为拜神祭天的灵石等器物，所以"社"指神事活动的地方。如《孝经·纬》中记载："社，土地之主也。土地阔，不可敬，故封土为社，以报功也。"《说文》对"社"的解释为"地主也，从示土"。"地主"就是土地之主，即土地神，亦称"社公"、"土地公"。《白虎通演义》中也说："古者，自天子下至庶民，皆得封土立社，以祈福报功，其所祀之神，曰'社'，其祀神之所亦曰'社'。"祭社神为春祈秋报农业丰收之意。《礼仪·郊特牲第十一》亦记载："天子大社必受霜露风雨，以达天地之气也，……社所以神，地之道也。地载万物，天垂象，取材于地，取法于天，是以尊天而亲地也，故教民美报焉。""会"在古文字中为"盖"，清人郑泫注曰："会，盖也。"本意为器盖，引申为"合"、"遇"、"聚集"之意。

首先，"社"与"会"两词连用表示在一定地方，人们相会而举行祭神活动。《旧唐书·玄宗本纪》中记载："十八年闰六月辛卯，礼部奏请千秋节休假三日及村间社会，并就千秋节先赛白帝，报田祖。然后坐饮，散之。"其次，"社会"指志趣相投者所结成的团体，如《东京梦华录·秋社》中说："八月秋社……市学先生预敛诸生钱作社会。归时各携花篮、果实、食物、社糕而散。春社、重午、重九，亦是如此"。最后，"社会"亦指很多人为了一个共同的目的聚集在一个地方从事某种活动。《醒世恒言》里说："原来大张员外在日，起这个社会，朋友十人，近来死了一两人，不成社会。"

在西方，英语 society 出自拉丁语 *socius* 一词，意为伙伴。西方学者关于社会的含义和性质有不同看法。英国的赫伯特·斯宾塞认为社会是由不同部分构成的一个整体，不同部分的排列类似生物有机体各个部分的排列。法国社会学家塔尔德认为，社会是具有共同心理的人的集合体。美国的罗伯特·埃兹拉·帕克认为社会是一种包括人类行为习惯、情操、民俗等在内的遗产。法国的迪尔凯姆（Emile Durkheim，又译涂尔干）认为，社会是集体意识，是建立在个人意识之上的独立实体。

总结近代西方学者关于"社会"的概念，其分歧的关键在于个人和社会的关系。以对此问题的理解和回答为标准，西方学者关于社会的概念可以区分为两种基本观点：社会唯名论和社会唯实论。两种理论争论的实质是社会是否是一种真实的存在，社会概念是对一种实在的反映，还是仅仅为了方便而对独立的个人采取的一种概括，孔德、斯宾塞、迪尔凯姆、齐美尔以及现代西方的大多数社会学家都持唯实论观点，马克斯·韦伯、塔尔德、吉丁斯等受狄尔泰哲学或新康德主义影响的学者则持唯名论观点。社会唯实论者认为，社会是超越人类个体，本身含有客观性的统一体，所以社会是先于个人而存在并且规定了个人的存在。社会本身并不是一种代表许多个人的总和，虽然社会是由一个个个人组成的，但并不是个人的简单相加,个人相加起来的整体也不是个人所能代表的,其性质已发生了根本的变化。正如斯宾塞所言:"像生命来源于细胞一样,社会也产生于大众。但是这时的大众和某些最终形成的大众是微不足道的。"[1]社会唯名论则认为社会是由各个有独立意义的个体所组成的,"社会"一词只不过是人们的臆造,理解"社会"应该还原于对每个个体存在的理解,个人才是终极的实体存在。正如韦伯的"理解社会学"所认为的,个人是社会行动的真正主体,只有把握个人行动的动机,才能"理解"社会的"主观意义"。

西方社会学本体论上的社会唯名论与社会唯实论的分野造成了方法论上的整体主义与个人主义的分裂,及价值论上集体主义和个人主义的对峙。整体主义以社会唯实论为理论预设,认为应该用整体的系统去说明各部分,用一个社会事实解释另一个社会事实。在价值观上持一种集体主义的立场,集体利益高于一切,个人利益应该服从集体利益。个体主义则认为社会现象只能通过个体行动才能得到解释,个体行动本身无需用社会现象来解释。在价值观上认为个人的自由才具有绝对的价值。

其实,个人与社会关系在本体论方面所存在的不同观点以及与此联系的在方法论和价值论方面的分歧本身是一个形而上层面的对立,本身就是一种预设、一种假定,在经验的层面上是永远无法得到验证的。

(二)马克思主义关于社会的基本看法

从唯物史观的基本立场出发,马克思主义的经典作家从不同角度对社会的含义作过论述。马克思说:"社会——不管其形式如何——是什么呢? 是人们交互活动的产物。"[2]他又说:"生产关系总和起来就构成为所谓社会关系,构成为所谓社会,并且是构成一个处于一定历史发展阶段上的社会,具有独特的特征的社会。"[3]没有人们之间的交往,便没有社会。而人们的交往首先是在生产、分配和交换过程中发生的经济交往。经济交往建立生产关系。人们在生产过程中的交往,乃是任何另一种交往的基础。因之在经济交往的基础上发生政治交往和思想沟通,从而建立与生产相适应的政治关系和意识形态。所有这些关系总合起来就构成为社会。因此,马克思主义关于社会的基本看法可以概括为以下几点:

(1)"社会"是与"自然"相对而言的客观存在,是寄居于地球自然时空中的人的集合体,或者说是地球上与自然共时空的人群,它是在自然运动基础上的人的活动及由此所产生的观念、组织制度的总和。社会是五大物质运动形态之一,是

---

[1]　转引自[美]刘易斯·科塞:《社会思想名家》,石人译,上海人民出版社 2007 年版,第 81 页。

[2]　《马克思恩格斯选集》第 4 卷,人民出版社 1995 年版,第 532 页。

[3]　《马克思恩格斯选集》第 1 卷,人民出版社 1995 年版,第 345 页。

有人类参与并以之为主体的客观存在,它包括人与自然两种因素,社会运动就是协调和解决人与自然和人与人的矛盾的过程。它们所追求的是物质财富的丰富和人际关系的和谐,或者说是效益和公平。

(2)社会的基础和本质是生产关系。没有人们之间的交往就没有社会,而人们之间的交往首先是在现实社会生产和再生产的过程中发生的经济交往。经济交往建立生产关系。人们在生产过程中的交往是任何别的交往的基础。因此,人们只有在经济交往的基础上才能发生政治交往和思想沟通,从而在生产关系的基础上才能发生政治关系和思想关系。所有这些关系的总和就是社会。因此生产关系的性质决定着其他社会关系的性质并进而决定社会的性质。

(3)社会关系体系的发展变化表现为一个自然历史过程。"社会的物质生产力发展到一定阶段,便同它们一直在其中运动的现存生产关系或财产关系(这只是生产关系的法律用语)发生矛盾。于是这些关系便由生产力的发展形式变成生产力的桎梏。……随着经济基础的变更,全部庞大的上层建筑也或慢或快地发生变革。"[1]

(4)社会运动是一个螺旋式的上升运动,是一个由低级向高级的发展过程,这一过程可以划分为许多阶段,从而在历史上存在相应的社会形态,即原始社会、奴隶社会、封建社会、资本主义社会和社会主义社会等。随着社会形态的更替,人类的文化和科学技术会越来越发达,文明程度也会越来越高。

**二、社会结构**

(一)西方学者关于社会结构的理论

社会是一个系统,而结构是系统题中的应有之意。"所有的社会都既是社会系统,又同时是由多重复合的社会系统交织构成"[2],结构概念和结构分析的方法一直是社会分析的重要的概念和手段。所谓结构分析一般包含两层含义:①任何一个作为独立对象并且具有完整意义的事物都是由一定的因素组合而成,因此是可以分析的。②组成事物的因素是按一定的方式和原则有序结合的,它们彼此产生一种较为固定的关系,从而成为一个统一整体并具有相对的稳定性。

所有承认社会客观存在性的社会学家都认为社会是有结构的,只不过在社会到底有什么样的结构方面有不同的理解和看法。在19世纪孔德、斯宾塞的社会理论中,社会结构是生物有机体的社会表现形式,是自然进化的结果。如孔德就认为尽管人类社会更具有复杂性,但它仍然像宇宙的其他部分一样服从于基本规

---

〔1〕《马克思恩格斯选集》第2卷,人民出版社1995年版,第32~33页。
〔2〕〔英〕安东尼·吉登斯:《社会的构成》,李康、李猛译,生活·读书·新知三联书店1998年版,第265页。

律。而他的理论就是解释社会发展和社会秩序的规律。"我们将发现,除非使社会现象服从于永恒的自然规律,否则就无法实现秩序与和谐,这些规律将给各个阶段确切地规定出社会行动的限度和性质。"[1]而社会基本规律的发现将医治人们的过分野心,他们将懂得在任何历史时刻,社会行动的范围都受到社会有机体的正常活动的必要限制。19世纪末20世纪初,在反对实证主义和社会进化论的思潮中,社会学界提出了不同的社会结构理论。如迪尔凯姆认为,社会结构是由社会分工造成的社会结合的组织形式和功能。德国社会学家齐美尔则认为社会结构就是社会关系的形式,如竞争、分工、对抗、合作等。韦伯则把文化现象视为社会结构的中心,把社会结构归结为各种文化要素形成的不同社会形态。20世纪五六十年代,美国的帕森斯等结构功能主义者从功能分化的角度建构和说明"结构功能分析模型"。帕森斯在《社会体系》一书中提出,社会结构是具有不同功能的、多层面的系统所形成的一种"总体社会系统",即经济系统、政治系统、社会系统、文化系统,而社会结构是由上述四种体系构成的一个社会中诸因素稳定的布局。当代美国结构主义者彼特·布劳则认为,社会结构就是指由个人所组成的不同群体或阶层在社会中所占据的位置以及他们之间所表现出来的交往关系,它可以由水平方向的类别参数和垂直方向的等级参数来加以规范。亦即他把社会结构理解为人与人之间的关系,同时又不是简单地看待这些关系,而是把它们放在由分工导致的横向关系和这些关系间实际存在的具有高低等级差别的纵向关系中来考察社会结构。

综上所述,西方学者自孔德以来提出过各种各样的社会结构理论,他们彼此相去甚远,甚至彼此矛盾。但耐心地厘清他们的理论并从历史的、知识社会学的角度努力理解西方学者关于社会结构的理论有助于我们从多个角度来分析、看待社会及其结构,从而避免陷入某种理论的窠臼和教条。

(二)马克思主义者关于社会结构的理论

马克思主义者在批判地继承已有的关于社会结构理论的基础上提出了自己的看法,概括而言,包含以下方面:

(1)广义的社会包括人类和自然两重要素。自然包括自然环境和自然资源,它们是人类活动的基础或舞台,人类活动的一切要从自然中获得,活动的结果最后又回归自然,人类的存在与发展是建立在与自然的和谐互动基础上。广义的自然指人之外的地球上的物质存在,包括自然物和人造物(又名"人造自然",如建筑、器械,它们从另一角度又可归于文化,是"物化的文化")。

(2)狭义的社会,即人类本身,又可分为人类的肉体活动及其产物——物质财

---

[ 1 ] 转引自[美]刘易斯·科塞:《社会思想名家》,石人译,上海人民出版社2007年版,第3页。

富、人的活动中所形成的关系及其在此基础上所建构的各种组织制度、人的灵魂或精神及由其所创造的文化——精神财富。这三种要素紧密结合在一起,贯穿于社会的各个领域。

早期的马克思主义者把社会的领域划分为经济基础和上层建筑两大部分,认为前者决定后者。马克思在《政治经济学批判》的序言中指出:"人们在自己生活的社会生产中发生一定的、必然的、不以他们的意志为转移的关系。即同他们的物质生产力的一定发展阶段相适合的生产关系。这些生产关系的总和构成社会的经济结构,即有法律的和政治的上层建筑竖立其上并有一定的社会意识形式与之相适应的现实基础。物质生活的生产方式制约着整个社会生活、政治生活和精神生活的过程。"[1]由此看来,社会主要包括社会经济结构、社会政治结构、社会意识结构三个层次和部分。生产关系的总和构成社会的经济结构,而生产关系是人们在生产过程中结成的相互联系以及把这种联系规范化和制度化的体制。从静态方面看,它包括生产资料的所有制形式、人们在生产过程中所处的地位和相互关系,以及产品分配的形式;从动态方面看,它包括生产、交换、分配和消费四个环节。上层建筑分为政治上层建筑和思想上层建筑。其中政治上层建筑构成该社会的政治结构,在阶级社会中,政治上层建筑是指人们在一定经济基础上建起的政治、法律制度以及建立的军队、警察、法庭、监狱、政府部门、党派等国家机器和政治组织。思想上层建筑构成该社会的社会意识结构,思想上层建筑是指适应经济基础的社会意识形态,包括政治思想、法律思想、道德、艺术、哲学、宗教等。

法律属于社会的上层的政治结构中的一个部分,它与社会的各个组成部分都有着这样那样的关系,下一节主要介绍法律与社会整体的一般关系,至于法律与社会中其他部分如经济、政治、国家、道德、宗教、文化等的关系则在本编的其他章节中加以介绍。

## 第二节 法与社会的一般关系

### 一、西方法学家关于法律与社会关系的论述

西方法学家中最早关注法律与社会关系的是法国的孟德斯鸠,他认为,法律是所在社会诸种要素的产物。他说:"法律应该同已建立或将要建立的政体的性质和原则有关系;不论这些法律是组成政体的政治法规或是维持政体的民事法规。""法律应该和国家的自然状态有关系,和寒、热、温的气候有关系,和土地的质量、形势与面积有关系,和农、林、牧各种人民的生活方式有关系。法律应该和政

[1] 《马克思恩格斯选集》第2卷,人民出版社1995年版,第32页。

制所能容忍的自由程度有关系,和居民的宗教、性癖、财富、人口、贸易、风俗、习惯相适应。此外,法律和法律之间也有关系,法律和它们的渊源,和立法者的目的,以及和作为法律建立的基础的事物的秩序也有关系。"因而他认为,"这些关系综合起来就构成所谓'法的精神'"〔1〕

　　西方社会法学特别重视法律与社会的关系,认为法律扎根于社会。如法社会学的创始人之一埃利希在 1913 年出版的《法律社会学基本原理》的前言中就提出了"法律发展的重心不在立法、法学,也不在司法裁决,而在社会本身"〔2〕的著名论断。他认为,法律的本质就是社会联合体的内部秩序,一切法律规范都是法学家在认识这一秩序和为解决社会纠纷而创立的,其效力也在于能否为维护这一秩序提供帮助。法国著名的社会法学家狄骥也指出,社会是一种人与人的连带关系,法律就是基于维护这种关系的需要产生的。美国著名的社会法学家庞德则提出他的"社会控制工程说",认为法律就是社会用于控制人际关系的矛盾和冲突,使之减少到最低程度的一种社会工程。

### 二、马克思主义者关于法与社会关系的基本观点

　　马克思主义者基于历史唯物主义的基本原理,即经济基础决定上层建筑和世界上的事物是互相联系的原理,认为法律是社会系统的有机构成部分,作为上层建筑的一个部分,它扎根并服务于社会,也随着社会的发展而发展。具体说来其关系表现在以下四个方面:

　　1. 社会是法律的基础。马克思主义者认为,社会是一个系统,系统的各个组成部分有着紧密的联系,法律只是社会这个大系统中的一个子系统。法律不能脱离社会而独立存在,社会是法律存在的基础。马克思指出:"社会不是以法律为基础的,那是法学家的幻想。相反,法律应该以社会为基础。法律应该是社会共同的,由一定的物质生产方式所产生的利益和需要的表现,而不是单个人的恣意横行。"〔3〕

　　2. 法律的内容来自社会,是法学家在认识社会规律的基础上创制的。马克思指出,法律"是人的行为本身必备的规律,是人的生活的自觉反映"。因此"立法者应该把自己看作一个自然科学家。他不是在制造法律,不是在发明法律,而仅仅是在表述法律,他把精神关系的内在规律表现在有意识的现行法律中。"〔4〕

　　3. 法律随着社会的发展而变革。只是在时间上可能会有差异。马克思说:

〔1〕　[法]孟德斯鸠:《论法的精神》(上册),张雁深译,商务印书馆 1959 年版,第 7～8 页。
〔2〕　[奥]尤根·埃利希:《法律社会学基本原理》,叶名怡、袁震译,九州出版社 2007 年版,前言。
〔3〕　《马克思恩格斯全集》第 6 卷,人民出版社 1961 年版,第 291～292 页。
〔4〕　《马克思恩格斯全集》第 1 卷,人民出版社 1956 年版,第 72、183 页。

"随着经济基础的变更,全部庞大的上层建筑也或慢或快地发生变革。"[1]

4. 法律也能对社会的变更起促进或阻碍作用,法律与其他社会因素是相互影响的。马克思认为,社会包含对立力量的运动平衡,对立力量的冲突和斗争导致社会变革,斗争是社会进步的动力。社会是一个在结构上相互联系的整体,整体的任何一个部分或支系统都不能从它本身来理解。"法的关系正像国家的形式一样,既不能从它们本身来理解,也不能从所谓人类精神的一般发展来理解,相反它们根源于物质的生活关系,这种物质的生活关系的总和,黑格尔按照18世纪的英国人和法国人的先例,称之为'市民社会',而对市民社会的解剖应该到政治经济学中去寻求。"[2]所以,上层建筑的诸方面,"政治、法、哲学、宗教、文学、艺术等等的发展是以经济发展为基础的。但是,它们又都互相作用并对经济基础发生作用。并非只有经济状况才是原因,才是积极的,其余一切都不过是消极的结果。这是在归根结底总是得到实现的经济必然性的基础上的互相作用"[3]也就是说,在社会运动中有许多因素在相互作用,其中经济的因素是决定因素,其他所有因素归根到底都是应变量。法律也是这样一种应变量,它与其他应变量之间也互相影响。

### 三、社会的法律控制

法律对社会的反作用,可以概括为社会的法律控制,即它能为社会的发展指明方向和扫清道路。这主要表现为对"失范行为"或"越轨行为"的控制和矫正上。

#### (一)"失范行为"或"越轨行为"及其原因

所谓"失范行为"或"越轨行为"是相对于一般行为而言的。任何社会都有按照其主流价值制定或生成的各种规范,社会的统治者或治理者一般希望所有的社会成员都能按照主流规范行动,以达成某种秩序。但实际上任何社会都不可能达到所有社会成员都按照主流规范行动的理想状态,总会有人违背主流规范而行为。社会学上把这类行为称为"失范行为"或"越轨行为"。其表现形式多种多样,其中违法、犯罪行为乃为最严重者。

"失范行为"或"越轨行为"的存在有各种原因。有的学派从生理学的角度分析,认为其产生和存在与个人的生理,如人的体型、相貌等因素有关。如意大利的犯罪学家龙布罗梭提出"天生犯罪人"的理论,认为一些人基于其天生的生理特点而较其他人更具有犯罪的倾向。有的学派从人的心理因素解释越轨行为,比如有一种理论叫"挫折—侵犯"理论,认为越轨行为是越轨者由于心理上的挫折而产生

---

[1]《马克思恩格斯选集》第2卷,人民出版社1995年版,第33页。
[2]《马克思恩格斯全集》第13卷,人民出版社1965年版,第8页。
[3]《马克思恩格斯选集》第4卷,人民出版社1995年版,第732页。

的针对他人或针对社会的侵犯形式。当一种需要没有被满足时,人就会变得沮丧,并把这种挫折发泄为侵犯。社会学家们则更多侧重于从社会环境中探求越轨行为产生的原因,从而提出各种理论,如萨瑟兰的"差别交往"理论、迪尔凯姆的"失范"理论以及"结构紧张"理论、"亚文化"理论、"社会冲突"理论等。马克思主义者则认为它们的成因很复杂,其中最主要的起因是利益冲突和阶级对抗。

(二)"失范行为"或"越轨行为"的社会控制

为了维护社会秩序,保证社会成员的正常生活,必须通过社会控制使社会成员按照社会规范指导自己的行动,必须对"越轨行为"加以矫正。"社会控制"一词最早由美国社会学家罗斯在 1901 年出版的《社会控制》一书中提出来。他认为,在人的天性中存在一种"自然秩序",它包括同情心、互助性、正义感三个组成部分。正因为人性中存在一种"自然秩序"的成分,所以人类社会才会处于自然秩序的状态。但由于种种原因,自然秩序遭到了破坏,必须对社会成员加以社会控制。

其实,西方的各种关于社会控制的理论都是在关于人性的某种预设的基础上提出的。如庞德认为,人具有双重本性,一方面是相互合作的社会本性,另一方面是个人主义的本性,因而就有不同的主张和要求,也就导致了人与人之间的冲突,必须对人类的本性,主要是其个人主义本性加以控制,这就是社会控制。再如迪尔凯姆也认为,人的欲望是无止境的,人和其他动物不同,他不仅仅满足于生理上的需要,需要的满足会激起更大的欲望,人永远不知足,因此人的需求必须也只能受外界及社会的控制。

任何社会都需要社会控制,只不过是在控制的手段方面有所不同而已。庞德认为对人类内在本性的控制,即实行社会控制,有三种主要手段:道德、宗教和法律。在西方,16 世纪以来,法律越来越成为主要的社会控制手段,但它仍需要其他控制手段予以配合。在现代文明社会,社会控制的手段或机制主要有来自于国家政权的控制,如法律、政策的控制,以及来自于市民社会,如道德、风俗、宗教、艺术等的控制。

(三)通过法律的社会控制

法律是诸种社会控制手段之一种,法律通过权利、义务的设置,法律后果的明示从而达到对社会成员行为的指引。法律通过司法程序、司法组织、司法人员的设置与运行,通过国家强制力的介入从而达到对社会越轨行为(主要指违法、犯罪行为)的矫正,恢复被破坏了的社会关系和秩序。

法律与诸种社会控制手段之最大的区别乃在于法律是以国家强制力作为保障其实现手段的。没有国家强制力的法,是一种"自然法",就会发生有人违反而没有有效惩治并因此而引起连锁反应并最终导致法的崩溃或事实上崩溃的结果。我们是在国家制定法意义上使用法律概念的,因此,法律从形式上看是一种主观建构的社会存在物,但法律的内容是社会生成的。片面强调法律的国家意志性,忽视法律的社会基础的法律,是一种纸面上的法,是一种没有可行性的法,或者因为执法、司法成本过大事实上沦为纸面上的法,从而最终损害法的权威性。况且,法律作为社会控制的一种手段,本身就是为了适应社会控制的需要而产生的,其重心在社会,从法律的制定到实现,都离不开社会。

## 参考文献

1. [美]刘易斯·科塞:《社会思想名家》,石人译,上海人民出版社 2007 年版。

2. 易益典主编:《社会学教程》,上海人民出版社 2007 年版。

3. 何勤华、严存生:《西方法理学史》,清华大学出版社 2008 年版。

## 思考题

1. 什么是社会? 构成社会的要素有哪些?

2. 如何理解法律的基础是社会?

3. 法律在社会中的地位和作用是什么?

第七章

# 第 8 章

## 法与经济

【内容提要】

　　本章探讨法与经济的关系。广义的"经济"包括经济观念、经济活动和经济制度三个方面。经济观念即节俭观念、成本观念;经济活动即人从自然界获取物质财富的活动,它又包括生产、交换和消费三个方面;经济制度即人们在经济活动中所结成的关系和所建立的组织以及相应的规章制度。经济活动的主体是人,客体是自然,人在这一活动中认识和驾驭自然物的能力叫生产力。科学技术是生产力的一个重要因素。生产关系和生产力结合构成社会的经济形态,历史上的经济形态很多,有自然经济、商品经济之分,有计划经济和市场经济之别。经济是社会的基础部分,它从根本上决定着社会的上层建筑,包括其中的法律。因此,法律与经济有密切关系。本章就是研究两者的关系,特别是法与经济基础、生产力和商品经济的关系。首先分析了法与生产力的关系,说明了历史唯物主义关于经济基础决定法的观点;其次从法与宏观经济活动和微观经济活动两个方面阐述了法对商品经济的调整作用;最后论述了作为"第一生产力"的科学技术对法的影响,以及法对科学技术的调整作用。

【基本概念】

　　经济、自然经济、商品经济、计划经济、市场经济、生产力、生产关系、科学技术、"看不见的手"、宏观经济管理、微观经济管理

## 第一节 法与经济的一般关系

### 一、"经济"的含义

"经济"一词有多种含义,在古希腊"经济"一词就至少有五种意思:①家庭治理;②修建、建设;③管理、筹建;④斤斤计较;⑤节约。[1] 在中国古代,"经济"的主要意思是"经邦治国"、"经世济民",如《晋书·纪瞻传》中记述晋元帝褒奖纪瞻的诏书中说:"(纪)瞻忠亮雅正,识局经济"。李白有诗:"令弟经济士,谪居我何伤。"杜甫诗中有:"本来经济才,何事独罕有。"现代汉语"经济"一词来源于古代汉语和日语,而日语又来源于英语。[2] 在现代汉语中,"经济"一词至少有两层含义:一是指节省、有效率,以较少的人力、物力、时间等耗费获得较大的成果;二是用来统称人类社会生产、消费、交换等活动,以及组织这些活动的制度、系统等。而且这两层含义是有内在联系的,因为任何经济活动,从个人消费、企业生产到整个国民经济,都必须考虑如何以最少的耗费来达到最大的收益。

从哲学的高度讲,"经济"是指人与自然之间的物质交换过程,在这一过程中人所追求的是"效益",即以较小的投入获得较大的产出,从而为人类的生存和发展积累更大的物质财富。广义的"经济"包括经济观念、经济活动和经济制度三个方面。经济观念即节俭观念、效益观念或成本观念,就是以最小的投入获得最大的产出或花小钱办大事的观念。经济活动即人从自然界获取物质财富的活动,它又包括生产、交换和消费三个方面。经济制度即人们在经济活动中所结成的关系和所建立的组织以及相应的规章制度。经济活动的主体是人,客体是自然,人在这一活动中认识和驾驭自然物的能力叫生产力。人在这一活动中所结成的固定关系叫生产关系,生产关系的总和叫经济基础。公共权力机构对经济活动的管理叫经济管理,其中又分为宏观经济管理和微观经济管理两种。人类的经济活动是发展的,不同阶段有不同的特点,由此可分为自然经济、商品经济等类型。其区别在于产品是自用还是出售,资源流动的主渠道是什么。

法律与各种意义上的"经济"都有着广泛和密切的联系,下面分别论述之。

### 二、西方学者关于法与经济关系的论述

西方学者关于法与经济的关系的论述可以马克思主义的产生为界,在马克思主义产生之前关注者很少,只是少数学者有间接的论述。如哈林顿在论述国家的性质时指出,它取决于其内部对财富的占有状况,特别是土地的占有情况。孟德

---

[1] 汪丁丁:"'经济'原考",载《读书》1997 年第 2 期。
[2] 叶坦:"'经济'补考",载《读书》1997 年第 11 期。

斯鸠在论述"法的精神"时指出,法与所在社会人们的生产方式有关。古典经济学家亚当·斯密对此也有所论述,他虽然认为经济的发展离不开人的自私的本性的推动和市场这只"看不见的手"(an invisible hand)的指引(lead),但也离不开国家和法律这只有形的手的作用。

马克思主义产生之后论述者较多,大都围绕着马克思主义的"经济决定论"展开。如德国的马克斯·韦伯认为,经济对法的影响虽然是很大的,但不能说法是由经济决定的,因为人类社会有着复杂的结构,存在多种因素,如宗教、文化、政治、法律制裁和经济等,它们处于交互的影响之中,虽然经济因素在法律的发展中起到了关键作用,但并不是唯一的作用,更不是经济的直接产物。他说:"一般而言,社会组织的经济结构不是完全由经济因素决定的。"[1]他以资本主义的法律为例,说资本主义社会的形式合理性法,绝非资本主义经济所能单一造成的。"资本主义利益毫无疑问也曾反过来有助于为一在理性的方面受过专门训练的司法阶层在法律和行政机关中取得统治地位铺平道路,但是,资本主义利益绝非独自地促成了这一点,甚至在其中也没有起主要作用。因为这些利益本身并没有创造出那种法律。"[2]他进而就资本主义的理性化经济与形式理性化的资本主义法之间的关系作了分析,认为不能简单地把二者联系起来,说它们之间有着内在关系,或者说二者是互为因果的,而只能说它们之间存在一种"有选择的亲和性"。他指出,经济理性化是市场经济的必然产物,因为市场经济要求人的行为的可预测性,而要更好地做到这一点,就必须借助于理性化的法律对人们行为选择的多种可能性作出限制。因此,它们就逐渐地互相接近,并不断地提高其理性化程度。他进而指出,经济对法律的非决定作用明显地表现在英国法与大陆法的差异上,它说明同是资本主义经济由于不同的历史和文化背景,会产生出不同形式的合理性的法律。[3]

20世纪以来,西方学者更加关注和强调法与经济的关系,如西方的社会法学家认为法律根源于社会的利益冲突,法律就是人们在认识各种利益的基础上,以社会利益为基本点来评价和协调各种利益的一种技术或工程。

当代西方学者更加强调法与经济的关系,其中最为突出的是西方的经济分析法学。该学派是在西方制度经济学的基础上产生的一种法学与经济学相结合的边缘学科。其创始人为经济学家科斯,主要代表是法学家波斯纳。该学派把法与

---

[1] [德]马克斯·韦伯:《论经济与社会中的法律》,张乃根译,中国大百科全书出版社1998年版,第149页。

[2] [德]马克斯·韦伯:《新教伦理与资本主义精神》,黄晓京、彭强译,四川人民出版社1986年版,第14页。

[3] 参见郑戈:"韦伯论西方法律的独特性",载李猛编:《韦伯:法律与价值》,上海人民出版社2001年版。

经济的关系推向极端,他们的主要观点有:

(1)法根源和从属于经济,因此,一切法律问题可以归结为经济问题,包括不法和犯罪行为,因为人都是利益最大化的追求者,他们的一切活动都是为了以最低的成本获得最大的回报,但由于每个人的追求并不总是能使社会财富增加,而是往往会给别人造成损害,甚至造成社会财富的浪费和破坏,因此,需用法律对他们的行为进行规制,以提高其行为的效益和增加社会的财富。正因为如此,一切法律都是围绕着如何提高经济效益展开的,都是以效益作为其追求的最终目的。

(2)应从经济学的角度、运用经济学的原理和方法,分析和研究法律问题。例如,犯罪问题,他们认为犯罪者实施犯罪的目的是追求功利,当然是用一种不正当的方式追求本不应归于他的功利,由于其犯罪活动也是需要成本的,因此,犯罪者在实施犯罪活动时必然会从内心对该活动的投入和产出进行计算,只有他自信这一犯罪活动能给他带来更大的好处时,他才会实施它,如果他通过计算得出他会因此而得不偿失,即以他的人身自由甚至生命作代价时,他肯定不会实施它。因此,社会要制止或减少这类犯罪,就应通过法律的办法增大其犯罪的成本,如加重刑罚或提高对犯罪的侦破率等。

(3)法在发展经济中起着巨大的作用,或者说法对经济的发展有价值,是发展经济的一个必不可少的手段。他们说这是因为法律能降低交易成本,从而使社会资源能以较低的成本顺畅地流向最能发挥效益的地方。具体说来,这主要是因为:①法能明晰所有权,从而防止和减少不必要的经济纠纷;②法能根据效益原则重新确定稀缺物质的占有和使用,从而使之发挥更大的经济效益;③法能降低交易成本,因为它能规范和净化市场,防止垄断和不正当竞争现象的发生。总之,它能减少市场经济的负效应,规范和优化市场环境,使稀缺物质能比较顺畅地流向最能发挥效益的地方。

### 三、马克思主义关于法律与经济基础关系的论述

马克思主义认为,任何一种社会形态都是由特定的经济基础和上层建筑构成的统一体。在社会的经济基础和上层建筑这一矛盾统一体中,经济基础起决定作用,有什么样的经济基础就有什么样的上层建筑。正如恩格斯所说:"每一时代的社会经济结构形成现实基础,每一个历史时期的由法的设施和政治设施以及宗教的、哲学的和其他的观念形成所构成的全部上层建筑,归根到底都应由这个基础来说明。"[1]

作为一定社会上层建筑的法律,其内容、性质、变更与发展都取决于该社会的经济基础。首先,一定法的内容是由一定的经济基础决定的。法律不是单纯主观

---

〔1〕《马克思恩格斯选集》第3卷,人民出版社1995年版,第66页。

意志的产物,而是一定的客观经济规律的反映,离开一定经济基础的法律是不存在的。我们不能设想在奴隶社会会有成熟的、发达的知识产权保护法律制度,也不能设想在现代社会会有保护奴隶主对奴隶人身占有的法律制度。其次,一定法的性质是由一定的经济基础的性质决定的。这就是说有什么样性质的经济基础就有什么性质的法律制度。迄今为止,文明社会有四种性质的经济基础,因此也有四种性质的法律制度。这是因为在经济上占统治地位的阶级必然会利用其掌握的国家政权的力量以法律的手段确认、保护其经济、政治、意识形态的统治地位,从而使该社会形态的法律制度呈现出与该社会经济基础同样的性质。最后,经济基础的发展、变更决定法律的发展、变更。诚如马克思所言:"社会的物质生产力发展到一定阶段,便同它们一直在其中活动的现存生产关系或财产关系(这只是生产关系的法律用语)发生矛盾。于是这些关系便由生产力的发展形式变成生产力的桎梏。那时社会革命的时代就到来了。随着经济基础的变更,全部庞大的上层建筑也或慢或快地发生变革。"[1]当然,我们说经济基础决定法,法对于经济基础来说是第二性,经济基础则是第一性的,这是划分历史唯物主义与历史唯心主义的根本点。但是,并不能因此而否认经济基础以外的其他因素对法律的影响作用,正如恩格斯所指出的:"如果有人在这里加以歪曲,说经济因素是唯一决定性的因素,那么他就是把这个命题变成毫无内容的、抽象的、荒诞无稽的空话。经济状况是基础,但是对历史斗争的进程发生影响并且在许多情况下主要是决定着这一斗争形式的,还有上层建筑的各种因素"[2]。

马克思主义的历史唯物主义既是唯物的,也是辩证的。它在强调经济基础对法的决定作用的同时,也十分重视法对经济基础的巨大的能动作用。正如恩格斯所指出的:"政治、法、哲学、宗教、文学、艺术等等的发展是以经济发展为基础的。但是它们又是互相作用并对经济基础发生影响,并非只有经济状况才是原因,才是积极的,其余一切都不过是消极的结果。"[3]法对经济基础的能动作用或反作用主要表现为:法对统治阶级赖以存在和壮大的经济基础起确认、引导、促进和保障作用,而对不利于、有损统治阶级存在和发展的经济基础实施限制、削弱甚至摧毁。至于反作用的形式和效果,恩格斯晚年曾经把国家权力对于经济基础的反作用概括为三种形式,我们认为这种概括对法也是适用的。他说:"它可以沿着同一方向起作用,在这种情况下就会发展得比较快,它可以沿着相反方向起作用,在这种情况下,像现在每个大民族的情况那样,它经过一定的时期都要崩溃;或者是它

---

〔1〕《马克思恩格斯选集》第2卷,人民出版社1995年版,第32~33页。
〔2〕《马克思恩格斯选集》第4卷,人民出版社1995年版,第696页。
〔3〕《马克思恩格斯选集》第4卷,人民出版社1995年版,第732页。

可以阻止经济发展沿着既定的方向走,而给它规定另外的方向——这种情况归根到底还是归结为前两种情况中的一种。"[1]

### 四、法律与生产力、科学技术

#### (一)法律与生产力

上面已经指出,生产力是指人在经济活动中认识和利用自然物的能力,是人类从自然界取得、变换物质的一种能力。生产力作为人类征服自然、改造自然和保护自然的客观物质力量,是由生产者、劳动资料、劳动对象以及参与社会生产和再生产的其他一切物质技术要素构成的一个复杂系统。在任何社会中,生产力始终是最活跃、最革命的因素。社会物质文明和精神文明的高低,都同社会生产力有直接联系,生产力标准是衡量一切社会现象的基本标准。

法与经济基础的关系其实最终要从法与生产力的关系来说明。这是因为经济基础对法的决定作用是生产力决定作为生产关系总和的经济基础并通过经济基础决定上层建筑这一客观规律的表现。正如列宁指出的:"只有把社会关系归结于生产关系,把生产关系归结于生产力的水平,才能有可靠的根据把社会形态的发展看作自然历史过程。不言而喻,没有这种观点,也就不会有社会科学。"[2]法与生产力的关系,可以从两个方面来理解,一方面,社会生产力的发展水平从根本上决定法的性质、内容以及法的变化和发展,上述经济基础对法的决定作用只是生产力对上层建筑作用的中介。另一方面,法对社会生产力有着巨大的反作用,它可能保证或推动社会生产力,也可能束缚或破坏生产力,这取决于它所保护的生产关系是否适应生产力发展的水平。

#### (二)法与科学技术

科学技术指人类认识和利用自然物的知识和技巧。它是生产力的一种,虽然它不是直接的生产力,只是一种潜在的生产力,但它是生产力中最重要的因素,所以被人们称为"第一生产力"。科学技术是人类社会发展最关键的要素,科学技术的每一重大发明都会推动人类社会进入一个新的形态,从而引起人们的思想观念、生产方式、生活方式的变迁,法律也会由此而发生相应的变化。当然法对科学技术的发展也会起反作用。二者的关系具体说来有以下两个方面:

1. 科学技术对法律发展的作用。

(1)从立法方面讲,首先,科学技术的发展大大地拓展了人的活动领域,因此也就大大地扩大了法律的调整范围,引起了法律体系的重大变化。传统社会的法律主要是刑事、民事以及与此相关的一些程序方面的法律。而在现代社会,科学

---

〔1〕《马克思恩格斯选集》第4卷,人民出版社1995年版,第701页。
〔2〕《列宁选集》第1卷,人民出版社1984年版,第110页。

进步带来了许多新的部门法的产生,如环境保护法、知识产权法、科技法、航空法、器官移植法、核能开发与利用法、海上救助法、网络管理法等。其次,科学技术的发展对传统法律部门的内容和原理也产生重要的影响。比如传统民法的过错责任的原则为过错责任、无过错责任、公平责任原则所取代就与科学技术的发展有关。最后,科学技术的发展改变了法律的存在和传播方式。法律的发展经历了一个从习惯法到成文法的发展过程,其存在和传播形式也经历了一个从口耳相传到以文字记载的过程。就文字的物质载体言,传统社会主要依靠纸张等有形的物质,而在现代社会,大多数信息的储存与传递已不在纸上,而在电子计算机的存储器中,其传播的速度和广度也绝非传统社会依赖于石刻、铜刻、印刷术所可比拟。

(2)从法的实施方面讲,科学技术进步不断为法律的实施提供新的手段和方法。例如,在司法鉴定方面广泛采用了法医鉴定、司法精神病鉴定、亲子鉴定、痕迹鉴定(包括指纹、鞋印和枪弹痕迹等)、文书鉴定、毛发鉴定、司法统计和会计鉴定。在这中间,利用高科技来分析微量物证,鉴别指纹、笔迹、弹孔、痕迹;利用生物基因技术,通过 DNA 确定亲族亲子关系;利用生物和医学手段通过测量骨龄来判断人的生理年龄,以确定责任人是否应当承担刑事责任;运用计算机进行信息搜集、整理与管理,可以大大加速办案过程,提高办案效率。科学技术进步对过去难以取证或不易证明的违法犯罪行为可以进行检测和证明,从而出现新的举证方式——技术证明。

2. 法律对科学技术的作用。科学技术的发展从过去纯粹是私人或基本是私人的活动到现在愈来愈成为一种社会化的活动,因此,科学技术的创新、推广和应用就需要法律来调整。首先,现代社会的科学技术活动是一项巨大的社会系统工程,因此,科学技术的进步、创新依赖于法律对其组织、人员、资金等方面的规范和调整。其次,在科技成果的使用与推广方面,法律也具有不可替代的作用。科学技术在现代社会的影响力只有在其成果转化为生产力时才表现得最为明显。科学技术进步要求必须建立起系统完善的科技成果转化为生产力的机制,使科学技术能够及时地得到推广和使用,以使其潜在的能量发挥出来。法律可以通过确定科技成果的鉴定与管理制度、知识产权制度以及技术合作与技术市场的管理制度从而为科学技术成果迅速地转化为生产力创造条件。最后,不无重要的是,科学技术的进步固然大大地加速了生产力的发展,创造了大量的物质财富,但不可否认的是科学技术的发展也带来了一系列严重的诸如环境污染、生态失衡、资源枯竭、核战争的危险等社会问题。因此,为了防止对科学技术成果的误用、滥用、非道德使用所造成的社会危害,必须有相应的法律加以防治,并对受害者加以救济。至于那些研究开发的科技成果有可能危害人类社会,造成不可逆转后果的,则必须用法律加以限制,甚至是禁止。

## 第二节　法与商品经济

商品经济是人类社会历史发展中的特殊经济类型,它与法的起源、法的发展关系尤为密切,须单独研究。

**一、法与商品经济的一般关系**

商品经济是与自然经济相比较而言的,它是指为交换而生产的经济形式,因此,有交换就有商品经济。市场经济是与计划经济相比较而言的,都是社会资源配置的方式。所不同的是市场经济是以市场作为资源配置的基础方式,而计划经济则是以计划的手段作为资源配置的基础方式。现代商品经济是市场经济。市场经济与法律有着内在的联系。

1. 市场经济是交换经济。在现代市场经济条件下,交换成为市场主体最经常进行的行为,而且大量的交换是在陌生人之间进行的。因此,这种交换不能为传统的缺乏国家权威的交易惯例所调整,而必须由具有统一性和国家权威性的法律来调整。

2. 市场经济是权利经济。一切现实的权利总是和法律联系在一起的。法律确认市场主体的权利,保障其权利的实现。法律规定权利主体的资格和权利客体的范围,规定人们行使权利的方法、原则和保障权利的程序。市场主体通过市场谋取的合法利益,即为法律上的权利。因此,讲权利,就必须讲法律,离开了法律,所有的权利和利益都难以成为必然的现实。

3. 市场经济是契约经济。市场主体在市场经济条件下是以契约作为联系纽带的。在现代市场经济条件下,一切经济活动几乎都是通过契约来实现的。而契约的签订、形式、内容和履行都受法律规范的调整。契约本身也具有法律约束力,违反契约,要承担相应的法律责任。离开了契约这种法律形式,市场经济也就无从谈起。

4. 市场经济是平等经济。在市场经济中,市场主体的法律地位是平等的、独立的,不存在超经济的权力,也不存在一方服从另一方的问题。一切都应平等协商,而平等协商应在既定的法律规范下进行,不允许使用超经济的权力,否则,要承担相应的法律责任。

5. 市场经济是自由经济。在市场经济条件下,市场主体有意志自由,他可以自由地决定交易时间、地点、方式、对象。一切使用欺诈、胁迫等违背市场主体真实意思的手段达成的交易原则上都属无效,至少是可撤销的。市场主体有权拒绝一切来自经济规律外的强制。当然,市场主体的这种自由是法律下的自由,它既受法律保护,也受法律限制。

6. 市场经济是竞争经济。市场经济的本质和优点就在于其竞争性,而一切竞争都需要规则。市场经济也需要竞争规则以规范市场主体的行为,规范市场秩序,否则,市场机制就会失灵或扭曲,经济生活必然陷于混乱。市场经济需要的规则是必须具有统一性、普遍性和国家强制性的法律规则。

7. 市场经济是多元经济。在市场经济条件下,利益主体是多元的,个人、集体、部门、地方、国家利益并存。利益的多样化,必然引起利益的交叉、重叠和冲突。为了准确地判定利益的归属,就需要以法律的形式予以界定和明确,兼顾效率与公平,令人信服地解决利益冲突纠纷。

8. 市场经济是开放经济。现代市场经济的内在的动力机制使得它呈现扩展的状态,这种扩展使世界各国的经济联系日趋密切,也使得经济交往更加复杂,就更需要有相应的为世界各国所通用的规则来调整国际经济交往,增进效率,降低成本。市场经济的本质和优点在于其自由性和竞争性,自由的界限是法律,竞争的规则是法律。

## 二、法与宏观经济管理活动

现代市场经济已不同于亚当·斯密时代的自由放任的市场经济。自由资本主义时期经济领域是纯粹的私人领域,国家和法律仿佛只是扮演私有财产"守夜人"的角色,与此相适应的是法律领域盛行权利本位的法律观。那时的经济学也着重研究的是经济的微观领域,即着重研究单个产品的价格、数量和市场,法学关注的是法律背后的政治和道德基础。至于经济的宏观领域,斯密认为市场自身会规范经济生活,每一个人都是理性的人,即用有效率的手段追逐一贯的目的。有效率的生产者会变得繁荣,无效率的生产者会被自然淘汰,消费者能以最低的价格得到最好的产品和服务。供给和需求决定着价格,这比任何法律和政府的强制行为都要有效。在自由市场中,一只"看不见的手"约束和自我修正经济生活。这只"看不见的手"实际上就是追求自身利益的无数个体的理性计算。斯密有句名言:"我们的晚餐并非来自屠宰商、酿酒师和面包师的恩惠,而是来自他们对自身利益的关切。"这恰当地说明了个体的理性行为。

但无数个体理性的相加却并不等于整个社会的理性,而相反整个社会经济却呈现着极度的非理性。众所周知的是在上世纪 30 年代,几乎所有工业国的生产、就业和价格体系崩溃或接近崩溃。国家和法律不能再单纯扮演私有财产"守夜人"的角色了。凯恩斯在他的名著《就业、利息和货币通论》中指出一国短期的均衡收入和就业水平是由有效需求决定的,而"消费倾向"、"对资本未来收益的预期"和对货币的"流动性偏好"造成有效需求的不足。资本主义经济不存在自动趋向充分就业均衡的机制,政府必须干预经济,刺激有效需求,以实现充分就业。与此相适应的是经济学也开始关注经济的宏观领域,即将整个经济运行作为一个整体来进行研究,考察整个国家的产出、就业和价格。国家负有稳定宏观经济的责任,即维持高的且不断增长的国民产出水平(即实际 GDP),高就业,低失业,稳定或温和上升的价格水平。随着国家对经济、社会干预的加强,法律领域出现了"法律社会化"的现象。

关于法律与宏观经济管理活动的关系,我们不想泛泛提及法律在宏观调控中所谓"引导、促进、保障、制约"作用云云。我们想分析的是法律在达成宏观经济活动的目标即"高的且不断增长的国民产出水平(即实际 GDP),高就业,低失业,稳定或温和上升的价格水平"方面有什么工具性方面的作用。现在一个国家拥有多种法律和政策的工具来实现宏观经济的目标,这其中主要包括:①由政府支出和税收所组成的财政法律政策。政府支出会影响与私人消费相对的集体消费的规模。税收是对收入的扣除,它会降低私人支出并影响私人储蓄,它也影响投资和潜在的产出。总体上来说,财政法律和政策会通过影响国民储蓄以及对工作和储蓄的激励,从而影响长期的经济增长。②货币法律政策。它主要影响货币的供给。货币供给的变动使利率上升或下降,并进而影响商业投资、房地产以及进出口等部门的支出水平,对实际 GDP 和潜在 GDP 也有重要影响。另外随着经济一体化的加深,也必然带来法律的一体化,而法律一体化也会促进经济的一体化。当然,法律的一体化和多元化还是一个有待进一步观察的问题。

### 三、法与微观经济管理活动

经济分析法学或法律经济学与制度经济学的研究都涉及法律与微观经济活动的关系。不过,经济分析法学实际上就是用经济学的观点,特别是微观经济学的观点来分析所有的法律活动和法律制度,几乎不涉及法律对微观经济活动的作用。在这一点上,似乎制度经济学倒有所涉及。在这里我们谈两个问题:其一,什么叫制度;其二,法律制度对微观经济活动的作用。

老制度主义经济学[1]的代表人物康芒斯在他的《制度经济学》中认为,人类社会中的交换关系可以归纳为三种交易类型,即买卖的交易、管理的交易和限额的交易。这三种交易合在一起称为"运行中的机构",这种"运行中的机构"中有业务规则使得它们运转不停,这种组织,从家庭、公司、工会、同业协会、直到国家本身,我们称为"制度"。因此,在康芒斯看来组织以及组织的运行规则就是制度,制度的实质就是"集体行动控制个体行动"。[2] 从康芒斯的制度定义看,法律以及法律组织无疑是制度的主要部分之一。麦考密克就认为法律是一种"制度性事

---

〔1〕 在经济学说史上,对制度进行专门研究并将其贯穿于经济思想史始终的,是制度主义经济学派。按照其分析的层次和分析的环境及时间的顺序,制度经济学派大致可以分为老制度主义(the old institutionalism)和新制度主义(the new institutionalism)两大门派。

〔2〕 [美]康芒斯:《制度经济学》(上册),于树生译,商务印书馆 1962 年版,第 87 页。

实"(institutional fact)，制度概念是用规则或通过规则表述的，规则的任何出现、发展或进化的过程都可以是制度的出现、发展或进化的过程。而规则又可以细分为"创制规则"、"结果规则"、"终止规则"，这种三合一的规则结构提供了法律制度的结构。[1]

制度对人类社会有着十分重要的作用，它规范着人们的行为方式、社会秩序，并进而对社会的走向产生影响，甚至可以说没有制度，无以为社会。制度中所包含的内容也十分广泛，组织、法律、习俗、政策、惯例以及其他组织的内部规则，都可以视为制度。我们在这里想谈的是作为制度的法律对微观经济活动的作用或者影响：

1. 合理安排产权。合理的产权结构对于宏观、微观的经济活动都有着十分重要的作用，所有经济主体的交互行为从其源头上来说，都是围绕产权而展开的。产权是所有社会活动的基础和目的。产权规定了经济主体在社会中的地位与权利结构，并在一定程度上影响到法律的结构，进而对社会的制度结构产生影响，反过来法律是合理产权安排的重要工具。明确的产权一旦通过法律程序被确定下来以后，它就会对社会资源及由其衍生的利益的分配格局产生几乎是决定性的影响。社会的各个成员都会从此产权格局中得到令他们满意或不满意的收益，满意或不满意的程度在多维度的社会中促使各经济主体决定他们应该表现的态度和进一步采取的行动。但什么样的产权安排是合理的呢？总的说来产权安排应该促进效率，促进社会整体福利的增加。至于社会的公平问题则由社会的其他制度安排来加以解决。

2. 降低交易成本。任何的社会交互活动都需要成本的支出，而成本的增加会降低收益的份额。在市场经济的运行过程中，使用市场的成本就是交易成本。降低交易成本是所有经济主体的理性选择。在市场经济中交易成本可以分解为：准备合同的成本、达成合同的成本和监督与实施合同的成本。降低交易成本的方法也许很多，但在现代市场经济条件下，合理的法律制度安排是最为重要的一种。通过统一、普遍、明确、规范、权威的法律制度安排可以大大地降低交易成本。事实上，近代资本主义的法律统一运动的主要经济动因就是降低交易成本的需求。在特定的法律制度与组织体系内，经济主体追求利润的本性会决定他们寻找并利用组织与法律制度的缺陷来实现其利益的最大化。因此，有漏洞的法律制度和组织使单个经济主体降低交易成本成为可能。其中，有些行为是对社会和他人利益构成侵害的，则未来的法律制度安排应通过禁止性的法律规定以增加其交易成本从而杜绝此类行为的发生。但也有些行为并不会对他人和社会造成伤害，这就说

---

[1]　[英]麦考密克、[奥]魏因贝格尔：《制度法论》，周叶谦译，中国政法大学出版社 1994 年版，第 19 页。

明该种法律制度安排中有一部分交易成本是多支付的,对有限的社会资源造成浪费,是不经济的,也是不理性的,要通过法律制度的调整加以消除。对这部分交易成本的清理过程也意味着法律制度的变迁向着提高效率的方向在演进。

3. 科学和规范交易规则。任何交易活动都应该遵循一定的规则,所谓没有规矩,无以成方圆。在传统的自然经济或者简单商品经济条件下,习俗和惯例可能是最主要的交易规则。但在现代的市场经济条件下,交易的最主要的规则应该是法律。而其他的规则可能会增大交易成本,是非理性和不经济的。在交易规则中,激励与约束的安排是非常重要的。因为社会是由不同组织构成的一个无限的链条,任何团体和个人都不可能包揽所有事务。因此,委托代理关系是广泛存在的,有效的激励规则可以达到代理人与委托人双赢的结果,有效的约束规则可以减少交易成本,对整个社会福利的增加是有益的。总之,好的科学的交易规则会激发社会的活力,增加社会财富,而不科学的交易规则会造成社会财富的极大浪费和社会的停滞不前,而且使所有的经济主体陷入"囚徒困境",极大地败坏社会风气,影响人们幸福感的增加。

## 参考文献

1. [美]康芒斯:《制度经济学》,于树生译,商务印书馆 1962 年版。

2. [美]波斯纳:《法律的经济分析》(上),蒋兆康译,中国大百科全书出版社 1997 年版。

3. [美]罗伯特·考特等:《法和经济学》,张军等译,上海三联书店 1994 年版。

4. 何勤华、严存生:《西方法理学史》,清华大学出版社 2008 年版。

5. 冯玉军:"法经济学范式研究及其理论阐释",载《法制与社会发展》2004 年第 1 期。

## 思考题

1. 如何理解历史唯物主义关于法律与经济一般关系的原理?

2. 为什么说商品经济与法律有着天然的联系?

3. 法律在宏观经济管理活动中的作用是什么?

4. 法律在微观经济管理活动中的作用是什么?

5. 如何理解科学技术与法律的关系?

# 第 9 章
## 法与政治（国家）

第九章

【内容提要】

　　本章讲述法与政治的相互关系。政治是一个综合性的社会群体对其存在与发展中的根本性和全局性的问题所产生的观念和所进行的活动，以及由此产生的与之相适应的组织和制度的总和。广义的政治指政治上层建筑，包括政治观念、政治活动和政治制度三个方面。政治观念是关于社会的共同利益和公共事务的观念，它追求的是正义和共同幸福。政治活动是为实现这一观念所进行的活动，包括组建政治组织和进行政治斗争等。政治制度是在这一活动中所产生的组织机构和所形成的规章制度。政治组织往往享有一定的权威和执掌一定的社会权力，其中有的为一部分人所认可，有的为全社会所认可。国家就是为社会普遍认可的执掌公共权力和管理公共事务的政治组织。国家管理社会事务的一种主要手段就是立规建制，即制定国家法和国家政策。在现代民主社会里，国家政权多为政党（即群众性的政治社团）所执掌，它们的活动往往有明确的路线和方针政策，这些都与法律有着密切关系。本章就是研究这些政治因素与法律之间的关系。

【基本概念】

　　政治、政治意识（观念）、政治制度、政治信仰、政治权威、政治权力、政治组织、国家、民族国家、政党、执政党、政策

## 第一节　法与政治的一般关系

**一、"政治"的概念**

在中文里,"政治"一词古已有之,如《尚书》有"通治政治"、《周礼》有"掌其政治禁令"、《管子》有"政治不悔"等说法。就文字而言,"政治"一词的内涵主要潜在于"政"字,而"政"字古文写作"正"字,其通用义与今日的"政治"一词相近,但其内在意义要丰富得多。《说文解字》曰:"正,是也。从止、一;一以止。""正"的甲骨文为"从止从口"的结构。通常认为,"止"为足的象形,又指足迹,表示行军或行动(前进),而"口",当指城堡。故此,"正"字可以理解为一支走向城堡的军队,即"征"的本字。这样一来,"正"即"政"的一个含义是"统领",而要能"统领",他就必须其身而正,所谓"政者,正也。子率以正,孰敢不正?"这是"正"即"政"的另一个含义。在古汉语中与"正"字相连的还有"道"和"是"二字。从形构上讲,"是"的甲骨文从日,从止。或以为"表示日光直射头顶,人影缩短,只在脚的周围"。但是从象征意义上讲,"日表示太阳王(即黄帝、炎帝、祝融等太阳神)神圣伟大,光芒四射,太阳王率众平天下,众氏族拱和随大帝。此之谓物归起属、人承天命,唯此则国泰民安"。"道",从走,从首(即顶),与正同构。其字义亦通。从声韵角度看,首亦声,故道亦兼首义(领导和指引)、始义。道与途为字母双声,彼此互训。故道为通向理想境界的大道。道之引导、大道义的进一步抽象即成为中国传统哲学的最基本范畴,成为自然、社会的至高法则。在儒家看来,道是统治的依据(王道),得道者即得天下。而老子心目中的道是无名、无形、无为,统治者无为而治(治大国若烹小鲜)即是顺应天道。显然,道将正的政治理念提升了。另一方面,正的各种属性(统治者的地位、统治关系)也有了归宿(根源于道的万有之源)。由此看来,中文"政治"一词,源于古代部落首领的地位和职能,它含有三层意义:①统领、领导、引导;②领导者能以身作则;③领导者以"道"来治理其所管辖的人们。

在西方文字中,英语的"政治"一词为 politics,源自希腊文 *polis*。*polis* 在荷马史诗中指城堡或卫城,卫城周围是市区,外围是郊区。后世把卫城、市区、乡郊统称为一个 *polis*,综合土地、人民及其政治生活,而赋予"邦"或"国"的意义。罗建平先生认为,"古希腊的政治属于城市空间政治,可分为垂直和水平空间两种政治。垂直空间型政治当属英文中的 domination(统治、支配、控制),或 dominion(统治权、管辖权)。该词源自希腊文 *dome*,意指圆屋顶。圆屋顶在空旷的原野高耸矗立,本身有瞭望、监控功能,由此派生出 dominant(统治的、占优势的、居高临下的、高耸的),在屋顶上目力所及的周边地区便是 domain(领土、领地)。与中文的屋相似。屋为瓦垄向形,本指屋顶……由穹顶之高耸引申为俯视,进而引申为掌控、统治。""水平型空间——*polis* 由城堡、城市演变为政治、政治关系和有着政治纽带关系的人群,即公民。古希腊城邦实行直接民主,因此政治关系的实质是公民间的关系,即是一种水平空间的关系。这里,公民对应着城市空间的人际交往,由此形成公民在其政治生活中的行为规范和伦理要求。与 *polis* 同源的 *polemos* 本指战争,而在政治生活中转换为公民在大会上不同政见'舌枪唇剑',亦即 *polemics*(辩论术;辩证法), *polis* 派生出 polite(有礼貌的;有教养的;优雅的)和 politic(精明的;言行谨慎适时的;政治上的)。这样,政治又衍生出礼貌、教养进而是文明的关系。"[1]

从上看出,"政治"一词,东西方文字在词义上基本上是相同的,都是指在一个政治体中执政者对其所管辖的地区的人民所进行的统治和领导。

"政治"一词的现代用法很复杂,定义林林总总。比较熟悉的有列宁的"经济的集中体现"、孙中山的"管理众人之事"、还有马基雅维里的"是一种权术和谋略"、麦肯齐的"参与一个社会的全面的管理进程"、伊斯顿的实现"社会价值的权威性的分配活动"等。而西方权威性的辞典《布莱克维尔政治学百科全书》的定义是:"政治是在共同体中并为共同体的利益而做出决策和将其付诸实施的活动。"[2]这些定义各有其合理之处,即各从一个侧面揭示了政治的某种属性或内容,但仍存在不足。

我们认为,人类的社会生活非常复杂,它包含着许多活动和许多领域,有以满足人们的物质需要为目的所进行的经济活动和经济领域,有以满足人们的精神需要为目的而进行的种种精神文化活动,内又有科学研究、教育、文艺、体育和宗教信仰等诸领域。"政治"是在其他活动的基础上产生的和从其他活动中分化出来的一种社会现象,因而是与其他社会现象既有联系又有区别的一种特殊的社会现象。如果说其他活动的着眼点只是人类生活的某一方面的话,那么"政治"则着眼于一个群体、乃至于人类的全局和根本,是为此而专门进行的一种活动及其所形成的领域。我们认为,从理想和广义的角度来看,政治就是一个综合性的社会群体对其存在与发展中的根本性和全局性的问题所产生的观念和所进行的活动,以及由此产生的与之相适应的组织和制度的总和。

这里,所谓"综合性"的社会群体是与"单一性"的社会群体(如经济性的公司,宗教性的教会,血缘性的宗族、民族等)相对而言的,这种群体也叫政治性群

---

[1] 参见罗建平:"政治的语源和政治文化",载《开放时代》2003 年第 4 期。

[2] [英]戴维·米勒、韦农·波格丹诺编:《布莱克维尔政治学百科全书》,邓正来等译,中国政法大学出版社 1992 年版,第 583 页。

体,其最典型的是国家。这种群体随着历史的发展而变化和不断地扩大,从现在看,人类因交往的频繁已结成一体,因此从某种意义上说整个人类也是这种群体的一种,它是能包容各种群体的最大的综合性群体。所谓"根本性和全局性的问题"是指关系全体社会成员的共同利益和根本利益的问题。如组织全社会的人力与物力筹办重大的社会工程;保护其生存空间的安全和负责对外的交往;建立和维护内部的秩序,协调社会内部各群体的关系和解决所发生的冲突;管理社会的公共事务等。应该指出,单一性活动领域的问题的非政治性是相对的,在特殊情况下,如果它已严重影响到国计民生的存在和发展,也会上升为政治问题。例如当经济状况不好已关乎到一个政权的存亡时,对这个政府来说,发展经济就是最大的政治。

从我们对政治所下的定义中可以看出,政治包含着互相联系的三个方面,即政治意识(观念)、政治制度、政治活动。政治意识是人们对政治问题的看法、感情、心理、信仰、评价、理想、理论和政治道德观念,以及表达这些的符号、象征、仪式和口号、宣言、纲领等的总和。高层次的政治意识可以分为政治理念和政治道德,前者指人们对政治的性质、目的、特点、范围等的认识,内又可分为实然的认识和应然的认识,即政治理念或政治理想,后者指人们对政治主体参与政治活动时所应有的道德品质的认识和理想。从政治地位而言,政治意识又可以分为执政者的政治意识和普通老百姓的政治意识。这些意识是随着时代的不同而有差异的。就现代民主社会而言,前者如主权在民意识,后者如公民意识。

政治制度包括政治规范和政治组织及其设施,其中又分为权威性和非权威性两类。从国内范围讲,主要的权威性规范和组织就是法律和国家机构,非权威性的规范和组织最典型的是政党及其规章。从国际范围讲,前者如联合国和国际法,后者如绿色和平组织及其规章。国家是社会中执掌政治权力的从而也是最高的权威性政治组织,政党是现代民主社会专门从事政治活动的非权威性组织,是某些社会地位近似的社会成员联合起来参与政治活动的专门组织形式。应该指出的是,政治制度与非政治制度的区别是相对的,在历史上,乃至于现在,许多政治组织其目的往往都不是单一的,而兼有非政治的目的,或者更确切地说许多政治组织是由非政治性的组织演化而成的,这包括现在以政治为主要目的的许多政党,如民族主义政党、宗教主义政党、绿党等。这或者是因为宗教和民族感情是联络其党员的一个重要纽带,或者是因为在当今世界宗教、环境问题本身就具有极大的政治性,因而要达此目的不能不参与政治斗争。

政治活动也可以分为权威性的和非权威性的两类。权威性的政治活动指行使政治权力的活动,就国内而言既包括国家使用政治权力对社会所进行的管理活动,如立法、行政、司法等活动,又包括对敌对者所进行的军事镇压活动。非权威性的政治活动指非权威性政治组织围绕着国家权力所进行的合法或非法的政治活动,在现代民主社会里它主要表现为各政党为争夺政治权力所进行的斗争。显然,狭义上的政治仅指权威性政治组织及其使用政治权力管理政治事务的活动。政治活动还可以分为合法的与非法的两类。前者指符合政治规范,特别是其中的法律规范和得到社会广大成员认可的政治活动,后者则指与之相反的政治活动。可以看出,政治活动是由势、权、术三种要素组成的。"势"指政治活动参与者的实力,即物力和人力的总和,包括其在社会发展中的品位,即是否是代表先进生产力和是否得民心,这是其参加政治活动的前提和基础。"权"指政治活动的参与者在参与政治活动时的法律地位,它是运用其实力进行政治活动的正当性或合法性的依据。"术"指政治活动的参与者运用其实力的技术,它包括参与政治活动的战略、策略、方式、方法等。显然,政治活动是这三种要素的有机统一。政治活动的结果虽然从根本上说取决于第一种要素,但后两种要素在政治活动中也发挥着重大作用,甚至于在某种情况下会起决定性作用,并进而改变实力的对比。

**二、法和政治的一般关系**

法律和政治都是建立在一定经济基础之上的上层建筑,二者相互作用、相互影响,不存在谁决定谁的问题。但是由于政治是经济的集中表现,它对经济基础有着更为直接和有力的反作用,所以政治在上层建筑系统中具有主导作用。但同为上层建筑的法律对上层建筑中的其他因素(包括政治)也具有影响作用。政治是一个系统,政治系统的各组成部分与法律都有着这样那样的关系,甚至政治系统中的某些因素就是法律,比如政治规范中国家制定的规范。在现代法治国家里所有的政治活动都应该在法律的范围内进行,一切法律活动都表现为一种政治活动,都是围绕国家权力而展开的活动。在这里我们只笼统地介绍法律和政治的关系,至于国家、政党与法律的关系,留待以后专节论述。

法律与政治的关系从整体上来讲,一方面法律受政治的制约,并为政治服务,政治起主导作用。另一方面,政治从一定程度上也受法律的制约,法律确认和调整政治关系,直接影响政治并促进政治的发展。

(一)政治对法的主导作用

1. 法律反映政治,并以统治阶级的政治要求为内容,体现的是统治阶级的意志。一般来说,经济上占统治地位的阶级必然在政治上占统治地位,就必然掌握国家政权。掌握国家政权的阶级就必然会从本阶级的利益出发来分配权利、义务和安排各阶级、阶层在国家政治、经济、社会生活中的地位。它会利用法律的手段来巩固其在激烈的阶级斗争中来之不易的胜利成果,并用法律的手段使本阶级的统治获得合法性的支持。因此,历史上任何类型的法律都不是超政治的,法律对政治来说是一种形式。正如日本学者川岛武宜所言:"在社会的结构之中,法律命题是为政治权力所支配的。因此,在法律命题之中,必须或多或少地体现着政治理想。在斗争中获得胜利的社会力量,会通过创造法律命题的方式来强制保护自己利益的规范实现。因此,法律的命题通常总是带有政治色彩的。"[1]

2. 法律的变化从某种程度上来讲往往受制于政治的发展变化。

(1)政治关系的发展变化是影响法律发展变化的重要因素,特别是作为国家基本法的宪法和其他基本法律往往是国内各种政治力量对比关系变化的结果。正如列宁所言:"国家的一切基本法律和关于选举代表机关的选举权以及代表机关的权限等等的法律,都体现了阶级斗争中各种力量的实际对比关系。"[2]当新的统治阶级取代了旧的统治阶级的统治后,法律必然要发生变化就是这个道理。

(2)政治体制的改革也制约着法律的内容及其发展变化。政治体制的改革从法的角度看就必然包括法的制定、修改、补充和废止,实际上就是"变法"。

(3)政治活动的内容也制约着法律的内容及其发展变化。在阶级社会中,阶级、民族、社会组织进行政治活动的范围以及影响程度不同,也不可避免地影响有关法律的内容及其发展变化。

**(二)法律对政治的制约作用**

1. 法律规范政治行为。从一定意义上说,法律是政治斗争的产物,又是政治斗争的手段。列宁曾经指出:"宪法的实质在于:国家的一切基本法律和关于选举代表机关的选举权以及代表机关的权限等等的法律,都体现了阶级斗争中各种力量的实际对比关系。"[3]暴力政治斗争往往导致法律类型的改变,也就是说,阶级斗争的激烈形式导致社会革命,成为法律历史类型更替的直接导火线。而非暴力政治斗争一般指在法律范围内的政治斗争,特别是和平建设时期,世界上大多数民主国家都要对非暴力斗争的性质和活动方式加以明确的法律规定。这方面的法律制定与实施往往成为衡量一国政治的民主程度与法治程度的重要标尺。进行政治统治,离不开法律的运用,尤其在一个民主社会,政治统治就是法律统治,即形成一种法治秩序。如果说政治统治是国家政权的前提,那么政治管理就是国家政权的基础。政治管理有多种方法,如行政强制方法和思想教化方法等,但以市场经济为经济基础的现代政治管理则以法律手段为根本。法律使政治权力规范化,把政治领导、政治决策、政治组织、政治协调、政治监督等政治管理方式纳入法律轨道,保证政治法治化的形成和维持。这无疑有利于正确处理国家同社会的合理关系,防止政治腐败的泛滥。此外,法律还为公民进行政治参与提供必要的

〔1〕 [日]川岛武宜:《现代化与法》,申正武等译,中国政法大学出版社1994年版,第232页。
〔2〕 《列宁全集》第17卷,人民出版社1960年版,第320页。
〔3〕 《列宁全集》第17卷,人民出版社1960年版,第320页。

途径,使普通公民通过合法活动实现对政府相应的控制。[1]

2. 法律促进政治发展。政治发展是指对政治关系的变更和调整。在现代社会,政治发展主要指根据各国的具体情况,以不断发展着的现代民主为标准,而进行的政治关系的变革。政治发展的途径主要有二:政治革命与政治改革。[2] 一般地说,政治革命都要冲破体现旧的统治阶级意志的法律,而不可能在旧社会的"法制基础"上进行。政治改革是通过一系列政治措施进行的。法律使政治措施既具有合理性,又具有现实性。现代政治发展的手段不只是精英设计,而主要是体现民众利益愿望的法律。同政治革命不同,政治改革是政治关系的量变过程,是对政治关系的调整和完善。这是占统治地位的阶级中的政治领导集团根据社会利益矛盾状况及其对政治权力的要求,有计划有步骤地进行的旨在改进政治体系、调节政治关系以巩固和完善其政治统治的政治过程。政治改革离不开政治稳定或政治秩序的环境,需要避免政治动荡。因此,作为一种有计划有步骤的政治变革,往往都伴随着法的运作。法律能够为政治改革指明方向,为政治改革创造良好的环境,保障政治改革的顺利进行并且巩固政治改革的成果,从而防止和清除政治弊端,推动政治不断进步。

3. 法律划分政治权力。政治权力的划分和行使必须有法律依据。为了防止政治权力的异化,避免权力滥用和权力腐败,必须加强对权力的法律制约。强调权力取得和权力运行的合法性,依法划分权力,依法行使权力。

4. 法律解决政治问题。政治问题有很多,有的政治问题要靠暴力甚至战争来解决,但同时也有许多政治问题可以也能够用法律手段去解决。正如托克维尔在其名著《论美国的民主》一书中写的:"在美国,几乎所有政治问题迟早都要变成司法问题。因此,所有的党派在它们的日常论战中,都要借用司法的概念和语言。"[3] 这种情况对于其他现代国家来说,也是一样的。

# 第二节　法与国家

## 一、国家和国家权力的概念

"国家"是一种复杂的社会历史现象,"国家"一词也有着不断变换着的丰富含义,但不管怎样,都与"政治"有着特殊的关系,因为在古代社会里"国家"一词和"政治"一词同义,国家往往被定义为"最高的政治组织"。在现代社会里国家问题

---

〔1〕　参见付子堂:《法律功能论》,中国政法大学出版社1999年版,第160页。
〔2〕　吕世伦:"法学的时代性课题",载《南京大学法律评论》1999年春季号。
〔3〕　[法]托克维尔:《论美国的民主》(上卷),董果良译,商务印书馆1988年版,第310页

也是政治学研究的主要问题。另外,在历史上很长一段时期里,"国家"一词与"社会"一词也往往混同,均指某一时空或地域人的集合体。在近代西方"国家"又往往与"民族"联系起来,因而在谈到国家时往往指"民族国家"。由此看来,在不同历史时期人们赋予"国家"一词不同的含义。那么在现代社会"国家"一词所指为何呢? 我们认为把它定义为"某一时空或地域中的最高的公共权力组织"是比较合适的。这一定义意味着"国家"不是一般的社会组织,而是政治性的社会组织,也不是民间的政治组织,而是官方的政治权力组织。它在所在地域享有崇高的威信,掌管最高的政治资源,管理着该地域的社会公共事务。正因为如此,它在该地域拥有"主权",即行使着对该地域中的人与物的管辖权,也代表该地域的人民成为国际社会的主体。国家的主要职能有二:一是管理社会的公共事务;二是维护对统治阶级有利的社会秩序。国家与其他社会组织的区别是它的政治性和至上性。

国家的核心是国家权力,它是由国家机构行使的,国家机构就是行使国家某一权力的各种组织的统称。执掌国家权力的人员被称为执政者或公务员,执掌国家权力的政党被称为执政党。在历史上,执政者往往只是某一强大的家族、民族、阶级的政治代表,因而马克思把国家定义为"组织起来的统治阶级",又因为国家组织一般都掌握有军队、法庭、监狱等一套强力机构,因而也被定义为"有组织的暴力"。不过我们认为,国家权力的关键还在于它的必要性和正当性,对执政者来说在于其执政地位的合法性,它包括通过所在社会所公认的途径进入国家机构和合理地使用国家权力。

国家权力的行使一般会通过建章立制的办法,由此产生了国家法,它是现代社会法律的主要渊源和组成部分。因此,它就与国家有着特殊的关系。它随着国家的产生而产生,也随着国家的发展而发展,它是国家管理社会的一种手段,也是国家权力运作的规则和法律依据。不过应该认识到,这仅限于国家法,至于非国家法则另当别论。

**二、法与国家权力的一般关系**

(一)西方法学家对法与国家关系的论述

西方法学家关于法与国家关系很早就有论述,而且论者很多,观点也各异,归纳起来有两类,即同一说和差异说。前者认为法与国家有内在的不可分割的联系,甚至认为二者是一回事。后者则否认这一点,认为二者没有必然关系,在国家产生之前和国家之外就存在法律。

同一说在古希腊的代表是亚里士多德,他认为人是"政治的(或城邦的)动物",而国家或城邦就是符合这本性的最高的社会组织,而法律是这一组织中使人求得至善的制度。他说,法律的实际意义"应该是促成全邦人民都能进于正义和善德的(永久)制度"[1] 正因为如此,所以法律与国家有密切关系,它取决于国家政体的性质,有什么性质的政体就有什么性质的法律。他说在"正宗"政体里才可能有好的法律,而"变态和乖戾的政体"则必然产生恶法。同一说在古罗马的代表是西塞罗,他对国家的一个定义是:国家是"法律的公社"。他说:"国家是个道德的集体,是共同拥有该国家及其法律的人的集团。"[2]

同一说在近代的代表是英国的霍布斯等,他们提出了社会契约论,说国家是在一个社会的全体人民签订了一个政治契约的基础上成立的,而这个政治契约就叫法——民约法。所以国家与法是同时产生的,国家是以民约法为基础的,是执行民约法的机构。德国的黑格尔等则以另一种说法表达了同样的思想,他认为法与国家是灵魂与肉体的关系,是彼此依赖和相辅相成的。

进入现代之后,主张同一说者也很多,如美国的社会法学家庞德认为,法律是国家实现社会控制以求得正义的社会工程。凯尔森走的更远,他认为法与国家是一个事物两个名称,实际上指的都是一种强制性的社会秩序。美国的批判法学家也有类似的观点,他们提出了"法是披着法袍的政治"的著名命题,并论证说法律是完全从属和服务于所在社会的政治的。

差别说多流行于近现代社会,最早主张者是法人类学家,如马林诺夫斯基、霍贝尔等,他们认为在国家产生之前的野蛮社会就存在着类似现代社会的法,所以他们认为法与国家之间没有必然关系。一些主张法律多元论的法学家也把法律与国家区分开来,他们认为有国家法、亚国家法和超国家法等,只有国家法与国家有关系。如葡萄牙的桑托斯就认为社会中的法律有着非常复杂的结构和种类,大的可分为三个层面,即超国家(全球性)的法律秩序、民族国家的法律秩序和亚国家或地方性的法律秩序,它们构成一个法律的网络。而这三种法律秩序是相互重叠的,站在不同的角度所看到的不同,就像比例尺寸大小不同的地图,所标识的东西不同一样。[3]

以上看出,西方法学家关于法与国家关系的观点归纳起来有四种:

(1)构成要素说,即认为法是国家的必不可少的构成要素,是建立和管理国家的原则——正义的具体化、制度化,这就意味着法是从属于国家的,并不是国家之外的东西,虽然是国家的精神所在。

(2)内在联系说,即认为法与国家虽然是有区别的两种事物,但又是有内在联系和不可分割的两种事物,或者说是一个大的事物中彼此依赖、同生同灭的两个

〔1〕 [古希腊]亚里士多德:《政治学》,吴寿彭译,商务印书馆1983年版,第140、138页。
〔2〕 转引自[美]萨拜因:《政治学说史》(上册),盛葵阳等译,商务印书馆1986年版,第206页。
〔3〕 参见[葡]桑托斯:"法律:一张误读的地图",朱景文译,载朱景文主编:《当代西方后现代法学》,法律出版社2002年版。

方面,法是其灵魂,国家是其机体,因此二者谁也离不开谁。

(3)一个事物两个名称说,其代表为凯尔森,即认为法和国家同为一种强制性秩序。

(4)无必然联系说,即认为虽然有的法依赖于国家权力,虽然在现代社会里法律的主要形式是国家法,但并不是所有的法都与国家相联系,历史上和现实里还存在着不依赖于国家权力的法律,如民间法、超国家法等,所以法与国家是可以分离的,也就是说并不是只有国家中才有法。

显然,以上分歧的产生有主观和客观两个方面的原因。从客观方面看,法和国家都是历史的和发展的,不同时期有不同的形态和内涵,因而它们之间就会有着不同的关系。例如,国家有古希腊的城邦国家、中世纪末的城市国家、近代的民族国家、当代的共和国、联邦国和超级大国。法律也有古代的习惯法、中世纪的判例法、近现代的制定法、国家间的条约法,还有各种非政府组织的规章制度等,它们与国家之间自然有着不同的关系。从主观方面看,由于不同的法学家有不同的国家观和法律观,因而他们论述国家和法律的关系时所指的东西必然在内涵上会有差异。如果持分析法学的法律观,即认为法仅为国家制定法,那么,法律自然依赖于国家,即自然来自国家的立法权。而如果持法人类学的法律观,即认为凡以某种政治权力为后盾的社会规范都是法,那么,在原始社会,即在国家产生之前,也就存在着法,所以法与国家之间也就没有必然联系了。而如果持多元主义的法律观,即认为法有多种形式或种类,如有习惯法、判例法、学理法和制定法,也有民间法(或亚国家法)、国家法、超国家法等,那么,显然只有制定法或国家法才与国家有关系,其他的都没有直接关系。

(二)马克思主义者关于法与国家关系的论述

马克思主义者关于法与国家关系的论述基本上可归于同一说,即认为:法和国家都是一种社会历史现象,是同步产生和同时存在,也有着共同的成因、存在条件和功能,即承担着管理社会公共事务的任务;它们也都是社会的政治上层建筑的构成部分,共同扎根于社会的经济基础之中;它们的作用也是相互依赖和相辅相成的;它们也都属于社会的制度部分,所不同的是,一个属于行为准则,另一个属于组织机构。因此,二者属于两种不同的社会现象,是有差别的,不能混为一谈。显然,早期的马克思主义者所谈的是狭义的法,即国家法与国家权力的关系。这种关系概括起来有以下两方面:

1. 国家法离不开国家权力。国家权力是国家法得以存在和发挥社会作用的必要条件,国家法离不开国家权力。这主要表现在以下两个方面:

(1)国家法的立、改、废离不开国家权力。一般说来,任何历史类型的国家法的产生、存在和发展都以一定国家权力的存在为前提,没有国家权力就没有国家法。制定法的产生离不开国家的立法权,判例法的产生离不开国家的司法权,习惯法的产生也离不开国家权力的认可。不仅国家法的产生如此,它的修改、解释乃至废止,都离不开国家权力的设计和安排。因此,国家法的立、改、废离不开国家权力。

(2)国家法的运行也离不开国家权力。国家法的遵守、执行、适用以及监督,都以国家权力为保障。没有国家权力作为后盾,国家法的实施和监督,都不可能产生预期的效果。以宪法为例,宪法对于一个民主化国家来说是至关重要的,但是,我们决不能把宪法仅仅理解为一个法律文件,因为宪法不能自己捍卫自己。中国宪政的历史经验表明,宪法没有国家权力或政治力量来保护,只能是一纸空文,《中华民国临时约法》即是如此。宪政历史表明,宪法必须用法律之外的国家权力或政治力量来捍卫。没有宪法的政治是危险的政治,但没有政治的宪法只能是纸上的宪法,这就是宪政与民主之间的辩证法,是法律与国家权力之间的辩证法,这其实也是施密特和凯尔森争论的焦点所在。因此,法律的运行也离不开相应的国家权力。

2. 国家权力也离不开国家法。国家法是实现国家职能、完善国家权力机构从而最终使国家权力合法化、制度化的规范基础,国家不能无法而治。这主要体现在以下三个方面:

(1)国家法是反映国家本质的一种重要形式,是国家权力的一种经常的系统表现。一般说来,各个取得政权的统治集团,都是用法律来确认本国现存政权的合法性,来表现国家的性质,规定各阶级在国家中的地位,使自己的统治合法化、固定化,并运用法律形式使国家权力具体化、普遍化、经常化,保障本阶级系统地行使国家的权力,从而顺利地实现其对整个社会的领导和管理。

(2)国家法是组建国家机构、实现国家权力的有效工具。国家机构是国家机关的总称。要完成国家职能,实现国家权力,就必须建立起各种各样的国家机关,使国家成为有序运行的机器。这样,就需要用法律来规定国家机关的组织形式和体系,确定国家机关的组织和活动原则,从而使整个庞大而复杂的国家机器能有效地运转,顺利地实现国家权力。

(3)国家法能增加国家机关行使权力的权威性。国家法是一种公开的,具有普遍强制力的社会规范。国家运用法律打击各种违法犯罪行为,维护国家主权,调整社会关系,维护社会政治秩序、经济秩序、社会生产秩序,保障公民的人身权利、民主权利等,均显示出国家权力的权威性。

总之,国家法与国家权力相辅相成,不可分离,拉德布鲁赫对于二者之间的这种紧密联系的评价是十分恰当的:"国家和国家法并不是两类不同的事物,不是原因和结果或结果和原因,而是一种或同种处于不同视角下的事物,就像一种有机物与其有机体一样,很难彼此分离。"[1]

但是我们知道,现在人们对法的认识已大大地扩展了,法已不再限于国家制定法,因而我们对法与国家的关系的上述认识显然是不够的。认真地审视历史,我们认为,法与国家的关系是非常复杂的,它可以分三个阶段:

(1)在人类社会初期,即国家产生之前,那时血缘性群体,即氏族、部族是人类组织的主要形式,其内部也有大家认可的行为准则和维护这一准则的社会权力机构。如果我们把这一行为准则也称之为法的话,那么,它还不存在与"国家"的关系,只是与部族组织的关系。

(2)后来国家——即超血缘性的公共权力组织——产生了,其内部也必然有为维持秩序、解决非血缘性人际纠纷而存在的行为规范,这就产生了另外一种意义上的法,即国家法,它显然与国家权力有着不可分割的关系,即互相依赖,法凭借国家权力得以实施,又控制国家权力,防止它被滥用。这时,在国家范围内仍存在血缘性人群,在其内部秩序之中,原有的一套法——宗法,仍然起着作用。这就意味着社会分两个层面:底层和上层,或宗法层与非宗法层。它们分别有自己的法和相应的权力后盾,即宗法权力和国家权力,它们彼此互相依赖。但从理论和实践上说,国家法和国家权力高于宗法和宗法权力,虽然在实际上两者各有各的管辖领域,一般情况下互不相扰。

(3)在世界进入全球化时代之后,国家已不再是最高的社会组织,国际上出现了各种超国家组织和非政府组织,与此相适应也产生了许多新的法,如国际法、非政府组织的规章等,这就使国家与法的关系更加复杂化,这时除了国家内部的国家权力与国家法有直接的关系外,其他的法都与国家权力不再有内在关系,虽然像国际法的制定和维护仍离不开国家权力,但在其中发生作用的只是大国和强国。而这些大国和强国所凭借的并不是某种合法的权威,而是其经济和军事的实力。至于非政府组织的规章性质的法,如国际红十字会章程、绿色和平组织章程,其实施更多的是凭借自愿者的活动和国际舆论的支持,而不是凭借国家权力,有时甚至是对某些国家权力的限制。这意味着在当今世界,有许多种法,各有其适用的方式和范围,与国家有内在关系者只有国家法,至于其他的法,有的只是间接地依赖国家权力,有的则必须通过限制某些国家权力的办法才能发挥作用。

---

[1]　[德]拉德布鲁赫:《法学导论》,米健、朱林译,中国大百科全书出版社1997年版,第32页。

## 第三节  法与政策

### 一、政策的概念

"政策"一词顾名思义就是政治组织进行活动的谋略和决策,是国家或政党为了及时适应客观形势的变化而临时规定的行动准则。[1] 根据主体的不同,政策可分为政党的政策和国家的政策。政党的政策包括其路线和方针政策,它们是一个党根据形势的变化对其如何行动所做出的集体决定。它往往以政治宣言、会议决定和领导指示的形式出现。政党的政策可分为总政策、基本政策和具体政策等。国家的政策是国家为了应对社会的变化和弥补正式法的不足而作出的临时决定,它往往针对某一时段或某一局部问题。政策,特别是国家的政策是法现象的一种,是一种临时性的局部性的法律。如果某一政策被长期使用并不断地充实并最后以成文的规范性文件颁布,它就变为正式的法律。正因为如此,列宁说:"法律是一种政治措施,是一种政治。"[2] 国家的政策和执政党的政策在我国是国家制定法的一种重要补充,历史上曾有着同样的、甚至更重要的法律效力。

### 二、法与政策的关系

#### (一)历史上对法与政策的关系的认识

法律与政策作为两种重要的治国手段有着十分紧密的联系,它们彼此之间互相影响、互相作用,并在不同的国家或不同的历史时期,呈现出各自不同的特点。

从传统上看,西方法学界并不重视法律与政策的相互关系问题,它历来标榜政治中立,习惯于把法律和政策看作是两种毫不相干的现象。到了 20 世纪,特别是第二次世界大战以来,情况才逐渐发生转变。这一时期,由于经济政策的转轨,西方国家的经济职能大大加强,经常运用政策手段对经济活动进行干预。于是,法律不得不适应政策的需要而不断地调整,政策对法律的影响也日渐明显。针对这一情况,美国法学家拉斯韦尔和麦克杜格尔开始用政策的观点和方法研究法律现象,并侧重于分析政策对法律的影响,提出了系统的法律政策学思想。他们认为,以往的法学理论仅仅把法律看成是一些规则或孤立的决定,忽视了社会目的和社会政策的重要性,因而是不适当的。当今人类的紧迫需要是把法律作为一种政策工具予以有意识的、从容的、谨慎的运用。当代美国著名法学家德沃金也十

---

〔1〕 广义的政党就是一种政治性的社团或"法人",它是当今社会政治活动的最主要的主体,其产生的必然性和存在的价值就是为了更好地表达、聚合民意,从而为作出更合理的政治决策打下基础,并从组织上为贯彻实施这一决策做准备。其活动的中心是国家权力,其所追求的目标就是最大限度地执掌公共权力,使之运作能对所代表的群体有所增益。

〔2〕 《列宁全集》第 28 卷,人民出版社 1990 年版,第 140 页。

分重视政策对法律的重要性,他同样反对把法律单纯归结为规则或命令的做法,认为政策和原则都是法律不可缺少的要素。可以看出,这种对法律与政策关系的关注,已经成为西方法学中的一种重要现象。

社会主义国家由于大都由共产党执政,作为执政党的共产党又长期以其政策作为治国之本,因而在谈到法与政策的关系时,实际上讲的就是国家的制定法与执政党的政策的关系。社会主义革命成功以后,各社会主义国家长期以来在法律与政策关系上走进了历史的误区——轻视法律,政策至上。我国在法律与政策关系上也走过了曲折的道路。

新中国成立初期,即从1949年到1956年底,虽然国家制定了几部重要的法律,如起临时宪法作用的《中国人民政治协商会议共同纲领》以及《婚姻法》、《惩治反革命条例》、《惩治贪污条例》等,但由于法律数量较少,法律调整社会关系的范围也不大,因此,国家在处理问题和司法机关在办理案件时,主要是依据政策,同时也依靠法律。20世纪50年代后期至70年代末期,即1957年至党的十一届三中全会召开前这一时期,由于"左"的错误的影响、干扰和破坏,法律的作用很少发挥。尤其是文化大革命,已经发展到无法无天的地步。粉碎"四人帮"后,虽然重新恢复法律的作用,但局限在很小的范围内。总之,这一时期基本上是依靠政策。与建国初期相比,在对法律与政策关系的处理上,是倒退了一步。党的十一届三中全会以来至今,是正确认识和处理党的政策与国家法律关系的时期。这一时期的特点是:国家颁布了一系列法律,形成了中国特色社会主义法律体系的基本框架,法律在社会生活中占有越来越重要的地位。

由此可见,在我国法律与政策这种关系是在历史发展中形成的。现在搞社会主义市场经济,我们必须更新观念,在坚持党的政策在国家生活中的重要地位的同时,要进一步发挥法律的作用,实现从传统的政策社会、政策国家向现代的法治社会、法治国家的彻底转变。

(二)法与政策的一般关系

1. 国家法与政策之间有着密切关系,这表现在三个方面:

(1)它们在本质、追求的目标等方面相同,都是治国的一种手段,都承担着维护社会稳定、保护和发展全国大多数人最大利益的任务。

(2)它们各有其长处和局限性,因而都有存在的理由,从而能相互补充和相辅相成。

(3)它们是可以转化的,政策可以通过立法途径变为法律,具有长期价值的政策会逐渐转变为正式的法律。

2. 国家法与政策之间也存在明显的区别。虽然,国家制定法与政策之间在根本上是一致的,它们具有相同的阶级本质、经济基础、指导思想、基本精神、社会目标和历史使命。但是,两者毕竟是两种不同的社会现象,有着明显的区别,主要表现在:①产生的程序不同,法律需经严格的立法程序,政策则不需要。②表现形式不同,法律一般以规范性法律文件公布,政策则多表现为政治宣言、会议决定或领导指示。③属性不同,前者具有稳定性,后者则具有灵活性。

这里还需要区分国家政策和执政党的政策。执政党的政策不具有国家政策的一些属性,如它所表达的意志的内容和效力就不同于国家政策,因为从理论上讲政党只是一部分人的政治组织,所以执政党的政策所体现的只是一部分人的意志,只适用于党内,而不能适用于全国。另外,从产生的程序和表现的形式看也不同于国家政策,执政党政策是执政党通过其内部程序制定的,表现为党的文件,其实施主要靠党组织的宣传教育和党员的模范带头作用。

由此可见,国家法与政策之间是有区别的。不能混淆,也不能互相替代。

（三）正确地认识和处理国家法与执政党的政策的关系

我国是一个传统的人治社会,新中国建立后又盲目地接受前苏联等社会主义国家的重政策和轻法律的观念,因而长期以执政党的政策作为治国的根本,从而导致"文化大革命"的严重后果。实践证明,政策虽然在治理国家中是不可缺少的,但不能仅仅依靠它,也不应以它为主,而应以长期稳定的国家制定法为主,以灵活的政策为补充。而且这里所说的政策应该是"国家政策",而不是执政党的政策,因为后者只在执政党内部有效,对全国人民没有约束力。它要发挥作用必须变为国家政策或法律,即通过执政党在立法机构或政府部门的成员向有关部门提出建议,并通过相应的程序形成国家机关的决定或法律,而不应以执政党组织的名义和党的文件直接向全国人民发布命令。这叫执政党政策的合法化或国家化。只有这样才符合法治观念的要求,也才符合党政分开的现代民主观念。

## 参考文献

1. [英]鲍桑葵:《关于国家的哲学理论》,汪淑钧译,商务印书馆1995年版。
2. [英]L. T. 霍布豪斯:《形而上学的国家论》,汪淑钧译,商务印书馆1997年版。
3. [美]庞德:《法理学》(第2卷),封丽霞译,法律出版社2007年版。
4. [俄]列宁:"论国家",载《列宁选集》第4卷,人民出版社1956年版。
5. 何勤华、严存生:《西方法理学史》,清华大学出版社2008年版。
6. 卓泽渊:《法政治学》,法律出版社2005年版。

## 思考题

1. 什么是政治和政治上层建筑? 国家在其中处于何种地位?

2. 什么是国家法？它与国家是什么关系？

3. 如何理解"法律是一种规则政治"这一命题？

4. 什么是政党？它与国家是什么关系？

5. 如何正确认识当代中国法律与政策的关系？

第
九
章

# 第 10 章
## 法与道德

**【内容提要】**

本章讲述法与道德的关系。道德是生活于社会实践中的理性人对人生之道和人生之德的感悟,以及在这个基础上所设计的人生所应追求的价值目标和应遵循的准则。其核心或要义是在其所在集体、乃至于全人类的存在与发展中思考自己的存在与发展,其所追求的是与他人、整个社会,乃至于周围事物的和谐,其最高境界是正义。广义的道德包括道德观念、道德规范和道德行为。狭义的道德仅指道德规范,它与同是社会规范的法律规范有着密切关系。本章在阐述了道德的概念、特征和意义的基础上,进一步分析了法律和道德之间的区别与联系。我们认为,法渊源于道德观念,立法活动就是把公认的道德观念具体化为法律制度,亦即"道德的法律化"。法律的遵守和适用也离不开道德,也以遵守者和适用者良好的道德修养为基础,并必须以正义为其追求的最高目标。道德规范和法律规范之间也有着许多联系,是相互补充和相辅相成的。法律对道德目标的实现有着非常重要的作用,它离不开对严重不道德者的强制。

**【基本概念】**

道德、伦理、道德观念、道德规范、道德修养、道德境界、道德情操、道德性、道德的法律化、道德的法律强制

## 第一节　道德概述

### 一、"道德"的词源和词义

在中文里"道德"这个概念古已有之,最早见于老子的《道德经》,不过最初

"道"和"德"是分开的,在《老子》一书中,"道"指事物运动变化所必须遵循的普遍规律或万物的本体。老子心目中的"道"不是一种感性的存在,因而,无法通过时间和空间得以具体的体现,甚至无法通过语言来加以表达。老子认为,"道生之,德畜之,物形之,势成之。是以万物莫不尊道而贵德"〔1〕可见,在老子心目中,"道"是万物的本源,而"德"才是万物所呈现出来的道的特性。万物是由道所生,由德所养。万物合"道"则昌,逆"道"则亡。人也必须遵守"道"的要求,否则,人就不成为人了。韩非子对"道"和"德"的关系的主张和老子相似,《韩非子·解老》中说:"德者道之功",解释得非常正确,基本上符合老子的本意。后世张载也认为:"德,其体;道,其用,一于气而已。"〔2〕可见,张载的观念与老子和韩非子一脉相承,"德"是气之体,"道"是气之用。

儒家的创始人孔子在其著作中对"道"和"德"也多有论述,如"志于道据于德"〔3〕。在这里"志于道"就是立志要高远,所谓志存高远,指希望达到的境界。这里的"道"包括了抽象意义上的天道与人道,以及形而上、形而下之道。"道"指的是理想的人格或社会图景,把这种"道"用在人的行为规范上,是教人们立志,这是"道"最基本的也是最高的目的。"德"者,得也,〔4〕"得"就是指得天性。人如果能保留作为人的完整的天性,即为有"德"。反之,无德之人,就是指天性丧失殆尽的人。可见,"德"指立身根据和行为准则,因为儒家思想中,仁义乃是德的最重要的内容,是一个人行为的首要的规范,因此儒家的道德内容经常被称之为仁义道德。

上述思想家都把"道"和"德"区分使用,古人首次将"道德"作为一个词使用的是荀子。荀子在《荀子·劝学》中说:"故学至乎礼而止矣。夫是之谓道德之极。"也就是说求学问达到了"礼",按"礼"的要求去为人处世,也就达到了道德的最高境界。

从古人对道德观念的论述可见,"道德"一词我国古已有之,简称"德"或"礼"〔5〕,是与"法"或"刑"相对应的,指的是高尚的人所应具有的品德以及以"礼乐教化"等方式培养这一品德的制度和方法。中国传统的道德观念,不仅仅是外在于人的行为规范,道德还应当是内在于人心的修身标准,道德即是社会的准则、

〔1〕《老子·五十一章》。
〔2〕《正蒙·神化》。
〔3〕《论语·述而》。
〔4〕《管子·心术上》。
〔5〕 严格说来,"德"与"礼"是有区别的,"德"多指人的内在的高尚品质或素质,"礼"则多指社会中有"德"之士在与别人交往中应遵守的礼节和仪式。但二者在本质上是统一的,其差别在于一个在内,一个在外;一个是内容,一个是形式。

规范,以及主体对它的把握、践履。正因为如此,道德实施的效力,就不纯粹地来自于外在的监督力量,更重要的是来自于个人的"自讨"。

在西方"道德"一词英语为 moral、morality,德语为 Moral,法语为 morale,均源于拉丁文 *mores*、*moralis*,其原义为风俗、习惯、品性。在西方"道德"一词常与"伦理"一词通用,"伦理"一词英语为 ethics,德语为 Ethik,均源于希腊文 *ethike*,其原义也为习惯。

现代社会"道德"一词的用法很多,归纳起来有广、狭二义。狭义的"道德"一词仅指人之中与其知识、技能有别的一种内在的素质,简称品德或德,它包括内心的道德情感、道德观念。广义的"道德"一词指与其他社会现象有别的一种社会意识形态,既包括个人的道德品德,也包括社会上的各种道德规范,它们是社会用于规制人的行为使其符合道德的规则和制度,它主要表现为风俗习惯、乡规民约、行规会章等。不过作为社会规范之一的道德规范在与其他规范,如宗教规范、法律规范相比较时也简称"道德"。这意味着它也是另一种狭义的"道德"。第一种狭义的"道德"也可以称为个人道德,它包括道德情感、道德观念和道德行为。道德情感是一种自发的表现为情感的道德,如同情心、怜悯心、公平心(义愤填膺)等。道德观念指在长期经验和思维中于内心积淀而成的种种价值观念,它表现为道德范畴,其种类很多,主要的有节制、勇敢、忠诚、友善、宽容、谦和、明智、勤俭、博爱等,其最高的和最具有包容性的范畴就是正义。道德观念具有三重意义:①它是人们对作为人应有的道德品质的理性归纳,是对道德品质的理性认识的结晶;②它也是人们内心用以评价行为的道德性的理性尺度;③它还是人们为自己树立的在内心追求的道德价值目标或理想境界,人们以之激励自己,建构自己的道德人格。这意味着道德观念的有无和正确与否,决定着每个人的道德水平和对道德理解的自觉性程度。道德行为是个人见之于实践的道德情感和道德观念,它包括动机和效果两个方面,是二者的统一。真正的道德行为二者缺一不可,只有"好心"或良好的动机,或只有"好事"或利于人、利于社会的效果是不够的[1] 因为社会上"好心办坏事"者和"瞎猫碰到死老鼠"的事时有发生,你不能说或无法判断他们的行为是符合道德的。

**二、道德的结构和种类**

(一)道德的结构

道德作为一种社会现象,大体上包括三个方面:

---

[1] 不过对此认识并不统一,西方历史上就有两种对立的观点:一种是唯动机论,他们只问动机,不问效果,其代表为康德。他认为,除了"善良意志"外,没有什么东西是可称之为道德的。另一种是唯效果论,他们只问效果,不问动机,其代表为约翰·密尔。他认为不管救人者的动机如何,只要他使被救者免于死亡,在道德上就是应赞许的。

1. 作为品德的道德或意识的道德,包括上面所说的人的道德情感和道德观念,它主要存在于个人内心,所以可以叫道德心或良心(英语和法语均为 conscience,源于拉丁文 conscientia,原义为"共知"、"良知")。显然,道德品德并非来自天赋,而是来自后天。按照亚里士多德的论述,它们或者来自社会习惯的熏陶,或者来自在社会实践中的理性思考。他把德性分为两种:伦理德性和理智德性,认为二者均不是天赋的,虽然人生而具有接受德性的能力。他说:"理智德性大多数由教导而生成、培养起来的,所以需要经验和时间。伦理德性则是由风俗习惯熏陶出来的,因此把'习惯'(ethos)一词的拼写法略加改变,就形成了'伦理'(ethike)这个名称。由此可见,我们的德性没有一种是自然生成的,因为没有一种自然存在的东西能被习惯改变。例如石块的本性是下落,你不能把它训练地习惯于上升,……所以,我们的德性既非出于本性而生成,也非反乎本性而生成;自然给我们接受德性的能力,而这种能力的成熟则通过习惯而得以完成。并且,我们自然地接受这份赠礼,先以潜能的形式被我们随身携带,然后再以现实活动的方式被展示出来……正如其他技术一样,我们必须先进行有关德性的现实活动,才能获得德性。……总地说来,品质是来自相应的现实活动。"[1]显然,作为品德的道德与人的知识有关,苏格拉底正是看到并强调了这一点,说"品德即知识",但这一命题也有片面性,因为品德不完全取决于知识的多少,社会上不是知识越多的人道德品质就越高尚,相反许多生活于社会下层和文化程度不高的人却有纯朴而高尚的品德。这是因为在道德中最主要的部分"伦理道德"的养成主要在于周围社会的"风俗习惯熏陶",在于周围人对他的潜移默化的影响。当然,不能否认知识对道德的影响,因为只有真正掌握真理的人,才能真正明了做人的道理,并以之指导自己的行为。

2. 作为社会规范或社会制度的道德。一般说来,一个人是会自觉地遵照自己认知的道德观念行动的,一个社会上的人们也在某种程度能达成道德共识。但由于人往往在知与行上是不统一的,加上这一为大多数所达成的道德共识不可能为所有的人所认可,社会上总有某些"异类"不接受这些共识而有一套自己的价值观念,并我行我素,这显然会影响社会的统一和社会秩序的建立。这就使社会有必要把已达成的道德共识以某种方式表达出来,并采取某种强制性的手段迫使这些"异类"和不自觉者遵从。由此产生了被称之为"道德规范"的一种社会规范,它们大都以风俗习惯、乡规民约、行规会章等形式出现,并以社会舆论(轻则冷眼相视或良言相劝,重则言语谴责或公开驱逐)作为其强制手段。这种社会规范种类很多,适用的范畴和手段也各不相同,有适用于同一血缘组织内部的族规家法,有适

---

[1] [古希腊]亚里士多德:《尼各马科伦理学》,苗力田译,中国社会科学出版社1990年版,第25页。

用于一种行业的行规,有适用于某种社团组织的章程等。

3. 作为秩序或氛围的道德。它表现为道德共识被普遍自觉遵守的状态,这一状态能使大多数人不仅把遵守道德规范视为"当然"并变为一种习惯,而且感觉到它是一种享受,一种美好的境界,它使落实公认的道德观念和遵守公认的道德规范成为一种社会风气,一种人人追求的道德情操,而在这种社会氛围里,那些不自觉者,不敢轻易地去违反社会公认的道德规范。应该指出的是,现实的道德秩序是离不开法律的,或者说是与法律秩序有一种内在的关系,是建立在法律秩序基础之上的。这就如康德所说的目的国与法治国是统一的一样。这是因为,上面我们所说的社会对"异类"的约束,仅仅用道德规范的实施手段并不一定有效,它有时必须借助于法律手段,即用"公共权力"或政治权力来强制。

(二)道德的种类

道德的种类很多,从不同角度可划分为不同种类。如从认可的范围上可划分为公德和私德。公德指被社会普遍认可的道德;私德指只为一部分人认可的道德。从认可的人群的属性可划分为职业道德、性别道德。前者即只为某一社会职业或社会角色所认可的道德,如商业道德、师德、医德、法官道德、公务员道德、父德(慈)、子德(孝)、友德(诚)等;后者指为某一性别的人所认可的道德,如旧社会的女儿经或妇道。从道德境界的高低上可划分为高层次的道德和低层次的道德,前者指英雄人物或理想的道德,后者指一个社会做人的最起码的道德。

三、道德的本质和特点

道德是生活于社会实践中的理性人对人生之道和人生之德的感悟,以及在这个基础上所设计的人生所应追求的价值目标和应遵循的准则,其核心或要义是在其所在集体、乃至于全人类的存在与发展中思考自己的存在与发展。因而其出发点不在于自我、眼前、局部,而在于他人、长远、整体;其所追求的是与他人、整个社会,乃至于周围事物的和谐;其最高境界是正义。因此,道德哲学或伦理学就是对这一感悟的理性概括,它研究正义的内涵、种类,还研究在各种环境下应有的具体的道德追求和道德境界,并把它们抽象为各种道德品德,如智慧、勤劳、勇敢、节俭、宽容等。

道德同其他事物比较具有以下的特点:

(1)它具有二重性,即既具有客观性又具有主观性。其客观性表现在道德行为是一种客观存在,人们的道德情绪会诉之于人们的表情和社会舆论,它能为人们所感知。客观性还表现在道德观念不是主观自生的,它们来自社会的客观实际,因而不同的社会环境和文化背景会产生不同的道德观念。其主观性表现在,道德是一种社会意识形态,道德感主要是一种心理过程,道德观念也只存在于人们的内心中。

（2）它既具有普遍性或绝对性，又具有特殊性或相对性。这表现在不同时代、不同性质的社会，不同群体甚至个人，都有不同的道德观念和道德规范，因而道德具有时代、文化、职业、性别差异性。也就是说，不同时代、不同文化背景和不同职业、性别、民族、信仰的人对道德的具体理解充满差异，具有个性或特殊性，这是一方面。另一方面，同一时代和同一文化背景的人们之间又会有某些共同的道德，或者说他们能达成某种程度的道德共识，就是对不同时代的人来说，这些道德共识也具有继承性，能成为一种传统。

（3）与本能相比，道德更多地不是一种先天遗传，而是后天熏陶和教育的结果。对此亚里士多德已有清楚的论述，他认为人的德性并非生而具有，而是来自于后天的社会实践。这也就是说，人的道德具有后天性、可塑性，它是可以改变的。

（4）道德还有一个特点，即它有高下好坏之分。如人的动机有好坏的问题，在这一点上它与人的本能或"自然"不同，人的本能作为人的"自然"在一定意义上讲是中性的东西，无所谓好坏问题，例如人的欲望、情感本身无所谓好坏的问题，其正常流露也不是什么坏事，反而是人行动的必不可少的动力之一。再例如儿童的贪玩和贪物，在父母看来是一种天真和童趣，而不是"自私"或本性坏，因为他们还不懂人事。但对大人来说，即当他的行为成为道德评价的对象时，就会被区分为善的或恶的，高尚的或低下的。我们认为，道德既根源于人的本能，又不同于人的本能。作为人的本性的道德性与人的本能是有某种关系的，它基于人的本能，是本能中某些方面的进一步发展。如人的本能中有一种自爱心，并由此而产生对同类的同情心，许多道德因素正是以此为基础而产生的，即由自爱扩大为爱人，爱同类，再进一步到爱一切生命现象，到爱一切自然物，从而发展为"博爱"。但是它又不同于本能和高于本能，因为它克服了人的本能中自私的一面或不好方面，并防止本能的异化。还有，本能中包含有多种因素，如情感、欲望，它们的发展有两种可能性：从善或作恶。道德并不认可其全部，只是认可和发展的一个方面或一种可能性，反而用各种办法限制和克服另一方面或可能性。它通过个人的道德修养树立正确的道德观念，预防人的欲望的恶性发展，通过社会舆论谴责不道德的行为，使用法律惩罚严重的反道德行为等。

## 第二节　法与道德的关系

### 一、历史上对法与道德关系的论述

法与道德的区分及其相互关系的研究主要存在于西方学界。此问题的正式提出虽然始于分析法学，但实际的论述者很多。西方学者关于法与道德的关系论

述,归纳起来有以下几种模式:

1. 亚里士多德的原生与衍生说。在亚里士多德那里,法与道德的关系是以正义——百德之总——与法的关系的形式提出来的。他的基本观点是,法是正义的衍生物,也是实现正义的制度,是衡量人的行为正义与否的具体标准。他说:"城邦以正义为原则。由正义衍生礼法,可凭以判断人间的是非曲直,正义恰恰是树立社会秩序的基础。"[1]又说:"要使事物合乎正义(公正),须有毫无偏私的权衡;法律恰恰正是这样一个中道的权衡。""法律的实际意义却应该是促成全体人民都进于正义和善德的(永久)制度。"[2]基于此,他还认为,法与正义是特殊与普遍、具体与抽象、部分与整体的关系。

2. 霍布斯的互相包容说。在霍布斯那里,法与道德的关系是以自然法与制定法(民约法)的关系的形式出现的。不过霍布斯已明确地指出,自然法实即道德律,因而研究自然法的科学是道德哲学。他说:"自然法就是公道、正义、感恩以及根据它们所产生的其他道德。"[3]所以,"研究这些自然法的科学是唯一真正的道德哲学"。[4]他关于法与道德的基本观点是,二者一个是另一个的派生物,因此二者互相包容。他说:"自然法与民约法是互相包容,范围相同的。……民约法与自然法并不是不同种类的法律,而是法律的不同部分。其中以文字载明的部分称为民约法,而没有载明的部分称为自然法。"[5]由此看来,霍布斯的看法是典型的自然法学家的观点,即认为法与道德形式上虽然有异,但本质上同一。差别只在于,民约法由国家以语言文字形式表达出来,并由国家强制执行。

3. 康德的内在与外在说或普遍与特殊说。这种模式认为,法和道德在本质上是统一的,法只是道德的一种特殊形态,它以特殊的形式和手段实现道德的目的,因而二者的差别只是外在的和形式的。具体地说:①道德是内在的和自觉的,法律是外在的和强制的。也就是说,道德能深入人的内心,并且依靠人的自觉遵守,而法律只涉及人的外部行为,和依赖于外部强制。②道德是肯定的,法律是否定的。即道德通过肯定、鼓励的方式使人们遵从,而法律是用限制、禁止的办法使人获得自由。与康德的模式相似但恰恰相反的是黑格尔,他把法的范围划得很大,在其中有形式法、道德(内心法)和伦理。这就是说,法不再是道德的一种特殊形态,而是相反,道德是法的一种特殊形态或发展的一个阶段。

4. 耶律内克和耶林的最低限度的道德说。这种模式认为,法和道德在某些方

[1]　[古希腊]亚里士多德:《政治学》,吴寿彭译,商务印书馆1983年版,第9页。
[2]　[古希腊]亚里士多德:《政治学》,吴寿彭译,商务印书馆1983年版,第138页。
[3]　[英]霍布斯:《利维坦》,黎思复等译,商务印书馆1985年版,第267页。
[4]　[英]霍布斯:《利维坦》,黎思复等译,商务印书馆1985年版,第12页。
[5]　[英]霍布斯:《利维坦》,黎思复等泽,商务印书馆1985年版,第207~208页。

面重合,法与一个社会的低层次的道德——该社会中做人的起码的道德——基本同一,法是实现这种道德要求的必不可少的强制性手段和衡量这一道德要求的具体标准。

5. 富勒的道德性说。这一模式与上一模式有类似之处,但也有不同:其一,这种模式强调道德是法的精神所在,因此,它渗透于法之中,它为法的运行导航,指明其前进的目标,即法律的外在道德(external morality)或实体自然法;正因为如此,其二,它对法的运行过程、表现形式等从道德的角度提出具体要求,即法律的内在道德(inner morality)或程序自然法。它们的相同表现在,富勒把道德区分为高、低两个层次,即愿望的道德(morality of aspiration)和义务的道德(morality of duty)。所谓义务的道德指的是一个社会中做人的起码道德;所谓愿望的道德指的是一个人从成功的起点对自己提出的进一步的道德要求,即理想中的人的道德要求。他认为法律与义务的道德基本同一,二者的关系类似堂兄弟的关系。这种道德所反对的行为,也是法律所禁止的,不同只在于法律的规定更具体和更明确罢了。如义务的道德反对赌博,法律也禁止赌博,所不同的是,法律区分了各种赌博,并对其处理办法做了明确规定。

6. 狄骥的根源之一说。狄骥认为,法是一种特殊的社会规范,它是由另外两种社会规范,即道德规范和经济规范转化而来的。后两种规范的差异在于适用范围和方式不同。道德规范适用于人际关系和用道德谴责的办法为后盾,经济规范适用于经济领域,违反时表现为通货膨胀等经济现象。这两种规范转化为法律规范的条件是,它们遭到严重违反,乃至社会中的人们普遍感到必须用一种更强有力的手段和专门的社会组织予以制止。他说:"一种经济规则或道德规则当它在组成一定社会集团的每个成员的自觉意识上充满这种想法,认为集团本身或在集团中握有最大强力的人们为制止这种规则遭受违反得以出面干预时便成为法律规范。"[1]

7. 庞德的时分时离或动态关系说。庞德认为,法和道德是随着社会的发展而发展的,因此它们的关系也不是一成不变的,不同时期有不同的关系。他把法律的发展分为前期或萌芽时期、严格法时期、衡平法或自然法时期、成熟法时期等几个阶段。他认为,在第一个阶段,即萌芽时期,法与道德浑然一体,这表现在古希腊"法律"一词"最初只解作伦理的风俗,宗教的仪式,人类概观中的律例,法律的规则,以至社会制裁的全体"[2]。也就是说,无所不包,甚至于包括动植物的饲养、栽培技术等。在第二阶段,即严格法时期,如古罗马和英国的中世纪,由于"国

第十章

---

〔1〕　[法]莱翁·狄骥:《宪法论》第1卷,钱克新译,商务印书馆1959年版,第6页。
〔2〕　[美]庞德:《法律史》,雷宾南译,商务印书馆1931年版,第1页。

家或政治结合的作用明确出现,法律亦就从其他社会规范中明确地分化"[1],因而法律与道德截然对立,"法律条规是自足的,道德被漠视"。[2] 在第三阶段,即衡平法或自然法时期,由于利益之被忽略,以及伦理习惯之被漠视,卒使来自外界的道德观念大量混入。因此,一个时期道德侵吞法律,而哲学、法学把法律条规视为道德的一种,并把法律附属于伦理学。在随后的一个时期,即法律的成熟时期,法律和道德重新分离,但不像第二阶段那样截然分开,而是既分离又联系,而且在法律运作的不同阶段有不同的联系。如在立法中道德是法律的基础,立法者依据心目中对某种事物的道德判断进行立法,在司法中法与道德彻底分离,但又有四个接触点,即司法造法、司法的自由裁量、法律解释和法律适用(裁决),因为这些活动都离不开人们心目中的道德观念。

8. 凯尔森的不相关说。这种模式认为,法是一种纯中性的社会控制武力以建立秩序的技术。道德,特别是其中的正义,是一种纯主观的价值判断,二者没有任何联系。他认为,一个社会中的不同人们,不可能有什么共同的道德观念,一个社会也不可能实现"正义",即人人幸福,因为不同的人,如一个有神论者和一个无神论者,对幸福有不同的理解。因此,对法律本身的内容来说,无所谓正义和不正义的问题,要说有也只是其适用问题,这只意味着,一种法律被严格地和一视同仁地适用于所有的人。他说:"这个意义上的'正义'就是指合法性(legality)。将一个一般规则实际适用于按其内容应该适用的一切场合,那便是'正义的'。把它适用于这一场合而不适用于另一类似场合,那便是'非正义的'。这里所谓的'非正义的'与一般规则本身价值是无关的,这里仅讲一般规则的适用。"[3]

9. 哈特的部分同一说。这种模式认为,有些法与道德有联系,包含有道德的因素,因此其制定和实施离不开道德,但有些法并不如此。所以,法与道德的重合只是部分的,法与道德没有必然的联系。这种部分重合还表现在道德中的公德的实现离不开法的强制,而私德则无需法的帮助。因此,他把法律分为两部分:一部分是与道德有关或一致的,叫做狭义上的法或良法;另一部分是与道德无关或相悖的部分,叫恶法,它与前者合在一起叫广义上的法。

10. 川岛武宜的共同分母或共同根源说。这种模式认为,法与道德同根同源,共同扎根于一个社会的经济基础之中,因此二者在本质上统一,并随着经济基础的变化而变化。只是在变化中有时不同步,会出现新法律与旧道德或新道德与旧法律的冲突。他从法、道德与经济制度的统一及其矛盾运动上辩证地论述了它们

---

〔1〕 [美]庞德:《法律、道德与正义》,张文伯译,台北监狱印刷工场1959年版,第21页。
〔2〕 [美]庞德:《法律、道德与正义》,张文伯译,台北监狱印刷工场1959年版,第64页。
〔3〕 [奥]凯尔森:《法与国家的一般理论》,沈宗灵等译,中国大百科全书出版社1996年版,第14页。

之间的关系。首先,他论述了法与伦理的一般关系。他认为,法和伦理(道德)在本质上是统一的,都是以社会规范而存在的生活秩序的构成部分。他说:"从社会学的角度看,伦理与法共同构成社会的统一秩序,伦理与法同样存在于规范、强制和秩序之中。"它们"有共同的分母",[1]因此,二者是互相关联的,"在本质上法只能是伦理性的东西的主张,是把仅在一定的历史条件下在一定的历史含义上而形成的一定关系不适当地抽象化和一般化了"。而且,在资本主义社会之前,伦理与法实际上是混在一起的,只是"在市民社会中法和伦理被截然区分开来"。[2] 以国家和个人之间形成的市民社会的结构为基础,这也意味着法和伦理作为市民社会的生活秩序形成了一种统合状态。虽然法作为外部的强制存在于国家领域中,伦理作为内心的省悟存在于个人世界中,但是撇去这些规范的具体的功能方法及作为规范的社会性功能的现实性根据的差异,二者都是作为社会规范而存在的生活秩序的构成部分。所以如前所述,法在预定伦理的前提下才成其为法,伦理也是在预定法的基础上才成其为伦理,法和伦理互相有机地把另一方作为其本来的协同者而构成统一的秩序。[3] 正因为法和伦理它们都从属和依赖于一定的经济制度,并随着其发展而变化,因此每一种经济制度都有与其相适应的伦理观念和法律制度并为其服务。当新的社会制度产生,原有的伦理就会与新的法律相矛盾。这样,法与伦理的对立统一是相对的,是个"历史现象",是在社会的矛盾运动中实现的。

以上模式,归纳起来可分为四类:①本质同一说。属于这一类的有亚里士多德模式、霍布斯模式、康德和黑格尔模式、富勒和耶林模式。②不相关说。属于这一类的有凯尔森模式。③内容互相交叉说。属于这一类的有哈特模式、庞德模式。④同根但不同种说。属于这一类的有狄骥模式。川岛武宜模式既可以归属于第一种,也可以归属于第二种,因为他认为法与道德在本质上是统一的,又同生根于所在社会的经济之中。

为什么西方学者对法和道德的关系有不同的论述呢? 他们之间的分歧的原因何在呢? 我们认为原因很多,如他们生活在不同的时代和社会背景里,有不同的视角和认识水平等,但其中最主要的一点就是,他们对"法"和"道德"这两个概念做了不同的理解和使用。这种情况在历史上是经常发生的引起争议的原因。其原因在于,某一概念一经产生并被人们普遍接受之后,就具有一种惯性力,后来者出于习惯常用来表达自己的思想,虽然自己所指的事物并不与该概念创造者所

---

[1] [日]川岛武宜:《现代化与法》,申正武等译,中国政法大学出版社1994年版,第5页。
[2] [日]川岛武宜:《现代化与法》,申正武等译,中国政法大学出版社1994年版,第5页。
[3] [日]川岛武宜:《现代化与法》,申正武等译,中国政法大学出版社1994年版,第45页。

说的事物完全相同,这种对同一概念在理解和使用上的差异即使是在同一时代的不同思想家之间也是难免的。这样,当两个使用同一概念而又有不同所指的思想家,在进行交流时,就必然发生误解,即违反争议中概念的同一这个形式逻辑的基本要求。这种争论一般称之为概念之争。我们认为,西方历史上关于法与道德关系的争论和不同模式的提出,在某种程度上包含着这方面的因素,因为上面所说的各种模式的提出者对"法"和"道德"这两个概念的具体理解是有差别的。如在对道德概念理解上,柏拉图和亚里士多德把道德主要理解为人的符合其本性的品德,把法理解为人的行为规律和其道德哲学,其实就是我们现在所说的社会哲学。康德把道德与社会等同,他还把法理解为使人人都能获得自由的规定的总和。黑格尔把法解释为社会精神或实际存在的自由,而把道德和伦理区分开来,只是理解为内心的法,或个人的内心的道德修养。凯尔森和哈特把法理解为一种社会控制的技术,一种规范或规则的体系,而把道德理解为主观的政治和道德的偏见。狄骥把法理解为被人意识到的人的规律,而把道德理解为规律的一种。庞德对法的理解上则大大地超过分析法学家,把判例、法学家的研究成果等也包括其中等。由此看来,他们对"法"和"道德"概念的理解和使用是差别很大的,既然如此,他们对二者关系的不同论述和提出不同的模式就不足为奇了。

**二、马克思主义者关于法与道德的关系的基本观点**

从以上所介绍的西方法学家的有关论述中可以看出,不同的法律观和道德观必然对二者关系有不同的论述。因此,要正确认识法与道德的关系,就必须首先正确界定法与道德的范围和研究其结构。

我们认为,在西方,"法"和"道德"这两个概念都有广、狭二义。狭义上的法和道德都仅指规范、规则或制度形态上的法和道德,即一般所说的法律规范和道德规范。西方分析法学家大都是这样理解和使用法和道德这两个概念的。广义上的法和道德可以分为三个方面或层次,即观念层次、规范或制度层次和秩序层次。

我们认为,法与道德的区别主要在第二个层次,即规范层次,因为法律规范和道德规范在适用范围和使用方法上都是明显有别的。至于第一个层面,即观念层次,二者是很难区分的,或者说是融为一体的。法与道德共有的这个观念层面,现在一般叫做价值观念,法和道德的一部分都潜藏在其中,并融为一体。从法的角度看这一部分叫法的观念,从道德的角度看这一部分叫道德观念,其实二者是同一的,起码是难以区分的。正因为如此,德沃金把法的原则解释为普遍公认的道德准则。

我们认为,要更加清楚地了解二者的关系,必须进一步研究法和道德的复杂结构,以及法与道德之间在社会运动中的互相转换过程。而在这里首先必须介绍一下"价值观念"这个概念。价值观念是思想观念的一种,思想观念是人们在长期认识和实践的基础上产生的对客观事物及自己如何对待客观事物的稳定的看法，它是在对具体事物的认识的基础上抽象和概括出来的对同类事物的普遍性认识，是人类文化的主要组成部分，也是人区别于其他事物的主要标志。思想观念从逻辑上可分为两部分：即人对外界事物是什么的观念或称之为事实观念，和这种事物对人有什么意义以及人如何行为的观念，即价值观念，它是人们在前一种观念的基础上，即对周围事物是什么的认识和长期享用其价值的基础上，于内心积淀起来的用以判断是非和衡量周围事物对自身生存意义的主观标准。价值观念对人的生存和发展意义甚大，是人们进行选择的内心依据，也是人们行为的精神动力和追求的目标。价值观念可分为对人的观念和对物的观念。前者用以衡量人及其行为，一般称为伦理观念，因为它主要用以评价人际关系；后者用以评价人之外的事物及其与人之间的关系，一般称为技术观念，因为它主要从效益的角度评价人与自然的关系，看它是否有效益和效益大小。不过随着人的认识的发展和人类文明程度的日益提高，现代人已越来越把人与人和人与自然的关系放在一起来思考，即从生态平衡的角度来思考人与地球上的动物、植物、山、水、空气等之间的关系。不再把从自然中获取的多少作为评价的唯一标准，而是进一步考虑这种获得的合理性，如是否有利于活动的持续性，这种获取方式是否造成资源的浪费，是否会带来人类生存环境的恶化等。

我们认为，一个社会公认的价值观念的落实有一个过程，首先，也是主要的，是依赖于人们的自觉，而这种自觉是以其内心的价值观念为基础的，如果称此为道德的话，那也只能算道德修养，它不属于道德规范调整的范围。道德规范所调整的是那些不自觉者，即违反道德规范者。而法所调整的是道德规范所依赖的手段已失去作用的对象。这就是说，一种对大多数人有害因而遭到公众否定评价的行为，开始时一般只采用道德的手段加以制止，如冷落、孤立和谴责行为者，只有当道德手段反复使用证明无效时才采用法律手段。这时社会就会通过立法的办法，使"道德法律化"，即把公认的价值观念转化为具体的法律规则。这时，社会实际上动用了一种最严厉的办法规范人们的行为以实现公认的价值观念对人的要求。当然这只是针对个别人那种严重违反此观念的行为，而且，在使用法律手段时并不意味着不再使用道德手段，相反，对大多数人来说，此观念仍主要要求使用道德手段，所以，应该说是同时并用。

由此看来，法律规范和道德规范只是社会实现其价值观念时所使用的两种手段，这两种手段是有区别的，这表现在适用范围和形式有差别，但根源和目的同一，而且可以并用。但对它们二者来说，在适用时必须严格区分适用对象，不能把只应适用道德规范的用法律手段去处理，但不排除在适用法律手段的同时辅之以道德手段。显然，一般所说的法与道德的关系，不是这里所说的法律规范和道德规范的关系。

　　显然,法与道德的相互交融主要存在于二者的观念层次中。也就是说,法的观念层次与道德的观念层次是不分的,它们共同扎根于人的价值观念之中,是与人的价值观念融为一体的,是价值观念的主要构成部分。而价值观念又扎根于所在社会的各种关系,特别是经济关系之中,是这些关系的观念化和理想化。因此,法与道德的差别主要在它们的第二层次,即规范或制度层面。在这一层面二者往往有差别,这种差别表现在两个方面:①程度上的不同要求,法对人们所不喜欢的事只有在程度上比较严重时才加以规定。②处理办法不同,法能动用国家强制的严厉办法。

　　这就是说,法和道德的深层次,即观念层次是融为一体的,只是通过立法活动之后才分开,成为法律规范和道德规范,而且这时它们的区别主要也只是在形式上,在内容上二者基本上是同一的。法的生成过程实际上也是一个社会公众对出现的社会问题认识和寻找解决办法的过程。这包括对新出现的社会现象的性质、价值的认识和评价,即新的价值观念的形成过程,以及寻找解决办法,即把这新形成的价值观念外化为行为规范和社会制度的过程。这一过程中最初作为价值观念的构成部分的法的观念和道德观念是不分的。法的观念的正式生成在处理疑难案件时已开始,当然其最后确立对成文法系国家来说,需要通过立法活动。立法从另一种意义上说就是对新产生的价值观念的权威认可和把它具体化为公共的行为准则,这就叫做"道德的法律化"。

　　每个时代都会产生其特有的社会现象和社会问题,也就会产生每个时代的人对这些社会现象和社会问题的认识和判断,因此会产生与之相应的价值观念,而一旦这个社会的人们对某种社会问题的认识形成了某种共识时,也就会想办法去解决这些问题,解决的办法也不外乎以下几种:首先是教育,特别是正面教育,使所有的社会成员,起码是大多数成员接受和身体力行这一社会的共识。其次是道德,即对那些不接受并违反这一共识者予以规劝和谴责。再次是非法律性强制,即通过家庭、单位、社会团体的各种强制(包括经济的、人身的)使其就范。当以上办法不起作用而且问题严重时,社会才会使用第四种办法,即法律的办法,这种办法与其他办法的区别在于:①它以国家权力为后盾,因而它使这种共识或价值观念具有最大的权威性和强制性;②它已把这一价值观念具体化为明确的行为准则,即明确的可操作的规定。这就是说,法律是具有最大的权威性和强制性和变为具有最大的普遍性的社会规范的价值观念。这样一来,这些社会问题才会得到逐渐解决或有效控制。这意味着,这些社会问题并不单纯是法律问题,而既是法律问题,又是道德问题、家庭问题、行政问题,也意味着它的解决,不仅仅依靠法律手段,而且同时依靠其他手段,或者说只有当其他手段无效时才动用法律手段。

就我们时代而言,社会问题很多,有老问题,如吸毒问题、拐卖妇女儿童问题、卖淫问题、走私问题、同性恋问题、造假卖假问题,也有新问题,如电脑黑客问题、克隆技术的应用问题等。这些问题的解决,显然不是仅仅靠法律办法就能完成的。社会在发展,问题也在发展,新社会有与旧社会相同的问题,也有其特有的问题。新问题的解决有一个需要不需要法律手段的问题,老问题也在变化,因而会产生是否继续需要法律手段的问题。这都会产生"法与道德"的关系问题。

这样看来,法与道德的关系,实际上包括法律观念和道德观念的关系、法律规范和道德规范的关系、法律秩序和道德秩序的关系三个方面,而这三个方面有着不同的关系。就法律观念和道德观念的关系来说,二者基本上是同一的,因为法律的观念层次主要表现为法律的原则,而法律的原则正如德沃金所指出的,实际上是一个社会人们共同的社会政治理想和公共的道德原则。当然,严格说来二者也有区别,因为有些法律原则并不是基于人们对所在社会人际关系规律的认识,而是基于对人与自然界关系规律的认识,也就是说,并不具有伦理性或道德性。这是因为价值观念中所包含的不仅仅是道德观念,还有其他观念,如经济效益观念。因而法律观念就不仅仅是由道德观念转化而成的。就法律秩序和道德秩序的关系说,作为秩序主要表现为人们行为的有规律性、协商一致性,法律秩序和道德秩序只是说这种秩序符合法律或公认道德的要求。一个社会如果是有秩序的,那么它只能是一种,而不能是几种同时并存,而这一种,很可能是既符合法律的要求,又符合公认道德的要求,也就是说,既是法律秩序又是道德秩序。这样一来,在秩序层面法和道德也是很难区分的。这就意味着,只有第二个层面才能把法和道德区分开来,因为在这个层面,法律规范和道德规范的确是两种不同的社会规范,它们有着不同的适用范围和实施手段。基于这些认识,我们认为,法和道德的关系,可分为广义的和狭义的法和道德两种关系。从狭义上讲,即从法律规范和道德规范的关系看,它们是既有区别又互相交融的,这表现在两种规范内容上的有时一致,有时又有差别,还表现在实施手段的有时相辅相成,有时又必须严格区分。从广义上说,剩余的部分,特别是观念部分,法与道德是基本上合而为一的。至于这一部分与规范部分的法与道德的关系,可以说是源与流、内容与形式、目的与手段的关系。西方的一些思想家在论述法与道德的关系时,看不到这一复杂性,或只看到其中的某一方面,因而得出片面的结论。如西方的分析法学只看到了狭义上的法与道德的关系,而且因为他们只是把"法"和"道德"划定在这个范围内,即只是把"法"理解为一种规范或规则体系,所以得出了法与道德无必然联系的结论。而自然法学家等,由于把观念层面也包括在"法"之中,而且视为"法"的更重要的部分,法的精神之所在,因而强调法与道德的不可分。

## 参考文献

1. [美]庞德:《法律与道德》,陈林林译,中国政法大学出版社 2003 年版。

2. [美]富勒:《法律的道德性》,郑戈译,商务印书馆 2005 年版。

3. [英]哈特:《法律、自由与道德》,支振锋译,法律出版社 2006 年版。

4. 胡旭晟:"论法律渊源于道德",载《法制与社会发展》1997 年第 4 期。

5. 吴汉东:"法律的道德化与道德的法律化——关于法制建设和道德建设协调发展的哲学思考",载《法商研究》1998 年第 2 期。

6. 严存生:"法与道德关系模式的历史反思",载《法律科学》2001 年第 5 期。

7. 严存生:"道德性:法律的人性之维——兼论法与道德的关系",载《法律科学》2007 年第 1 期。

## 思考题

1. 什么是道德? 它与人的本性有何关系?

2. 道德的结构和种类如何?

3. 法律规范和道德规范有什么联系与区别?

4. "法渊源于道德"的命题能否成立?

5. 什么是"道德的法律强制"?

6. 什么是"法律的道德性"和"道德的法律化"?

第十章

## 第 11 章

## 法与宗教

【内容提要】

　　宗教作为社会文化的重要组成部分,同法律有着密切关联。本章在对宗教现象分析的基础上,从意义、内容、信仰价值、社会功能四方面阐述了法与宗教的关联,最后简述了我国的法律与宗教问题。

【基本概念】

　　宗教、宗教信仰、宗教仪式、宗教戒律、巫术、封建迷信、神判、宗教信仰自由

## 第一节　宗教概述

**一、宗教的概念**

　　"宗教"这个词是外来词,我国古汉语中有"宗"和"教"这两个单字,但无"宗教"这个词。"宗教"这个词在中国出现首先来源于印度的佛教,基本含义是指"佛教的教理"。该词的另一个来源是拉丁文"*religio*",其本意是指虔诚、对神的敬畏和景仰、敬神的礼仪、神圣性、圣地、圣物等。但何为宗教,站在不同的视角,会给出不同的界说。从已有的定义来看,一般是从以下几个方面来下定义:第一种观点认为宗教就是对于精神实体的信仰。这些精神实体在不同宗教中的表现各异,但是每一种宗教都有各自的神道作为信仰对象。第二种学说则以信仰主体的个人体验来规定宗教的本质。该学说认为,所谓宗教就是信仰者个人的主观感受、情感和宗教体验,认为这些感受与体验是宗教崇拜活动、宗教仪式、宗教信条以及教义的基础所在。第三种学说是从社会功能的角度来界定宗教,认为宗教的本质就在于其社会功能,认为宗教可以把信奉者团结到某种道德共同体之中。第四种

学说是从宗教与文化的关系角度来定义宗教,认为人类的宗教与人类的文化最初是同时形成的,而且人类文化最初采用了"宗教文化"的形式,只不过后来随着文化发展的多元化,宗教与文化才表面上分了手,但宗教依然属于文化现象。[1]

上述定义各有其合理性,不过无论如何定义宗教,宗教都具有两方面最基本的内容:①宗教是关于信仰以及从中推出的习俗规范的想象世界。②人们总是在特定信仰社团中从事宗教活动,宗教总是借助于具体的活动而展开的。如果要从实质性方面给宗教下一个定义,则宗教的任务是给人类一个关于存在的意义的答案,而这个问题人类在其他地方得不到答案或得不到满意的答案。关于"存在"问题,可以分割为四个方面,即人类不知道自己来自何处、去往何方、身处何地(在宇宙中的定位)、为何活着等问题。可以说,自然科学和近代哲学对于上述问题的回答都不尽如人意,而宗教对于生命意义和上述四个问题则做出了部分回答。"事实上,所有的宗教都包含了试图解释世界和人类起源的宇宙论。大多数宗教都研究苦难的含义,并至少在这个意义上提出了生命意义问题。"[2]并且,宗教对于上述问题的回答是基于人类对于超人类力量的信仰。实际上,上述的四个问题可以转换为三个问题:人们能够知道什么? 人可以期待什么? 人应当做什么? 基督教对于第一问题的回答是信仰,对第二问题的回答是彼岸希望,对第三问题的回答是博爱。[3]

一般认为,宗教作为一种社会化的客观存在具有一些基本要素,一类是宗教的内在要素,如宗教的观念与思想,宗教的感情或体验;另一类是宗教的外在因素,如宗教的行为与活动,宗教的组织和制度。一个比较完整成型的宗教应当是上述内外四因素的综合。这四种因素是相互伴生、相互制约的,然而,处于基础层面的是宗教观念。

关于宗教的起源问题,人们的认识不尽一致。宗教起源问题可分为两个层面的问题:一是宗教有无起源;二是如果宗教有起源,那么,宗教的起源于什么? 有的学者坚持宗教无起源的观点,认为宗教是人类社会的永恒现象,是和天地同时发生、同时发展的。而谈论宗教起源问题的学者,主要都是从宗教的初级阶段来说的,是从发生学意义上来探讨该问题的。这种观点认为,宗教是人类社会特有的历史现象,宗教和其他人类社会文化形式一样,是人类社会发展到一定历史阶段的产物,有其产生、发展、衰落和消亡的历史过程。[4]

原始宗教是人类在一定的物质生活条件下受自然界沉重的压迫,把自然力和

〔1〕 王晓朝:《宗教学基础十五讲》,北京大学出版社 2003 年版,第 8～10 页。
〔2〕 〔德〕N. 霍恩:《法律科学与法哲学导论》,罗莉译,法律出版社 2005 年版,第 60 页。
〔3〕 〔德〕N. 霍恩:《法律科学与法哲学导论》,罗莉译,法律出版社 2005 年版,第 61 页。
〔4〕 王晓朝:《宗教学基础十五讲》,北京大学出版社 2003 年版,第 1～13 页。

第十一章

自然物神化的结果。原始宗教的特点如下：①宗教观念非常朴实、崇拜对象直观；②原始宗教崇拜的神灵具有个别性与多样性；③原始人信仰宗教的目的主要是为了现实的生活。从发生学的意义来看，在世界宗教史上起主要作用的民族有古代的埃及、巴比伦、印度、波斯、希腊、中国等。相对于原始宗教，在私有制和阶级社会中诞生的宗教由于多数属于"人工造成的"，所以人们称之为"人为宗教"。总体来看，世界上的宗教发展呈现出的特点主要是：①从"自然宗教"到"多神教"和"一神教"；②从"氏族宗教"到"民族宗教"和"世界宗教"。

**二、宗教与科学的关联**

认识宗教还应当正确理解它与科学的关系。宗教与科学的关系并非一成不变。不过随着近现代科学的发展，宗教与科学的差异与对立变得显著了。二者的差异与对立主要体现在：①科学立足于经验世界，而宗教立足于超验世界。②从方法论上看，科学注重经验观察与实验，而宗教则注重人生体验与信仰。③从认知态度来看，科学强调认知的相对性，肯定证伪的可能性，而宗教则相反，强调认识的绝对性，否认证伪的可能性。④从价值方面来看，科学强调"价值中立"，而宗教则特别注重对人的世界观与价值世界的规约。当然，二者也有互补、互存的一面。近现代以来，自然科学在许多问题上对宗教进行了批判，但历史上存在的一种现象是，很多人同时拥有自然科学的世界观和宗教的世界观。这表明宗教与科学的关系远非是"对立"的那么简单。

**三、宗教与巫术的区别**

在认识宗教时，应当注意区别巫术与宗教。宗教与巫术具有共性，二者都是借助想象，培植信仰，激发热情，产生希望。一般认为，巫术也有其神话与教义，同样具有信仰和仪式。不过，宗教总是存在于某个特定的信仰共同体中，这个信仰共同体就是教会，历史上还不存在无教会的宗教，但是世界上不存在巫术教会。世界上信仰巫术的人虽然不少，但是巫术的追随者和信仰者并没有结合起来成为一个共同体。巫师与其门徒之间并没有建立起持久、正式的联系，而其门徒之间几乎没有什么联系。巫师们常常隐居起来，所以巫师的活动往往是个人性的。即使形成了巫师会社，其中也不包括任何巫术的追随者，而只有巫师，而教会则是一个信仰的共同体。可见，宗教明显是一个集体的产物。[1] 从影响范围来看，由于巫术和具体事项结合在一起，带有封闭性，只能存在于部落内部，不能影响到部落之外的人群，而宗教的抽象性使它具有开放的性质，可以跨民族跨国度地发生影响。可以说，巫术是在每一次个别仪式中，培植针对特定事物的信仰与热情，而宗教则通过抽象的信仰影响到每一个人的具体生活中去。

〔1〕 ［法］涂尔干：《宗教生活的基本形式》，渠东、汲喆译，上海人民出版社1999年版，第49～54页。

### 四、宗教与迷信的区别

从本质上来说,宗教与迷信是有一定共性的,如二者都相信和崇拜超自然、超人间的神秘力量,都属于唯心主义。但合法的宗教是真心的、智慧的,它有着完善的系统理论、仪式以及修身劝善的品行,与迷信、愚信有着根本的不同。一般认为宗教与迷信主要有以下四点区别:

1. 组织形式的区别。宗教是一种世界观,一种社会意识形态,它对世界和人类自身有一套完整的看法,它通常由宗教组织、信仰、观念、道德规范、仪式、戒律和经典等基本要素构成。迷信是旧社会遗留下来的一种陋习,通常表现为神汉巫婆、占卜算卦、风水阴宅、驱鬼治病、神水仙药等,一般由神汉、巫婆等迷信职业者主持的活动组成。迷信活动没有正式组织形式、仪式、戒律、经典,没有像宗教那样具有群众性、民族性、世界性的特点。迷信职业者一般都是随意活动,随聚随散。

2. 活动内容的区别。宗教活动有一定的表现形式,在活动内容上有固定不变的经典、信条、场所以及信仰对象等,并世代相传。迷信活动没有固定的经典信条和信仰对象,迷信活动所崇拜的对象,基本上是些臆想的鬼神,以及神话的人物,或者所谓的精灵。迷信活动一般没有固定的活动场所。

3. 行为结果的区别。历史上,宗教作为一种文化现象曾经起过积极作用,在社会主义社会里,宗教主要是思想认识问题,信教群众与广大人民之间不存在根本的利害冲突,在经济利益和政治目标上是一致的,因此,宗教能够与社会主义社会相适应。但是迷信活动对社会则有直接的、现实的危害,一些封建迷信职业者在进行迷信活动时往往装神弄鬼、散布谣言,有些则借驱鬼治病、消灾去祸之名从事骗取钱财等违法犯罪活动,可见封建迷信活动对社会有百害而无一益。宗教与迷信的行为结果有明显区别,宗教信仰是公民个人自由选择的私事。正常的宗教活动所产生的行为结果,对社会生活不会构成危害。迷信活动是神汉巫婆妖言惑众、装神弄鬼的诈骗活动,危害社会秩序和公民的身心健康,甚至妨碍国家教育制度。

4. 国家政策法律规定的区别。我国《宪法》第 36 条规定:"中华人民共和国公民有宗教信仰自由。"尊重公民的宗教信仰权利,保护正当的宗教活动是党和政府一贯的政策,而对迷信活动,我国的一贯政策是坚决依法取缔。我国《刑法》第 300 条规定:"组织和利用会道门、邪教组织或者利用迷信破坏国家法律、行政法规实施的,处 3 年以上 7 年以下有期徒刑;情节特别严重的,处 7 年以上有期徒刑。"可见,迷信活动不受法律保护,我们一定要坚决打击一切危害国家利益和公民生命财产安全的封建迷信。

第十一章

### 五、世界上的主要宗教

目前现存的世界性宗教主要有六种：犹太教、基督教、伊斯兰教、印度教、佛教和道教。这些宗教至今拥有人数众多的信徒，在当今社会的发展中具有举足轻重的地位。[1]

犹太教是起源最早、影响较大的宗教之一。犹太教渊源于公元前1900年左右的以色列民族的史前传说。目前世界上的犹太教教徒大约有1800万，分布在112个国家和地区。犹太教的主要经典就是《圣经》中的《旧约》部分。

基督教是目前世界上信徒最多、遍布最广、影响最大的一种宗教。基督教是公元1世纪初从犹太教演化发展而来的。基督教独立于犹太教的主要标志就是崇拜耶稣基督。基督教的经典教义就是《圣经》，它既包括犹太教的《旧约》，也包括基督教独有的《新约》。

伊斯兰教又被称为回教、清真教，它在阿拉伯民族中盛行，是仅次于基督教的一个世界性宗教。伊斯兰教是穆罕默德于公元7世纪初在阿拉伯半岛创立的一个宗教组织，其经典教义是《古兰经》。

印度教是目前印度最大的宗教，全世界约有3000万印度教教徒。印度教形成于公元8世纪。印度教渊源于古印度的吠陀教、婆罗门教。公元8世纪，出生于印度西海岸的商羯罗吸收佛教的教义，对婆罗门教的一系列理论进行宗教革新后，改名为印度教。该教主张信仰印度教的目的就在于摆脱生死轮回的痛苦，实现最终的解脱。

佛教产生于公元前6世纪和公元前5世纪左右的古印度，长期流传于中国和东南亚等国，19世纪传入欧美、大洋洲和非洲，现在世界上的教徒约有3亿人。佛教的创始人是释迦牟尼，印度佛教创立以后，在印度流行了1500多年，至11世纪开始急剧衰落，至13世纪基本灭绝。19世纪末，斯里兰卡人达摩波罗将之重新传回印度，1960年，印度的佛教信徒约18万人，在印度的九大宗教中居第6位。释迦牟尼在创立佛教时并没有著述，靠的是言传身教指导弟子，佛教的经典是释迦牟尼逝后逐渐形成的。佛教把佛典分为"经"、"律"、"论"三大类，称为"三藏"。其基本教义是苦、集、灭、道"四谛"。

道教是我国的本土宗教，形成于东汉中后期，绵延至今已近2000年。唐以后流传于朝鲜、日本、越南和东南亚一代。道教的渊源非常复杂，一般认为是综合巫术、神仙方术、黄老道学而形成的宗教。道教创立时的经典主要是老子的《道德经》，后来经过长期发展，其经书种类繁多、内容庞杂。道教信仰的重要特征在于

---

〔1〕　段德智：《宗教概论》，人民出版社2005年版，第47～75页。

神仙崇拜,根本宗旨是修"道"成"仙"。[1]

# 第二节 法与宗教的关系

### 一、法与宗教的意义关联

作为一种社会规范,宗教主要从以下几个方面引导着人的社会行动:

(1)宗教是一种整合社会的力量、连接社会的精神力量,它使得单独的个人团结成为一个共同体。在人类社会的早期,同一部落、村社或城邦的人们往往共同尊奉着同一神灵,这种信仰以及相应的集体祭祀仪式维系着各社区的同一性。

(2)宗教为人类的共同生活提供了一套共享的知识体系。借助这套知识体系,人们可以解释社会上的恶、无序、苦难等社会现实,可以理解和预测他人的行动方式,从而维护社会的秩序。

(3)宗教为人类社会安排了一种差序格局,为社会等级结构提供了正当化理由。世界上的各大宗教的教义都论证了不同社会等级安排的合理性。

(4)宗教为人们对现有的社会秩序的不满提供了一个"合理"的宣泄口。世界上的宗教几乎都会指出"现世"社会的不完满状态,同时又为人们描绘了"另一个"尽善尽美的未来世界,指出通过现在的忍耐可以换得某种美好的天堂未来。正是在这个意义上,马克思把宗教称为"精神鸦片"。

(5)宗教是人类社会规范体系中重要的一种,它与其他社会规范处于相互补充、相互支持的关系中。[2] 而法律也强调对于社会秩序的维护、社会团结的促进、社会行为的安排、矛盾纠纷的化解等,可见,法律与宗教具有很强的意义关联。

从更深层次上来思考,人类的"起源"与"未来"的问题或多或少会涉及每个人的生活方式,该问题并不存在客观确定的答案,在一定意义上说,它属于信仰问题,而宗教则为人类的生存世界的"起源与未来"问题提供了一种答案,如基督教的"创世说"以及人类永恒存在的观点。而人类的自我认识与世界观的形成很大程度上取决于对"起源"与"未来"问题的回答,这一问题对于理解法律同样具有重大意义。因为倘若不结合起源与未来、人的生与死的意义问题,就难以回答何为正义,何为法律的正义,而科学并不能提供该问题的全部答案。所以,对法律问题的思考就不可避免地与对宗教问题的思考联系起来了。[3] 作为一套理性化的规则体系,法律只能规范人们的外部行为,但每一个人都是有着独特意志和思想的

---

〔1〕 段德智:《宗教概论》,人民出版社2005年版,第77~172页。
〔2〕 郑戈:"韦伯论西方法律的独特性",载李猛编:《韦伯:法律与社会》,上海人民出版社2001年版。
〔3〕 〔德〕伯恩·魏德士:《法理学》,丁小春、吴越译,法律出版社2003年版,第188~189页。

存在,所以其行为必定有着精神上的根源。因此,规范人们行为的法律必定与规范人类内心的伦理和宗教有着不可分割的联系。

## 二、法与宗教的内容关联

在古代社会,法律与宗教、道德密切联系,有些著名的法典例如伊斯兰教的《古兰经》、印度佛教的《摩奴法典》,是兼有法律、道德与宗教三种性质的规范。中世纪的欧洲,基督教、天主教教会势力强大,与世俗政权相互依存又相互争权,教会法与世俗法并存。在几个文明古国里,其早期成文法都有一个显著的特点,即法律发展与宗教紧密相连。在拥有统一宗教信仰的社会中,法律存在于宗教之中,并且人们的法律观与人们对于上帝先知的信仰紧密相连。当然,在此情形下,宗教主要是通过对教徒产生影响而发挥作用的,并不是对任何国民都产生作用。

在巫术盛行的年代,宗教禁忌实际上成为了习惯法。阶级社会产生以后出现的各种法典,如《摩西十戒》、《摩奴法典》、《汉谟拉比法典》等都具有不同程度的宗教性质。一方面,这些法典通常都宣称为神明所授;另一方面,这些法典都包含有宗教戒律、宗教禁忌。今天,在政教分离的历史背景下,宗教对法律的影响有所削弱,但是宗教法典中的基本法律理念仍然在近代法典中发挥着不小作用。从法律的产生渊源上来看,宗教是法律产生的重要渊源之一。

在法律产生的早期,法律吸收了很多宗教规范的内容。宗教规范是由一定的宗教团体制定的或者是在长期的宗教活动中形成完善的,是适用于宗教团体的内部行为规则,它一般规定宗教信仰的基本原则、宗教组织的基本机构、神职人员和普通信徒之间在宗教生活中的基本权利与义务、违反教规的惩罚措施等。而部分宗教规范,由于其符合了社会生活的调整规律,所以后来便被世俗的法律所吸纳,演化成为了王权制定法律的内容。历史表明,早期的成文法是借助一个神或诸神启示的宗教形式表达出来的。如在载有《汉谟拉比法典》的石柱上,浮雕图案表明,汉谟拉比是接受了正义之神沙马什的神圣使命而制定法律的,摩奴法、摩西法传说中都认为法是源于神授,而柏拉图、西塞罗都将世俗国家制定的法律视为上帝的意旨。[1]

1. 在思想上,法律吸纳了宗教中的自然律思想。法律必须与正义紧密相连,而正义观念往往受宗教的影响。宗教规中包含着许多自然律思想,而自然律思想对世俗法律的制定起着指导作用。如基督教在诞生时期与希腊罗马文化处于既冲突又融合的复杂关系,对自然律的思想也加以改造和吸收。它接受了古典自然律的普遍性和理性的标准,解决诸如基督徒与外邦人或异教徒、信仰与道德、神

〔1〕　不过一般认为,中国的成文法并非源于任何神的意旨。参见［美］D. 布迪、D. 莫里斯:《中华帝国的法律》,江苏人民出版社 2003 年版,第 7 页。

第十一章

圣戒律与世俗法律的关系问题。保罗为了把基督教从犹太地区向希腊化地区传播,曾借用自然律的思想说服早期的基督徒。基督教思想家把人类社会准则的最后依据和权威归诸上帝。正义观念具体体现在圣经中有关审判问题的规定中,摩西对以色列人的关于审判正义性的启示,直接来自于上帝耶和华的教诲。耶和华曾经对摩西说,你们实行审判,不可行不义,不可偏护穷人,也不可看重有势力的人,只要按着公义审判你的邻舍。要用公道天平、公道砝码、公道升斗、公道称[1]。这表明无论是审判或者是做证人,都应当坚守正义的要求。如果说上帝要求人们公正审判是对于世俗世界的一个正面行为规范,那么,规定如果不遵从这些正义要求必将会遭到世界末日正义的审判则从反面警示人们应自觉遵守正义的原则。托马斯·阿奎那综合前人的各种解释,提出了关于自然律的全面学说。首先,他确认自然律之上还有上帝创造世界的永恒律,主张自然律的权威和功用来自上帝。其次,他又肯定自然律是人类所能知道和实行的神圣法则,它与人的本性相合相称。最后,他肯定自然律是自明的原则,由上帝"铭刻"在人心上,表现为意志择善避恶的自然能力。自然律是人类社会一切律法,包括宗教戒律、道德准则、教会法和国家法律的来源和依据。自然律直指人心、见诸人心,无声无息地起作用,是不成文法,而人类的立法则是成文法。成文法又分两种:一是由上帝直接颁布,或由天启而来的神律;二是人们通过自身的信仰和理性,发掘并表达良心而得到的人律,包括教规和民法。托马斯·阿奎那肯定自然律高于成文法,成文法中的神律高于人律,人律中的教规高于民法,依次建立了关于律法的等级系统。

2. 在制度上,法律规范吸纳了宗教规范的制度规定。例如,伊斯兰许多国家的法律内容,就源自于《古兰经》等。伊斯兰法有四大法源——古兰经、先知的逊奈(圣言与圣行)、类比、公议(所谓公议,是指某一地方某一时代的大多数法学家就某一问题所取得的基本一致的认识)。古兰经是教规与法律的结合,它的规范又可以分为两类:一类是调整穆斯林与真主关系的规范,主要是关于穆斯林教徒的"五大功课"的规定,包括念功、拜功、斋功、课功、朝功等方面的规定。另一类主要是关于处理人与人关系的规范,主要体现在婚姻家庭、遗产继承、宗教刑法等方面。如在婚姻家庭领域提出了一夫一妻制,关于禁止近亲通婚的规定,在继承方面关于女子继承权的规定,宗教刑法方面关于私通罪、诬陷私通罪、酗酒罪、偷盗罪、抢劫罪等方面的规定。可以说,《古兰经》是伊斯兰法的宪法,是万法之源,是立宪的原则,它主要确立了真主主权说、先知权威说、议会制、公民权利义务的真主赋权说、真主面前人人平等说以及公平自由秩序等法律价值方面的学说,它是立法中首先要考虑的法源。

---

[1]　《利未记》第19章。

历史上,在受基督教影响较大的欧洲文化圈中,法律受到教会法的影响很大。如关于审判制度的规定,审判机构的设立,应当按照耶和华神所赐的各城,按照各支派,设立审判官和官长。认为审判者必按正义的标准判断百姓间的纠纷,裁判不可屈枉正直,不可看人的外貌,也不可接受贿赂,因为贿赂,智慧的眼变瞎了,不能颠倒义人的话,即认为贿赂会干扰审判人员的公正性,会干扰他人作证。[1] 在《申命记》和《出埃及记》中,都明确规定,不可作假见证陷害人,不可与恶人联手妄作见证,不可屈枉正直,不可杀无辜和有义的人,审判人员不可受贿赂,否则会遮蔽自己的眼睛,颠倒义人的话。[2] 在现代法律中,许多法律制度、原则和概念起源于教会法,特别是民事审判制度、诉讼制度、民法中的代理制度等。

在刑法制度与思想方面,西方法律制度也继受了宗教的内容。现代西方国家刑法的基本出发点发源于《圣经》的惩罚学说,这具体体现在原罪、赎罪与末日审判说上。圣经中的原罪、赎罪和末日审判的学说,是一个完整的惩罚学说。"虽然这个过程是以神学的面貌出现的,但是与西方近现代的刑法和刑罚具有极其的相似性。而且近现代刑法学的若干原则也可以在《圣经》描述的过程中发现其痕迹。"[3]实际上,不仅这种刑法思想进入了西方的刑法,而且宗教的许多制度也直接进入了刑事法律的领域,从最初人类的基本宗教、道德规范发展成为后来西方近现代刑事法律的基石,如摩西十诫中规定,"不可杀人"、"不可奸淫"、"不可偷盗"、"不可作假证陷害人"[4]等。法律规范之所以会吸收宗教规范,是因为宗教规范体现着人类最基本的道德——义务的道德,而法律与义务道德之间存在着天然的亲和性。[5]

今天,各国的法律观念更多的受 18 世纪启蒙哲学的价值观念的影响。但是,宗教教义中所内含的一些基本观念如人性尊严、自由与良心等观念却深深地烙在了各国法律制度之中。可见,宗教对法律的影响更多的是间接的而非直接的。同时,考虑到宗教的客观存在属性,许多国家的法律对宗教信仰和信仰自由都有规定。

**三、法与宗教的信仰价值关联**

西方社会有着久远的法律信仰传统。伯尔曼说,法律必须被信仰,否则便形同虚设。"西方法律体系的基本制度、概念和价值都有其 11、12 世纪的宗教仪式、圣礼以及学说方面的渊源,反映着对于死亡、罪、惩罚、宽恕和拯救的新的态度,以

第
十
一
章

---

〔1〕《申命记》第 16 章第 18 节。
〔2〕《出埃及记》第 23 章。
〔3〕徐爱国、李桂林、郭义贵:《西方法律思想史》,北京大学出版社 2002 年版,第 61 页。
〔4〕《出埃及记》第 20 章第 13 ~ 16 节。
〔5〕[美]富勒:《法律的道德性》,郑戈译,商务印书馆 2005 年版,第 8 ~ 11 页。

及关于神与人、信仰与理性之间的新设想……今天,它们的神学渊源似乎已走向枯竭。但是,从它们中衍生出来的法律制度、概念以及价值却仍然得以保存,并且大体上没有发生变化。"〔1〕

1. 基督教从上帝那里继承了对上帝的信仰,上帝作为慈善与正义的代表惩恶赏善。基督教还从犹太教中继承了一种信仰,即相信在历史终结之时,上帝对世界上所有的民族及所有曾在这个世界上存活过的人们的灵魂进行审判。虽然许多人会受到惩罚,但救世主的和平、正义与爱的时代会同时到来。"相信上帝是一位公正的法官,基督将降临作为一位法官,这种信仰对于东西方教会的法律价值的发展都起到了重要作用。"〔2〕

2. 耶稣主张绝对不能废掉律法,而应当遵守与成全律法。认为就是天地都废去了,律法一点一画也不能废去,都要成全……无论何人都应当严格遵守律法。遵守律法的人在天国为大,而破坏律法的人在天国为小〔3〕。不可起誓,你们的话,是就说是,不是就说不是,若再多说,就是从恶里出来的〔4〕。可见,自觉守法的习惯早已通过圣经的传播被人们自觉养成。

3. 圣经强调的末日审判不仅是褒扬善行、惩罚恶行的途径,还是人们平等与民主的价值体现。这是因为,在末日审判前,基督徒的灵魂是在炼狱之中,每个炼狱之中的人都要根据其罪过受到惩罚,而不论其在世俗中的地位高低,"由于末日审判被设想成为一种伟大的普世民主,因而炼狱就被构想成为一种伟大的基督教民主"〔5〕,并且,炼狱里的惩罚就是根据每一个人的罪过程度所给予的不同惩罚。

总之,人们的行为应当是符合正义的,否则在末日审判时便会受到惩罚,在世时犯的罪行末日会一笔清算。作为上帝对人类所定立的道德与律法准则,由于它的神圣性,并且由于它倡导圣洁、公义与善良,当然也由于人们对于上帝及其律法的敬畏感,从而逐渐被基督教徒将《圣经》的律法内化,并从心底信仰其中包含的真理,"并应当由于信仰、希望和爱而不是因为法律的诫命或惩罚而行善"〔6〕。从法律的遵守角度来看,人们对于法律的遵守主要应当是出于内心对法律的确认,

---

〔1〕 [美]伯尔曼:《法律与革命——西方法律传统的形成》,贺卫方等译,中国大百科全书出版社 1993 年版,第 200 页。

〔2〕 [美]伯尔曼:《法律与革命——西方法律传统的形成》,贺卫方等译,中国大百科全书出版社 1993 年版,第 202 页。

〔3〕 《新约·马太福音》第 5 章第 18、19 节。

〔4〕 《新约·马太福音》第 5 章 37 节。

〔5〕 [美]伯尔曼:《法律与革命——西方法律传统的形成》,贺卫方等译,中国大百科全书出版社 1993 年版,第 207 页。

〔6〕 [美]伯尔曼:《法律与革命——西方法律传统的形成》,贺卫方等译,中国大百科全书出版社 1993 年版,第 203 页。

对于法律秩序的追求,对于法律制度的合法性与正当性、规律性与正义性的信仰
而实现。而在西方,这种信仰规范的传统早已借助人们对于基督教规范的信仰而
被培植下来了。宗教规范这些人类早期的原初规范既是人们必须要遵守的教规,
也是社会道德规范的体现。基督教教义教人向善,并主张人通过向善以及忍受痛
苦与磨难将来进入天国。遵守教义、忍受苦难并向善主观上是为了进入天国,而
客观上却收到了规则得以被普遍自觉遵从的效果,从这个角度来说,原罪、赎罪及
末日审判说又有效地促进了人们对于法律的遵守,将法律的遵守内化为人们内在
的行为习惯与思维方式,客观上使人们对于法律的遵守在长期的历史进程中潜移
默化为了一种自觉的传统,并像血液一样流淌在西方市民社会民众的生命里,并
实现了代际的传承。

### 四、法与宗教的功能关联

总体来看,法律与宗教都是一定社会形态上层建筑的组成部分,受其经济基
础制约,与其经济基础都具有相对独立性。从表现形态上看,它们不仅通过规范
形态表现出来,而且还有自己的执行机构。二者对于特定社会关系都具有调整作
用,对人们的行为都有一定的调控作用。宗教与法律之间在功能上具有互补性。
法律和宗教都有稳定、凝聚、调控、调适和维系社会的功能,分述如下:

1. 社会稳定功能。宗教注重约束人的内心,而法律注重约束人的行为。宗教
将现实的社会秩序纳入神圣化了的可见宇宙秩序之中,这样就使得社会秩序合理
化、合法化与神圣化,获得了不可冒犯的规范性。而法律的目的,也在于维护既有
的特定社会秩序。可见二者都有稳定社会的功能。

2. 社会凝聚功能。宗教使得宗教组织与其成员对社会共同体有一种认同感
与归属感,并且在一定意义上消除了"个人中心"的意识,而表现出一定的"社会意
识",所以宗教成为了社会的凝聚剂。而法律本身就是为了调整社会的矛盾和利
益冲突而制定的,它是调整社会的工具,目的在于限制人的个体性,实现社会性,
达到社会的有机团结。

3. 社会控制功能。宗教的社会维系功能表现在它的社会控制方面,这既表现
在对社会行为的约束方面,也表现在对社会行为的协调方面。宗教的这种社会控
制功能,既体现在宗教体制与社会体制合一的原始社会里、教权至上的中世纪社
会中,也表现在当今的一些政教合一的国家里。即使是在当今的大多数国家中,
宗教的这种社会功能也有不同程度的存在。而法律也主要是通过对人的行为的
约束和引导,从而达到对人际关系、人与自然关系的调控目的。

4. 社会调适功能。宗教与法律都具有一定的社会调适功能。宗教的社会调
适功能主要通过宗教对人们心理的作用体现出来。宗教的社会调适功能源于人
们对宗教意义系统的认同与肯定,社会共同体借助这种情感,产生了内在的行为

标准的认同感、敬畏感,在此感情的支配下,人们对社会规范的适应与遵从,都可能变为一种高度自发的习性。[1] 而由于许多宗教规范、精神与法律具有同样的道德基础,如教人向善,所以二者又具有某些共同的目的。当然,法律的调适功能主要通过立法对社会利益的肯定与否定、对人的行为的引导与约束以及对于社会矛盾和纠纷的司法化解而实现。

宗教的社会功能具有双面性,如一方面它具有使得社会秩序合法化的功能,但同时它可能成为社会变革的障碍和阻力,宗教的理想与社会的现实之间的矛盾可能酝酿更多的社会冲突,宗教虽然有助于社会的维系,但它也可能具有"鸦片"的功能。还应当指出的是,宗教的社会功能既具有显性的功能,也具有隐性的功能。在大多数情况下,宗教的社会功能是以隐性的方式表现出来的,这主要源于宗教的超验性、彼岸性、终极性。

### 五、法与宗教的区别

法律与宗教虽然都属于上层建筑,都是社会规范的组成部分,二者也有非常密切的联系。但二者也有较为明显的区别。

1. 产生的条件不同。宗教规范产生的背景是人类的社会生产力低下、认知能力落后,是人们面对强大的自然力量感到自身无能为力与渺小的时候,是对非人间力量的崇拜与信仰,而法律的产生则是随着生产力的提高、私有制的出现以及阶级的形成而产生的。

2. 调整范围不同。宗教规范是由宗教团体制定的只对其成员具有约束力的规范,主要调整的对象是宗教组织和与宗教活动有关的社会关系,只在极个别的情形下才适用于全体国民。而法律是由国家制定或认可的,对于国家主权范围内的所有人都具有约束力,法律所调整的范围比宗教所调整的要广泛得多,社会的政治、经济、文化、教育等都受法律的调整。当然,在政教合一的国家里,宗教涉及的世俗领域比政教分离的国家的宗教涉及的要多,但依然没有法律调整的范围广泛。

3. 创制的主体与发展不同。法律是由国家制定或认可而产生的。宗教规范虽然号称是神意的体现,往往都打着上帝、真主等旗号,但其实大多是宗教的创立主体假借圣灵的名义而创立的,并且经过长期的历史演变、后来人的解释而不断发展的。如现代的法律解释学在很大程度上和宗教解经学同属对文本的阐释,并且必须随着社会的不断发展而不断与时俱进。所不同的是,法律的发展往往是通过立法者的自觉、法官的解释,而宗教教义则是通过教父、神职人员的解释而发展的。

---

〔1〕　段德智:《宗教概论》,人民出版社 2005 年版,第 286~288 页。

4. 具体规定的内容不同。法律规范往往通过明确的法律权利和义务来引导人们的行为。它的主要内容既包括权利、权力,也包括义务,并且权利与义务之间是相辅相成、不可分割的。法律规范的内容往往是借助于"可以"、"有……权利"、"应当"和"不得"等词语表达的。但是,宗教规范的内容大多属于义务性规范,强调教徒对教义的遵从,与此相适应,宗教教义往往都是通过"不准"、"不可"、"应当"等语词而表达出来的。

5. 实施方式不同。法律规范的实现既要借助于人们对法律的自觉遵守,同时对于违反法律者,会借助于国家的强制力来保障法律的实现。而宗教规范主要是借助于宗教信徒的自觉服从与遵守,宗教机构在某些情形下也进行一些强制,但与国家的强制有很大不同。除非宗教事务为国家法律所规范,否则世俗国家权力不会介入宗教事务与活动。

6. 制裁的程序不同。法律规范的实现很大程度上是借助于仲裁机构或者司法机构等中立的第三方机构保障而实现的。司法裁决具有终极的效力,也只有借助于司法活动,人们之间的权利与义务才能有一个明确的界限。并且,如果人们对于司法裁决的结果不服,还可以通过上诉、申诉或者抗诉而救济。但是宗教规范的实现往往没有这样的第三方机构,并且如果对宗教机构的裁决不服,并没有救济的路径。教徒在违反宗教规范以后,是通过忏悔、施舍、苦修等方式来赎罪,宗教机构只对那些特别严重的违反教规行为进行处理。

**六、中国社会主义法律与宗教**

宗教是一个长期存在的社会历史现象,所以,能不能正确处理好宗教问题,直接关系到社会主义事业能否顺利进行。因此,对于宗教问题必须采取十分谨慎的态度。

当代中国实行宗教信仰自由政策。我国1982年《宪法》第36条明确规定:"中华人民共和国公民有宗教信仰自由。任何国家机关、社会团体和个人不得强制公民信仰宗教或者不信仰宗教,不得歧视信仰宗教的公民和不信仰宗教的公民。国家保护正常的宗教活动。任何人不得利用宗教进行破坏社会秩序、损害公民身体健康、妨害国家教育制度的活动。宗教团体和宗教事务不受外国势力的支配。"我国实行宗教信仰自由政策的依据主要在于:

1. 宗教在人民的社会生活与精神生活中占据一定地位,宗教问题属于人民思想中的信仰问题,对于思想问题,不论属于真理或是谬误,不能采用强制办法或行政命令的方式去解决,而只能采用说理、宣传教育的办法去对待,让人民群众自己去决定是否信仰宗教。同时,必须将无神论宣传同党的宗教政策相互统一、相互协调,不要将马克思主义的无神论思想等同于全部马克思主义的宗教观,以免出现范畴的错位,防止以宗教为假想敌的思想。

第十一章

2. 我国是一个多民族、多宗教国家,有些宗教甚至是某些民族全民族的共同信仰。可见,宗教具有群众性的特点,并且宗教问题往往与民族问题、民族的风俗习惯紧密交织在一起。在我国,宗教问题与民族和文化问题紧密相关,我国有不少民族、地区的人民长期信仰宗教,如藏族、蒙古族长期信仰喇嘛教(佛教中的一支),维吾尔族、哈萨克族、回族长期信仰伊斯兰教,汉族的部分民众信仰佛教、道教,有些则信仰基督教、天主教。宗教问题关乎民族团结和国家安定,实行宗教信仰自由,有利于民族团结、文化交流与社会稳定。

3. 宗教具有国际性。对待宗教信仰问题,不仅要从我国的实际出发,而且要放眼世界,从国际形势和世界现状出发。在全世界 60 多亿人当中,有很多亿人都信仰宗教,而我国目前信仰各种宗教的人数达一亿多,并且我国同世界上几个较大的宗教组织和世界各国的宗教组织都有着广泛的联系。坚持宗教信仰自由的政策,有利于国内团结,发展同世界各国的外交关系和经济、文化交流,增强同世界人民的联系,促进世界和平。目前,世界上的主要冲突集中地体现为宗教文明的冲突,而要解决世界上的冲突,必须正确认识宗教之间的矛盾,只有这样,才能促进文明的对话,促进世界和平,促进世界各民族的和谐共处,促进人与自然的和谐共存与发展。

历史发展表明,对宗教的需求是人的特性的一部分,这种合理需求如果得不到满足,人们常常会去寻求替代品(秘密宗教、外来宗教或伪宗教组织)。因此,我们必须树立正确的宗教观。宗教对人类的影响巨大,它们曾经是并且现在仍然是一个国家政权必须考虑的力量因素。宗教有依法成立的社会组织,依法进行管理,开展规范的宗教活动。在国家法律范围内,宗教组织正常的宗教活动和社会公益事业,都受到保护。国家宗教政策鼓励宗教发扬各自的优良传统和积极因素,与社会主义社会相适应。而迷信只是少数迷信职业者图财害命的骗术,某些迷信组织更是藏污纳垢,残害群众,甚至进行违法犯罪活动。我们应当认真贯彻执行党的宗教信仰自由的政策,发展党同爱国宗教界人士的统一战线,但也要防止和克服放任自流倾向,更不能让封建迷信活动打着宗教的旗号,危害人类。

第十一章

## 参考文献

1.[法]涂尔干:《宗教生活的基本形式》,渠东、汲喆译,上海人民出版社1999 年版。

2.[美]伯尔曼:《法律与宗教》,梁治平译,生活·读书·新知三联书店1991 年版。

3. 王晓朝:《宗教学基础十五讲》,北京大学出版社 2003 年版。

4. 段德智:《宗教概论》,人民出版社 2005 年版。

## 思考题

1. 什么是宗教？其产生和存在的原因何在？
2. 宗教与科学是截然对立的吗？
3. 宗教与迷信、巫术有什么区别？
4. 法律与宗教有什么联系？怎样理解法律中的宗教因素？
5. 我国为什么要实行宗教信仰自由政策，怎样使宗教活动纳入法律的轨道？

第十一章

# 第四编　法的范畴论 <<<

## 第 *12* 章
### 范畴论概述

【内容提要】

　　法律基本范畴是在形成或建构法律秩序的过程中,认识或建构法律关系时广泛运用或使用的最基本的或一般的法律概念,它是立法、执法、司法等法律实践和法学研究经常面对、运用、讨论并使用的概念或基本分析工具。法律的基本范畴主要有四对八个,即法律事实和法律关系、法律主体和法律客体、法律义务和法律权利、法律责任和法律惩罚。对法律基本范畴的提炼与界定是法学理论研究的重要形式。能否掌握并熟练运用法律的基本范畴认识、思考并解决问题是衡量法律职业工作者的职业水平的重要尺度之一。

【基本概念】

　　范畴、概念、内涵、外延、法律人、法律语言、法律基本范畴

## 第一节　范畴概述

### 一、范畴的概念

　　"范畴"(category),源自古希腊 *kategorein* 一词,原意为"指使,控告",后指思想、语言或实在的基本和一般的概念。关于范畴,古希腊哲学家亚里士多德和德国哲学家康德所作论述和分析可谓经典。亚里士多德从逻辑哲学的角度将范畴

定义为"以某物去断言另一物"或"述说某物(作某物的谓项)"〔1〕 由此,亚里士多德提出并阐释了十类范畴,即实体、数量、性质、关系、何地、何时、所处、所有、动作、承受。〔2〕 在康德看来,范畴是我们为直观中的各种经验现象的纯然综合提供统一性的纯粹知性概念,它产生于判断行为,判断行为的种类决定着范畴的种类。与传统逻辑的四类判断相对应,康德的范畴表包括四类范畴,每一范畴有三个成员,即量的范畴:单一性,复多性,全体性;质的范畴:实在性,否定性,限定性;关系的范畴:实体与偶性,原因与结果,行动者与承受者之间的交互作用;模态的范畴:可能性 – 不可能性,存在—不存在,必然性—偶然性。〔3〕

范畴与概念既有联系又有区别。就实质而言,范畴与概念都是人类为区别对象所进行的比较、反思和抽象活动的结果,是人们在认识对象的基础上,对它的本质或特征所进行的理性思维,或概括和抽象。然而,范畴与概念却没有被等同使用。概念因内涵和外延不同或概括程度不同,彼此之间形成了一种逻辑从属关系,有较高概念与较低概念或属概念与种概念的区别。〔4〕 此外,依其在某类知识体系中的地位、意义或重要性程度,概念又有基本概念与非基本概念之分,而范畴是某类概念之中的基本或一般的概念。关于范畴的基本性或一般性,人们的认识或描述角度并不相同。如康德认为,概念不是经验的就是纯粹的。纯粹概念并非从经验而来,而是源于知性但完全独立于经验。如"法学理念",人们既不能使它获得客观实在性,也不能证明其客观实在性。也就是说,这种概念的对象在经验中绝不能遇到。〔5〕 范畴就是这种纯粹知性概念,即认识并组织直观中的经验,给予它们的综合以统一性的概念。显而易见,它具有较强的抽象性和较大的概括性。对此,也有学者仅从后者角度认为,范畴是那种"内容更为抽象、概括性也更大的概念"。〔6〕 由此,关于范畴的基本性或一般性的界定可能有多种标准,但无论怎样,我们始终应该明确的是,当概念被称为范畴时,它强调的是此概念在该知识体系中的重要地位,即对它的建构、理解和应用起着关键性的作用,并具有较高的抽象性和概括性。

"一切知识,也就是一切伴随意识的关于客体的表象,不是直观的就是概念。……借助于概念的知识被称为思维。"〔7〕也就是说,人们关于世界或事物的

〔1〕 参见[英]尼古拉斯·布宁、余纪元编:《西方哲学英汉对照词典》,人民出版社2001年版,第142页。
〔2〕 参见苗力田主编:《亚里士多德全集》,中国人民大学出版社1990年版,第5页。
〔3〕 [德]伊曼努尔·康德:《纯粹理性批判》,李秋零译,中国人民大学出版社2004年版,第101~102页。
〔4〕 参见[德]伊曼努尔·康德:《逻辑学讲义》,许景行译,商务印书馆1991年版,第87~89页。
〔5〕 参见[德]伊曼努尔·康德:《逻辑学讲义》,许景行译,商务印书馆1991年版,第83~84页。
〔6〕 高清海:《高清海哲学文存》第2卷,吉林人民出版社1997年版,第285页。
〔7〕 [德]伊曼努尔·康德:《逻辑学讲义》,许景行译,商务印书馆1991年版,第83页。

认识可以分为感性认识和理性认识。感性认识是没有进行综合统一的关于个体的表象;理性认识是借助概念所进行的判断和推理活动,或称思维。通过理性认识,人们能够达致对客观世界或事物、现象的明晰的、条理化的和系统的认识。因此,概念或范畴的产生是人类进入理性认识阶段的标志,是人类思维的基本工具或形式。范畴或概念的形成和发展推动、促进和深化着人们的认识,也指导和规范着人们的行为,不断增强着人类认识世界和改造世界的能力。列宁曾形象地将范畴比作人类认识网上的纽结,说道:"范畴是区分过程中的一些小阶段,即认识世界过程中的一些小阶段,是帮助我们认识和掌握自然现象之网的网上的纽结。"[1]

### 二、范畴的特点和结构

#### (一)主观和客观

范畴是人们关于思维对象的主观形式,是思想的产物,认识的结晶。作为基本或一般的概念,范畴的形成机理或机制可能区别于其他概念,正因为如此,康德将概念的来源分为经验的或纯粹的。但作为人类认识和改造世界的活动的产物,无论概念或范畴,其发生机理或机制却是相同的,即都是因人类社会实践活动的需要而产生,并在人的社会实践过程中形成并发展的。与此相应,它们的产生和形成指导并推动了人类的社会实践活动。就范畴与社会实践的密切联系而言,范畴具有客观性,归根结底是人类社会实践活动的结果。

#### (二)内容和形式

作为人类思维的结果或认识的结晶,人类的所思构成了范畴的内容或曰"质料"。人类思考对象可能是经验的,也可能是虚构的或形而上的,范畴是为区别而非规定对象所进行的反思和抽象,是通过"抽取知识的一切内容或思维的一切质料"而获得的。[2] 也就是说,范畴是去除对象的具体性而获得其共同性,即抽象的认识活动,这使得范畴具有普遍性,即它能够涵盖诸多客体,且使这些客体与其他不具有如此特性的东西区别开。范畴越抽象,或抽取的具体规定越多,就越具有普遍性。如此一来,范畴的内涵和外延呈现出反比,即范畴的外延越大,其内涵越小,反之亦然。范畴的普遍性使得它成为其客体或对象的形式。

#### (三)内涵和外延

与其他概念一样,范畴包括内涵和外延两个方面。范畴的内涵是它所包含的为其对象所共有的东西或共同特征或方面,范畴的外延是指它对其加以抽象并包含于自身之下的那些事物。范畴的内涵和外延在一定的历史时期对相同生活条

---

〔1〕 [俄]列宁:《哲学笔记》,人民出版社 1974 年版,第 90 页。

〔2〕 参见[德]伊曼努尔·康德:《逻辑学讲义》,许景行译,商务印书馆 1991 年版,第 85 页。

件下的人群来说具有相对的确定性。当人们的生活条件由于时代变迁发生变化时,人们关于客体的认识深度、广度和幅度就会改变,范畴的内涵和外延也会随之发生变化。此外,由于时代发展、文化差异、地域隔绝以及语言的丰富性,范畴的语词表达不同或相同语词由于使用主体或目的不同表达了不同范畴的情况也很常见,如"法治"一词的含义,在古代中国不同于西方,西方的"法治"一词在不同历史时期也具有不同的内涵。

### 三、范畴体系

如前所述,范畴可以被认为是抽象程度较高、普遍性较强的概念。在这里,所谓抽象程度较高或普遍性较强只能相对而言,它视范畴所属的概念体系而定,并不具有绝对性。也就是说,作为范畴的概念具有相对性,在某个概念体系中作为范畴的概念在此概念体系所属的更大的概念体系中可能仅为较低概念或种概念。而且,之所以被称为范畴一般是为了强调概念在体系中的抽象或普遍意义,当它沦为较低概念时,在此类概念中,它也就不可能被称为范畴了。在这里,我们所说的范畴体系指的是相对意义上的范畴所构成的体系,即处于同一层次的子系统中的范畴之间相互联系所构成的有机整体。

首先,世界万物之间的相互联系使得范畴之间也存在着某种一致性或共同性。这使得它们在不断被深入认识的过程中,从不同角度被抽象和概括,从而形成不同视角、相互交叉、内有层次的各种范畴体系。其中,属于同一范畴体系的不同层次的概念之间是属种关系,相同层次的概念之间是相关关系,不同范畴体系的范畴之间也存在着这样那样的联系。如很多成双成对的范畴——偶然和必然、形式和内容,它们之间的意义具有对应性,且相互印证。

其次,由于对事物之间的一致性或共同性的认识不断深化,范畴发生着变化,范畴体系也在不断地发展变化。新的范畴不断增加,旧的范畴,其意义或被更新,或被进一步限定或被舍弃,如"德主刑辅"仅限于指中国古代法律文化观。范畴和范畴体系日益增多,它们之间的关系也日趋复杂,如法制与法治、宪政与法治、法治与和谐社会等。

除此之外,范畴和范畴体系也因使用主体、范围和目的的不同而呈现出多样性。文化、地域、职业、行业等对范畴和范畴体系的形成影响很大,如不同行业有自己的行话,不同学科有自己的学科交流语言,不同思想家关于范畴和范畴体系有着自己的看法和表达等。于是,对于不同职业和学科的人来说,相同语词可能意指不同范畴,相同范畴可能使用了不同的语词。至于相同文化、职业或学科的人,由于他们共享一种思想交流工具,如范畴和范畴体系,便会很容易形成一种文化、职业或学科凝聚体。

## 第二节　法律的基本范畴

### 一、法律基本范畴的研究概况

对法律范畴的研究最早可追溯到西方中世纪的注释法学,他们关注罗马法概念的语义研究。此后则有德国的历史法学所演化出的概念法学,以及与之相似的分析法学,他们把法律概念作为其研究的一个主要问题,有的侧重于某一法律概念,有的则对法律概念进行系统研究,探究它们之间的关系。与之相适应,语义分析就成为他们的基本研究方法之一。

关于法律基本范畴的种类,囿于法律实践的特点和法学的发展,不同时期以及不同国家的人们对此认识并不相同。“权利”是人们在认识各种具体法律关系的基础上最早抽象出的基本法律概念,它最初与法律关系同义,[1]后来意指法律关系之中,一个人关系到其他人的行为,包括了要求(claim)、自由(liberty)或特权(privilege)、权力(power)和豁免权(immunity)。随着法律实践的发展,人们认识到使用“right”一词指代这些不同的法律关系情形,既不利于认识不同权利之间的区别,又容易导致混乱,于是,法学家们开始探讨并区分它们。如继霍布斯(Hobbes)批评了爱德华·库克爵士(Sir Edward Coke)没有区分要求与自由之后,1862 年,温得斯卡特(Winscheid)区分了要求与权力。此后,桑恩(Thon)和贝林(Bierling)分别于 1878 年和 1883 年区分了要求、自由和权力。1902 年,萨尔蒙德(Salmond)区分这三者以及与此相关的义务、无能力和责任。在此基础上,1913 年,美国学者韦斯利·霍菲尔德(Wesley Newcomb Hohfeld)提出了一个新术语,即豁免权,并设计了一个逻辑清楚的法律关系表,重组并完善了萨尔蒙德的方案。[2]

霍菲尔德先后于 1913、1917 年在《耶鲁法律季刊》上发表两篇同名文章,提出了他认为是法律最小公分母的基本法律概念,并分析了它们之间的关系。[3]被霍菲尔德归入法律的基本概念有八个,即权利(right)、特权(privilege)、权力(power)、义务(duty)、责任(liability)、无权(no-right)、无行为能力(disability)、豁免权(immunity)。它们之间相互联系,彼此之间可以构成法律上的相关关系和相反关

[1]　对此,梅因阐释道:“我们应该设法把我们每一个人对世界上其余人的全部法律关系,聚集在一个概念之下。不论这些法律关系的性质和构成是怎样,这些法律关系在集合起来后,就成为了一个概括的权利;只要我们仔细记着,在这个用语中不但应该包括权利并且也应该包括义务,则我们对这个观念就很少有误解的危险。”参见[英]梅因:《古代法》,沈景一译,商务印书馆 1959 年版,第 102 页。

[2]　R. W. M. Dias, *Jurisprudence*, London: Butterworth & Co. (Publishers) Ltd. , 1976, pp. 34 ~ 35.

[3]　1919 年,霍菲尔德的这两篇文章连同他的其他相关文章被库克(Walter Wheeler Cook)编辑成一本册子,题为《司法推理中运用的基本法律概念和其他法律随笔》。

系,如 right – duty、privilege – no-right、power – liability、immunity – disability 之间是相关关系,right – no-right、privilege – duty、power – disability、immunity – liability 之间是相反关系。霍菲尔德的观点对此后的探讨产生了很大的影响,但后来又有学者对霍菲尔德的基本法律概念及其法律关系作了修正,如用 claim 取代 right,并作为其狭义用法,增加了 no-claim,并提出了霍菲尔德没有提及的第三种关系,即法律上的矛盾关系等。[1] 目前为止,关于法律的基本概念及其关系问题的探讨随着法律实践的发展仍在进行之中,并呈不断深入和丰富之势,如德国学者考夫曼将法律规范、法源、法律事实、法律行为、法律关系和权利等作为法律的基本概念。[2]

我国法学界也已开始对法学的基本范畴,尤其是法律的基本范畴进行个别或系统研究,但总体上看,我国有关法律基本范畴的研究大多还处于引进和介绍西方已有的认识和理论成果的阶段。目前,对法学的基本范畴作系统研究主要有张文显教授(著有《法哲学范畴研究》)和谢晖教授(著有《法学范畴的矛盾辨思》),明确标识为法律的基本范畴并进行系统论述的可见严存生教授主编的《法理学》(陕西人民出版社 2002 年版)一书。至于对法律基本范畴进行个别研究的成果颇丰,具体可见以下各章针对各法律的基本范畴所作阐述。应该指出的是,如何基于中国的法律实践和发展,分析和抽象法律的基本范畴,解析它们之间的关系,从而发展已有的法律的基本范畴理论是我们所面对的重要问题,目前的研究应该说远未深入,更没有体系化,仅为初步探讨。

**二、法律基本范畴的概念**

作为社会关系的调整器,法律调整意在建立一种法律秩序,即通过建构、确立和形成法律关系来保证社会活动或社会关系的秩序性。法律的基本范畴是在形成或建构法律秩序的过程中,认识、描述和概括法律调整的特点、方式、方法或手段以及关系时所形成的最基本或一般的法律概念。它与"'非原本的'、'法律相关的'、'经验的'法律概念不同,其并非源于法律之外的经验事实,而是随法律而先验的必然的产生"。[3] 也就是说,与法律之中那些源自经验的法律概念,如出生、死亡、财产等不同,法律的基本范畴是思想的结晶,是先验的和逻辑的,并具有很强的涵摄性。法律的基本范畴也是人们在立法、执法、司法等法律适用实践和法学研究中经常使用的最基本的分析工具。

应当指出,法律的"基本"范畴之说并非指涉一种不同于前述范畴意义的新的范畴概念,也就是说否认作为法律范畴的法律概念的基本性或一般性。这里使用

---

〔1〕 R. W. M. Dias, *Jurisprudence*, London: Butterworth & Co. (Publishers) Ltd. , 1976, p. 36.

〔2〕 参见[德]考夫曼:《法律哲学》,刘幸义等译,法律出版社 2004 年版,第 146 ~ 161 页。

〔3〕 [德]考夫曼:《法律哲学》,刘幸义等译,法律出版社 2004 年版,第 152 页。

"基本"一词是为了强调此类范畴在此实践领域和知识范围的广泛适用性和重要意义。

法律调整社会生活、规范社会关系的重要方式是建立或确立并形成法律关系。法律关系既是人们一切法律活动的意义之维，又交织构成了这些法律活动的场景，因而也是法律生活所呈现出来的，需要人们加以面对的基本的和重要的问题。法律的基本范畴是关于法律关系及其诸要素之间联系的一般或普遍性认识，如法律关系的特征、构成等。它是在分析各种具体的法律关系的基础上所获得的，对于这些问题的理解和认识具有关键意义的法律概念。这些范畴的形成将对人们认识和分析法律关系的实践，如立法和司法，将发挥重要的指导作用。

法律的基本范畴作为最为基本或一般的法律概念，无疑具有较高的抽象性和概括性，如权利和义务范畴。法律在调整社会生活，规范社会关系，建立或形成法律关系的过程中将面对很多问题，如必须对人的行为进行各种或原则或具体的规范。在长期的法律实践中，法律对人们行为的规范形成了一套固定的程式或模式，如关于行为的规范规定大体上可归入可为模式、应为模式和勿为模式三种，可为模式一般被归于权利概念，应为模式和勿为模式一般被归于义务概念。据此，法律关系主体的行为性质及其后果就得以在法律上明确并作出规范。如此一来，权利和义务就成为从法律实践之中各种具体的权利或义务规定或要求中抽象出来的基本或一般概念。它不仅用以在一般意义上认识和分析法律关系主体的行为性质及其后果，而且对具体的法律实践也有重要意义，如用于认识和分析具体案件之中的法律关系当事人的行为的法律意义。正因为如此，权利和义务范畴的形成曾一度使人们认为再复杂的法律关系都可以通过分析法律关系主体的权利和义务而获得清晰的认识。由此，法律的基本范畴是对法律实践中各种具体的法律关系之间的某种一致性或共同性的认识，是抽去具体法律关系具有的特殊性所作的概括和抽象，是人们在法律实践中为法律关系问题的明晰化、条理化和系统化所进行的理性认识活动。

就现有的认识、探讨和分析来看，被称为法律的基本范畴的概念主要应该有八个，即法律事实、法律关系、法律主体、法律客体、法律义务、法律权利、法律责任和法律惩罚。其中，法律事实与法律关系之间构成了前因后果的关系，法律主体、法律客体、法律义务、法律权利、法律责任和法律惩罚是法律关系的构成要素，它们之间密切联系。其中不同概念之间或为相关关系，或为相对关系，或既有相关关系又有相对关系，如法律事实与法律关系、法律主体与法律客体、法律义务与法律权利、法律责任与法律惩罚、法律义务与法律责任为相关关系，法律权利与法律责任、法律惩罚之间为相对关系。法律权利与法律义务之间既有相关面，又有相对面，前者是就不同主体的权利义务的相互关联性而言，后者是就同一主体的权利义务的互为条件性而言。但无论怎样,在上述这些范畴之中,法律义务——法律权利是一对核心范畴。因为,法律关系究其根本是权利义务关系,法律事实、主体、客体、责任等法律的基本范畴都是因权利义务而形成,并因其与权利义务的关系而具有了基本范畴的地位。

### 三、法律的基本范畴与法学范畴

法学范畴是人们对法律现象进行广泛而深刻的认识和探讨时所形成的概念,也是思想的成果和结晶。从总体上看,法学范畴是一个范畴体系,它由不同部门、方面和层次的范畴构成,如民法学范畴与刑法学范畴,债范畴和合同范畴,法的本质与法的类型等。它们都是关于法律现象的某个领域、方面、部分或侧面的思考和认识,并具有不同程度的抽象性和概括性。

法学范畴的形成具有历史性,它随着社会的发展而变化。不同历史时期,法学范畴有不同的构成,同一历史时期的不同国家,法学范畴的构成也呈现出差别,它们构成了人们在不同的法律生活场景下用来组织、描述和解释自己的法律经验的不同形式或方式。总体而言,法学范畴经历了从简单到复杂、由少到多、由贫乏到丰富的发展过程,并与不同历史时期的法律现象的发展相适应。

法律的基本范畴与法学范畴既有联系又有区别。其联系在于,法律的基本范畴属于法学范畴,是人们在比较、反思法律现象的基础上所形成的基本的和一般的概念。其区别在于:法律的基本范畴仅为法学范畴的一种,是人们对法律调整的特点、方式或方法以及关系进行思考和认识时所形成的基本概念。与其他法学范畴相比,法律的基本范畴是关于法律调整的思考所形成的,其概述或针对的是法律调整本身,虽有法哲学层面的关注,但相比而言,其实证色彩更强,如法律权利、法律责任、法律行为等都是极寻常的法律实践话语。总体而言,法律基本范畴所描述的是法律实务工作者面对的最为普遍的问题,也为法学理论工作者经常探讨,并成为他们相互沟通交流、运用和分析的专用术语、工具和问题,更频繁地出现在法律文件之中。与法律的基本范畴相比,法学范畴较常为法学理论工作者所运用,它们是广泛和深入认识、思考法律现象的结果和工具,其关注的不仅是法律调整的法律性,还有道德性、社会性、历史性等问题,由此形成的一些基本范畴,如法的起源、法的本质、法系、法的类型、法的社会性已是法哲学意义上的思考,而非法律调整特点和方式的思考和分析,与法律适用实践相距较远。[1]

---

[1] 如我国学者张文显在其《法哲学范畴研究》一书中所罗列的法哲学基本范畴除了法律行为、法律关系、法律责任外,还包括法、法治、法律价值、法律文化和法律发展。后者显然是对法哲学层面而非实证角度之思的概述,且非法律适用实践中经常使用的概念。参见张文显:《法哲学范畴研究》(修订版),中国政法大学出版社2003年版,第23~24页。

第
十
二
章

### 四、法律的基本范畴与法律职业

由于工作的领域、面对的问题和所使用的方式不同,每种职业都有自己特殊的语言系统,它构成了从事这一职业的人之间交流和沟通的工具,并赋予这种职业以自己的特色。如法学范畴是法学工作者或法律实务者在认识和思考各种法律现象的基础上所形成的概念体系,它构成了所有以认识法律现象为己任的人的共同语言。然而,不同部门或方面的法学范畴又为从事不同法律职业的人所拥有,如法学工作者与法律实务工作者、民法学家与刑法学家和行政法学家、民事审判工作者与刑事或行政审判工作者使用的法学范畴就各具特色。

法律的基本范畴是在具体的法律实践的基础上形成的,它主要关涉的是法律关系的形成或建立及其发展变化过程中所涉及的各种法律问题或法律现象,是对这些方面问题的一般概括或抽象。与这个方面所形成的具体范畴,如合同关系、自然人、有期徒刑等相比,法律的基本范畴具有更强的归纳性和更大的概括性,如法律关系是对民事、刑事和行政等各种具体法律关系的抽象,法律责任是对民事、刑事和行政等各种具体法律责任的抽象等。法律的基本范畴的形成体现和反映了人们在此问题上的判断和抽象能力,它们反过来又指导着人们在这方面所进行的判断,且促使人们在进一步认识的基础上进行更深入的抽象。

法律关系是法律职业工作者面对并试图明确和解决的基本或普遍性问题。任何法律事件或纠纷的解决都是在明确此关系之中当事人的地位、行为的性质及其后果的基础上进行的,也就是说,分析其中的法律关系,明确彼此的权利义务是法律争端解决的首要和重要步骤。法律职业工作者总是面对各种具体的关系。为了区分这些关系,以便获得解决某类问题的一致模式,从而提高效率并增进公平感,人们很早就开始对各种法律关系进行抽象,去除其特殊性,获得其共同性或一致性。在形成类的划分的基础上,继而产生对所有法律关系的一致性认识,这种一致性又引导并促使着人们在实践的基础上进一步深入认识此问题。由此,法律基本范畴的形成和发展不仅说明人类的认识和反思能力在不断提高,也表明着人类法律实践的发展。而在法律实践中,能否掌握并熟练运用法律的基本范畴认识、思考并解决问题也因此成为衡量法律职业工作者的职业水平的重要尺度之一。

## 参考文献

1. [美]古德里奇:《法律话语》,赵洪芳、毛凤凡译,法律出版社2007年版。

2. [美]吉本斯:《法律语言学导论》,程朝阳、毛凤凡、秦明译,法律出版社2007年版。

3. 陈嘉映:《语言哲学》,北京大学出版社2003年版。

第十二章

4. 张文显:《法哲学范畴研究》,中国政法大学出版社 2001 年版。

5. 谢晖:《法学范畴的矛盾辨思》,山东人民出版社 1999 年版。

6. 沈宗灵:"对霍菲尔德法律概念学说的比较研究",载《中国社会科学》1990 年第 1 期。

## 思 考 题

1. 何谓范畴? 它与概念之间是什么关系?

2. 如何认识法律的基本范畴及其意义?

3. 法律的基本范畴有哪些? 试分析它们之间的关系?

第十二章

# 第13章
## 法律事实与法律关系

【内容提要】

　　法律事实是具有法律性质的客观存在,包括不以人的意志为转移的自然事件和由人的活动所产生的社会事件。它是法律存在的前提和基础,或者说法律正是为了处理法律事实而存在的。法律事实的一个很重要的方面就是社会中形成的各种人与人之间的关系,它们是社会秩序的构成要素,因为社会秩序就是各种稳定的和彼此协调的社会关系的统一体。法律要使各种人际关系协调统一,就得认可和保护一部分社会关系,并取缔或限制另一部分。由法律认可和保护的那一部分社会关系就是法律关系。法律正是通过对它们的认可和保护来建立和维护一种社会秩序的。法律人要实现这一任务就得首先认识所要处理的法律事实,即查清事实,然后才能决定适用什么法律来处理,由此产生“事实问题”和“法律问题”。法律人的存在就是为了解决社会生活中的这两个问题。

【基本概念】

　　事实、客观事实、主观事实、制度性事实、法律事实、法律关系、法律证据、法律行为

## 第一节　法律事实

### 一、事实的概念

　　“事实”一词用法甚多,或与幻想相对,或与理解和解释相对,或与法则、规律

相对,或与评价、判断相对,或与情感、态度相对,或与价值相对。[1] 在这里,不仅不同的人对事实的理解和界定不同,同一个人在同一著述之中对事实的解释也有可能存在着偏差。由此可见,事实是一个看似简单实则复杂,且颇多歧义的概念。

关于事实的认识和界定存在主观或客观、逻辑或经验等不同立场。有的学者,如笛卡儿和休谟将事实归于一种主观体验;[2] 也有学者将事实归于逻辑形式,如奥地利哲学家维特根斯坦早期从语言哲学的角度提出了关于事实的逻辑概念。他认为世界是事实的总和,而非事物之总和;事实是实况之所是,由原子事实组成,原子事实是对象(物项、事物)的一种结合。这里的所谓"世界"是一种逻辑空间。其中,事实是表明实况之所是的命题,即对一个事态的描述;原子事实是由原子命题所摹画的对象及其配置;对象由名称所指代,是一种逻辑存在。简单对象是逻辑分析的终点。也就是说,对于维特根斯坦来说,事实作为一个逻辑概念,是一种语言存在形式。[3]

从经验的角度界定事实通常有两种做法:①在主客体的关系之中认识事实,如"事实是主体关于客观事物、事件及其过程的反映与把握"或"事实是不依赖于主体主观意识的客观存在状态";②仅就事实本身而言,如"事实就是外在于人的事物、实践及其过程"。[4] 对此,我们认为,事实的确反映了外在于主体的一种客观存在状态,然而,仅从事实本身或客观性存在角度并不能表明事实概念的意义。事实毕竟是在主客体关系之中所产生的概念,它是主体认知活动的结果,产生并服务于主体的社会实践活动。正因为如此,外在于主体的客观存在有很多,但并非所有的客观存在都能进入主体的视野,成为"事实"。"事实是我们在处理与周围世界关系时选择的结果,……我们把握事实总是为了某种目的,那些与目的无关的'事实'即使存在,也不会进入我们的视野。"[5] 这也就是说,事实只能在主客体的关系之中被认识,离开了主客体关系,事实便不再有意义。因此,事实是主客观相统一所形构的范畴,不能片面地仅强调其主观性或客观性。从此角度,事实是主体认识和实践活动的对象,但是不依赖于主体主观意识的客观存在状态。

事实与存在、客体或真理概念既有联系又有区别。首先,事实是一种存在状态,但具有客观性,且成为主体认识活动和实践活动的对象。它既不同于或主观或客观的存在状态,也不同于那种没有或不能成为主体认识活动和实践活动的存在状态。其次,作为主体认识活动所指向并反过来制约主体活动的对象,事实是

〔1〕 孙卫平:《事实与价值》,中国社会科学出版社 2000 年版,第 75 页。
〔2〕 参见王麟:"论法律中的事实问题",载《法律科学》2003 年第 1 期。
〔3〕 参见陈嘉映:《语言哲学》,北京大学出版社 2003 年版,第 139~145 页。
〔4〕 孙卫平:《事实与价值》,中国社会科学出版社 2000 年版,第 75 页。
〔5〕 王麟:"论法律中的事实问题",载《法律科学》2003 年第 1 期。

客体,但具有客观性;它区别于那种主观性的客体。最后,事实是一种存在状态,具有本体论意义;真理是一个实践和认识范畴,指主体对主客体关系整体性内容的把握和接近。[1]

西方的一些哲学家和法学家,在把事实理解为一种客观存在的基础上还把事实分为与人的意志无关的纯自然事实和制度事实(institutional fact)或受人制约的事实两种,制度事实"具有在时间上的存在而不是空间上的存在的显著特点"。[2]

由此看来,事实是与人有关的社会存在,它们可以是有人参加的,也可以是纯自然的事件,因此可以分为社会事实和自然事实两种。在社会事实中又可分为物质性事实和制度性事实。二者的区别在于前者既占有时间又占有空间,而后者只占有时间。其共同的特点是,它们能为人们所感知和认识,因此有客观事实与主观事实之分。后者就是人内心的作为观念的事实。二者的关系是存在与思维的关系。

### 二、法律事实的概念及其研究概况

法律事实的概念最早见于罗马法。罗马法中,把"因其存在而使主体获得或不再拥有主体权利的那些限制或条件叫作法律事实"或"法律事实是法律使某一权利的取得、丧失或变更赖以发生的条件"。[3] 罗马法中法律事实的概念和理论对后世产生了深远的影响。无论大陆法系还是英美法系都将发现和确认法律事实作为适用法律的基本前提,并建构了相关的制度。[4] 如著名的社会法学家埃利希认为,法律事实就是法律赖以产生和需要面对的社会存在,具体说来就是各种社会联合体及其内部的秩序,以及有悖于此秩序的法律性质的社会纠纷。他说:"今天,'事实问题'有两个截然不同的含义。一方面,它指由惯例、条例、契约、继承及其遗嘱而缔建的人类生活关系的内部秩序。另一方面,它指对这种内部关系的违反,这将导致民事诉讼或刑事诉讼的启动。但第一种意义上的'事实问题'是第二种'事实问题'的组成部分。"[5]

我国法学界长期以来也在这种意义上看待法律事实。这里且不说各种法学教材中的定义,仅以代表法学界主流观点的《中国大百科全书·法学卷》为例,其

---

〔1〕　孙卫平:《事实与价值》,中国社会科学出版社2000年版,第77~81页。

〔2〕　参见[英]麦考密克、[奥]魏因贝格尔:《制度法论》,周叶谦译,中国政法大学出版社1994年版,第20页。

〔3〕　参见[意]彼得罗·彭梵得:《罗马法教科书》,黄风译,中国政法大学出版社1992年版,第23、56页。

〔4〕　民法法系因此有了"You give me the fact, I give you the law"(你给我事实,我给你法律)的法律格言;普通法则将司法的过程分为"事实问题"(matter of fact)和"法律问题"(matter of law)两个环节;前者由陪审员决断,后者交给法官裁决。See Barbara Shapiro, "The Concept 'Fact': Legal Origins and Cultural Diffusion", *A Quarterly Journal Concerned With British Studies*, Vol. 26, No. 1, pp. 1~25.

〔5〕　[奥]尤根·埃利希:《法律社会学基本原理》,叶名怡、袁震译,九州出版社2007年版,第777页。

对法律事实的界定即为"法律事实是法律规范所确认的足以引起法律关系产生、变更和消灭的情况。法律事实通常分为两类：法律事件和法律行为"。我国台湾地区出版的《云五社会科学大辞典·法律学》（第6册）也在相同的意义上将法律事实定义为："发生法律现象之原因，亦即是发生私权之得丧、变更、消灭之现象的原因。其为法律效力之原因，故又称法律要件。关于法律事实有二：①自然之事实，……②人之行为事实。"[1]

但是，进入20世纪以来，西方有些法学家对这一观点提出挑战，他们认为法官判决所依据的法律事实是法官对案件事实的主观认识，而不是当事人之间曾发生的事情。这一观点叫"事实怀疑论"，持有这种观点的代表人物是美国现实主义法学家弗兰克。他说："什么是事实？是否就是甲和乙之间实际发生的事情？肯定和绝对不是。充其量这种事实不过是初审法官或陪审官认为发生过的事情。"他又说："一个发生争执的案件的事实，并不是当事人之间实际发生的事实，而是法院现在认为发生了的事实。"[2]这一观点近些年也影响了我国的一些学者，他们也以类似的观点定义法律事实。[3]我们认为这一观点是不科学的，混淆了法律事实本身与人们对法律事实的认识，即把思维和存在混为一谈。因为人们对法律事实的认识有正确的与错误的差别，因而会产生事实认定的错误问题。

另外，近年来，随着我国法律实践的发展、法学探讨的多纬度以及对司法裁判活动的关注，我国法学界出现了多层次多角度认识和界定法律事实的努力和探讨。如谢晖和陈金钊所著《法理学》（高等教育出版社2005年版）一书认为："至少存在四种意义上的法律事实，即具有法律意义的事实、规范事实、引起法律关系产生、变更和消灭的事实和关系事实。法律事实的概念因此分为广义的、中义的和狭义的三方面：广义的指凡是与法律相关的一切事实；中义的指作为法律关系产生、变更和消灭之原因的事实和受法律调整所形成的法律关系的事实；狭义的法律事实仅指能够引起法律关系产生、变更和消灭的自然和社会事实。"另有学者认为法律事实在微观的实践层面包含着两个基本分类：①立法人员通过法律规则所设立的事实类型，即要件事实；②执法或司法人员所认定的事实，即裁判事实。[4]

本书仅在法律关系产生、变更和消灭的意义上来认识法律事实，认为引起法律关系产生、变更和消灭才使事实成为了法律事实，也即使一般事实具有了法律意义；同时，本书所认为的法律事实属于考夫曼所说的"法律构成要件事实"，即法律规范所规定的事实。从实证的角度来看，如不通过法律规定或其他法定认可方式,事实虽与争端相关,但不可成为法律事实;而通过法律规定或其他法定方式认可的事实必为事实类型,也即生活事实的类型化。[1] 它虽不同于具体裁决中所认定的事实,但却指导或引导着执法和司法人员对事实的认定,并为裁决所认定事实的属概念。也就是说,法律事实与裁判事实是一般和具体的关系。

### 三、法律事实的特点

#### (一)客观性

就其实质而言,法律事实与一般事实没有区别,都是一种不依赖于人的意识所形成的客观存在状态,这使得法律事实在司法裁判中可能被确证。当然,这并不意味着法律事实一定能被确证或其确证一定为法律所认可。法律事实的确证受到很多因素的制约,如证据的形式、证据留存的状态、证人的记忆力、确证法律事实的方式以及相关法律规定等。古代社会,由于受原始宗教思想和科学技术落后的影响,在认定法律事实上往往盛行所谓的"神明裁判",如决斗、宣誓、火审、水审等,我国古代还有以兽触人的"神判法"。在封建社会,不论刑民案件,认定法律事实普遍盛行纠问式诉讼程序,刑讯逼供是法定的、普遍实行的审讯方法。现代社会不认可"神示证据"和"刑讯逼供证据"。在这种情况下,即使这些方式能够确证法律事实,所获得的证据也不具有证明力。由此,法律事实是一种客观存在,但在司法裁判中需要证据确证,以表明其法律意义的有效性。确证法律事实的方法受制于法律规定,现代社会越来越关注通过法律保证确证法律事实方式的文明性。

#### (二)法定性

并非所有的事实都能成为法律事实,只有法律规定的那些事实才属于法律事实,这表明法律事实具有法定性。一般事实之所以成为法律事实是因为这些事实对于明确人们的权利、义务及其界限是重要的,在确定如何在法律上评价和对待某种行为、利益和要求时,必须对这些事实加以考虑。有些事实虽与明确人们的权利、义务有某种联系,但如果不能具有法律上的必然性,那么这种事实将不具有法律意义,也就不能成为法律事实。例如,依法登记结婚的行为具有法律意义,因而成为法律事实,而何时何地举办何种形式的婚礼却不是法律事实。

法律事实的法律意义或其功能在于它必须能引起法律关系的产生、变更和消灭。哪些事实能够引起法律关系的产生、变更和消灭,或如何使法律关系产生、变更和消灭都由法律明确规定。法律规定往往明确的是何种事实在何种条件下能够引起何种法律关系的产生、变更或消灭,也就是一般事实成为法律事实的条件。

第十三章

---

〔1〕 关于法律事实乃为"法律构成要件事实"和"生活事实的类型化"之说,详见〔德〕考夫曼:《法律哲学》,刘幸义等译,法律出版社 2005 年版,第 156 页。

这些规定建构了一种具有普遍性的事实类型而非具体的法律事实,与之符合的具体事实行为或事件当然能够成为法律事实。在这个意义上,法律规定使得法律事实成为麦考密克所说的制度事实。[1]

（三）历史性和相对性

法律事实的意义及其类型随着社会的进步以及法律实践的发展而发展。在不同历史时期和同一历史时期的不同国家,法律关系的类型及其构成呈现出不同的特点,这使得法律事实的种类或构成有很大的不同。这里且不说不同的事实,同一事实在不同历史时期及不同国家的法律上都可能具有不同的意义。如关于某行为是否构成犯罪,一般有无责任能力、限制责任能力和完全责任能力的区分。现代社会主要以年龄和精神状态为区分根据,当然,不同国家对此所作具体规定有所不同;而古代社会有的国家,人的身份、关系可能成为衡量标准,如中国古代社会定罪量刑时所奉行的"礼不下庶人,刑不上大夫";在澳大利亚,被告人的妻子拒绝作不利于她丈夫的证词不是违法行为。[2] 在我国古代,"亲亲得相首匿"原则在汉时也曾入律,但目前按照我国刑事诉讼法的有关规定,妻子拒绝作证的行为应当受到法律追究。由此,一般事实能否成为法律事实以及成为何种法律事实因不同历史时期以及不同国家而有所不同,具有历史性和相对性。

**四、法律事实的种类**

法律事实根据不同的标准可以作不同的分类:

1. 按照是否以人的意志为转移,法律事实可分为法律事件和法律行为。

（1）法律事件,即法律将某些法律后果与其相联系的事件。法律事件可分为自然事件和社会事件两大类。前者是与人的行为无关,或与人的行为有关但不依个人的主观意志为转移的自然现象,如地震、洪水和其他自然灾害;后者如社会变迁或社会变革,即社会关系的根本变更和重大变化,这是基本法律关系发生变更和消灭的根本因素,它会引起普遍法律关系大面积的发生、变更或消灭。法律事件与法律后果直接联系的称为绝对事件,法律事件与法律后果间接联系的称为相对事件。前者如地震造成的财产损害;后者如犯罪行为导致了人的死亡或财产的损失,保险合同中的保险事实不是犯罪行为,而是作为行为的后果(人的死亡或财产损失),即不论产生这一后果之原因的事件。

（2）法律行为,即人们有意识的、可以产生法律后果的行为或活动。在日常生活中,人们进行着众多的行为或活动,但法律仅将法律后果的发生与这些行为中

---

〔1〕 参见[英]麦考密克、[奥]魏因贝格尔:《制度法论》,周叶谦译,中国政法大学出版社1994年版,第61页。

〔2〕 参见王麟:"论法律中的事实问题",载《法律科学》2003年第1期。

的某一部分联系起来。只有这种行为才是具有法律意义的行为,即法律行为。法律行为可能是符合法律规定和不违反法律规定的合法行为,也可能是不符合法律规定和违反法律规定的违法行为。合法行为可分为法律行动和法律举动。法律行动是指那些以达到具体的法律后果为目的而实施的行为。法律举动是指那些不追求法律后果,但客观上不以主体的意志和愿望为转移而产生法律后果的合法行为。比如,创作文学作品,作者所追求的是创作活动本身,但其后果是产生作者的著作权。违法行为可分为承担法律责任的违法行为和客观违法行为,它们之间的区别是主体是否承担法律责任。承担法律责任的违法行为除引起其他法律关系产生、变更或消灭外,主要导致产生法律责任关系;客观违法行为不导致法律责任的产生,如未成年人违法犯罪则不可能承担刑事责任。法律行为根据主体不同还可分为国家行为和当事人行为两种。国家行为包括立法、执法、司法等国家主权活动;当事人行为包括积极行为和消极行为、合法行为和违法行为等。国家行为产生、变更和消灭一般法律关系、基本法律关系和根据法律规定而直接产生的法律关系,当事人的行为产生、变更和消灭大量的具体法律关系。

2. 按照产生法律后果是否要求某些现象存在,法律事实可分为肯定的法律事实和否定的法律事实。肯定的法律事实表明法律后果的产生要求有一定的现象出现,如果不存在该现象,则不可能产生法律后果。如参加选举要求达到一定年龄,医生开业要求具备资格和相关证件,都属于此类。否定的法律事实表明法律后果的产生要求不存在一定现象,如果存在该现象,则不可能产生这一法律后果。例如,结婚登记要求不存在重婚现象,不存在某种亲等关系,不存在某种禁止结婚的疾病。

3. 按照引起法律后果所需的法律事实具有单数形式还是复数形式,可把它们划分为单一的法律事实和复合的法律事实。单一的法律事实是无需其他事实出现就能引起某种法律后果的法律事实,如出生、死亡会引起父母子女关系的建立或消灭。复合的法律事实是法律事实的复数形态,是由数个事实同时出现才能引起法律后果的法律事实。很多法律关系的形成、变更或消灭必须同时具备数个事实,缺一不可,如要领取养老退休金必须达到一定年龄、具备规定的劳动工龄和国家机关的审批等。

4. 按照作用时间的长短,法律事实可分为一次性作用的法律事实和连续性作用的法律事实。一次性作用的法律事实是指法律规范仅仅在该具体情况下与法律后果相联系。绝大多数法律事实都是一次性作用的。连续性作用的法律事实又称法律状态,是长时间地、连续地或定期地存在并产生法律后果的情况。这种法律事实一般反映了主体在社会中的地位、主体与其他人的关系等,如国籍、婚姻、外交关系、疾病、工龄等不间断的或定期产生的状况,它在法律事实中占有特殊地位。

# 第二节 法律关系

## 一、法律关系的概念及其研究概况

法律关系是一种为法律所认可和保护的特殊的社会关系,它是在法律规范调整人们行为或社会关系的过程中所形成的权利义务关系。法律关系属于社会关系,是人们在社会生活中所形成的人与人之间的关系,而不是人与其他自然物之间的关系,但它要受到人与世界万物之间关系的制约。法律经常涉及人与自然界的其他动物、植物、自然资源或物体之间关系的厘定,如法律保护自然资源、珍稀动物或植被等,但这并不意味着法律因此调整了人与自然资源、珍稀动物之间的关系,它实际上仍是为了人与自然和谐相处在人与人之间所建立的关系。

法律关系是思想意志关系。社会关系可以划分为物质关系和思想意志关系。前者是不依赖于人的意志而产生和形成的关系,如生产关系;后者是人们有目的、有意识建立和形成的关系,如法律关系。法律关系之所以是思想意志关系是因为:①法律关系是根据法律规范建立的,而法律规范又是国家意志的体现;②法律关系参加者的意志对于法律关系的建立和实现有重要作用。有的法律关系的建立要根据法律关系参加者各方的意志,如买卖关系的建立;有的法律关系的建立只需法律关系参加者一方的意志即可成立,如行政法律关系的建立;还有的法律关系的产生可以不通过人的意志,如出生、死亡等引起的抚养、遗产继承等法律关系,但它的实现仍需要当事人如抚养人和继承人的意志。在主张法律关系是一种思想意志关系的时候,我们应该认识到,法律关系作为思想意志关系最终要受到社会物质条件的制约。

关于法律关系有来自法哲学和法律理论两个层面的思考。法哲学层面的法律关系所涉及的不仅是人与人之间的关系,而且包括人之外的"物"(有生命的与无生命的)与人之间的关系;如此思考所引发的是法律调整的可能疆界和意义等问题。法律理论层面的法律关系仅涉及人与人之间的关系,"物"与人之间的关系已被整合或转换进人与人的关系模式之中。法哲学层面对法律关系的思考,自法律出现之始就成为人类的重要标识性活动,不同时代和不同流派的学者沉浸其中,乐此不疲。法律理论层面对法律关系的思考,自19世纪以来为实证分析法学家所热衷,尤其霍菲尔德等学者通过对复杂的法律关系现象的解构分析,形成了一般的法律关系概念,并使得此概念成为法学中的基本概念。但西方法学很少一般性地论及法律关系,要么着眼于内容,如权利和义务;要么着眼于具体,如个别法律关系,对法律关系进行具体的分析和论证。

第十三章

　　我国法学界对法律关系的研究,借鉴并至今沿袭着前苏联法学的做法,即除各部门法领域研究具体的法律关系外,还将法律关系作为一般概念进行专门研究。于是,在我国法理学各种教材中,都设置了"法律关系"专章,对此模式和探讨,有学者批判道:如此研究,将权利义务作为法律关系的下位概念,严重限制了权利义务的法学意义和社会意义,致使权利和义务研究长期受到忽视和轻视;这种研究还把法律关系与社会关系之间的辩证关系简单化为精神与物质的关系,致使法律关系成为脱离其内容的空壳;此外,这种研究形式上是把法律关系作为法学的一般概念,实际上法律关系问题主要是结合民法加以研究的,因而不能解释其他法律领域如宪法、行政法、刑法等法律领域的法律关系现象。[1]

　　本书关于法律关系主要是法律理论层面的分析,此一般意义之探讨是基于法律适用的基本需要之考虑,并为探讨法律上的权利义务提供较为清晰的轮廓或框架。

　　**二、法律关系的特征**

　　法律关系具有如下特征:

　　1. 法律关系是因法律调整,并根据法律规范规定而建立起来的社会关系。社会关系多种多样,并非所有的社会关系都能成为法律关系。社会关系要成为法律关系,首先需要法律进行调整,作出规定,由此决定了法律关系具有不同于一般社会关系的特点和属性,如国家意志性、国家强制性等。因此,法律规范是法律关系产生的前提,如果没有相应的法律规范的存在,就不可能产生法律关系。法律规范有各种形式,如判例法规范、习惯法规范和制定法规范等。无论何种形式,只要社会关系为这些法律规范所调整或规制,它就上升成为法律关系。至于是否能为法律规范所调整,这主要视社会关系的重要性程度而定。一般来说,法律只调整那些主要的或重要的,即对社会秩序的维护具有基本意义的社会关系。大量的社会关系如友谊关系,恋爱关系,政党、社会团体的内部关系等通常不由法律调整,而由其他社会规范,如道德规范、宗教规范、风俗习惯、党团章程等调整。总之,如果社会关系要上升成为法律关系就必须有相应的法律规范调整,也就是具有法律根据。否则,法律调整将无法建立,法律的权威性和法制的统一性也将无法实现。

　　2. 法律关系是法律主体之间的权利与义务关系。法律规范规定了人们之间的各种权利义务关系,它不同于人们实际建立或形成的各种具体的权利义务关系。法律规范之中所规定的权利与义务只是一种抽象的可能性,是主体能够做或应该做的行为模式,并不是现实的行为。也就是说,法律上假定在某种事实发生的情况下,主体有什么权利和义务,它并不表明主体实际享有了这种权利或履行

〔1〕　参见张文显:《法哲学范畴研究》,中国政法大学出版社 2001 年版,第 95 页。

了这种义务。而在法律生活中,主体的权利与义务是具体的、现实的,法律规范所假定的事实已经发生,主体之间因此产生了实际的或具体化的权利义务关系。因此,法律生活中的各种法律关系是法律规范中所规定的可能的权利义务的现实化,是法律关系主体真实地享有法律之中所规定的权利或承担义务。由此,法律生活之中的权利义务是以法律规范所设定的可能的权利和义务为前提的,并体现或反映着法律上权利义务关系的特点。

3. 法律关系是以国家强制力为保障的社会关系。法律关系是由法律规范规定和调整的关系。法律规范是国家制定或认可,体现着国家意志,由此所建立或形成的法律关系当然也是国家意志的体现,体现着国家对各种行为的态度,且由国家政权的力量保证实现。社会关系上升为法律关系的重要意义不仅在于它具有实现的必要性,更在于建立或形成这种关系的直观表现,就是国家将以强权保证这种社会关系的建立;也就是说,将纸上的抽象规定转变成现实状态是一个强制实现过程。当然,这并不意味着任何法律上权利义务关系的实现都必须借助国家的强制力。事实上,大多数法律关系的建立或形成凭借的是哈特所说的"内在陈述"或反思性的批判态度,[1]也即人们在认同和接受法律的基础上所产生的自觉行为,权利被侵犯或义务被拒绝履行的情况仅为非常态。正因为如此,人们的基本生活或工作秩序才能建立,社会才能正常的运作并发展。非常态情况下,国家强制将由可能性和潜在性转变成为现实性,其作为法律关系建立的保障手段的力量才充分显现出来。

**三、法律关系的种类**

法律关系根据不同标准可以划分为不同的类别:

1. 根据主体的范围和相互关系,法律关系可以分为:

(1)一般法律关系(基本法律关系)和具体法律关系。按照法律关系主体的具体化程度不同,法律关系可以分为一般法律关系和具体法律关系。一般法律关系是根据宪法形成的国家、公民、社会组织及其他社会关系主体之间普遍存在的社会联系。一般法律关系主要包括公民与国家的关系、国家机构之间的关系、中央与地方的关系、民族之间的关系、所有制关系和分配关系等内容。一般法律关系是社会中根本性的权利义务关系,直接反映社会基本利益结构,并构成其他法律关系的基础。具体法律关系是依据以宪法和宪法性法律为指导的实体法而形成的、存在于各类权利主体和义务主体之间的法律关系。具体法律关系是由各种实体法加以调整的法律关系,它们构成了全部法律关系的主干部分,是社会生活中最常出现且数量最大的法律关系。

〔1〕　参见[英]哈特:《法律的概念》,张文显等译,中国大百科全书出版社1996年版,第92页。

第十三章

（2）绝对法律关系和相对法律关系。具体法律关系依据主体是单方具体化还是双方具体化，可划分为绝对法律关系和相对法律关系。绝对法律关系中主体的一方——权利人是具体的，而另一方——义务人则是除了权利人以外的所有的人，因此，它以"一个人对其他一切人"的形式表现出来。最典型的绝对法律关系是所有权法律关系。相对法律关系的主体，无论权利人还是义务人都是具体的。它以"某个人对某个人"的形式表现出来，最典型的相对法律关系是债权债务法律关系。

（3）平权型法律关系和隶属性法律关系。按照法律关系各主体间的法律地位是否平等，法律关系可划分为平权型法律关系和隶属性法律关系。平权型法律关系又叫平向法律关系，是存在于法律地位平等的当事人之间的法律关系。所谓法律地位平等，指的是当事人之间没有隶属关系，也就是既不存在职务上的上、下级关系，也不存在一方当事人可以依据职权而支配对方的情形。这种平权型法律关系以民事法律关系最为典型，当然并不限于民事法律关系领域。隶属性法律关系又叫纵向法律关系，是一方当事人可以依据职权而直接要求他方当事人为或不为一定行为的法律关系。隶属性法律关系主体之间存在着职务上的上、下级关系，也存在于依法享有管理职权的国家机构和在其管辖范围内的被管理者之间的管理与被管理的关系。这种法律关系的典型形式就是行政法律关系，同样它也并不限于行政法律关系领域。

（4）直接性法律关系和间接性法律关系。依照法律关系主体联系的紧密程度，法律关系可分为直接性法律关系和间接性法律关系。直接性法律关系是指法律关系主体之间的联系没有也不需要其他主体作中间环节，如一般继承关系。间接性法律关系是指主体之间的联系是以另一主体作中间环节或通过另一主体表现出来的，如代位继承关系。

（5）积极型法律关系和消极型法律关系。按照法律关系主体是享有权利还是履行义务，法律关系可分为积极型法律关系和消极型法律关系。积极型法律关系是依据授权性规范产生的。在这种法律关系中，法律授予一定的主体积极行为的权利，而使另一些人承担相应的义务。这样，被授权的主体就可以在法律范围内自由地选择自己的行为方式，行使自己的权利，以满足自己的利益和需要。因此，这种法律关系的中心是促使主体充分地行使法律权利，调动主体的积极性。消极型法律关系是依据义务性规范产生的。在这种法律关系中，法律使一定主体作为或不作为。消极型法律关系的中心在于义务，只要义务人履行了自己的义务，该法律关系就完成了使命。反之，如果义务人不履行义务，就会招致一定的法律后果而受到法律的制裁。

（6）双边法律关系和多边法律关系。按照法律关系主体的数量，法律关系可分为双边法律关系和多边法律关系。双边法律关系是有两个主体相对的法律关系，如夫妻关系。多边法律关系是在三个以上主体参加并相对的法律关系，如国库券持有人与国家之间的债权债务法律关系。

（7）调整性法律关系和保护性法律关系。按照法律关系的产生是依据调整性法律规范还是保护性法律规范，法律关系可分为调整性法律关系和保护性法律关系。调整性法律关系以调整性法律规范为前提，是在主体的合法行为基础上产生的，反映了法律权利实现的正常形式以及履行法律义务的正常过程。保护性法律关系以保护性法律规范为前提，是由非法行为引起的，它反映了法律调整过程遇到障碍，法律实现的正常形式遭到了破坏。通过保护性法律关系，国家可以采取追究法律责任、实施法律制裁的措施来实现对主体法律权利的保护，并以恢复被破坏的法律权利和法律秩序为目的。有些教材中的第一性法律关系与第二性法律关系的划分基本与这种划分相同。第一性法律关系是在人们合法行为的基础上形成的法律关系。第二性法律关系是在第一性法律关系受到干扰、破坏的情况下，对第一性法律关系起补救、保护作用的法律关系。

（8）补偿性法律关系和惩罚性法律关系。按照是基于功利理由还是基于道义理由而设置，法律关系可分为补偿性法律关系和惩罚性法律关系。补偿性法律关系中法律义务的设置是基于功利的理由，如民事法律关系。惩罚性法律关系中法律义务的设置是基于道义理由，如刑事法律关系。

2. 按照法律部门来划分，法律关系可划分为宪法法律关系、行政法律关系、民事法律关系、经济法律关系、劳动法律关系、婚姻法律关系、军事法律关系、刑事法律关系、诉讼法律关系等。这种划分与法律部门和法学部门的划分相对应，与法律关系的调整对象和方法相联系，便于认识各种法律关系的个性和共性。按照法律关系产生的方式来划分，法律关系可分为确认的法律关系和创立的法律关系。确认的法律关系的特点是，在法律规范调整之前已经存在着某种社会关系，法律调整只是对其加以确认，使其权利义务具有法律意义。创立的法律关系是根据一般法律规范而形成的，它的发生和存在是国家立法、执法、司法活动或公民主动或被动参与社会活动的结果。创立的法律关系中，有些是已形成雏形，如经济生活中的交换法律关系；有些则是全新的，如程序性法律关系。这是法律具有预测可能发生的新型社会关系，并预先给其中某些重要的社会关系塑造出法律关系的模式，促进有利于整个社会的新型社会关系的出现和发展，创造出新的生活方式。

3. 按照法律关系所涉及的利益关系来划分，法律关系可以划分为公法法律关系、私法法律关系和公私混合法律关系。公法主要指宪法、行政法、刑法、刑事诉讼法等，这些法律基本上代表公共利益，依这些法律为前提形成的法律关系就是公法法律关系。私法一般指民法与商法，它们基本上代表私人利益，依这些法律为前提形成的法律关系就是私法法律关系。公法法律关系主要调整纵向关系,私法主要调整横向关系。公私混合性质的法律主要指经济法、劳动法、社会保障法等。这些法律调整纵向和横向结合的关系,依这些法律为前提而产生的法律关系是公私混合法律关系。按照权利义务的内容差异,可将法律关系分为实体性法律关系、程序性法律关系和执行性法律关系。实体性法律关系是基于实体法的规定而产生的法律关系。程序性法律关系是在实体法律关系的实现受到阻碍时,由于实施程序法而在诉讼主体之间形成的法律关系。执行性法律关系是在适用有关执行的法律规范而在国家执行机关与有关当事人或犯罪人之间形成的法律关系。

**四、法律关系的构成**

法律关系由法律关系主体、法律关系客体和法律关系的内容三大要素构成的,它们缺一不可。

法律关系的主体是法律关系的参加者,也就是在法律关系中依法享有权利和承担义务的人或组织。法律关系的主体通常是公民(自然人)、法人(包括企业法人和非企业法人)、非法人组织以及国家。是否是法律关系主体关键要看它是否具备参加某种法律关系的主体资格。法律关系主体资格有两个条件,即权利能力和行为能力。前者指法律关系主体依法享有权利和承担义务的能力或资格,这是成为法律关系主体必须具备的条件;后者指法律关系主体以自己的行为行使权利和承担义务的能力。法律关系的客体是指法律关系主体权利和义务所指向的对象。在当代中国,法律关系的客体大体上可归纳为三类,即物质财富、精神财富和法律关系主体的行为。关于法律主体与法律客体的详细论述,请参见本书第十四章。

法律关系的内容是指法律关系主体在法律关系中依法享有的权利和依法履行的义务。关于权利与义务的详细论述,请参见本书第十五章。

## 第三节　法律事实与法律关系的关系

**一、法律事实是法律关系形成、变更、消灭的条件和原因**

法律关系是根据法律规定建立或形成的一种社会秩序。关于法律关系的探讨和研究一般要涉及两个方面的问题:一是法律关系的建立和形成过程;二是法律关系的结构和内容。前者是法律关系问题的动态方面,后者是其静态方面。社会生活是一个不间断的过程,在这个过程中,人们的生活方式、条件、行为或举动不断发生着或大或小的变化。其中,随着事态的改变以及人们按照法律的规定建立、变更和消灭法律关系的持续活动,法律关系的具体结构和内容也同时发生着各种变化。如人们建立法律关系的活动,如签订合同使得法律关系主体之间产生了权利和义务关系;人们变更法律关系的活动,如改变交货地点或时间,同时也改变了法律关系主体之间原有的权利和义务内容;人的死亡导致了当事人与其父母之间的权利义务关系的终止等。

对于法律关系而言,无论其静态或动态方面都必须有相应的法律规定,以至于人们将法律规定作为确定法律关系的内容,认识或分析法律关系的结构,建立、变更和消灭法律关系的前提和依据。然而,对于法律关系的建立和形成来说,除了法律规定之外,重要的是法律事实。如前所述,法律事实是法律规定的引起法律关系形成、变更和消灭的事实。相对于法律规定这个前提条件而言,法律事实与法律关系的形成、变更和消灭更为直接。因为如果仅有法律规定,没有法律规定的法律事实的出现,法律关系仍将无法形成、变更和消灭。在这个意义上,法律规定被称为法律关系形成、变更和消灭的前提条件,法律事实被称为法律关系形成、变更和消灭的直接条件。

法律事实作为法律关系形成、变更和消灭的条件,是法律对法律关系形成、变更和消灭所作的基本要求。如此规定必然产生了一种后果,即在实际的法律生活中,法律规定的法律事实一旦出现,同时就意味着相应的法律关系在当事人之间或形成,或变更,或消灭,没有这种法律事实也就不可能有这些后果。从这个角度,法律事实又是导致法律关系形成、变更或消灭的原因。

由此,法律事实既是法律关系形成、变更和消灭的条件,又是导致法律关系形成、变更和消灭的原因。没有法律事实,法律关系的形成、变更和消灭在法律上是不可能的;没有法律事实的出现,法律关系也不能实际地形成、变更或消灭。正是因为法律事实对法律关系的上述意义,它才成为法律的基本范畴,为法学所关注和研究探讨。

**二、法律事实与法律关系的形成**

如前所述,法律事实分为事件和行为。法律事件和法律行为既是法律关系形成的条件,也会导致法律关系的实际形成。事件分为自然事件和社会事件,前者如地震、泥石流、雪崩、人的出生、疾病和死亡等;后者虽由人的行为引起,但作为后果则总体呈现为某种状态或事态,如新政权建立、社会革命等。事件是与行为相对而言的,它的发生具有不依赖于人的意志而转移的客观性,它对法律关系形成的意义在法律上一般有明确规定。如我国《国籍法》第4条规定,父母双方或一方为中国公民,本人出生在中国的,具有中国国籍。如此规定意味着,在父母双方或一方为中国公民的事实具备的情况下,在中国出生这个事实就使国家与公民之间的法律关系得以建立。在这里,"出生"这个自然事件是作为复合的法律事实中的一种,具有形成法律关系的意义。

社会事件往往是一般法律关系发生、变更、消灭的根本原因。一般法律关系

第十三章

是由宪法或基本法律确认或创立的、存在于基本社会结构中的根本性经济关系和政治关系。它包括各阶级之间的统治与被统治或领导与被领导的关系,公民与国家、政党与国家的关系,以及社会成员对基本生产资料和社会财富的占有关系和收益关系。这些法律关系是社会中根本性的权利和义务关系,它们表现着社会和国家的根本性质,决定着其他层次的法律关系的性质,是引起其他层次法律关系大面积地发生、变更或消灭的基础。一般性法律关系有很强的续存性和稳定性,只要经济基础和上层建筑的基本性质和格局不变,它们也不会发生变化。反过来讲,社会事件——社会变迁或社会变革,如中华人民共和国的成立、苏联的解体、资产阶级政权的建立等使社会发生根本性变革或巨大变革的事件,它们不依人的主观为转移,引起一般法律关系的产生,而一般法律关系又是其他层次法律关系产生的基础。由此可见,社会事件对法律关系的产生、建立有着重要意义。

大量的法律关系是因相应的法律行为而形成的,如继承、登记等民事行为,审批、许可等行政管理行为,起诉、审判、裁决等诉讼行为。无论事件或行为,其对法律关系形成的影响有不同表现,或长远,如国体、政体;或短暂,如签订合同。这使得由此所形成的法律关系的稳定性和持续性程度不同,如公民权法律关系较长,诉讼法律关系则相对较短。

### 三、法律事实与法律关系的变更和消灭

法律关系的变更包括主体变更、客体变更和内容变更,无论发生哪种变更,整个法律关系都发生了变化。相对于法律关系的消灭来说,法律关系的变更是局部变化,这给人们一种错觉,似乎原法律关系仍在继续。其实,这种局部变化已具有使旧法律关系消灭的意义,但与纯粹意义上的法律关系的消灭相比,法律关系的变更同时还具有形成新的法律关系的意义。法律关系的变更离不开法律事实。首先,法律事实是法律关系变更的条件。也就是说,法律关系的变更必须有相应的法律事实;否则,法律关系的变更不具有法律意义或为无效。如根据我国《民法通则》第108条规定,债务人分期偿还债务必须有债务人无力偿还、经债权人同意或者人民法院裁决的事实。如果没有这些法律事实,债务人偿还债务的方式就不能改变。其次,法律事实是法律关系变更的原因。在法律实践中,法律上规定的事实一旦出现就必然发生使法律关系变更的后果。如合同一方取得另一方的同意,将合同的权利义务全部转让给第三人,根据我国《民法通则》第91条的规定,这种行为具有使法律关系主体发生变化的法律效力。

法律关系的消灭包括主体一方或双方死亡法律关系的消灭、法律关系主体间的权利义务实现法律关系消灭以及国家机关通过判决裁定等的执行使法律关系消灭,或者一方当事人主动放弃权利等也可使法律关系消灭。无论何种消灭方式,法律事实都不可缺少,它使法律关系能够消灭或具有使法律关系消灭的效力。

因此,法律事实是法律关系消灭的条件或原因。

## 参考文献

1. [英]麦考密克、[奥]魏因贝格尔:《制度法论》,周叶谦译,中国政法大学出版社 1994 年版。

2. 彭漪涟:《事实论》,上海社会科学院出版社 1996 年版。

3. 谢晖:"论法律事实",载《湖南社会科学》2003 年第 5 期。

4. 严存生、王海山:"'法律事实'的法哲学思考",载《法学论坛》2002 年第 1 期。

5. 王麟:"论法律中的事实问题",载《法律科学》2003 年第 1 期。

6. 杨建军:"法律事实的解释",山东人民出版社 2007 年版。

7. 张志铭:"法律关系综论",载《法理学思考的印迹》,中国政法大学出版社 2003 年版。

8. 刘岸:"法律关系的概念分析",载《法大评论》2003 年第 2 期。

9. 童之伟:"法律关系的内容重估和概念重整",载《中国法学》1999 年第 6 期。

## 思 考 题

1. 什么是法律事实? 研究法律事实的意义何在?

2. 什么是法律关系? 法律关系的属性和特征是什么?

3. 法律事实与法律关系之间是什么关系?

4. 如何看待"法律事实就是法官认定的事实"这一说法?

5. 如何看待"以事实为根据就是以证据为根据"这一说法?

第十三章

# 第14章
## 法律主体与法律客体

【内容提要】

　　法律主体、法律客体都是法律关系的基本构成要素。法律主体是法律关系的参加者，即法律关系中法律权利的享有者和法律义务的承担者。成为法律主体的条件或资格在于是否具有权利能力和行为能力。法律客体是在特定法律关系中，法律主体权利义务所指向的对象。权利义务成为联结法律主体和法律客体的纽带，法律主体和法律客体因权利义务彼此依存、相互制约。

【基本概念】

　　法律主体、自然人、法人、机关法人、事业单位法人、社会团体法人、权利能力、行为能力、法律客体、智力成果

## 第一节　法律主体

### 一、法律主体的概念及其研究概况

　　法律主体或法律关系主体是法律关系的参加者，即法律关系中法律权利的享有者和法律义务的承担者。法律主体是法律关系的基本构成要素之一，没有法律主体，法律关系将无法建立，更谈不上其权利义务内容。

　　法律关系是人与人之间的关系，因而，作为法律关系主体必然是人，而非人以外的物或其他生物。然而，古代社会曾出现过将植物或动物作为法律主体的做法，如鞭打树桩或判处动物死刑等。当今社会，人与自然的和谐相处问题日益突出，善待自然和其他生命的呼声也越发高涨。随着动物解放、动物权利以及生物平等主义等主张的提出，很多学者开始呼吁应打破法律关系以人为主体的模式和

格局,将动物乃至自然作为法律关系主体,主张建立一种人与非人动物的权利关系。对此,有学者则认为动物不具有法律上的人格,不是法律上的权利主体。尽管有些国家将动物保护及有关问题,如动物继承等写进法律,但动物依然处于法律物格的地位,它不可能成为法律主体。作为权利主体的法律人格不能无限扩充,否则,如果认可动物为法律主体,随之而来的就是花、池、岩石、原始森林、空气是否也能具有法律人格? 如此扩展下去,落实权利的权利客体又是什么呢?[1] 毋庸置疑,上述争论将引起人们对动物保护问题的关注,并深化人们对于法律关系的性质、构造等问题的思考和认识。但应当明确的是,传统的法律关系的概念、结构和制度是以人为主体所构建的;如果欲改变这种格局,那么,这种关于何以成为法律关系的颠覆性思考就不能在传统的法律关系概念、理论或制度框架内进行。目前,对动物保护的关注尽管引起人们重构法律关系的欲求,但由于体系化的、成熟的、具有解释力且行之有效的替代性理论并未形成,这种试图藉此改变传统法律关系的性质和格局的做法并不具有挑战力。因此,本书将仍在传统意义上认识并界定法律关系及法律主体问题。

无论在何种意义上,法律主体都具有法定性,即法律主体是由国家法律规范所规定,并非自发或自愿形成的。不同历史时期的不同国家,法律主体的种类因法律规定而有所不同;同一历史时期的不同国家以及同一国家的不同法律关系之间,法律主体因法律规定都有所不同。如果参加法律关系的主体不符合法律的规定和要求,其行为就不具有形成、变更或消灭此法律关系的意义。如按照我国《合同法》第 9 条规定,当事人订立合同,应当具有相应的民事权利能力和民事行为能力。如果当事人不具有民事权利能力和民事行为能力,所订立的合同当然无效,即此行为不会产生形成合同关系的法律效力。

按照马克思主义的法学观,法律关于何种社会主体成为法律主体的规定不是任意或随意的,它是由一定的社会物质生活条件决定的。如在奴隶制社会,奴隶被视为奴隶主阶层所占有的财产,通常作为法律关系的客体,不具有法律关系主体的资格。如在中国古代奴隶社会,"诱臣妾"(拐骗奴隶)与"窃牛马"并列为侵犯财产的犯罪。[2] 又如法人在垄断资本主义的经济条件下才被确立为法律关系主体。其原因在于,在奴隶制和封建制社会,自然经济占主导地位,不可能把许多个人财产长期集中使用,没有为社会团体作为法律主体参加到民事法律关系中提供普遍的经济前提。资本主义发展初期,自由竞争的资本主义经济没有推动法人

---

〔1〕 杨立新、朱呈义:"论动物法律人格之否定——兼论动物之法律'物格'",载《法学研究》2004 年第 1 期。

〔2〕 《尚书·费誓》:"窃牛马、诱臣妾,汝则有常刑。"

制度建立的经济需求。资本主义经济发展到垄断阶段之后,股份公司成为了资本集中的强有力杠杆。这时,法律才把那些具有独立财产,能以自己的名义享有民事权利、承担民事义务的社会组织确定为民事法律关系的主体,即法人。可见,法律主体的范围和种类虽由法律规定,但却不是由法律来决定的,它是一定社会物质生活条件的反映和体现,具有物质制约性。在这个问题上,立法者只是通过法律表达了社会的法权要求,这正如马克思所说"无论是政治的立法或市民的立法,都只是表明和记载经济关系的要求而已。"[1]

**二、法律主体的资格**

由于法律主体的法定性,任何社会主体要参加法律关系必须具备法律所规定的成为法律主体的条件或资格;否则,其形成、变更或消灭法律关系的行为是无效的。一般来说,法律所规定的成为法律主体的条件或资格包括了两个方面的内容,即权利能力和行为能力。

(一)权利能力

权利能力就是法律关系参加者依法享有一定权利并承担相应义务的法律资格或能力。这是社会主体参与法律关系必备的资格或前提条件,它包括了享受权利和承担义务两个方面。权利能力具有法定的专属性,法律主体不能非法变更、抛弃或转让。根据法律主体的种类,权利能力可分为自然人的权利能力和法人的权利能力两种情况。

自然人的权利能力有一般权利能力和特殊权利能力之分。一般权利能力是指作为公民都享有的权利能力,如公民享有人身权、继承权等的民事权利能力。我国《民法通则》第9条规定:"公民从出生时起到死亡时止,具有民事权利能力,依法享有民事权利,承担民事义务。"特殊权利能力是特定条件下所具有的权利能力,它并不是每个自然人都可以享有,是有选择地授予某些特定的法律主体。如国家机关及其工作人员行使职权的法律资格,或无国籍人和外国人在中国所具有的权利能力。

权利能力的取得、限制、丧失都由法律规定。一般情况下,产生一般权利能力的法律事实往往只与国籍相联系,与年龄、财产、精神状况、宗教信仰等因素无关。而特殊权利能力的获得却要具备各种各样相应的限制条件,例如我国《选举法》规定,只有年满18周岁的公民才有选举权。一般权利能力作为一国公民参加法律关系,成为法律主体的基本条件不能任意剥夺或解除,剥夺法律主体的特殊权利能力须依法进行。如对于某些特定的刑事犯,可以依法剥夺其政治权利能力,但一般不能剥夺他们的民事权利能力。这里应当注意的是,特殊权利能力的取得一

---

〔1〕《马克思恩格斯全集》第4卷,人民出版社1958年版,第121~122页。

般是通过限制法律主体的一般权利能力来实现的。例如,1984 年 12 月 3 日中共中央、国务院颁布的《关于严禁党政机关和党政干部经商办企业的决定》就是以行政法规的特别法形式对党政干部所享有的一般民事权利能力予以限制。

自然人的权利能力可以按照法律部门的不同进行划分,如民事权利能力、政治权利能力、行政权利能力、劳动权利能力、诉讼权利能力等。其中既有一般的权利能力,也有特殊的权利能力。

法人的权利能力没有上述的区分或类别。一般而言,法人的权利能力自法人成立时产生,至法人解体时消灭。其范围由法人成立的宗旨和业务范围决定。

权利能力是成为法律主体必须具备的法定条件,但它并非具体的权利与义务,仅仅是法律赋予一定主体取得权利并承担义务的资格。也就是说,权利能力为主体从事法律行为,参加法律关系提供了可能性。从具有一种可能性的前提资格到能够实际享有权利和履行义务,法律主体还需实际行为的能力。换言之,参加法律关系,法律主体除具备相应的权利能力外,还必须具备相应的行为能力。

(二)行为能力

行为能力是指法律关系主体能够依自己的意志,通过自己的行为享有权利和履行义务的能力。行为能力与权利能力有着密切联系。主体只有在具备权利能力的情况下,才具有通过自身的行为实际地享有权利和承担义务的能力和资格。也就是说,无论自然人还是法人,具有行为能力首先必须具有权利能力,如公民享有继承权的权利能力必须先于其行为能力。我国《民法通则》第 9 条规定,公民从出生始到死亡止,具有民事权利能力,依法享有民事权利,承担民事义务。由此,公民的继承权利能力一般受制于其出生以及作为公民的法律事实(胎儿继承属例外情形)。只有具备了这个前提条件,才能论及公民享有继承权的行为能力。

然而,对于自然人来说,其行为能力与权利能力有可能分离,即具有权利能力并不意味着一定具有行为能力。所谓行为能力是法律主体自觉意志之下的自觉行为,因此,是否是自觉行为就成为判断或识别法律主体是否具备行为能力的重要标准。对此,现代社会的考量标准主要是两个方面:一是行为人是否能认识自己行为的性质、意义和后果(认知能力);二是行为人是否能控制自己的行为并对自己的行为负责(意志力),这两个方面主要与人的年龄和精神状态有关。于是,现代各国法律一般都根据年龄和精神状态把本国公民划分为三种:①完全行为能力人,即可以完全通过自己的行为取得权利、承担义务的人;②限制行为能力人,即其行为能力受到一定限制——在特定条件下,其行为在法律上有效,即可以通过自己的行为取得权利、承担义务,除此以外没有行为能力;③无行为能力人,即不能以自己的行为享有权利、履行义务,其任何行为在法律上均属无效行为。如按照我国《民法通则》的有关规定,公民的民事行为能力根据年龄和精神状态有以下三种情况:一是完全行为能力人,包括18周岁以上的成年人、16周岁以上不满18周岁的以自己的劳动收入为主要生活来源的公民。二是限制行为能力人,包括10周岁以上的未成年人以及不能完全辨认自己行为性质的精神病人。限制民事行为能力人可以进行与他的年龄、智力相适应的民事活动,其他民事活动由他的法定代理人代理,或者征得他的法定代理人的同意。三是无行为能力人,包括不满10周岁的未成年人以及不能辨认自己行为性质的精神病人。无民事行为能力人由他的法定代理人代理民事活动。

应当指出,在不同法律关系中,对于公民行为能力的要求并不相同。如对于婚姻家庭法律主体而言,除了年龄和精神状态的要求外,还必须要具备法定的健康条件。如果患有麻风病未经治愈或其他医学上认为不应当结婚的疾病,对婚姻法律关系来说就属无行为能力;在劳动法律关系方面,很多疾病都可能使公民丧失行为能力。总之,无论作为政治法律主体、经济法律主体、行政法律主体或具体的民事法律主体,关于其行为能力除服从一般规定外,还可能有各种具体的要求,不能一概而论。

法人组织的行为能力不同于自然人的行为能力。首先,自然人的行为能力有完全行为能力、限制行为能力、无行为能力之分,而法人的行为能力不存在这样的划分。对法人来说,有权利能力定有行为能力,反之亦然。也就是说,法人的权利能力和行为能力同时产生和消灭。法人一经依法成立就具有权利能力和行为能力;依法撤销后,其权利能力和行为能力也就同时消灭。其次,法人的行为能力由法人的宗旨、业务范围所决定,违背宗旨、超越范围的行为不仅无效而且违法。

**三、法律主体的种类**

法律主体的种类和范围在不同时期、不同国家都有所不同。从历史和动态的角度来看,随着社会的发展和进步,法律主体的种类和范围经历了一个由单一、狭窄到多样、广泛的演变历程。在我国现阶段,法律主体主要包括以下几类:

**(一)个体主体**

公民是法律关系中的个人主体。凡具有中国国籍的自然人都是中国公民,他们依据宪法和法律的规定享有权利和承担义务,可以与其他公民、社会组织、国家机关以及国家之间发生多种法律行为、参加多种法律关系。

在我国,除公民之外,法律还规定一些公民集合体,如个体工商户、农村土地承包经营户、个人合伙等,也被视为公民,属于个体主体的范围。[1]

居住在我国的外国人和无国籍人不是我国公民,但他们能依法成为我国法律的主体。至于他们参加法律关系的范围以及相应的权利能力和行为能力要视我

---

[1] 参见《中华人民共和国民法通则》第二章第四、五节的规定。

国法律规定而定。总体而言,随着世界经济、政治全球化程度的加深,以及我国世贸组织(WTO)缔约国地位的恢复,外国公民或法人参加我国法律关系的范围将更加广泛。

（二）集体主体（法人）

集体主体是以组织形式存在的主体,主要包括两类:一是国家机关,如立法、行政、司法机关;二是各种社会组织,如企事业组织(包含在中国领域内的中外合资、中外合作、外商独资企业)、政党(执政党、参政党)及其他社会组织。上述集体主体具备一定的条件可以成为"法人"。如在我国,法人的成立必须具备以下条件,即依法成立、有必要的财产或者经费、有自己的名称和组织机构及场所、能够独立承担法律责任。根据不同的标准,法人可分为公法人和私法人、社团法人和财团法人、营利法人和非营利法人等。如我国民法通则将法人分为企业法人和非企业法人,后者包括机关法人、事业单位法人和社会团体法人等。

（三）国家

国家作为一个整体,首先是国际法律关系中最重要的主体。在国内法的具体法律关系中,国家的法律主体地位一般都是通过相应的国家机关并直接以这些机关的名义来实现的。但在某些特定情况下,国家也可以直接同其他法律主体建立法律关系,譬如国家是国有资产的产权主体、是国家债务的债务主体等。

# 第二节　法律客体

## 一、法律客体的概念

法律客体又称法律关系客体,是在特定法律关系中,权利义务所指向的对象。没有客体,法律关系无从形成,因此,法律客体是法律关系的基本构成要素之一。

不是一切独立于主体而存在的客观现象都能成为法律客体,成为法律客体必须具备以下条件:

1. 作为法律客体必须是人类能够认识和把握的、可以满足主体需要的、具有稀缺性的事物。人类不能认识和把握的事物当然不能为法律所规定和调控;能够认识和把握并不意味着人们需要它,如果不能满足人们的需要,或与人们的需求无关,也不可能成为法律所关注的对象;但虽能够满足人们需求而不稀缺的事物,却不能成为法律客体,如古代社会里的空气。

2. 作为法律客体具有法定性,也就是说,只有那些能够满足主体需要并得到国家法律确认和保护的客观现象才能成为法律客体。作为法律客体并非一个随意的过程,它要由国家通过法律作出规定,法定性是法律客体与一般的认识客体的重要区别。如果不在法律规定的范围内,即便事实上是行为的对象,它也不能成为法律客体。与此相应,建立于其上的社会关系不是法律关系,附着于其上的利益也得不到法律的确认和保护,在某些情况下还可能构成法律应予以取缔的违法利益或犯罪利益。譬如,毒品买卖关系和卖淫嫖娼关系中,联结主体的中介分别是毒品(物)和非法性行为(行为)。毒品和非法性行为都能够满足主体各自的利益追求,但在当代中国它们都不是法律客体。对待它们,主体就无法像对待法律客体那样,建立合法的民事交易关系。国家不承认毒品买卖关系和卖淫嫖娼关系的合法性,对于行为人(已转化为违法主体或犯罪主体)要给予制裁,对于毒品要予以没收或销毁。所以说,法律客体首先必须要具有合法性,否则,以它为中介的社会关系就不是法律关系,就不受法律保护。

3. 作为法律客体具有物质制约性,即法律上确定何种事物成为法律客体不是任意的,归根结底它是由一定的社会物质生活条件决定的。随着这些社会客观条件的变化,法律客体也会出现相应的变化。如许多原先不属于法律客体的事物或者根本不存在的事物被确定为法律客体。如随着人们生活质量、生活观念的变化,清洁的空气、安静的环境在现代社会开始成为法律客体。并且,由于科学技术的发展,网络安全、克隆技术也成为法律调整的对象或关注的问题。某些事物随着时代发展不再作为法律客体,如奴隶在现代社会已不存在,当然也不是法律关系的客体。不同国家的法律客体还具有很大的差异性。如资本主义社会,社会全面地商品化,包括武器弹药、人格尊严甚至人身,都有被确定为法律客体的情况;而在我国,情况则大为不同。总之,法律客体的法定性的背后有着深刻的社会物质根源。

二、法律客体的种类

法律客体的法定性与客观性使得法律客体的种类和范围在不同历史时期或不同国家都具有各不相同的复杂内容。总体上看,随着人类社会的发展进步,法律权利义务的类型不断丰富,法律客体的种类和范围也日趋文明和完善。

根据我国宪法和相关法律的规定,在我国法律客体大致有以下几类:

1. 物。作为法律客体的物是指由法律主体依法支配的,能够满足其生产和生活需要的客观实体。作为法律客体的物与物理意义上的物既有联系,又有不同。如它们不仅具有物理属性,而且具有法定性。也就是说,物理意义上的物要成为法律客体,需具备以下条件:①合法性,如我国法律规定的限制流通物(外币、文物、硬通货等)和禁止流通物(枪械、弹药及其他特种物资)一般只能成为特定法律关系的客体,不能随意进入商品流通领域。②可控性,尚未被人类所认识和控制的自然物不能成为法律客体,否则,它不具有现实的可操作性,有损法律的尊严。③价值性,对人类生产、生活毫无价值或者有害的物不能成为法律客体。作为法律客体的物具有广泛的内容,可依不同标准进行分类,如不动物(如民法上称为不动产的土地)和可动物,自然物和人造物,可分物和不可分物,主物和从物,种类物和特定物等。

2. 智力成果。智力成果是人们在精神生产和生活过程中所创造的产品,它实现的是人们的精神生活需要。如有关著作、发明、发现、实用新型、外观设计、商标的法律关系,均以智力成果为客体。智力成果的特点是具有人身专属性,以智力成果为客体的法律关系兼有财产和人身的双重属性,财产权益可以转让,但其内在的人身权益却是不可转让的。伴随着知识经济时代的来临,知识对社会的进步与发展日益凸现,智力成果作为法律关系的客体也越发为人们所关注和重视。

3. 行为。法律意义上的行为是指人的有目的、有意识的举动,包括作为和不作为两种形态。作为是指做出一定的行为,又称"积极的行为";不作为是指抑制一定的行为,又称"消极的行为"。

4. 其他客体。社会的发展带来法律关系多样性,法律客体的种类随之增多,范围得以扩大。有别于上述客体的一些事物,如环境、信息、国家权力以及人身或人格等也可以成为某些法律关系的客体。

对于人身或人格能否成为法律关系的客体一直存在着争论。人身或人格作为法律关系的情况古已有之,如奴隶社会将奴隶作为法律关系的客体,资本主义社会也曾将黑人作为法律关系的客体。现代社会的发展和进步使得人身或人格作为法律关系的客体受到严格限制,但不同国家的情况有很大差别。如我国法律严禁将人作为买卖法律关系的客体,不允许贩卖人口和买卖婚姻;但在某些法律关系中,人身或人格可以作为法律关系的客体。如我国宪法规定,公民的人身自由和人格尊严受法律保护,不受侵犯;民法规定公民的健康权、姓名权、肖像权以及名誉权受法律保护。在这些法律关系中,法律客体就是人身和人格。此外,人身、人的组织器官和尸体在不同国家各自具有不同的法律意义,但一般来说,人身、人的组织器官(皮肤、毛发、体液、脏器等)以及尸体,在自愿、合法的情况下,也可以成为法律客体。

## 第三节　法律主体与法律客体的关系

**一、法律主体与法律客体之间关系的特征和实质**

以人为主体所构造的逻辑世界必然存在着两种关系:一是作为主体的人之间的关系,或曰主体际关系;二是人与其认识和实践对象之间的关系,即主体与客体或人与他物的关系。其中,主客体之间的关系受制于主体及主体际关系。首先,如果没有"人"这种逻辑先在,也就没有"关系",更谈不上主客体之间的关系。所谓关系是以人的存在为逻辑前提的,正如马克思和恩格斯所说,"凡是有某种关系存在的地方,这种关系都是为我而存在的;动物不对什么东西发生'关系',而且根本没有'关系';对于动物来说,它对他物的关系不是作为关系而存在的"[1]。其次,主客体之间的关系是以主体对世界的认识和反思为前提的,如果没有作为主体的人,就不可能建立这种关系。最后,主体际之间的关系决定了主客体之间的状况,而主客体之间的关系反映、体现并规定着主体际关系。

任何法律关系都是以有自觉意识的人为主体,而以非人的各种事物,或行为或物,或生物或非生物,或有形物或无形物等为法律客体,它是人为主体建构的逻辑世界。在法律关系之中,法律主体与法律客体之间必然涉及人与自然、人与社会、人与他人、人与自我的问题;但却都归于"我"与"他物"的模式,以表明它们之间认识与被认识、利用与被利用、作用与被作用的关系。但法律关系毕竟是人与人之间的关系,是人与人之间因利益分配和需要所产生的关系。因此,法律主体与法律客体之间的关系不过是法律主体之间利益关系的体现和反映:一方面,法律主体间关系决定着法律客体的种类、范围及其法律意义;另一方面,法律主客体之间关系的建立实际上是法律主体之间关系的确立和规定,也就是说,它们之间相互规定。但总体而言,法律主体的"逻辑先在"性决定了法律主客体之间关系体现和反映的是法律主体间关系。当然,人的逻辑世界,无论法律主客体关系或法律主体间关系,最终是人的生活世界中的社会物质生活条件所塑造的。

**二、法律主体与法律客体之间关系建立的一般条件**

在哲学上,客体是相对于主体而言的,主客体关系表明人与世界的实践关系,这种关系的发生以主体的实践活动为中介。法律实践中,主客体关系的建立既具有上述一般性,又有其特殊表现。

1. 法律上主客体关系的建立如前所述是以法律主体为逻辑先在的,并受制于主体。也就是说,没有法律主体,就不会有法律客体,更不会有主客体关系乃至法律关系;法律主体的利益需求、价值或审美观念直接决定着法律客体的种类和范围。

2. 法律上主客体关系的建立或形成有赖于人们关于法律的社会实践活动。人的实践活动既是人认识和改造世界的活动,也是塑造人自身的活动。在法律实践中,人们关于法律的思想观念得以形成并不断深化,且反过来影响、作用并推动人们的法律生活。关于法律主客体关系的认识及其体系化、制度化和现实化正是在这种包含了立法、执法、司法以及守法等诸多方面的过程中形成和实现的。

3. 法律上主客体关系的确立是主客观相互作用的结果。何种客体能否成为法律客体具有客观性,即由一定时期社会物质生活条件所决定,并受到其他社会

[1] 《马克思恩格斯选集》第1卷,人民出版社1995年版,第81页。

因素的影响;但何种客体是否成为法律客体则要取决于人们的有关认识以及形成法律的实践。在这个过程中,社会物质生活条件对法律主客体关系形成的影响是最终的决定性因素,而人们关于法律主客体关系的认识及实践对法律主客体关系建立则具有直接意义,并对前者具有能动的反作用,或制约或推动符合客观性要求的法律主客体关系的建立。

### 三、法律主体与法律客体之间的关系

作为社会实践,法律主体与法律客体之间也应该包括三种基本关系,即认知关系、价值关系和审美关系,它们集中表现为法律客体对法律主体社会需要的满足和主体对此的评价关系。法律生活中,法律主体与法律客体之间是通过权利义务的规定来建立并确立它们之间的关系的,于是,法律主体、法律客体和权利义务内容就构成了法律关系的基本框架。其中,权利义务内容成为联结法律主体和法律客体的纽带;法律主体和法律客体又因权利义务内容彼此依存、相互规定,并相互制约。

1. 法律主体与法律客体在法律关系中相互依存。法律客体是为满足法律主体的需要而存在的,是法律主体享有权利和承担义务的载体。由此,法律客体不能离开法律主体独立存在;否则,它不具有法律客体的意义和地位。法律主体也不能离开法律客体;离开了法律客体,法律主体的需要无法满足,其权利和义务因无承载体也是空洞的。

2. 法律主体与法律客体在法律关系中相互作用、彼此规定。法律主体因自身需要赋予了客体以法律意义;而法律客体又以自己的存在满足了法律主体的需要。此外,法律主体之间的权利义务内容决定了法律客体在法律关系中的地位及其意义范围;而法律客体的意义方式反过来又规定着法律主体之间权利义务的界限。

3. 法律主体与法律客体在法律关系中相互制约。一定时期的法律客体的种类和范围归根结底是由社会物质生活条件决定的,并具有法定性。因此,法律客体将制约着法律主体的选择。而对于法律主体来说,在法律关系之中要确定哪些客体为法律客体,既要取决于主体的认识、客体的属性以及法律的规定,还可能受到主体偏好的影响。

总之,对于法律关系的建立和形成来说,法律主体、法律客体以及权利义务都不可或缺。它们之间构成了相互依存、相互作用、相互影响或制约的关系。仅就法律主体和法律客体来说,法律主体通过利用和作用于法律客体,实现了自身对利益和价值的追求;法律客体则由于法律主体的作用,由物自体成为了承载人类生活意义的存在形态。

202 法 理 学

第
十
四
章

## 参考文献

1. [德]考夫曼:《法律哲学》,刘幸义等译,法律出版社 2004 年版。
2. 严存生主编:《法理学》,陕西人民出版社 2002 年版。
3. 张文显:《法哲学范畴研究》,中国政法大学出版社 2001 年版。

## 思 考 题

1. 试论法律主体的属性、特征、资格和种类。自然人和法人有何区别?
2. 要成为法律客体须具备何种条件? 法律客体的种类有哪些?
3. 谈谈你对法律主体与法律客体之间关系的认识。

# 第15章
## 法律权利与法律义务

**【内容提要】**

　　法律权利和法律义务既是法律关系的内容,也是法律的调整机制。法律权利是法律所保护的权利或自由,或者国家通过法律规定对法律关系主体可以自主决定做出某种行为的许可和保障。法律义务是国家通过法律规定,对法律主体的行为的一种约束手段。它表现为或者要求人们必须根据权利的内容做出一定的行为,或者要求人们不得做出一定的行为。

　　法律权利和法律义务有联系也有区别,二者关系在总体上表现为:历史发展上的离合关系,结构上的相关关系,数量上的等值关系,功能上的互补关系,运行上的制约关系,价值意义上的主次关系。

**【基本概念】**

　　法律权利、法律义务

## 第一节　法律权利

### 一、法律权利研究概况

　　"权利"一词在中国古代就已出现,如"是故权利不能倾也,群众不能移也,天下不能荡也";[1]"礼仪者,国之基也;而权利者,政之残也"。[2] 但这里的权利是一个贬义词,具有权势、权谋、货利等意,与现代意义上的"权利"涵义相距甚

---

[1]　《荀子·劝学》。
[2]　《盐铁论·轻重》。

远。[1] 19世纪,美国传教士丁韪良(W. A. P. Martin)和他的助手将美国学者惠顿(Wheaton)所著的《万国律例》(Elements of International Law)翻译成中文时选择了"权利"对译英文"rights"。自此以后,"权利"在中国逐渐演变成一个具有西方现代意义的语词,并为人们一直关注并探讨。[2]

在西方,尽管权利的观念和思想出现较早,但作为一个具有明确意义的专有术语,"right"一词迟至中世纪才开始出现并逐渐成熟。在古希腊,由于个人概念并不突出,"权利概念则似乎几近于从未形成过"。[3] 古罗马时期,情况有一些改变。据美国学者罗斯科·庞德(Roscoe Pound)考证,罗马法中的 jus 具有十种含义,其中有四种比较接近于我们现代人所理解的"权利"。[4] 但毕竟仅为接近而非等同,这意味着现代的权利概念在古罗马虽开始孕育但尚未成形。有学者认为,罗马法中之所以没有出现权利的概念,关键在于古罗马仍然是一个整体主义的社会,古罗马人还没有真正意义上的个人主义的诉求。伦理意义上的个人主义,即个人相对于社会或国家的独立是基督教出现之后才浮现出来的。现代意义上的权利概念的探究和关注始自中世纪基督教世界所爆发的"使徒贫困"问题的争论。从那时起,经过宗教改革、文艺复兴及资本主义启蒙和发展的历练和锻造,建立在个人自由基础上的现代权利的概念终于脱胎而出。[5]

到目前为止,英语中的"right"不仅被赋予了多重意义,而且成了"一个受到相当不友好对待和被使用过度的词",[6]以至于人们很难定义它。对此,康德曾说"问一位法学家'什么是权利?'就像问一位逻辑学家一个众所周知的问题'什么是真理?'同样使他感到为难。"[7]总体而言,权利作为一个关系到世俗社会之中人的利益分配的概念,往往从应然,如道德权利或自然权利,和实然,如法定权利或实有权利两个层面被人们谈论着。前者意在论证利益分配的合理性,后者则是为

---

[1] 参见郭道晖:《法理学精义》,湖南人民出版社2005年版,第86页。

[2] 参见夏勇:《中国民权哲学》,三联书店2004年版,第308页。对如此中英对译,丁韪良解释道:"公法既别为一科,则应有专用的字样。故原文内偶有汉文所难达之意,因之用字往往觉勉强。即如一权字,书内不独指有司所操之权,亦指凡人理所应得之分,有时增一利字,如谓庶人本有之权利云云。此等字句,初见多不入目,屡见方知为不得已而用之也。"参见李贵连:"话说'权利'",载《北大法律评论》第1卷第1辑,法律出版社1998年版,第116页。

[3] 参见[英]厄奈斯特·巴克:《希腊政治理论——柏拉图及其前人》,卢华萍译,吉林人民出版社2003年版,第9页。

[4] 参见[美]罗斯科·庞德:《通过法律的社会控制:法律的任务》,沈宗灵等译,商务印书馆1984年版,第44页。

[5] 参见方新军:"权利概念的历史",载《法学研究》2007年第4期。

[6] [英]戴维·M.沃克编:《牛津法律大辞典》,北京社会与科技发展研究所译,光明日报出版社1989年版,第773页。

[7] [德]康德:《法的形而上学原理——权利的科学》,沈叔平译,商务印书馆1991年版,第39页。

了表明利益分配的秩序性。

从不同角度,人们关于权利的本质所作的阐释各不相同,如自由说、资格说、利益说、法力说、选择说、可能说、构成说等。

(1)自由说是用自由来界定和表征权利,其代表人物如荷兰的斯宾诺莎、德国的康德和黑格尔以及美国的霍姆斯等,他们将权利界说为一种免于干扰的条件。如康德说,权利是意志的自由行使或其条件,根据这些条件,任何人的有意识的行为,按照一条普遍的自由法则,确实能够和其他人的有意识的行为相协调。[1] 黑格尔则说:"一般地说,权利的基础是精神,它的确定的地位和出发点是意志。而意志是自由的,所以,自由既是权利的实质又是权利的目标,而权利体系则是现实化的自由王国。"[2]

(2)资格说最早见于荷兰的格老秀斯,他在《战争与和平法》中从自然权利的角度将权利作为理性动物的人所固有的"道德品质","由于它,一个人有资格正当地占有某种东西或正当地做出某种事情"。[3] 英国法学家米尔恩也说:"权利概念之要义是'资格'。说你对某事享有权利,是说你有资格享有它……"。[4]

(3)利益说主要以德国的耶林和赫克为代表。耶林最先明确法律权利与利益的关系,他认为,习惯上被理解为"意思力"的主观权利是法律所保护的利益,或者说法律所承认和保护的利益才是权利,并将为权利而斗争作为法律的目的和任务。赫克在耶林的目的法论基础上提出了利益法论。他认为利益是法律的产生之源,正是利益造就了"应该"的概念;法律命令源于各种利益的冲突,利益以及对利益所进行的衡量是制定法律规则的基本要素。[5]

(4)法力说将权利视为法律赋予权利主体的一种用以享有或维护特定利益的力量。这种学说最早为启蒙思想家洛克和卢梭所主张,19世纪德国法学家梅克尔明确并系统地阐发了这种学说,即权利的本质是由法律和国家权力保证人们为实现某种特定利益而进行一定行为的"力"。后来,这种思想又为霍菲尔德和庞德进一步阐发和分析。[6]

(5)选择说主张,权利意味着法律承认某人的选择或意志优于他人的选择和

〔1〕 [德]康德:《法的形而上学原理——权利的科学》,沈叔平译,商务印书馆1991年版,第40页。

〔2〕 G. W. F. Hegel: *Elements of the Philosophy of Right*, H. B. Nisbet trans. , Cambridge University Press, 1991, p.35.

〔3〕 转引自张文显主编:《马克思主义法理学——理论、方法和前沿》,高等教育出版社2003年版,第282页。

〔4〕 [英]米尔恩:《人的权利与人的多样性——人权哲学》,夏勇、张志铭译,中国大百科全书出版社1995年版,第111页。

〔5〕 参见吕世伦主编:《现代西方法学流派》,中国大百科全书出版社2000年版,第302页。

〔6〕 参见张文显主编:《马克思主义法理学——理论、方法和前沿》,高等教育出版社2003年版,第286页。

意志。这是英国法学家哈特在意志说的基础上所阐释的一种权利理论。它表明了权利的可选择性。

（6）可能说是前苏联法学界所主张的权利观，指权利乃是法定权利人做出一定行为、要求他人做出一定的行为以及请求国家强制力量给予协助的可能性。它强调的是权利的规范层面。

（7）构成说认为权利主要包括五个要素，即利益、主张、资格、力量和自由，这当中的任何一个都可用来阐明权利的概念，表明权利的某种本质。也就是说，关于权利的认识是多角度的，无论自由说或利益说等都是从某个特定的角度对权利的定义。在这里，为了避免简单化和庸俗化，重要的不是如何定义权利，而在于认识权利的要素。[1]

### 二、法律权利的概念和构成

尽管古罗马时期没有权利和义务的语词，但却有相当接近的表达，即"jus"。因此，梅因认为法律权利观念的产生应该归功于罗马法。[2] 资产阶级启蒙时期以后，关于法律与权利的联系被启蒙思想家关注并探讨，法律权利作为法律的基本概念得以形成，其实证意义被强调，并因而与道德权利或自然权利区别开来。作为法律的基本概念，法律权利被认为是法律所保护的权利或自由，或者国家通过法律规定对法律关系主体可以自主决定做出某种行为的许可和保障。这表明法律权利具有以下五个特点：

（1）本质上，权利是由法律规范明文规定或者至少可以从法律规范的精神中推定出来的。得到国家的认可和保障，是法律权利的效力源泉。当人们的权利受到侵犯时，国家应当通过制裁侵权行为以保障权利的实现。而在没有得到法律或者法律机关承认之前，法外的"权利"主张只是一种主观要求，没有现实的法律效力。

（2）权利是权利主体按照自己的意愿来决定是否实施的行为，因而权利具有一定程度的自主性或者说能动性。就是说，法律权利给了权利主体在法定范围内为实现利益要求而表现意志、作出选择、从事一定社会活动的自由，包括在一定条件下转让权利或者交换权利的自由。当然，由于人们各自的能力、条件和权利意识不同，即使是同样的权利，不同人的实现程度并不完全一样。

（3）权利是工具性的，即权利不是目的，而是为了保护一定的利益所采取的法律手段。因此，权利与利益是紧密相连的。应当注意，通过权利所保护的利益并不总是本人的利益，也可能是他人的、集体的或国家的利益。

---

〔1〕 参见夏勇：《中国民权哲学》，三联书店2004年版，第311页。
〔2〕 参见[英]梅因：《古代法》，沈景一译，商务印书馆1959年版，第102页。

(4)权利不是一种无限的、绝对的能力或资格。权利有明确的界限,权利所体现的利益以及为追求这种利益而采取的行动,是被限制在普遍的社会利益之中的,是受社会的经济结构以及社会文化发展水平制约的,即以社会承受能力为限度。在法律上,这些限制性条件往往可以通过义务的形式表现出来。

(5)权利总是与义务人的义务相关联的。离开了义务,权利就不能得到保障。

如果具体分析法律权利的结构,其内容应当包括:①权利人可以自主决定做出一定的行为的权利;②权利人要求他人履行一定法定义务的权利;③权利人在自己的权利受到侵犯时请求国家机关予以保护的权利。这三个要素是紧密联系,不可分割的。其中,第一要素权利人可以自主决定做出一定的行为是权利结构的核心。其他两要素都是该要素的延伸,也是为实现该要素而必需的保护手段。

**三、法律权利的分类**

法律权利可以从不同的角度,按照不同的标准加以分类:

(1)根据权利所体现的社会关系内容的重要程度,也即相关权利内容在权利义务体系中的地位、功能及社会价值,可以将权利分为基本权利和普通权利。基本权利是人们在国家政治、经济、文化生活和其他社会生活中的根本权利,是源于社会关系的本质,与主体的生存、发展、地位直接相关的,人生而应当有之的,不可剥夺,并且为社会公认的,因而也可以说是"不证自明的权利"。它们是人们在基本政治关系、经济关系、文化关系和社会关系中所处地位的法律表现,一般由宪法或者基本法所确认或规定,如我国《宪法》第二章所确认和规定的公民的基本权利即是。普通权利也就是非基本的权利,是人们在普通经济、文化和其他社会生活中的权利。通常由宪法以外的法律或法规来规定,如合同法、民法中关于缔约人权利的规定。

(2)根据权利对人们的效力范围,可以划分为一般权利与特殊权利。一般权利也被称为"对世权利",其特点是权利主体无特定的义务人与之相对,而以一般人(或者说社会上的每个人)作为可能的义务人。它的内容是排除他人的侵害,通常要求一般人不得作出一定的行为。国家的安全权、独立权、公民的各项自由权、财产权等均属此类。特殊权利也被称为"相对权利"、"对人权利"或"特定权利",其特点是权利主体有特定的义务人与之相对,权利主体可以要求义务人做出一定行为或者抑制一定的行为。

(3)根据权利之间的因果关系,可以将权利划分为第一性权利和第二性权利。第一性权利也称为"原有权利",是直接由法律赋予的权利或者由法律授权的主体依法通过其积极活动而创立的权利,如财产所有权、缔约权、合法契约中双方当事人的权利。第二性权利也称为"补救权利"或"救济权利",是在原有权利受到侵害时产生的权利,如诉权、恢复合法权益的请求权。

(4)根据权利主体依法实现其意志和利益的方式,可以将权利划分为行动权利和接受权利。行动权利使主体有资格做某事或者以某种方式采取行动,如选举权。接受权利使主体有资格接受某事物或者被以某种方式对待,如被选举权。

(5)根据权利主体的不同,可以将权利划分为个体权利、集体权利、国家权利和人类权利。个体权利是个人,也即自然人依法所享有的政治权利、经济权利、文化权利和其他社会权利,通常被称为公民权利。集体权利是社会团体、企事业组织、法人等集体所享有的权利。国家权利是国家作为法律关系的主体以国家或社会的名义所享有的各种权利,如对财产的所有权、审判权、检察权、外交权等。人类权利是指人类作为一个整体或者地球上的所有居民共同享有的权利,如环境权、和平权、发展权等。

# 第二节　法律义务

## 一、法律义务的概念和构成

法律义务是国家通过法律规定,对法律主体的行为的一种约束手段。它表现为或者要求人们必须根据权利的内容做出一定的行为,或者要求人们不得做出一定的行为。其特征有四个方面:

(1)法律义务是实证的,即法律义务具有法律性质和效能,它们有的是由法律规范明文规定的,如公民的义务;有的是可以从法律规范的精神中推定出来的,如国家机关的义务。

(2)义务有明确的界限。这表现在:①义务以社会承受能力为限度。权利和义务所体现的利益以及为追求这种利益而采取的行动是被限制在统治阶级的根本利益和社会普遍利益之中的,是受社会的经济结构以及社会的文化发展水平制约的;②义务与权利互为界限。

(3)与权利的能动性不同,义务是受动的。在任何情况下,义务的承担者都不能自行放弃或拒绝履行法定义务。

(4)与权利一样,义务归根到底是手段而不是目的。

法律义务结构是个异常复杂的问题。一般最常见的是按照积极义务与消极义务的种类来对义务的内部结构进行分析。要求人们必须积极做出一定行为的义务,在法学上被称为"作为义务"或者"积极义务",如赡养父母、抚养子女、纳税、服兵役等。要求人们不得做出一定行为的义务,被称为"不作为义务"或"消极义务",例如不得破坏公共财产、禁止非法拘禁、严禁刑讯逼供等。

## 二、法律义务的分类

作为法学的核心范畴,义务与权利在分类上可以采用同样的标准,这样更有利于我们深刻理解权利与义务的联系。

1. 根据义务所体现的社会关系内容的重要程度,也即相关义务内容在权利义务体系中的地位、功能及社会价值,可以将义务分为基本义务和普通义务。

与基本权利一样,基本义务是人们在国家政治、经济、文化和其他社会生活中的根本义务,是源于社会关系的本质,是与每一个社会主体的生存、发展、地位直接相关的义务。基本义务不可转让、规避,其为社会所公认,因而也可以说是"不证自明的义务"。基本义务是人们在基本政治关系、经济关系、文化关系和其他社会关系中所处地位的法律表现,一般由宪法或者基本法确认或规定,如我国宪法第二章所确认的公民的基本义务就是如此。普通义务也就是非基本的义务,是人们在普通经济、文化和其他社会生活中的义务,通常由宪法以外的法律、法规规定。

2. 根据义务对人们的效力范围,可以划分为一般义务与特殊义务。一般义务也称"对世义务",其特点是无例外地适用于每个人。每个义务主体无特定的权利人与之相对。一般义务的内容通常不是积极的作为,而是消极的不作为。例如,任何人不得损害国家的独立和安全,不得损害其他公民的人身自由等。特殊义务也称"对人义务"或"特定义务",其特点是义务主体有特定的权利主体与之相对,义务主体应当根据权利主体的合法要求做出一定的行为,以其给付、协助等行为使特定权利主体的利益得以实现,如在一般的民事法律关系中的当事人义务均属此类义务。

3. 根据义务之间的因果关系,可以将义务划分为第一性义务和第二性义务。与第一性权利相对应,第一性义务是由法律直接规定的义务或者由法律关系主体依法通过积极活动而设定的义务,其内容是不允许侵害他人的权利,或者适应权利主体的要求而做出一定的行为的义务。义务主体以自己的作为或者不作为满足权利主体的合法主张,如宪法中规定的公民的纳税义务、服兵役义务等。第二性义务与第二性权利相对,其内容是违法行为发生后所应当负担的责任,如违约责任、侵权责任、行政赔偿责任等。

4. 根据义务主体应对权利主体依法实现其意志和利益的方式,可以将义务划分为消极义务和积极义务。消极义务和积极义务分别应对权利主体的行动权利和接受权利。消极义务的内容是不作为,积极义务的内容是作为。当权利主体有资格做某事或者以某种方式做某事时,义务主体处于避免做任何可能侵犯权利主体行动自由之事的消极状态,即不得干预、阻止或者用可怕的结果威胁权利主体。当权利主体拥有接受权时,义务主体处于给付某物或者做出某种对待的积极行动状态。

5. 根据义务主体的不同,可以将义务划分为个体义务、集体义务、国家义务和人类义务。个人义务是自然人依法应当承担的义务,其中包括对其他个体的义务,对集体的义务和对国家的义务。集体义务是社会团体、企事业组织、法人等集体所承担的义务。国家义务是国家依法承担的义务,如保护公民的合法权益,为社会弱势群体提供物质或非物质帮助,对因遭受国家机关及其工作人员的侵犯而蒙受损失的公民给予赔偿的义务等。人类义务是指人类每个成员、每个群体、每个国家都应当承担的义务,如尊重人格、不互相伤害,禁止种族歧视和迫害,维护世界和平、维护生态平衡等。

## 第三节　法律权利和法律义务的关系

### 一、法律权利和法律义务的一般关系

(一)法律权利和法律义务的联系

1. 权利和义务具有法定性。它们都是由法律规范规定的,这种规定既可以是由立法机关直接明确规定下来的,也可以是委托或者授权其他有关机关加以明确的;同时,它还可以是从法律规定的原则或精神中被推定出来的。因此,法学上的权利和义务是"实证"性质的,是有客观依据的。所以,法定性是权利和义务的共同的存在形式。

2. 权利和义务是主观性与客观性的统一。法律权利和义务的规定,反映的是掌握政权的阶级和集团的意志和愿望,反映了占统治地位的利益关系,它首先反映的是一定阶级的意志,具有主观性;同时,这种意志又是最终取决于社会物质条件的,生产方式决定着权利和义务的内容。马克思说过,权利永远也不会超出社会的经济结构以及由此而决定的社会的文化发展。因此,权利和义务也具有客观性。法律权利和法律义务是社会客观生活条件与人的主观精神相结合的产物。

3. 权利和义务都具有确定的界限。一方面,权利与义务所体现的利益和为追求这种利益所采取的行动是受到掌握政权的阶级的根本利益和由这一阶级所允许和承认的社会公共利益限制的,违背了统治阶级利益和社会公共利益的所谓"权利",将被认为是对"权利"的滥用。另一方面,权利和义务互为界限,自己权利的最大外延正是他人权利的最小外延,因此,尊重他人的权利就成为一切权利有效的界限。

4. 权利和义务从哲学上讲归根到底都是手段,不是目的。它们是掌握政权的阶级和集团分配利益和负担,实现政治统治和社会管理的巧妙手段,是社会控制的"工具"。同时,它们也是社会成员实现自我利益的手段。

(二)法律权利与法律义务的区别

1. 权利与义务产生的历史条件不同。义务的出现早于权利,当人们一开始处

于社会群体中时,义务观念就已经产生,人们服从氏族首领、服从习惯都是义务存在的客观表现。可以说,最早的义务的出现与人们认识自然和改造自然的能力低下有联系,当人们不能认识、解释利用、驾驭某种自然现象时,就产生了畏惧心理和遵从意识,原始社会道德和宗教习惯中已经出现了义务。当然,这还不是法律义务。权利的出现与人对自身的利益的认识有联系,至少在没有私有制以前,还没有真正的权利意识。

2. 权利和义务的功能不同。权利的功能在于满足人的需要,实现人的利益,而义务的功能是限制利益或要求付出某种利益,如果说权利使人"得",那么义务则使人"失"。

3. 权利与义务对人的行为的指引方式和目的不同。权利提供的是不确定的指引和选择性指引,而义务提供的是确定性指引。权利概念的内容包括:有权利的人自己可以从事某一行为(如选举投票)或者不从事某一行为(如选举弃权),也可以要求他人做出或者不做出某一行为。如果人们这样行为,将带来某种肯定性的后果,如果有人妨碍权利人做出这种行为,那么,权利人有请求国家职能机关给予保护并排除妨碍的权利。授权性的法律规范的目的一般是鼓励人们,至少是容许人们从事法律所指示的行为。义务概念的内容包括:义务人必须根据权利人的要求做出或者不做出某种行为。应做的不做或者不让做的却做出,就应当承担某种否定性的法律后果。义务性规范的目的是防止人们做出违反法律指引的行为。

4. 权利和义务的能动性不同。比较而言,权利具有能动性,义务具有受动性。法律权利给予了权利主体在法定范围内为实现利益要求而表达意志、做出选择、从事一定活动的自由,包括在一定条件下转让权利或交换权利的自由,具有任意性和选择性。而义务的承担者在任何情况下都不能自行放弃义务或拒绝履行义务,义务具有不可选择性、被迫性、强制性。此外,权利的能动性还表现在法定权利在不同主体的实际行为中,由于各自的能力、条件、权利意识不同,权利的实现程度也不一样。

**二、法律权利和法律义务的特殊关系**

权利和义务是十分重要的法律现象,二者之间密切相关,相互影响。从宏观的、整体的意义上讲,可以把权利与义务之间的关系概括为:历史发展上的离合关系,结构上的相关关系,数量上的等值关系,功能上的互补关系,运行上的制约关系和价值意义上的主次关系。

**(一)历史发展上的离合关系**

权利现象和义务现象早在原始社会末期已经产生,但由于当时远古先民们的个人利益与氏族整体利益是同一的,而且当时的社会交往仅限于氏族和氏族公社内部,所以,权利与义务还没有被人们意识到,还处于混合的、不可分离的状态。

正如恩格斯所指出的,在氏族制度内部,权利和义务之间还没有任何差别。人人都是权利主体,也是义务主体。后来,随着生产力的发展、工具的改进、劳动生产率的提高,特别是三次社会分工的出现,破坏了氏族组织内部的平等的血缘关系。社会分工导致生产资料的不同占有,导致产品交换的开始,同时也就产生了个体意识和私有观念,个人利益与社会利益出现了冲突,并进而形成了奴隶主与奴隶两大阶级之间的对立。斗争的结果是,奴隶主阶级凭借自己的经济实力取得了胜利,并建立了维护本阶级利益的国家,把有利于本阶级的利益关系以法律形式确认下来,确立了奴隶主对奴隶的占有、使用的权利,以及奴隶作为奴隶主财产的必须履行的"义务"。权利与义务在阶级之间、社会成员之间出现了分离状态。人类历史上的第一个阶级社会是奴隶社会,权利与义务的相互分离正是从这个社会开始发生的。封建社会是封建主阶级掌握生产资料、掌握国家政权的等级特权社会,法律面前人人不平等,权利与义务的分配上不公平,实行差别对待和阶级压迫,法律几乎把一切权利赋予一个阶级,几乎把一切义务推给另一个阶级。资本主义社会虽然在法律上规定人人平等,每个人都平等地享有各种权利和自由,但是,由于资本主义私有制本身所具有的人与人在经济上和事实上的不平等,决定了法律上的权利与义务的平等是难以真正实现的。空想社会主义者傅立叶指出,许多写在纸上的权利,都是不现实的。把这些权利赋予那些没有办法实现的人,那是对他们的一种侮辱。资本主义社会只是在形式上体现了权利与义务的结合,实际上二者仍然是分离的,这在广大劳动人民身上体现得尤为突出。无产阶级及其领导的广大人民,推翻了剥削阶级的统治,建立了社会主义公有制的经济基础,人民成为国家政权的主人,这就为权利与义务的真正结合提供了可能。社会主义国家,法律明确规定公民在法律上一律平等,权利与义务相统一,不存在无权利的义务,也不存在无义务的权利。权利与义务在历史发展过程中的离合关系,是人类社会不断文明和进步的必然反映。

(二)结构上的相关关系

权利与无权利是对应关系,而权利与义务是相关关系,即互相关联、对立统一。权利和义务,一个表征利益,另一表征负担;一个主自由,一个主限制;一个是主动的,一个是被动的。因此,可以说权利和义务是法这一事物中两个分离的、相反的成分和因素,是两个互相排斥的对立面。但是,它们之间又是相互依存、相互贯通、相辅相成的。相互依存表现在权利和义务不可能孤立的存在和发展。它们的存在和发展都以另一方的存在和发展为前提,没有得就无所谓失,没有权利也就无所谓义务。相互贯通表现为权利和义务的相互渗透、相互包含以及在一定条件下的相互转化。有些行为,既有权利的特色又有义务的属性,如劳动既是公民的权利又是义务,公民也有受教育的权利和义务。权利享有者如滥用权利,对社会利益造成破坏,就会转化成法律责任,甚至会受到法律制裁。相辅相成表现为在现代法治条件下,公民的权利和义务具有平等性,国家机关与公民和法人之间的权利与义务也是平等的,权利越多,义务越多,职权越大,责任越大。

（三）数量上的等值关系

从社会制度的总体意义上讲,一个国家的权利与义务总量应该是相等的。如果既不享受权利也不履行义务可以表示为零的话,那么,权利与义务的关系就可能表示为以零为起点向相反的两个方向延伸的数值,权利是正数,义务是负数,正数每展长一个刻度,负数也一定展长一个刻度,而正数与负数的绝对值总是相等的。一个社会中权利的投放量与义务的投放量是相等的,总量上是平衡的。

（四）功能上的互补关系

权利与义务对人们行为的作用机制是不同的,权利是通过利益的诱导与激励来作用于行为,义务是通过惩罚与逼迫来影响行为的。法律对社会关系的调整,正是采用权利与义务两种作用机制互相配合、互相补充来完成的。具体说主要表现在三个方面:①权利直接体现法律的价值目标,义务保障价值目标的实现。②权利提供的是不确定的指引,是对人们行为选择的允诺与许可;义务提供确定的指引,明确地规定了行为的界限和方式。③权利可以由权益主体自行放弃,而义务则不能随意免除和放弃。权利与义务在法律调整中,前者是引力,后者是推力;前者重得,后者重失。二者的相互转化,既适合了人性中某些避苦求乐的特点,也适应了阶级统治中赏罚并用的需要。

（五）运行上的制约关系

权利与义务是人们在社会生活中行为、意志与利益的得失状态。在社会互动过程中,权利与义务之间互相制约。一方面,从个人与国家的关系上讲,国家的权利和义务制约着个人的权利和义务。国家立法机关行使立法权,制定了法律规范,这就要求个人必须遵守,立法权导致了守法义务的产生。行政机关依法执行公务,行使行政权,公民必须服从行政机关的指挥活动。但是,行政权也是行政职责,职权的行使必须接受监督。公民和法人如果不服行政机关的行政决定,可以通过行使诉讼权,请求司法机关对具体行政行为的合法性进行司法审查,这就表现了公民权对行政权、司法权对行政权的制约。另一方面,从国家机关相互之间以及公民相互之间的关系上看,也存在着权利与义务的互相制约问题。如全国人大常委会有权审查和撤销国务院和省级人大制定的行政法规与地方性法规,这是权利对权利的制约;司法机关有权对违法犯罪的国家机关工作人员给予处罚,这是权利对义务的制约。在公民之间的民事关系、婚姻家庭生活中,也广泛地存在着权利与义务相互制约的关系。权利与义务在运行上的相互制约,从一个侧面表明,权利和义务是有界限的,特别是权利的行使必须受到监督,任何人都不得滥用

第
十
五
章

权利或权力,当然也不得规避义务和推脱责任。权利与义务的相互制约,保证了社会生活的稳定与秩序。历史的经验和教训证明,不受制约的权力,必然产生腐败,不受制约的权利,也会导致混乱。

（六）价值意义上的主次关系

在法律体系和法律运行中,权利与义务是互相关联、对立统一、互相制约的。但它们之间的地位并非完全等同。相反,二者之间在价值位阶上有主次之分,或者说有主导与被主导之分。关于权利与义务谁为主导的问题,也就是我国法学理论界所提出的权利本位还是义务本位问题。

权利与义务在价值意义上的主次关系即何者为本位的问题,其哲学认识论的基础是马克思主义的唯物史观。马克思主义认为,任何事物内部都存在着矛盾,存在着相互对立、相互依存、相互转化的两个方面。在这两个方面中,又存在着矛盾的主导方面与非主导方面的区分,其中矛盾的主导方面处于支配地位。在一定条件下,矛盾的主导方面与非主导方面可以互相转化。权利与义务是法律现象中矛盾运动的两个方面,当然,它们之间也必然存在着主次之分。

权利与义务的主次地位的确定,必须是主客观条件相统一的结果。从客观方面讲,它取决于社会生活中根本的利益关系即生产关系中人与人的地位,取决于生产资料的所有制,取决于经济资源配置方式。一般来说,私有制最能导致利益分配与负担的不平等,所以,容易产生少数人的特权与大多数人的义务本位;公有制与平等具有更为密切的联系;竞争性、自主性经济运行,必然要求以权利为本位,而自然经济则要求以义务为本位。从主观方面讲,权利与义务何者为主导,取决于人的主体意识的发展状况。在大多数人尚未清醒地意识到自我人格的独立性,以及通过正当途径实现自己需求的时候,当人们对自然界、社会的认识尚处于感性阶段时,不可能执着地追求自由与权利。反之,当人们向往平等、追求幸福的意识普遍提高的时候,权利意识也必然会增强。从主观与客观相统一的角度上讲,权利与义务的主次地位是由经济关系所决定的人的主体意识的状况来确定的。在古代社会,在自然经济、专制政治及相应的伦理文化背景下,义务是主导性矛盾;而在近现代社会,在商品经济、民主政治及相应理性文化的背景下,权利本位是社会发展的必然要求。当然,在此本位只是重点,是出发点和归宿点,是法律运行的逻辑起点,是法律调整的立足点。以权利为本位,权利处于主导地位,是在坚持权利与义务相统一的前提和基础上所说的。

**参考文献**

1.［英］米尔恩:《人的权利与人的多样性——人权哲学》,夏勇、张志铭译,中国大百科全书出版社

1995 年版。

  2. 夏勇:《中国民权哲学》,三联书店 2004 年版。

  3. 张文显主编:《马克思主义法理学——理论、方法和前沿》,高等教育出版社 2003 年版。

## 思 考 题

  1. 什么是权利和义务? 二者是什么关系?

  2. 试述法律权利和法律义务的本质和特征是什么?

  3. 法律权利与法律义务之间是什么关系?

第十五章

# 第 16 章

## 法律责任与法律制裁

**【内容提要】**

　　法律责任既可以理解为特定的法律义务，也可以看做一般法律义务的延伸（第二性义务），重在强调违反第一性义务的后果及其否定意义。法律责任具有法定性和国家强制性的特征。法律制裁是法律责任的强制实现方式。

**【基本概念】**

　　法律责任、法律制裁、刑事责任、民事责任、行政责任、违宪责任、免责、归责、刑事制裁、民事制裁、行政制裁、违宪制裁

## 第一节　法律责任的概念

### 一、法律责任的概念

　　法律责任是"法律"与"责任"的复合词。仅就"责任"一词而言，它在不同历史时期和不同国家，内涵不尽相同。如英语中，"责任"一词源于"response"，与拉丁文"*responclere*"（即回答）之意相同。关于"*responclere*"，据英国学者哈特阐释，其原意是对指控或控告予以答辩或反驳。这种指控或控告一经确认，便包含着惩罚、谴责或其他不同处置的义务。因此，责任的基本含义是未能驳倒一项指控的人应对其所为的行为承担受惩罚或谴责的义务，而应承担受惩罚或谴责之义务的人则必须想法反驳一项指控且未能驳倒该项指控。[1] 简言之，哈特将责任归于一种对其所为行为承担受惩罚或谴责的义务。

---

〔1〕　［英］哈特：《惩罚与责任》，王勇、张志铭等译，华夏出版社 1989 年版，第264页。

中国古代,"责任"有索取、责备、要求、处罚、负责、欠债等意义。现代汉语中,"责任"一词通常在两个彼此联系的意义上使用:①是指分内应做之事,如尽责、工作责任、岗位责任等;②是指没有做好分内之事而应承担的某种不利后果或负担,比如追究责任、违约责任等。

与现代汉语中"责任"一词的基本用法相对应,法律责任概念一般也有两种解释。广义的法律责任是指任何组织和个人都有遵守法律的义务,都应自觉地维护法律的尊严。这种意义上的法律责任与法律义务同义。狭义的法律责任指行为人由于违反法律义务而产生的某种不利的法律后果或负担。应该指出,关于狭义的法律责任,也有学者强调其受惩罚或制裁的意义。如凯尔森认为,法律责任就是指,如果做与法律规定相反的行为,他就应受制裁;还有学者认为法律责任是由违反法定义务引起的带有强制性的第二性义务,强调法律责任的义务性和依附性。本书侧重的是法律责任作为违反法定义务或第一性义务的后果及其否定意义,但这并不意味着否定法律责任与法律义务的联系。

无论广义或狭义的法律责任,都与法律义务有密切关系。只不过广义法律责任中所指法律义务是指第一性义务或原有义务,即指行为人负有的应当实施某种行为或不应当实施某种行为的义务。如果在"应做"或"必须做"意义上理解,狭义法律责任当然也是法律义务,但与广义的法律责任相比,它是指行为人由于违反了第一性义务而产生的应当承担赔偿、补偿、处罚或制裁的义务,即所谓第二性义务。在这里,第一性义务划定了责任的范围,行为人只能在其违反的第一性义务的范围内承担责任;第二性义务则是行为人违反第一性义务后所处的应赔偿或制裁的地位,它们之间存在着因与果的关系。

法律责任是法学的基本范畴,在法律中处于极其重要的地位。早期人类社会的立法和司法都是紧紧围绕着法律责任的依据、范围、承担者以及法律责任的认定、归结和执行等问题展开的,呈现出明显的"责任中心"的特点。在现代社会,法律责任制度有了进一步的发展,已成为保障人权、维护秩序的重要工具。

**二、法律责任的本质**

法律责任的本质是深藏于法律责任现象背后的,构成法律责任的各基本要素的内部联系。法律责任的本质是在现象认识基础上所进行的抽象,它对人们正确理解法律责任具有指导意义。然而,法律责任很复杂,关于法律责任本质的认识也有多个层面或方面。因此,古今中外,人们关于法律责任本质的论述极其丰富,出现了很多观点或学说,如道义责任论、社会责任论、规范责任论、人格责任论、报应责任论和补偿责任论等。其中,前三种学说影响较大。

道义责任论源自古典自然法学,并为古典哲理法学所推崇。它认为一个人有充分的自由意志,有控制、选择自己行为的能力。因此,他应该为自己道德上的过错承担责任。行为人违反了法律就是违背了正当行为的道德命令,因而要承担法律责任。也就是说,承担法律责任是对行为人违法行为的道德责难。

社会责任论认为,社会是利益互动系统,违法或违约行为并非主体个人所能掌控,它由不以主体意志为转移的客观条件决定。因此,法律责任只能根据行为的环境、社会危害程度来确定,其目的是修正主体行为,使主体符合、适应社会要求。在此基础上,社会责任论认为道义责任论是个人主义时代的观念,"过错责任"已不合时宜,应被"公平责任"或"无过错责任"所取代。

规范责任论强调法律责任与法律规范的相关性,认为它是法律规范对行为评价的结果。法律责任的评价是法律规范对行为所进行的否定性评价,是不利的法律后果;其目的是消除和抑制滥用权利和不履行义务,从而恢复正常的社会关系和社会秩序。

本书认为,应当将法律责任置于整个法律秩序乃至社会整体之中进行分析。在社会共同体中,每个人在追求各自特殊利益的同时,也存在共同的社会利益、国家利益或集体利益。社会秩序或法律秩序要求人们在追求自己的利益的同时尊重他人的利益,并维护和促进社会利益、国家利益和集体利益。为此,法律对应当维护的利益加以规定,并以法律上的权利、义务、权力作为保障这些利益的手段。法律所规定的权益受到侵害也就意味着法律所确认的利益格局、维护的社会秩序被侵犯或被破坏。因此,利益冲突的存在决定了法律责任的必需性,它是国家对破坏法律所确认的利益分配格局行为给予的否定性法律评价,是国家强制责任人作出一定行为或不作一定行为,救济受到侵害或损害的合法利益与法定权利的手段,从而保障权利与义务的实现,恢复被违法行为破坏的社会关系和社会秩序。由此,法律责任是促使主体依法享有权利、自觉遵守法律、履行法律义务的重要保障机制。

### 三、法律责任的特点

法律责任与道德责任、政治责任、宗教责任、纪律责任既有联系,又有区别。其联系在于它们都指某种不利后果;区别主要表现为以下两个方面:

#### (一)法定性

承担法律责任的依据是法律规定。无论违法或违约,其主体承担的不利后果或负担,即法律责任要由国家法律预先设定。法律责任的发生条件、性质、程度、范围都要由法律明确规定;如果法律责任不能被顺利承担,强制归责的机构及其权限和程序也要由法律明确规定。总之,法定性是法律责任的重要特征,依法承担和追究是发生和实现法律责任的基本要求。任何责任主体都有权拒绝承担非法律明文规定的责任,任何实施和适用责任的主体都无权向任何责任主体实施和追究法律明文规定以外的责任。

（二）国家强制性

法律责任是法律规定的责任主体向国家、社会及其他人承担的不利后果或负担。因此，法律责任的追究和实现必然得到国家强制力的保证。也就是说，如果法律责任没有顺利承担，有关国家机关将依照法定职权和程序强制实施法律责任。这里应当明确，法律责任具有国家强制性是就责任实现的一般情形而言的，并不是说所有法律责任的实现均需国家强制力介入，如民事责任可以由当事人自行协商和承担。如果责任人没有承担民事责任，国家才强制保证实施责任的追究和执行。

# 第二节　法律责任的种类与构成

## 一、法律责任的种类

法律责任的种类是指法律责任的不同表现形态，它是根据不同标准对法律责任所做的划分。从历史上看，法律责任的种类是随着法律的不断发达和法律责任的分化而逐渐丰富发展起来的。如在诸法合体的中国古代社会，法律责任由单一的刑事责任构成；民事责任是随着由诸法合体到民刑分立的转变逐渐从刑事责任中分化出来的，后来成为与刑事责任并列的一种独立的法律责任。现代社会，法律调整的社会关系日益复杂，法律体系的门类由最初的主要为民法和刑法发展成为由宪法、刑法、民法、经济法、行政法、诉讼法等众多法律部门构成。与此相应，法律责任也发展成了由性质各异、程度不同的法律责任构成的有机整体，即法律责任体系。依据一定的标准，法律责任的种类可划分为以下几种：

（一）惩罚性责任与非惩罚性责任

根据责任承担的方式，法律责任可分为惩罚性责任与非惩罚性责任。

所谓惩罚性责任是指以法律的道义性为基础，通过国家强制力对责任主体实施人身、精神以及财产方面惩罚的法律责任。以刑法为主的公法责任就以惩罚为核心目的，如刑法上的各种刑罚以及行政法上规定的行政处分与行政处罚等都属于惩罚性法律责任。此外，民法上的支付违约金也应视为一种惩罚性责任。

所谓非惩罚性责任，是指以法律上的功利性为基础，通过当事人要求或者国家强制力保证，使责任主体以作为或不作为形式承担弥补或赔偿的法律责任。以民法为主的私法责任以补偿或赔偿为主，主要是非惩罚性责任，如民法上的返还财产、恢复原状、赔偿损失、修理、重做、更换等。此外，行政补偿与司法补偿也属于非惩罚性责任。

（二）违宪责任、民事责任、行政责任与刑事责任

根据行为所违反的法律规范的性质不同，法律责任可分为违宪责任、民事责

任、行政责任与刑事责任。

所谓违宪责任，是指国家机关制定法律和法规、规章或者国家机关、社会组织或公民的活动与宪法相抵触而产生的法律责任。违宪责任的产生原因是违宪行为。当前世界上许多国家都设有专门的机构和制度来确认违宪行为、追究违宪责任。在我国，监督宪法实施的权力属于全国人民代表大会及其常务委员会。

所谓民事责任，是指民事主体违反民事义务、侵犯他人民事权利或因特定的法律事实出现所承担的不利后果。民事责任分为合同责任和合同外责任。合同责任指违反民事约定所产生的法律责任；合同外的责任主要是侵权责任，另外还有无因管理和不当得利产生的责任。民事责任是以救济为主的法律责任，其目的主要是救济民事权利，补偿损失。由此，民事责任主要是财产责任，是一方当事人对另一方的责任。在法律允许的条件下，民事责任可以由当事人协商解决。

所谓行政责任，是指行为人违反行政管理法规或因某些特定事实的出现所承担的不利后果。行政责任包括公民、组织等行政相对人不履行行政管理法规的要求而承担的责任，以及国家机关及其工作人员因违法行为所承担的责任。行政责任的种类分为惩罚性和补偿性两类：前者包括行政处分和行政处罚；后者包括赔礼道歉、消除影响、恢复名誉、行政赔偿等。

所谓刑事责任，是指犯罪主体因其行为触犯刑法所必须承受的不利后果，是一种强制犯罪人向国家承担的法律责任。刑事责任是一种严厉的惩罚责任，它主要是个人向国家承担的非财产责任。所谓非财产责任是指它以人身、人格或行为作为责任的承担内容，其方式是限制、剥夺人身自由或生命。我国刑法所设定的刑事责任主要针对人身，但也有生命刑，如死刑。此外，刑事责任也有由集体向国家承担的财产责任，即所谓"法人犯罪"或"单位犯罪"。刑事责任只能由国家司法机关予以追究，并且主体在承担刑事责任时可以附带承担民事责任。

（三）过错责任、无过错责任与公平责任

根据主观过错在法律中的地位，可以把法律责任分为过错责任、无过错责任与公平责任。

所谓过错责任，是指以存在主观过错为必要条件的法律责任。也就是说，有过错才有责任，无过错就无责任，主体承担责任是以其行为有主观过错为前提的。过错责任原则起源于古代罗马法，为近代各国民法普遍确认并一直沿用至今。过错责任是法律责任中最古老、最为普遍的责任形式，也是各国传统部门法中最基本的归责原则。

所谓无过错责任，是指不以主观过错的存在为必要条件而认定的责任，也就是说，承担这种责任不必考虑行为人是否存在主观过错。无过错责任是伴随近代科学技术和工业大生产的发展而产生的，是工业现代化生产的产物。随着社会化大生产的迅速发展,危险增加,事故和公害增多,而要证明侵害人有过错往往有困难。尤其是大型危险性工业的兴起,随时可能给他人造成损害。为了保障社会安全和人体健康,约束和预防事故的发生,世界各国陆续在民事立法、经济立法和行政立法中规定了无过错责任。我国对于无过错责任的规定主要集中在民法和经济法的一些规定中,比如民法通则规定的危险责任和环境保护法规定的环境污染责任。一般来说,无过错责任不适用于刑法。

所谓公平责任,是指法无明文规定适用无过错责任,但适用过错责任又显失公平,因而不以行为人有过错为前提并由当事人合理分担的一种特殊的责任。它与无过错责任一样,不以行为人的主观过错为责任承担的前提。但与无过错责任不同的是,它仅适用于法律无明确规定要适用无过错责任,但如果适用过错责任又显失公平或违背公平合理原则的情形。公平责任反映了道德意识与法律意识、社会责任与法律责任的某种有机统一。我国法律在民事责任方面也规定了公平责任。如我国民法通则规定,当事人对造成损害都没有过错的,可以根据实际情况,由当事人分担民事责任。

除了上述这些基本分类外,法律责任还有其他分类。如按照责任主体不同,法律责任可以分为公民责任、法人责任和国家责任;按照归责条件的严格程度不同,法律责任可以分为严格责任、较严格责任和非严格责任;按照承担责任的限度不同,法律责任可以分为有限责任和无限责任;按照责任的内容不同,法律责任可以分为财产责任与非财产责任。

**二、法律责任的构成**

主体承担法律责任必须按照一定标准,符合法定条件。法学上通常把主体在承担法律责任时必须具备的条件或符合的标准称为法律责任的构成。法律责任构成是国家机关确定行为人的法律责任时进行分析判断的标准。具备法律责任的构成,法律责任就存在;不具备或不完全具备法律责任的构成,法律责任就不存在。因此,认识法律责任的构成对于正确地执法和司法具有重要意义。

关于法律责任的构成,人类经历了一个长期的探索过程。早期立法认定主体责任时并无严格的构成要素。随着立法和司法经验的积累,人们逐渐找到一些参数,如心理状态、动机、后果等,以此来确定法律责任。如我国古代断案要求作到情、理、法三合;古印度法要求先弄清真实的动机、地点和时间,并且考虑能力和罪过,而后归责,这些都是早期人们关于责任构成要素的认识。应当指出,在认定和归结法律责任方面,无论古代的东方或西方都始终未能摆脱责任擅断的困扰。资产阶级启蒙时期以后,随着法治的发展和完善,罪责擅断问题被逐渐克服,不具备法律规定的构成要素不能对主体科以法律责任,即罪责法定原则被确立。现代社会,关于法律责任构成一般认为包括以下几大要素:

第十六章

（一）责任主体

任何违法都是由一定的主体实施的，没有主体就没有违法，当然也不存在法律责任。责任主体是法律责任的必备要素。所谓法律责任主体是指具备法律责任能力，依法应当承担法律责任的人。

作为责任主体的一般是人。违法是人类社会有目的、有意识的特定行为，因而构成违法应当承担法律责任的主体只限于人类社会及其成员，除人以外的动物、物品、自然现象等，均不能成为责任主体。然而在早期社会中，由于人类认识世界能力极大不足及威慑主义刑法观的影响，曾出现过将动物、物品和自然现象作为责任主体加以惩罚的情形，比如判处疯狗死刑、把大钟鞭笞、流放等。现代社会摒弃了这些愚昧做法，坚持作为法律责任主体的只能是人。这里所说的人，既指自然人，也包括法人及作为特殊法人的国家。将人作为责任主体也反映了社会的文明与进步。

责任主体必须具有法律责任能力。所谓法律责任能力是指主体辨认和控制自己行为的能力。辨认能力一般指主体对自己的行为在法律上的性质、意义、作用、后果的分辨识别能力，即对自己的行为是否为法律所禁止的认识能力。控制能力一般指主体选择自己实施或不实施为法律所禁止的某种行为的能力，即决定自己是否以行为触犯法律的能力。辨认能力和控制能力往往与主体的年龄、精神状况、生理功能等有着直接关系。辨认能力是法律责任能力的基础，控制能力是法律责任能力的关键。辨认能力和控制能力是法律责任能力的两个必备内容。责任能力是责任主体的核心要素，没有责任能力，就表明主体不能认识自己的行为或者对自己的行为没有选择的余地，也就不应该将其作为责任主体予以追究。

（二）责任客体

所谓法律责任客体是指责任主体的行为所指向、影响、作用和侵犯的对象。如果责任主体的行为没有也不可能影响、侵犯任何对象，就不可能构成违法，也不存在法律责任。因此，法律责任客体是法律责任构成的基本要素。

关于法律责任的客体，即责任主体的行为所指向、影响、作用和侵犯的对象，人们看法不尽相同。有人认为责任客体是指法律所保护的利益，如生命、自由、安全等；也有人认为责任客体是指责任主体行为所指向的具体事物，如人、财物等；还有人认为责任客体就是责任主体行为所侵害或者威胁的社会关系等。本书认为，无论主体的行为是侵犯了财产权，还是非财产权，其归根到底是对法律所保护的社会关系和社会秩序的侵害和破坏。因此，法律责任的客体是为法律所保护而被违法行为所破坏的社会关系。国家追究违法者责任的目的在于通过敦促、强制法律责任主体履行义务，以弥补受到侵害的权益，恢复法律秩序。

（三）责任行为

责任行为是连接责任主体与责任客体的纽带，在法律责任中居于相当重要的地位，所谓"无行为则无违法亦无责任"。所谓法律责任行为是指责任主体在自己的意识和意志支配下所实施的危害社会且违反法律的活动。作为一种法律行为，责任行为与一般的社会行为有着明显不同：

（1）责任行为一般是法律所禁止的行为。法律对主体行为规定了明确的范围，如果实施了为法律所禁止的行为就构成了责任行为。

（2）责任行为是危害社会的行为。责任行为的本质就是其对社会的危害性；如果主体行为不具有任何社会危害性，就不可能成为违法行为，因而也不能构成责任行为。

（3）责任行为是主体在自觉意识或意志支配下所实施的行为。责任行为不能离开主体的意识与意志而独立存在。主体在自己的意识与意志支配下实施危害社会的行为表明行为人在主观上有过错。只有主观上有过错的，其行为才构成责任行为。如果主体实施的危害社会的行为不是在自己的意识与意志支配下做出的，则其行为不构成责任行为。

（四）行为与损害之间的因果关系

一般说来，人们只对自己行为所造成的损害后果负责任；若损害事实的发生与某人的行为无关，他就不应该承担责任。因此，行为与损害之间有因果关系，是构成法律责任的必要条件。所有法律通常都要求证明因果关系，认定法律责任的重要任务就在于证明因果关系。

因果关系有很多表现，法律上所讲的因果关系是特殊的因果关系。它不仅要求两种事物、现象存在一般的时空联系，而且要求一方导致和必然引起另一方的产生。法律上的因果关系包括直接因果关系和间接因果关系。直接因果关系即某人的行为导致了某种损害的产生，比如甲盗窃乙的财物，导致乙财产上的损害。间接因果关系指某人的行为与损害有关，是损害的必要原因。西方法律上以"必要条件"和"倘没有便不能"规则加以限制，而其直接原因则为替代的、后加入的原因或不可抗力。比如甲伤害乙，乙受伤后感染破伤风死亡，则甲的伤害行为与乙的死亡之间存在间接因果关系。因果关系的方式不同，常常决定责任的轻重与有无。作为损害直接原因的行为原则上要承担法律责任，而作为间接原因的行为只有在法律有规定的情况下才承担法律责任。

应当指出，在承担连带责任和替代责任的场合，责任人并无行为，当然谈不上因果关系。如果把直接原因人的行为包括在内，则也必须先证明行为与损害之间的因果联系，而后将责任连带或转嫁给连带责任人或替代责任人。

## 第三节 法律责任的归结与实现

**一、法律责任的归结**

法律责任的归结,是指由特定国家机关或国家授权的机关依法对行为人的法律责任进行判断和确认的活动。归责是法律责任承担的前提,但不必然导致法律责任的承担。不同的法律责任具有不同的归责基础和归责要件。法律责任的成立与否取决于行为人的行为及其后果是否符合相应的归责基础与归责要件。

归责是一个复杂的判断和认定过程,应在一定的原则指导下进行。所谓归责原则是指认定和归结法律责任时所必须遵循的基本准则。作为特定法律制度价值取向的体现和反映,归责原则既引导着法律责任的立法,也指导着法律实践中对责任的认定与归结。一般说来,归责所必须遵循的原则如下:

(一)责任法定原则

所谓责任法定原则是指作为一种否定的法律后果,法律责任应当由法律规范预先设定;当违法行为或法定事由出现时,应按照法律事先规定的责任性质、范围、程度、期限、方式追究行为人的责任。责任法定原则是归责的首要和基本原则,它包括以下要求:

(1)归责主体是特定的国家机关或国家授权的机构,这是法律责任与其他社会责任的重要区别之一。如在道德责任领域,每个社会成员都可以将违反道德的责任直接归结于违反者,而法律责任不然。在我国,民事法律责任的认定和归结权属于人民法院和有关仲裁机构;刑事责任的认定和归结权属于人民法院和人民检察院;行政责任的认定和归结权属于人民法院和有行政执法权的国家行政机关;违宪责任由全国人大及其常委会认定和归结。

(2)反对责任擅断。责任法定与责任擅断是相对的,实行责任法定,必然反对责任擅断。它要求任何认定和归结责任的主体都无权向任何一个责任主体追究法律规定以外的责任,任何责任主体都有权拒绝承担法律规定以外的责任,应当坚持“法无明文不为罪”、“法无明文不处罚”的原则。

(3)反对有害追溯,即不能以事后的法律追究在先行为的责任或加重责任。否则,责任法定难以实现。

(4)责任法定一般允许人民法院运用判例和司法解释等方法行使自由裁量权,准确认定和归结行为人的法律责任。这与责任法定原则的基本精神是相统一的。

(二)责任相称原则

责任相称原则又称违法行为与法律责任相适应或相均衡原则,指法律责任的性质、种类及轻重应与责任主体的违法行为及其造成的后果的性质和轻重等相适应,它表明了责任的尺度与行为后果之间的对应关系。违法行为与法律责任相适应作为法律责任认定中的一项基本原则是人类不断探索、认识和实践的结果。这项原则的基本要求是有责当究、无责不究、轻责轻究、重责重究。也就是说,法律责任的属性应与违法行为的性质相适应,相同的违法行为追究相同的法律责任,数个违法行为要同时并究;法律责任的大小应该充分反映违法行为的轻重,即"罚当其罪"。现代国家普遍将责任相称确定且体现在法律规定之中。我国为了实现对轻重不同违法行为的不同追惩,在法律中也设置了性质各异、轻重衔接、宽严相济的法律责任体系,基本解决了违法行为与法律责任相适应的问题。目前的问题在于有关国家机关在适用法律、追究主体法律责任时,一定要以事实为根据、以法律为准绳,尽可能避免发生有悖于法律精神的偏差。

（三）责任自负原则

所谓责任自负原则是指谁违反了法律,就由谁承担法律责任,国家法律只追究参与了违法行为的责任主体,而不连累那些与责任主体仅有亲属、亲戚、朋友、邻居等关系并没有参与违法行为的人。责任自负与责任株连相对。在古代社会,法律责任连坐或株连制度曾长期盛行,一人犯法,与犯法者有一定关系的人也连带治罪、连带判刑。现代国家法律摒弃了这一野蛮做法,普遍实行责任自负原则。我国社会主义法的本质决定了法律责任的认定必然实行责任自负,反对株连。有关国家机关在认定主体法律责任过程中要时刻遵循法律责任自负的原则,坚决杜绝随意扩大追究法律责任的范围,株连无辜的亲属或他人的现象与做法。责任自负原则是现代法的一般原则。当然在某些特殊的情况下,为了法律秩序特别是财产保护的需要,也会发生责任转承问题,比如监护人对被监护人承担替代责任、上级对下级承担替代责任等。

（四）责任平等原则

法律责任平等原则实际上是"法律面前人人平等"的法治原则在法律责任领域中的体现。平等作为法律的重要价值贯穿于国家执法、司法和守法的全过程,而执法、司法方面的平等主要就是通过法律责任上的平等来实现的。在我国,法律责任的平等原则是指我国有关法律责任的规定对于责任主体,不分其所有制性质、机关或公民个人以及公民的民族、种族、性别、职业、社会出身、宗教信仰、财产状况等,都是统一适用的。任何责任主体都依法对自己的违法行为承担相应的法律责任,就是国家作为特殊责任主体成为责任法律关系的一方,同样也要受责任主体平等原则的束缚。总之,任何责任主体都不得享有规避法律责任的特权。为了真正实现法律责任的平等原则,当前必须反对的是超越法律的特权。

## 二、法律责任的免除

法律责任的免除是指法律责任由于法定条件而被部分或全部免除。免责可分为法定免责和约定免责两大类。这里的免责是法定免责,它不同于中国封建社会在法律外对法律责任的赦免,即所谓"法外施仁"。同时,这里的免责也不同于"不负责任"或"无责任"。免责以法律责任的存在为前提,而后两者并不存在责任,如正当防卫和紧急避险行为不负刑事责任。从我国的法律规定和法律实践看,主要存在以下几种免责情形:

1. 时效免责。即法律责任的存续超过法定期限而被免除。如我国《刑法》规定,法定最高刑为不满 5 年有期徒刑的,经过 5 年不再追诉;法定最高刑为 5 年以上 10 年以下有期徒刑的,经过 10 年不再追诉;法定最高刑为 10 年以上有期徒刑的,经过 15 年不再追诉;法定最高刑为无期徒刑、死刑的,经过 20 年不再追诉。这意味着如果没有法律的特别规定,犯罪行为超过法定期限就不再追究其法律责任,法律责任因时间流逝而消失。时效免责的意义在于保障当事人的合法权益,督促法律关系的主体及时行使权利,结清权利义务关系,提高司法机关的工作效率,稳定社会生活秩序,促进社会经济发展。

2. 不诉免责。法律规定有些法律责任的承担以受害人的"告诉"为前提,即告诉才处理,不告不理。也就是说,受害人或有关当事人不向法院起诉要求追究行为人的法律责任的,行为人的法律责任就实际上被免除。在我国,大多数民事违法行为是受害当事人或有关利害关系人告诉才处理。有些刑事违法行为也是不告不理,如《刑法》第 257 条规定,暴力干涉他人婚姻自由的,告诉才处理。

3. 主体死亡。法律责任是通过责任主体的行为加以实现的。如果责任主体在还没有承担起应当承担的法律责任就已经死亡时,那么法律规定由其承担的法律责任自然也就归于消亡。

4. 赦免。赦免是国家对犯罪分子免除其罪或刑的一种法律制度。赦免分为大赦和特赦两种。一般说来,大赦是国家对一定时期的某些种类或一般的犯罪分子实行普遍赦免。特赦是国家对特定的犯罪分子免除其刑罚的全部或部分。我国现行法律中规定的赦免仅指特赦。被特赦的犯罪分子其剩余刑罚均不再执行。

5. 因履行不能免责。在财产责任中,在责任人确实没有能力履行或没有能力全部履行的情况下,有关的国家机关免除或部分免除其责任。如由于遭遇不可抗拒的灾祸缴纳罚金确实有困难的,可以免除,这一免责充分体现了追究法律责任的人道主义精神。

6. 自首或立功免责。自首或立功属于全部或部分免除刑事责任的法定事由,其主要是基于责任主体的后续补救行为,对责任主体的法律责任部分或全部免除。

### 三、法律责任的实现

法律责任是主体因违法行为、违约行为或法律规定而承担的某种不利后果或负担。如果责任主体依法承受了这种法律上的不利后果或负担，或者说责任主体依法履行了法律责任主体产生的特殊义务时，法律上规定的法律责任也就得以实现。实现法律责任的重要意义不仅在于违法行为受到制裁，被损害的权益得到补偿，被破坏的法律关系和秩序得以恢复，公平正义的法律价值得到体现；更重要的是，它使法律的权威得以建立，捍卫着法律的尊严。法律责任的实现方式多种多样，概括而言，主要有两种情形，即主动实现和被动实现。

所谓法律责任的主动实现是指责任主体自觉承担了法律上的某种不利后果或负担，从而使法律责任因实现而归于消灭。如违约者主动支付违约金、赔偿损失；侵权主体自觉停止侵害、赔礼道歉。法律责任的主动实现主要发生在民事责任和经济责任之中，它不引起国家强制力量的启动，是责任主体的自觉行为。

所谓法律责任的被动实现是指责任主体根据国家司法机关和行政机关等法定归责主体的确认和归结，被动地承担了法律上的某种不利后果或负担。法律责任的被动实现要借助国家强制力，它表现为：法定的归责主体要依法确认和归结法律责任，责任主体必须依据生效的法律文件，如判决或裁定承担法律责任。法律责任的被动实现主要发生在违宪责任、刑事责任、行政责任以及诉讼责任之中，其责任主体履行责任的行为具有迫于国家强制力的被动性。法律责任的被动实现方式又称法律制裁，它是实现法律责任的重要和基本方式。

### 四、法律制裁

#### （一）法律制裁的概念和作用

"制裁"泛指用强力管束并处罚有不法行为的人，使其不得胡作非为。"制裁"与"惩罚"词义相近但不完全相同："惩罚"有严厉处罚之意；"制裁"除了惩罚之意外，还有用强力管束、控制和抑制不法行为的涵义，其内容更为丰富。制裁的方式和种类颇多，如政治的、道德的、宗教的、习惯的以及社团组织纪律等。法律制裁是制裁的一种，是特定国家机关对责任主体依其应负的法律责任而实施的强制性惩罚措施就是法律责任的被动实现方式。

法律制裁的作用是通过法律制裁对人及社会发生的影响。它主要表现为以下三个方面：一是惩罚，即通过法律制裁，违法行为人的违法行为受到了惩罚。法律制裁的惩罚作用主要表现在宪法、刑法和行政法等公法领域。二是赔偿，即通过财产责任的追究，使受到侵犯的权利或利益得到赔偿和补偿。法律制裁的赔偿作用主要表现在私法领域。三是预防，即通过法律制裁，教育违法者及其他社会成员，从而预防违法犯罪行为。

（二）法律制裁的特点

法律制裁与其他社会制裁既有联系又有区别，其特点如下：

（1）法律制裁以法律责任为前提，是追究法律责任的直接后果。因此，没有法律责任就没有法律制裁，但有法律责任也不一定有法律制裁，法律责任可能因法定原由而被免除。

（2）法律制裁的主体是法律规定或授权的国家机关，其他任何组织或公民个人均无权实施法律制裁。如刑事制裁只能由司法机关进行，行政制裁由人民法院和有权的行政机关进行。

（3）法律制裁的承受者是法律责任的承担者。法律制裁是在归责主体和责任主体之间所建立的关系。其中，责任主体不一定是违法主体即违法行为的实施者，如责任转承情形。

（4）法律制裁的客体，即法律制裁所指向的对象可以是人身、财产、权益、名誉等。由此，法律制裁的方式多种多样，包括针对人身的制裁，如刑罚、行政处罚等；针对财产的制裁，如罚金、没收财产；针对权益的制裁，如剥夺政治权利、撤销违宪的法律、法规等规范性文件；针对名誉的制裁，如训诫、赔礼道歉、具结悔过等。

（5）法律制裁必须依照法定职权和程序进行，具有严肃性和严格性。

（三）法律制裁的种类

根据所涉及的法律规范的性质以及相应的法律责任的种类，法律制裁可以分为刑事制裁、民事制裁、行政制裁、违宪制裁。

刑事制裁是指根据刑事法律规定，责任主体依照其所应承担的刑事法律责任而被施加的强制性惩罚措施，又称刑罚。刑事制裁是最早出现的一种制裁形式，主要针对人身，也针对生命和财产。如我国刑法所规定的刑罚除了管制、拘役、有期或无期徒刑和死刑外，还有剥夺政治权利和没收财产、罚金。

民事制裁是根据民事法律规定，责任主体依照其所应承担的民事责任而被施加的强制性惩罚措施。民事制裁是继刑事制裁后出现的一种制裁形式，主要针对财产。

行政制裁是根据行政法律规定，责任主体依照其所应承担的行政法律责任而被施加的强制性惩罚措施。行政制裁包括行政处分和行政处罚。前者针对的是国家机关工作人员，后者针对的是行政管理相对人。

违宪制裁是根据宪法规定，责任主体依照其所应承担的违宪责任而被施加的强制性惩罚措施。在我国，实施违宪制裁的机关是全国人民代表大会常务委员会；违宪制裁的方式是撤销与宪法相抵触的法律、法规等规范性文件、罢免国家机关领导人员。

## 参考文献

1. [英]哈特:《惩罚与责任》,王勇、张志铭等译,华夏出版社 1989 年版。

2. [奥]凯尔森:《法与国家的一般理论》,沈宗灵译,中国大百科全书出版社 1996 年版。

3. 沈宗灵:"论法律责任与法律制裁",载《北京大学学报》(哲学社会科学版)1994 年第 1 期。

4. 刘作翔、龚向和:"法律责任的概念分析",载《法学》1997 年第 10 期。

5. 张骐:"论当代中国法律责任的目的、功能与归责的基本原则",载《中外法学》1999 年第 6 期。

## 思 考 题

1. 法律责任与法律义务是什么关系?

2. 什么是法律责任? 法律责任的种类有哪些? 它们之间的区别是什么?

3. 试比较刑事责任、民事责任、行政责任和违宪责任的构成。

4. 试分析违法行为、法律责任与法律制裁的关系。

5. 法律制裁的种类、形式与社会发展的关系各是什么?

第十六章

# 第五编　法治论 <<<

## 第 17 章
## 法治与法治原则

### 【内容提要】

法治论从总体上负担着澄清法治基本概念、论证法治价值、分析我国社会主义法治国家建设理论问题的任务与职能。我国封建人治历史长久,法治启蒙任务艰巨。本章讲述法治概念与法治原则。法治是现代民主人权时代有关政治和法制建设的一种综合性的价值目标,以及由此产生的一系列基本的行动原则及其实现过程和结果。法治与人治根本对立,而国家法治化进程同政治民主化进程息息相关。人们内心中对法治的认识、信念和情绪属于法治观念范畴,法治观念在制度体系上的表现即转化为法治原则。应当从法治的实体性与形式性两个方面把握法治原则。

### 【基本概念】

民主政治、人治、法治、法治观念、法治原则、形式法治、实质法治、良治

## 第一节　法治与人治

### 一、法治的概念

正如《牛津法律大辞典》所说,法治是"一个无比重要的,但未被定义,也不是

随便就能定义的概念"[1] 现代学者对法治的认识是多元的,有从法律的发展上把法治视为法律发展的一个阶段或一种类型;有从社会状态上把法治定义为法律秩序;有从社会权威的角度把法治定义为表达法律特性的、所有权威机构都必须服从的某些原则;还有从正义论的角度把法治界定为形式正义或作为规则的正义。我们认为,从本质上讲,法治是现代民主人权时代有关政治和法制建设的一种综合性的价值目标,以及由此产生的一系列基本的行动原则及其实现过程和结果。有关政治法制建设的价值目标和行动原则,在不同的时代有着不同的内容。在古代社会,法律只是统治者的一种治国方略、一种治国手段。因此,在我国古代社会服务于专制统治的"法治"并不与人治相对立,只是与"礼治"、"德治"分主次。在现代社会,法治是与人治针锋相对的,它意味着在国家中法律具有最高的权威,以规制公共统治权力为重心,以保障和促进全体国民的民主权利和个体尊严为指归。

由此看来,法治与法制概念有明显的区别。法制是一个描述性概念,是法律和制度的总称。法制建设是关于法律和制度方面的建设,这种建设存在于任何有法律的社会。历史地看,法制始终受制于国家权力甚至统治者的专制暴政,这也就充分说明了法制概念本身无力发展出一套彻底的规制统治、捍卫人权的观念和制度。与之对应,法治却是一个价值性概念,只是某些社会法制建设的一种奋斗目标,是人们从现代民主人权观念出发,在对法制的作用和优越性的充分认识的基础上提出来的一种价值选择和一种理想境界。这种价值目标并不存在于任何社会和任何人的心目中,它的产生需要一定的历史条件。这种条件,从法律自身来说,有赖于法律的充分发展,只有当法律不仅发展为一套精巧的技术,而且不再是个人随意性意志的体现而具有较大的公意性和科学性时,才能产生法治观念。显然,只有在民主社会才可能提法治问题,因为只有通过民主途径产生的法律才可能体现公意和保护公益,也只有这种法律才能具有权威性和得到人们的尊重和遵守,从而达到法治状态。当然,法治与法制也绝对不是对抗性关系。应该说法治概念完全吸收法制概念,并侧重于法制本身的价值与原则方面。法治当然离不开法律制度,也必然要求最终表现为一个良好的法律秩序,但仍然要强调的是不是任何一种法律制度和法律秩序都称得上法治,否则我们在高举"依法治国,建设社会主义法治国家"旗帜的同时,大步流星奔向的很可能仍然是一种人治甚至专制之下的法制。

基于上述分析,从统合法制理论的角度看,作为一种有关国家、社会治理的综

[1] [英]戴维·M. 沃克:《牛津法律大辞典》,北京社会与科技发展研究所译,光明日报出版社1989年版,第790页。

合性的价值目标及其实现过程和结果,法治概念包含下述三个方面的内容:

(1)从对国家社会的治理职能上看,法治意味着一种宏观的治国方略。在此意义上,法治要求在一国全部的权威之中,法律具有至上的地位;一国最基本的治理方式是法律,而不是任何其他社会规范或社会力量;法律成为判断是非、认定权利义务的最高准则;法律权威、法律信仰和普遍守法是治国方略意义上法治最基本的要求。

(2)从对人类尊严与发展的意义上看,法治意味着蕴含在法律及其治理之中的一套均衡中和的价值观念和良好的社会生活状态。这个意义上的法治要求一个国家的法律制度能够通过一种政治文明或者说制度文明的内在功能的有效释放,贡献于国民个体的自由发展和民族国家的繁荣进步。进而意味着法治自身具备最基本的价值含量,并在政治制度上实行民主。

(3)从自身内在运作逻辑结构上看,法治是法治观念、法治原则、法律制度和法律秩序的动态统合。

**二、法治与人治的本质区别**

近年来伴随"依法治国"方略的提出,要"法治不要人治"已经成为一种人所共知的政治话语。不仅如此,街头巷尾还经常可见"依法治市"、"依法治水"、"依法治路"、"依法治税"等标语口号。然而,这些貌似厉行法治的口号,如果不能跳出"以法治民"的人治逻辑,其实是没有多少法治含量的。毫无疑问,法治和人治是对立的,但更复杂的问题在于,实行法治并不排斥人的因素和作用。因此,用口号式的方式凸显人治与法治的对立、通过对人治的简单贬抑来张扬法治,即便对于唤起民众的法治意识、表达一种彻底告别人治的反传统的路向抉择有其必要性和社会效果,但在严肃的理论与实践问题面前,无疑是太过简单化了。人治概念的简单与模糊,是我们法治理论简单与模糊的反映。由于一切治理原则或者治理方式最终都离不开人的因素,对于法治而言,我们同样要面对法律是由人制定、由人实施的,以及法律思维同样属于"人"的思维等等这样一些事实,那么,法治和人治之间究竟存在怎样的区别? 为什么说,现代社会,法治和人治是决然对立的,"从人治到法治"是人类政治理念和治理方式上的一次质的飞跃、"要法治不要人治"是当下中国现代化建设的必然选择? 中外人治都存在着对社会治理问题以及对法律问题的深刻见解,以及社会治理上的有效实践,其中更不乏与现代法治在理论与实践上的困惑、疑难直接相关联的方面,法治如何面对人治的遗产和挑战? 换言之,在抛弃人治观念和体制之后,法治如何发展出真正能够取代人治的、精微有效的人与法的理论与实践,从而真正告别国人对人治的向往、杜绝人治思潮和人治现象的回潮? 作为一套深刻、复杂的政治哲学和中外历史上反复出现的有效的社会治理模式,人治始终是法治应当借以反思从而需要认真对待的一个宿敌。

（一）人治是什么

人治是对"为政在人"和"贤人政治"这样一种理想的治国理念和治国方略的概括。古今中外，由于观念、条件和历史任务的差异，导致对于"贤人"的标准，以及治理的手段上的不同，使得人治出现多样化的具体形态。比如，孔子眼中的理想政治状态是通过统治者的德行教化，达致对周礼的回归，因而表现为"德治"和"礼治"；柏拉图从其"理念论"出发，钟情于借助"哲学王"的"理想国"，因而更多的是一种源自希腊知识论哲学传统的"知识的统治"；法家法制学说，极力主张借助法律强制建立的王权专制等级制度，在皇权人治的终极立场上与儒家政治学说并不存在本质差别，因此最终"内儒外法、儒法合流"；新中国建立以后，我们在很长一段时间内国家治理完全依赖于中国共产党的政策，而党的政策在产生机制上受制于党的领袖，在实施机制上更提倡干部、党员的政治表率和道德模范，从而致力于一种社会主义的新人治。通过这些彼此分歧、对抗，甚至被认为具有某种超越关系的人治现象，我们可以把握它们背后作为人治的本质属性和内在逻辑。

1. 人治对统治者个人的理性和道德能力持乐观态度。西方基督教的"原罪"教义在人治论者的心目当中是完全不存在的。套用哈耶克的分析范式，人治理论当中有极强的建构理性的倾向。"为政在人"和"贤人政治"的一个基本前提是社会上源源不断地产出着为政治统治所需的德行兼备的英雄人物。然而就像孟子自己所说："五百年而圣人出"，何况这个"圣人"又是被人治意识形态层层放大的产物。历史的经验表明，对"贤人政治"的追求，在理论上是虚幻的，在实践上，则必然转化为对现实统治的放任与美化。

2. 人治对统治与权力赋予了善的价值。古人把统治百姓叫做"牧民"，这里面包含了人治论者核心的政治理念：历史是由贤者来把握的。在将统治者贤人化的同时，人治论者同时赋予了统治与权力本身毋庸置疑的善的价值。"修身、齐家、治国、平天下"作为一种崇高的人生境界激励着一代又一代的社会精英投入统治与被统治的权力漩涡之中一展怀抱。问题在于，贤人理念同统治权力无阻碍地对接，其结果只能是公共权力的"异化"。个体的独立与尊严在"施恩"与"忠义"的核心社会结构之中，只能通过权力中介得到扭曲的展现。

3. 人治必然向独裁暴政转化。基于上述两点，人治对被统治者讲"他律"，而对统治者讲"自律"，因而就统治者的统治行为而言，人治最大的特点是随意性。政治关系的非规则化和政治手段的非常规化必然是互相促进的。由此意味着只要统治者认为为统治所需，那么独裁暴政也是完全正确的。换言之，人治虽然不直接就是独裁暴政，但是，人治一方面不彻底排除独裁暴政的采用，另一方面，更缺乏防止独裁暴政出现的有效的制度措施。对于人治，各种牵制力量要么只是人治内部的权力争夺和实力较量，要么也就只能劝善，却决然没有力量使之必善。

"人存政举、人亡政息"对于人治来说,实在是最深刻的一句箴言。这句出自人治论者自己口中的话,既是对"为政在人"的强硬坚持,又何尝不是对人治之下政局叵测、人治理想最终破灭的判断与哀叹。

4. 人治最终是国民政治主体地位缺失的产物。人治背后是社会成员的身份等级秩序,所谓"唯贤者宜居高位"。贤与不贤表面上看是一个道德和能力的概念,实际上从来也不可能脱离财产、职位以及意识形态等非道德内容。治理既然是由人而出,那么基于各种前提产生的人与人的身份等级关系必然在治与被治中得到最大的强化。沦为统治对象的民众只能在感叹统治者贤德的前提下,享受统治者赐予的权利与利益。在治乱因循的低水平重复中,中国数千年的人治统治,既出现了对当时民众所造成的深重灾难,更形成了深厚的人治传统和官本位的特权等级观念,为整个民族的政治法律现代化带来沉重的包袱。

(二)人治和法治的区别

法治是与人治对立的治国方略。这种对立在古代和近代,其内容和表现形式都不尽相同。一般地说,法治和人治的对立,表现在以下三个方面:

(1)国家治理主要依靠法律还是道德?人治论者认为国家主要应由具有高尚道德的圣君、贤人通过道德感化来进行治理。法治论者则认为主要应由掌握国家权力的人通过强制性的法律来治理。

(2)对人的行为的指引,主要依靠一般性的法律规则,还是依靠针对具体情况的具体指引?人治论强调具体指引,法治论强调一般性规则。这两个方面的对立在中国古代的儒法之争和古希腊柏拉图与亚里士多德的分歧之中均有深入的涉及。

(3)政治制度上的民主与专制之间的对立,这是法治与人治之间的本质对立。这一对立在柏拉图和亚里士多德之间已经有所涉及,但显然局限于奴隶制民主的现实环境。因此,法治论和人治论在政治制度上的根本对立主要出现在17、18世纪资产阶级革命时期,一些先进思想家在反封建专制时所提出的政治思想和政治纲领中。在我国古代儒法两家关于法治和人治的争论中从未涉及民主与专制的分歧。

20世纪中国关于法治与人治的历次讨论,已在理论上明确了法治与人治这两种治国方略的界限不在于是否承认法律运行中人的因素,而在于从主体上,法治是众人之治(民主政治),人治是一人(或几人)之治(君主专制或贵族政治);法治依据的是反映人民大众意志的法律,人治则依据领导人个人的意志;法治之法是政治的目的性所在,人治之法是政治意志的工具。法治与人治的分界线首先是:当法律与当权者的个人意志发生冲突时,是法律高于个人意志,还是个人意志凌驾于法律之上;或者说,是"人依法"还是"法依人"?其次,应当将道德定性为精神文明范畴,从而与作为制度文明的法律严格界分。道德当然会对法治产生影响,但这种影响必须以能够转化为法律问题和能够纳入法治的运作机制为前提。任何一个现代国家都必须保持国民道德在整体上的中立、多元与开放。依靠国家政权进行道德的强制执行不但违背道德的自律本性,对自由、法治造成伤害,而且从根本上讲是不利于国家社会的发展进步的。在这方面,我们有着长久而惨痛的历史经验教训。对于规范性调整和个别性调整的矛盾,应当明确这是一个根源于法律内在属性与局限的问题,并不构成从整体上对法治的否定。当然,它需要我们在法律的框架下尽可能地对其协调和解决。

应该强调的是,人和法的关系问题决不仅仅是人治和法治的立场问题,将人和法的关系总体上定位为法治当中人的因素或人的作用也不会取消这种因素或作用本身与法和法治之间的紧张甚至对立。从这个意义上讲,人治与法治的三种对立中,虽然第三种是二者的本质对立,但并不意味着前两种对立对于法治来说是没有多大意义的。相反,在选择了法治之后,我们同样要长期面对产生于人和法的深层关系的问题对法治的理论与实践的挑战。这就要求我们一方面要进一步深化法治理论的研究,尤其是要从法治理念出发,关注法律思维、法律方法、法律职业等法治的操作性问题的研究,从中国社会发展的实际之中逐步探索出符合现代法治精神的具体的治理模式和措施,同时也时刻要对法律乃至法治本身的限度与局限保持清醒地认识,避免一种过于浪漫而空洞的法治观念引发完全违背法治基本原理的错误实践。道德也好,人治也好,在某种程度上都是在表明,法治不可能是尽善尽美的,彻底实行法治是有代价的。我们尤其不能抱持一种机械主义的法律观,似乎人可以躺在制度上等待着美好未来的降临。说到底,法治的每一步都是需要我们为之奋斗的事业。

## 第二节 法治与民主政治

### 一、民主、民主政治

民主是一个根源于人的主体性独立地位的概念。作为一个在社会关系当中表征和维护人的独立主体地位的概念,民主是与被支配、被决定的客体地位相对立的。由于政治关系在所有社会关系中的核心地位,民主最集中的表现领域就是政治民主。历史地看,每个国家的国民主体性地位都有一个发展、变化的过程,因而民主发展的过程首先表现在享有民主的人的种类和数量的变化上。马克思列宁主义历来坚持从阶级的观点出发,认为"民主是一种国家制度",是什么人对什么人的统治问题,无疑抓住了阶级社会民主的最大或者说最实质的问题。

在古代社会,对于普通民众来说,民主问题和民主意识总体上处于盲目的状态,中国儒家的"民本"最多是对统治者实行仁政的规诫,而无伤专制等级秩序之大本,与民主实隔天渊。西方古代的自然法思想面对现实也只能得出"各得其所就是正义"的保守结论。所谓"兴,百姓苦;亡,百姓苦",面对英雄人物的权力争夺,民众的地位和力量是潜在的、间接的,民主总的表现是少数社会成员的特权。在资产阶级革命以后,民主的发展开始出现了质的变化。伴随着人权、自由、平等价值成为现代社会的基本观念,人的解放和人民主权上升为政治统治合法性的依据,民主的主体第一次被要求扩大到全体国民。社会主义国家的出现,致力于从经济基础、政治法律制度和思想文化建设上全面实现人民主权。

　　历史地看,社会主义的民主发展,同社会主义国家政权一道,经历了社会主义革命和社会主义建设两个时期。社会主义革命时期的民主问题必然集中在民主的主客体关系上,即采取一切必要的方式,包括在人民内部实行专制集权的方式,去夺取和捍卫人民民主,借以对敌人实施包括武装斗争在内的阶级专政。然而,这种现象在建国以后的长期延续,造成我们在强调政权的人民属性的同时,实际上忽略了人民民主的实现方式,在政权的运作上,出现了违背民主原则,甚至是严重的集权专制的情况。改革开放以来,我们对于阶级斗争同社会主义建设之间的关系作出了明确的界定,抛弃了"以阶级斗争为纲"的指导路线。由此决定了,当代中国民主的核心问题,必然从对民主主客体关系转向民主的实现方式,从而使社会主义民主的实质性发展提上了历史议程。换言之,对于一个已经存在人民主权的国家来说,如何具体地实现民主是当前中国民主发展的关键所在。

　　民主的基本原理是少数服从多数。少数服从多数,最大限度的保障民主成员的主体地位和意志,无疑是符合民主本意的。然而,民主的这条核心的操作性原则所体现的民主内涵与制度要求却绝非一个"服从"那么简单。从实践来看,这个核心的民主命题却存在着太多的反民主的曲解。

　　(1)作为民主原则的少数服从多数,显然是属于民主内部的问题,而不属于敌我斗争的问题。换言之,少数和多数一样,都是民主的主体,享有平等的民主权利和民主地位。主张少数服从多数,一旦获取多数就用专制暴政的手段对待少数,这决不是民主,而是迫害。

　　(2)少数和多数是流动和变化的。就人来说,一个人不可能在任何问题上都是少数派,也不可能在任何问题上都是多数派;就观点来说,同样存在着在不同时间、不同场合下多数与少数的之间的转化问题。因此,出于任何理由进行强制性的政治划界实质上都是反民主的。

　　(3)少数,包括服从了多数的少数,绝不应当被看做是一种错误、甚至丑恶的群体。民主之所以必要,决不在于统合大多数人的意志,尽管这是民主的当然的功能。相反,民主的必要性恰恰在于意志统合之前的多元与对抗状态。政治领域也罢、其他领域也罢，出于利益或观念的不同，社会成员的意志与见解必然是多元甚至冲突的。这既是人类社会的常态，也蕴藏着推动社会发展进步的力量与契机。古人云："敢为天下先"，鲁迅先生说"第一个吃螃蟹的人是勇士"，都是对少数的赞美与支持。少数不能藐视多数，这是民主对少数的必要的抑制。这一方面是因为绝大多数情况下，多数的意见代表着正确；同时更是因为，多数本身就是值得尊重也必须予以尊重的。但是，民主对少数的抑制以及多数决定的有效性，必然助长"搭车"现象，导致"集体无意识"的病态社会状况。

(4)少数服从多数的前提是存在一个能够借以进行少数与多数的合理确定的政治程序和政治制度，因此民主内在要求自身的程序化和制度化。而民主程序与制度的核心目标在于保障民主主体平等的独立地位和参与机会。民主制度的精义即在于一方面通过一套开放、合理的程序与制度安排，最大限度地达成对多元意志的吸纳、对话、妥协、合作，从而使得社会发展能够在一种社会成员之间公平竞争与稳定合作的层面上渐次展开；另一方面，在彻底实行少数服从多数、确保社会发展的稳定性与可预期性的同时，通过保障少数派的民主地位保留了民主制度的自我纠错能力，最大程度提供社会获取真理的渠道与机制。列宁说"真理往往掌握在少数人手中"，这句话往往被用来为专制者张目，实在是民主的悲哀。但同时，民主制度确实需要重视少数，要为少数向多数的转化提供平等的民主制度的保障。

民主政治作为民主的核心，就是要在国家政治生活中实行民主原则和民主制度。我国的民主政治实质是落实社会主义人民主权的本质要求，其前提是承认并尊重政治主张的多元化状态，要害在于坚持中国共产党的领导，同时进一步理顺党政关系，大力完善作为我国民主政体的人民代表大会制度，确保国民决定国家制度、管理国家事务的政治民主权利的有效实现。显然，民主、民主政治以及民主政体本身都同法和法治有着内在的深层联系。存在着共同的问题面向、致力于共同的价值追求，中国的法治化进程和民主化进程必然是同荣辱、共命运的。

**二、法治和民主政治**

(一)民主政治作为法治的政治基础，决定法治的本质和效能，也是法治发展最终的动力源泉

作为反专制、人治的法治本身就是现代民主意识和民主运动的产物，法治以民主政治为其政治基础，也就意味着，法治必须由民主政治支撑，以实现人民主权为自身的价值追求。民主决定法治的本质，根本上讲在于民主政治是主张一切权力来自人民的政治，从而决定了建立在民主政治基础上的法治与一般法制甚至专制的本质区别。换句话说，法治的标志主要不在于有无法律，法律多少，甚至也不在于法律实现的状况，而在于法律的制定与实施是否真正体现和维护人民的利益

和意志。人民的利益和意志决定统治的正当性和法律的"合法性",从而又从根本上决定着法律的效能。只有民众认同为"合法"的东西,民众才会把它转化为内在的行为规则而去自觉遵守和维护,法律的价值才能充分实现。只有认真对待公民权益的法律,才能赢得人民对它的信赖、尊重、支持和遵守,这样的法律本身也才是有价值的。

民主政治为法治提供了正当性的基础,同时也为法治指出了基本的制度原理。在民主政治下,国家的政治权力一方面来自人民,人民(作为整体)是权力的源泉;另一方面又被分解为公民(作为个体)的政治权利。这一状况决定着法治对待人民主权、国家权力和公民权利的基本价值取向和基本的制度原理。为了贯彻实现人民主权,法治必须采取人民主权决定国家权力、公民权利制约政府权力的治理原则。民主政治是与专制政治对立的。专制政治把政治权力变成以君主为首的少数人的特权,并由君主总揽其成。这种政治体制一方面扼杀了人民群众的政治动力、政治热情、政治责任和政治能力,使政治失去了社会基础,政治权力变成为社会的对立物;另一方面促使少数政治人物狂热地攫取并肆无忌惮地滥用权力,甚至为争权夺位大动干戈,铤而走险,导致周而复始的政治动荡和社会灾难。民主政治则把国家权力分解为公民的基本政治权利,赋予公民参政的资格和机会,把政治变成绝大多数人的事务,从而克服了专制政治的弊端。在民主制度下,公民享有法定的政治权利并承担相应的政治义务。国家权力的和平转移、政权机关的组建,都是公民按照既定的法律程序行使政治权利的结果;国家权力是在公民的参与和制约下依法运行和操作的;公民与国家机关工作人员的关系是主仆关系、委托人与受委托人的关系。这样,政权与社会融为一体,公民一方面以政治主体的身份采取主动的参政行动,影响、支持现行的政治决策和立法,从而大大增强了政治的动力,增强了法律的效能。另一方面,又时刻监视国家机关的行权活动,制止以权代法、以权压法、以权废法等破坏法治的行为,从而强有力地保障法律的实行和实现。

(二)民主政治必然是、也必须是法治政治,社会法治化的进程也必然带动民主的发展

民主政治必须是法治政治,首先根源于民主政治当中必须通过法治才能加以防范和规制的权力异化问题。民主政治的根本特征是国家的一切权力属于人民,人民当家作主。然而除了古代个别城邦实行直接民主外,在现代国家,特别是我们这样的大国,只能实行间接民主制,即代议民主制。这种体制意味着在政治权力的持有与政治权力的行使之间存在某种程度的分离。这种分离可能引起政治失控——政治权力不是按照权力所有者的整体意志行使,而是在运行中发生异变。以权谋私、贪污腐化、权钱交易、弄权渎职等政治腐败行为都是权力失控和异

化的现象。为了防止政治权力的失控和异化,就要求法律对国家权力的有效控制。

其次,民主政治必须是法治政治还根源于民主政治作为一种程序政治,要求法治提供有效的制度保障。民主的基本原理是少数服从多数,从这个意义上讲,任何民主政治实质上都是民主与集中的统一。只不过必须强调的是,民主集中制的科学内涵必定是程序性的,任何民主权利都必然是通过一套科学的民主程序来完成的,程序性保障了主体的独立地位和参与机会,提供了民主对话与合作的协商机制,有效地对抗程序终结之前强制性地统一意志的专制做法。民主的程序性是民主的生命所在,这就要求要有法治提供科学的制度供给和有效的制度保障。同时,对于民主来说,"集中"不是集中到某个人,而是集中到法律和制度;社会共同意志应当通过法律表现出来,而不应通过某个人或某个机关的指令或命令。作为民主结果的法律,本身就是民主的一个组成部分。随着法治意识的增强和法律技能的普遍提高,公民对民主程序化、规则化的要求和对一切政治活动必须符合法律的要求会越来越强烈,从而推动民主政治的法治化。

民主政治内在地要求法治。要实行民主,要保障和发展民主,就必须加强实施法治,必须建立起与社会主义民主政治相适应的法律体系。在当代社会主义中国,在有关政治主体、政治行为、政治关系、政治责任、政治程序方面的民主政治立法亟待加强。

## 第三节　法治观念和法治原则

### 一、法治观念

法治观念是指人们内心中对法治的认识、信念和情绪,是以意识形态表现出来的法治目标以及人们对此的信仰和情绪。法治观念包括着人们对法治的本质、作用、特征的认识,也包括人们对将来建立的法治社会的蓝图设想,还包括人们对这种理想的信仰和向往的情绪。从内容上讲包括一系列观念,如法律至上、良法之治、法律公意、权责平等、人民主权、守法护法等。

如果把法治的配套要素划分为软件和硬件两方面的话,那么,法治观念属于软件部分,其特点是既可存在于法律之前,或法律诞生过程中,亦可存在于法律之后。一般说来,超前存在的法治观念常为社会精英阶层所拥有,而在法治之法基础上推广的法治观念则为大众法治观念。对法治而言,法治观念不仅是其"催助剂"、而且是其"营养液"。说其是"催助剂",在于倘无超前的法治观念,则法治难以产生,如没有资产阶级革命前夜的法治思想启蒙,就没有近现代资本主义法治;没有近20年来中国法学界对法治的热切呼唤,中国的法治化进程将更加困难。

说其是"营养液",则在于法律一旦没有法治观念的支持,则必是"死法",而无法变成"活法"。这就正像美国汉德法官一句脍炙人口的法治箴言所说,"自由存在于男男女女的心中,如果它在那里死去,没有任何一部宪法、法律或任何一家法院能够挽救"。

法治观念可分为法治的价值观念和技术观念两个方面,其中价值观念决定着法治之法的质的方面,而技术观念决定着法治之法的量的方面。虽然法治之法有其统一的、恒定的、放之四海而皆准的质,但这并不意味着法治国家的法律无质的区别;相反,要在世界各法治国家找出完全相同的法律则是困难重重的。同样,法治之法也有天下同理的度量标准,但这并不意味着世界各国在法治之量的方面完全同一,其中最明显的则是大陆法系国家和英美法系国家运用截然不同的法律技巧成功地进行着各自的法治建设。这种法治观念在不同国家的差异也正是这些国家法治的特点所在。如果法治之法和法治观念在一个国家相匹配,则该国的法治之路事半功倍;反之,则事倍功半。

严格意义上的法治观念只是对法治目标的内心感受的设想,并不包括对实现此目标所应采取的方式和方法的设想。也就是说,它只回答法治"是什么"的问题,并没有回答人们应该"怎么办"的问题,或者说尚没有转化为行为准则。法治原则能回答后一个问题,因为它不仅包含着法治目标,而且包含着实现此目标的方式和方法,因而它不同于作为观念的法治原理。它已使法治原理公意化和技术化,使之带有准则性和应用性,能对人们的行为做出规定,虽然还只是一般性的、不甚明确和不甚具体的规定,但它已为进一步制定明确的行为准则指明了方向和打下了基础。当然,法治观念和法治原则的区别是相对的,有些法治观念也是法治原则,如法律至上,既是法治的核心观念又是基本原则。

**二、法治原则**

法治原则是法治制度建构和运行方式的指导思想和一般准则,是法治观念在制度体系上的表现。从根本上讲,法治原则属于制度范畴,决定并反映着法治的阶级本质和社会价值。

由于不同时代和不同社会的人们对法治社会目标的设想是有差别的,因此,法治原则不是永恒不变的,而是具有相对性。这表现在不同时代有不同的法治原则,或对某法治原则有不同的理解。对于当代中国的法治建设来说,应当从法治的实体性与形式性两个方面把握法治原则。实体性原则和形式性原则是法治原则当中紧密联系、互相制约的两个方面,法治是以自身的形式品性来促进和捍卫其实体价值的实现的。

法治的实体性原则是指向法治的精神追求和实体价值、目标的原则。一般来说,法治必须坚持的实体原则有:①公民的生存与安全原则;②公民的自由与平等原则;③社会共同福利原则;④国家的和平与发展原则;⑤社会正义原则。尽管各国由于经济制度与发展状况的不同,对于上述原则的具体内容有着不同的体认,在具体的制度运作上也有不同的安排,但是,这些实体性原则作为现代社会基本的价值追求和政治理念,决定着法治发展的总体方向,从各自国情出发尽可能地落实上述原则,从而避免法治沦为一种纯粹的统治工具和恶法之下的暴政,则是国际社会的基本共识。

法治的形式性原则是指向法治的制度形式与运行方式的原则。一般地说,法治的形式原则包括:

1. 法律至上原则。这既是法治的核心观念,也是法治最基本的原则,或者说是法治最直接的要求。这就意味着在国家中法律具有最大权威,用潘恩的话来说,"法律是国王"。也就是说,法大于权,法大于执政者。执政者的活动不能凌驾于法律之上,应纳入法律的轨道。从法治体系内部来说,法律至上必然要求宪法至上,并实现有效的违宪审查的制度运作。有必要指出的是,在强调法的权威性的同时,不能以一种纯粹形式的、甚至机械的观点来看待法,根本的要求是符合法的精神,这就要求从对法和法治所追求的实质性的价值原则的充分关注和正确把握出发,在法律解释和法律推理之中发挥法律职业者捍卫法治精神的能动力量。

2. 普遍性原则。这一原则既表现在法的制定方面,又表现在法的实施方面。对法的制定而言,既要求法律公布和广为宣传,还要求法律的内容要反映客观规律和符合公意,因而能普遍适用于所有人,并且具有如德沃金所说的"整体性",即发展变化中前后的连贯性、稳定性和总体的统一性。由此产生出法律的稳定性原则、公开性原则以及避免法律冲突等。而要做到这些,在立法中必须坚持平等参与原则,使所有的人都有机会参与立法活动或监督立法过程,都能充分地表达自己的意见。对执法而言,它要求法律适用上的一致性,即类似情况类似处理或法律面前人人平等。因此这一原则不允许法律内容庞杂、体系混乱、互相矛盾;不允许法律秘而不宣;也不允许在执法中搞特权,两把尺子、两种对待。当然,这并不是说反对不同情况区别对待,不注意事情的特殊性,但必须要在法律的范围内进行,一方面要慎用特别法的制定,另一方面要严格把握法律适用的幅度。

3. 可行性原则。这是对法治之法的一个基本要求,其基本特点是已公布之法必须符合实际,能为广大群众所接受,具有可操作性。也就是说,符合国情和民心,不规定那些根本办不到或有悖于民意的事情,甚至也不规定那些只有先进分子才能做到的事情,即仅仅是高层道德的要求。换言之,法律不是纯粹象征性的事物,更不是口号宣言。因为不管是出于什么样的主观愿望,法律本身不具有可行性对法治造成的伤害是极其严重的:一种情况下,强制实施这样的法律,结果必然是天怒人怨,严重动摇法治的正当性基础;反之,放任这样的法律成为一纸空文,出现"法之不行与无法同",则又极大地损伤法律的整体权威,破坏民众对法治的基本预期与信念。因此法治的可行性原则要求法律本身要从中国的实际出发,根据我国的文化传统、当前人民的价值观念,注意处理好从外国移植有关法律和从本国寻找先进的经验以作为新法律的素材的关系。要立足于国内,不能原封不动地照抄外国的法律。要有所选择,要使之与中国的文化相结合。

4. 自治性原则。法治的自治性原则,意味着面对各种社会关系和社会力量,法治在整个法律体系及其运作空间与运作状态上具备一种独立的状态。它表现在以下几个方面:

(1)法律观念与政治、伦理道德观念的相对分离,法律活动,包括立法和司法活动,不仅不受政治斗争或社会舆论的直接影响,还能成为协调和解决政治斗争的重要手段。

(2)司法权的独立与强化。司法机关与行政机关等分离,并独立享有审判权,其他国家机关不得介入、干涉司法活动。非但如此,司法机关还对其他机关的活动有司法审查权。

(3)法律职业化或专业化。即法律成为一种特殊的社会职业,不仅有独特的工作任务、工作方式和社会地位,而且需要特殊的素质、专业知识和培养途径。

应该注意的是,以上三个方面的独立不是绝对的,如法律本身的自治不是它完全脱离政治或价值而中立,司法机关的独立不是不要党的领导和不接受人大会议的监督。但是,必须强调的是,对于任何一个真正的法治社会来说,法治在一定程度上的独立与自治都是必须的,它内在地根源于法治的权威性这一基本原则之中。这就一方面要求包括道德、政治、党派等等在内任何其他社会力量对法治的影响都不能以公然破坏法治的方式来进行,另一方面要切实建立足以确保法治独立与自治的制度体系,并强化法律职业共同体的素质与力量。

**参考文献**

1. 何勤华、严存生:《西方法理学史》,清华大学出版社 2008 年版。

2. 郑永流:《法治四章》,中国政法大学出版社 2002 年版。

3. 徐显明:"论'法治'构成要件——兼及法治的某些原则及观念",载《法学研究》1996 年第 3 期。

4. 严存生:"治治的法和法治的治",载《比较法研究》2005 年第 6 期。

5. 夏勇:"法治是什么?——渊源、规诫与价值",载《中国社会科学》1999 年第 4 期。

6. 王人博:"一个最低限度的法治概念——对中国法家思想的现代阐释",载《法学论坛》2003 年第 1 期。

7. 严存生:"西方法治观念的变迁",载《外国法学研究》1997 年第 1 期;"论法治原则与我国的法治实践",载《法的理念探索》,中国政法大学出版社 2002 年版。

第十七章

## 思 考 题

1. 如何理解法治的概念？
2. 什么是人治？人治和法治有怎样的本质区别？
3. 民主与法治是怎样的关系？
4. 我国目前应该强调和贯彻的法治原则有哪些？

第
十
七
章

# 第 18 章
## 法治与法律的运行

**【内容提要】**

　　本章探讨了法治在法律运行的几个大的环节上的贯彻问题。法治的理念与原则是渗透在具体的法律实践活动之中的。一方面,只有在现实的法律运作过程中法治才能得以具体地实现;另一方面,实际的法律运作却随时可能出现反法治的状况,因此,必须按照法治的理念与原则来规制法律的运行。由于法律的运行更多地是一个公法问题,法治在其中的贯彻集中地表现在它对一种宪政结构下的国家立法、行政与司法权力的打造上。

**【基本概念】**

　　立法、执法、司法、守法、法律监督

## 第一节　立法与法治

### 一、立法权的本质

　　在传统上和现实中法律都不仅仅表现为立法机关的成文立法,各国对判例法、习惯法的不同倚重构成了人类法制类型多样化的一个基本面向,法律多元同我国法治的关联也日益受到国人的关注。但是,不论是从逻辑上还是事实上看,植根于民主主义和宪政原理的现代立法权的确立,对于任何类型的法治国家来说,都构成其最直接、最根本的制度奠基和历史开端。现代立法权的出现,根本性地带动了国家政权属性与结构的整体变革。人民主权原则开始从理想向一个可以操作与控制的制度形态发展,既摧毁了前现代的专制等级统治,也为传统政治法律形式在现代的残留划定了基本的界限,使它们作为现代政治法律制度的组成部分,服从并服务于法治的原则与机制。因此,立法同法治的联系就绝不仅仅是一个解决有法可依的问题,而始终是直接关涉到具体落实政治统治合法性和逐步打造包括立法机关自身在内的宪政结构的整体问题。也正是在这个意义上,民主与宪政的原则构成对法治国家立法权的基本限制,决定着立法权发展的应有方向。

　　一般地看,立法权的本质在于它是一种直接反映和代表民意的国家权力,立法权的运行过程实质上是汇集、整合民意的过程。立法权的这样一种权力属性和职能根源于它和主权的关系。一方面,建立在代议民主制基础上的立法权是主权在民原则最集中、最有效的实现方式,民主既是立法权权威与力量的最终依赖,更构成立法权所追求的终极价值。另一方面,立法权根本上是一种国家权力,尽管它是主权实现所直接依赖的国家权力,但毕竟不是主权本身。这就决定了,同一切国家权力一样,立法权既可能出现客观偏差,也可能完全腐败异化。立法机关滥用、误用或者错用立法权的现象决不罕见,其结果必然导致对人民意志和利益的背叛、歪曲或者偏离。客观地看,主权概念根本上是一个不具有直接操作性的政治理念,是现代社会赋予国家的价值原则和保护国家的政治法律手段。法律赋予主权的最高国家权力实质上是一种拟制的权力地位,借以表征国家权力的来源与本质,从而使主权能够担当起为国家对内统治和对外平等提供正当化基础的职能,同时使得国家对内对外权力有了一个可分析、可控制的逻辑起点。尽管这样一个主权概念有着本质上对国家权力的约束效应,或者说约束的指向性,但是,由于它本身不具有操作性,所以包括主权自身的实现和主权对国家权力的约束,都要借助现实的国家权力和具体的公民权利来实现。

　　由于立法权具有区别于其他国家权力的民主本性,主权所借以实现的国家权力之间有着逻辑上的层级和宪政层面的不同地位与分工,特别是我国《宪法》第2条明确规定:"中华人民共和国的一切权力属于人民。人民行使国家权力的机关是全国人民代表大会和地方各级人民代表大会。人民依照法律规定,通过各种途径和形式,管理国家事务,管理经济和文化事业,管理社会事务。"这就使得主权的实现首先是借助于立法权,并形成由立法机关产生行政、司法机关的政体格局和国家权力之间的宪政结构。然而,必须强调的是,人大在国家机关中的最高地位,其他国家机关由人大产生、向人大负责、受人大监督,这只是决定了我国国家机关内部的权力关系,而绝不意味着人大或者人大行使的立法权本身就是人民主权。"按照人民主权原则,一切权力属于人民,不等于属于人大。人大是主权的行使者,不是主权的所有者;是执政党执政要通过的主要政权机关,不是执政者。而且,立宪机关与立法机关、立宪主体与立法主体、人民与人民代表、人民制定的宪法与人民代表制定的法律,这几对概念不能等同。人民代表不得违背人民的意志和利益,立法机关不得违反宪法。例如,立法机关不得制定剥夺公民权利的法律,不得制定有溯及力的法律,不经特别程序不得修改宪法。如果法律违反宪法,就应该由特定机关撤销或改变,至少在理论上不能由立法机关自行审查,做自己案件的'法官'。"[1]人民主权是我国社会主义国家的宗旨所在,但是人民主权原则的具体实现,却不可能通过把主权完全交付给任何一个国家机关来完成。法治作为治国方略,实际上就是我国人民主权的根本实现方式。传统政治理论强调国家机关,尤其是人大机关的人民属性,对于确定我国国家机关的根本宗旨、规范国家权力的合理运作,客观上起到一定积极的作用。但是,社会主义国家机关的人民属性的宗旨同其固有的国家权力属性之间仍然是两个范畴。将国家权力直接与人民主权等同,理论上是一种超越社会现有发展阶段的空想,实践中必然有害于我国的民主法治建设。法治的核心在于控制国家权力,这当然包括国家立法权力。在法治原则之下,立法权同任何国家权力一样,都必须是法定的、也必然是有限的,需要控制并且是可以控制的。虽然按照我国宪法,不能实行三权分立模式下行政机关、司法机关对人大立法权的直接制约,但是,这决不意味着人大立法权力就应该超越于法治原则之上,尤其是宪法规范之上。否则,宪法,从而连带着法律和法治的权威必然是虚幻的、残缺的。因此,明确国家权力机关及其权力的国家属性,使人大与人民、立法权与主权有各自在政治理论和宪政制度上的归属,对于准确把握立法权和立法机关的宪政地位,开启立法权与立法机关的宪政制约,发展和完善我国人民代表大会基础上的宪政法治建设,无疑具有基础性的意义。新中国成立60年来,人民代表大会所经历的兴衰荣辱成为中国法治化进程的清晰写照。伴随着法治方略入宪,作为我国权力机关和立法机关的人民代表大会能否为推动中国法治取得实质性发展提供更为强大的动力来源和创造更为合理的制度空间,成为制约中国法治整体走向和进度的关键所在。

**二、立法的本质**

立法既表现为一种权力状态,更是立法主体的立法活动。法治与立法的内在关联,不仅要求对立法权力进行宪政层面合理的配置与控制,更要求对立法活动的本质属性有着自觉的认识。否则宪政体制上的权力设置无论多么完美,由于人们在立法活动的内在认识上出现根本偏差,立法权力运行的结果不但不会是法治所需要的良法,反而更可能对国家和社会带来巨大的灾难。正如哈耶克所说:"立法,即以审慎刻意的方式制定法律,已被论者确当地描述为人类所有发明中充满了最严重后果的发明之一,其影响甚至比火的发现和火药的发明还要深远……立

---

法这种发明赋予了人类以一种威力无比的工具——它是人类为了实现某种善所需要的工具,但是人类却还没有学会控制它,并确使它不产生大恶。"[1]

长期以来,我们习惯于从阶级分析角度,强调法律的实质是统治阶级意志,立法活动是统治阶级意志上升为国家意志的活动。虽然我们也主张法律的社会性,主张社会物质生活条件对法律内容和立法活动的制约,但是,实际上我们真正注重的仍然是法律的意志属性。一方面,由于社会物质生活条件根本上是物,它的内容和意义以及它对统治阶级或者立法者的制约,必须由统治阶级的认识或者说意志来把握;另一方面,基于中国现代社会的革命式发展道路,我们更多地把法律看做是统治阶级改造社会的手段,在承认经济基础决定上层建筑的同时,同样主张利用国家政权和法律捍卫、甚至创造为统治阶级所需的经济基础。这样一来,在传统法学理论范式内,社会物质生活条件,这样一个历史唯物主义的政治经济学概念在法学理论中的简单套用,根本上看,对于指导、约束立法和法律的发展所发挥的作用是极为有限的。改革开放以来,在人心思法、人心思治的状态下,尤其是随着计划经济体制向市场经济的全面转型,立法既为社会的健康稳定发展起到了重要的作用,同时也受到了巨大的压力和挑战。立法观念和体制上的弊端日益显露,立法高速运作的同时,法律和社会脱节、立法质量低下的问题严重出现。这些充分说明了,片面强调法律的意志属性,认为立法一旦完成,借助国家力量的强制推行,法律就可以实现立法所预期的规制社会发展的效果,甚至法治也就相应完成,这样的立法理念对社会发展和法治国家建设来说,不仅是幼稚的,而且是有害的。

从法治理念出发,我们不仅要看到立法和法律在政治上的民主属性,更要从法学角度看到法律和立法同社会的深层联系。根本上说,法律是社会的产物,国家制定法必然受到社会的制约,并且只有在满足社会需要,进而转化为社会的内在秩序的时候,才是真正有效的。这正像马克思所说:"社会不是以法律为基础的。那是法学家们的幻想。相反地,法律应该以社会为基础。……现在我手里拿着的这本 Code Napoléon(《拿破仑法典》)并没有创立现代的资产阶级社会。相反地,产生于18世纪并在19世纪继续发展的资产阶级社会,只是在这本法典中找到了它的法律的表现。"[2]国家成文立法形式上是创制的,实质上却是从社会中生成的,它根源于社会的法律,需要并始终受到社会既有秩序和力量的制约。一方面,法律的产生和发展始终是和国家相联系的,近代以来,法律制度大规模的出现,是与资产阶级革命后大量的民族解放运动和民族国家的兴起内在关联的。从

第十八章

---

[1] [英]哈耶克:《法律、立法与自由》第1卷,邓正来等译,中国大百科全书出版社2000年版,第113页。

[2] 《马克思恩格斯全集》第6卷,人民出版社1961年版,第291～292页。

当今世界现代化的进程看,国家总体上在法制建设上发挥更加积极的作用。立法机关制定的法律成为国家介入社会生活的重要方式,成文法律也与现代社会生活密切相关,构成社会结构的基本控制力量和社会现代性的基本要素。另一方面,国家之所以能够通过法律有效地介入社会生活,国家的成文立法之所以能够成为社会发展所必需依赖的力量而显示自身独有的作用和价值,根本上讲,在于国家成文法做到了准确把握社会发展的法律需要,能够在实践中通过自身规范性品质的有效释放,从功能上贡献于社会的发展和民众的生活。反过来看,单纯出自立法者主观愿望,哪怕是极为深沉的善良愿望,如果同社会发展的内在要求背道而驰,超越了社会可能的接纳程度,那么,这样的国家立法纵然有着强大的国家强制力,也必然遭到民众各种形式的抗拒,最终无法形成稳定和有效的法治秩序,也就形同虚设,不是真正意义上的法。因此,对立法活动来说,必须高度重视法由社会所决定,法律的产生与实现都无法脱离民众生活化的社会实践。法律能否反映不断变化的社会需要,根本上讲不是一个立法者的个人素质,哪怕是立法者集体素质的问题。社会自身具有一种调节立法的机制,只看到国家的积极作用,无视社会对法律的客观需求和同国家法律之间的互动博弈关系,所谓立法和社会的脱节也就是必然的。

从法的社会生成角度看,国家立法活动只是社会法律需要现实化过程中的一个环节。这也就决定了,立法活动不是一劳永逸的,国家立法必然伴随着实施而在它与社会既有秩序和势力的反复博弈中得到确证与发展,从而,立法和法律实施就有了内在的联系。一方面,国家立法对社会的调控实际上旨在动用国家力量在社会中确立法律所规定的秩序的过程,这样一种秩序有可能更多地是社会中已经存在的,也有可能更多地是一种新的秩序,有可能是符合社会发展需要的,也有可能是同社会发展背道而驰的。但无论如何,法律旨在确立的规范性秩序不可能伴随着立法活动的终结而自动完成,而是必然会出现一个法律同社会既有秩序的互动过程。在这个过程中,法律的价值将得到真正的检验,伴随着法律转化为社会的内在秩序的过程,国家立法才成为真正的法。这样一个过程不可能是风平浪静的,在各种秩序交织冲突的背后,是各种社会主体的势力较量和利益博弈,法律秩序的真正确立必然有一个艰难的过程。另一方面,法律的实施绝不仅仅意味着成文立法原封不动的机械实现,相反,成文立法在实施过程中必然经历着不同程度的修正与变化。这样一种动态的流变过程,实际上是伴随着对社会生活的深度进入,在具体调整作用逐步发挥的情况下,既有成文立法的内容得到逐步显现并不断丰富、发展的过程。越是古老的立法,越能够明显地看到在保持原有文字不变的情况下,法律在内容上和功能上的变迁。因此,法律的制定并不等于法律在社会上的最终形成,法律作用于社会的过程,也是法律自身不断被丰富与发展的

第十八章

过程。这样一来,那种立法本位的法治观,以及与此相关联的要求法院如同自动售货机一般的机械的司法观念,显然是过于简单化的,因而也必然是虚幻的。

坚持社会对法律的决定作用,并不构成对立法者理性作用发挥的漠视和否定,而是要为这样一种潜藏着巨大危险的理性设置必要的限制。意识到理性的限度,从来都是一种理性的表现。这样一种立法本质观念实质上是同立法的民主本性和法治理念相表里的,并要求与之相应的立法制度建设。一方面,从尽可能客观、全面地把握社会的法律需求出发,必然要求切实建立国家立法制度上的正当程序,加大立法的民主化建设;另一方面,充分关注法律在实施环节上同社会的互动过程,关注执法、司法活动中产生的有规范价值的疑难案件,从制度上完善个案规则向法律的转化机制。立法毕竟是一种国家权力行为,因而只有将对社会的尊重转化为立法在制度与技术上的改进,我们的国家立法才有可能真正贯彻民主原则,也才有可能最大程度地化解自身与社会之间的种种矛盾冲突,摆脱立法低效甚至无效的尴尬局面,贡献于中国法治国家的建设。

## 第二节 执法、司法与法治

### 一、执法与法治

执法,或者说行政执法,是现代民主法治原则对政府在功能与地位上的定位。它的前提与基础是国家权力在立法、行政、司法上分立的原理与制度,它的要求和目标是行政法治,或者说法治政府。

法治同行政权力之间永远是一种既需要又控制的复杂关系。法治需要行政权力去实施法律,实现国家和社会的法治化发展;同时,行政权力作为一项强大的国家权力,它本身决不会自动产生法治,相反,还始终存在着偏离法治轨道的内在冲动。历来法治原则和国家权力的斗争,最激烈、最艰难的表现就是在行政领域。之所以如此,根源于行政权力具备下述三个方面的特性:①从实施法律的功能上看,政府是最主要的法律实施的承担者。我国现行法律中,80%以上要由政府负责实施。由此,行政行为必然构成与民众联系最广泛、最经常、最密切、最直接且存在问题最多的环节,是法治关键性的基础环节。如果没有一套法治化的行政机制,法律与法治都将形同虚设。②从行政权力的特征上看,行政行为的重要特点是强调集中,追求效率,实行首长负责制,拥有自由裁量权,具有扩张和滥用的顽强倾向,容易使掌握行政权力的人习惯于按个人意志办事,而忽视依法行使行政权力,从而使行政法治又构成法治当中最难实现的环节。③从工作实务的内容上看,行政权不仅包括法律执行权,同时还享有行政立法权和行政司法权。行政立法和行政司法既为行政执法所必需,又极容易产生部门保护、地方保护,架空立法机关,侵害民众合法权益的弊害。因此,对政府及其工作人员提出法治要求,乃是法治进程深入、具体发展的必然。政府法治化的程度构成一国法治化水平最实质的监测标准。

对于我们这样一个有着长久人治传统和强行政权力主导社会发展的国家来说,行政法治构成法治发展中的攻坚,既具有关乎法治整体发展的战略意义,更有着来自现实的极端紧迫性。我国法治化水平没有质的突破,总的表现就在于行政机关领域人治的模式仍未得到根本性扭转。一方面,官员腐败严重侵犯民众权益而得不到有效的控制和应有的制裁,恶性事件不断发生;另一方面,各级行政权力受到法律和民众有效监控的程度依然很低,控制行政权力、监督行政长官、甚至仅仅要求公务员严格遵守法律,这样一些任何一个法治国家必备的基本状态,在我国不论是从体制上,还是从观念上看,都还存在很大差距。大体来说,制约我国行政法治化水平的原因,主要有下述五个方面:

1. 规制行政权力的宪政框架尚未最终形成。行政权力过大,是我国行政法治难有实质性突破的制度根源,也是需要从宪政层面加以解决的法治难题。截至目前,我国的法制一直是改革型,或者说,革命型的法制。法制通过改革的深化得以更新,并获得合法性的来源。同时,改革的权威意味着政府的权威,进而在事实上形成了其他国家机关要为政府改革放权、让路,以及对政府行为突破法制给与最大限度的包容。这样一种改革型法制以及与之联系的政府威权状态,在今天已经根本上失去了赖以存在的社会基础。在建立社会主义市场经济体制和建立社会主义法治国家的发展道路已经明确的情况下,政府法治本身成为进一步深化改革的目标所在。从在宪政层面上看,一是如何有效约束行政立法权,确立人大对政府的权威;二是强化法院对政府的审判权,确立司法对政府的权威。就前者来看,行政机关不仅依照宪法享有广泛的自主立法权,而且全国人大及其常务委员会制定的法律以及地方人大制定的地方性法规也多依靠行政机关制定实施细则加以贯彻实行。与此同时,全国人大和地方人大对行政机关立法权的监督却非常薄弱。建国以来没有一例人大裁撤违法行政立法以及其他行政行为的记载,但是事实上却存在着行政立法超越法律、架空人大的严重情况。就后者来看,人民法院对于行政立法等抽象行政行为没有司法审查权,既有行政诉讼的受理与执行都还存在着法院权威不足的现实困难。

2. 政府行为的法律至上原则未能有效确立。长期以来,所谓的依法行政,在很大程度上被各级政府部门理解为把过去的会议决议、首长命令变成今天的行政法律,甚至对于人大的法律也同样可以通过立法和解释完成类似的转换。这也就必然出现在行政领域当中,部门保护、地方保护,甚至发展到立法冲突。法律地位下降、效力打折更集中地表现在约束行政权力的法律规则在执行过程中受到削弱。搁置、拖延甚至拒绝执行制约行政权力的法律规则的情况始终存在。法律是否科学、是否超前可以研究、可以批评,但是,行政执法部门怀疑法律的正当性,并且在行动中不尊重法律权威。采用种种借口和变通措施阻碍法律充分实施的情形在法治完备的国家是很难发生的,而行政机关不经立法机关同意,擅自不执行或不充分执行法律的行为事后竟能得到支持而不承担法律责任的情形更是罕见。

3. 行政行为的程序法治严重缺失。从程序法治角度审视我国的政府行为,很容易发现两个问题:①反映法治精神的程序立法严重缺失,整个法律体系过分偏重于各种静态的行政制度,忽略和轻视通过现代行政程序对政府行为过程进行有效的动态调整,程序失控成为政府执法不力、甚至摆脱法律控制的重要原因。离开了程序法治,实体法对政府的控制必然面临名存实亡的险境。②既有行政程序政府本位极端严重,具有浓厚的权力色彩,往往只是成为民众权利实现上的高关壁垒,程序的透明程度差,严重模糊和分化了政府的法律义务和责任,缺乏有效的监控和救济措施,进一步造成程序的不稳定和不可靠。行政程序法治效应的缺失,强化了国人对程序法治缺乏基本的认识和热情。人们重视的是行政行为的实质内容是否合理合法,不按程序办事无关紧要。只有当行政行为的实体内容出现问题的时候,程序问题才开始讨论。同时,只要能够办成自己眼下的事情,至于事关他人和今后的程序问题,国人总体上是无心也无力的冷漠状态。这些现象从根本上说是人治的残留。没有正当程序,最多可能产生清官,出现个案正义,却最终出现不了法治。因为离开了正当程序的个案正义纵然再多,也终究无法完成从个案向制度的积累与转化。更为甚者,离开了正当程序的实质正义本身都是极为可疑的,至少无法解释程序上有意识的遮蔽状态。与此同时,所有的违法行为也首先都是违反正当程序的行为。一切正当程序都内在要求参与性、平等性、透明性、中立性、自治性和交涉性的品格,而针对行政主体拥有单方面、不以对方意志为转移的命令权、处罚权和强制权等实体权力,行政程序法治更强调自身相对独立于行政管理之外,通过设置大量以行政主体为程序义务人、以相对人为程序权利人的方法对行政主体进行反向控制。行政权对民权的威胁越大,行政程序对行政权的反向性控制就应该越明显。由此,对法治国家来说,行政程序法治具有高于具体行政目标的价值,构成法治最基本的制度要求。伴随国民民主法治意识的提高,政府行为在程序法治化上的压力必然越来越大,最终形成提高政府法治水平的重大契机。

4. 民间力量不能对政府行为形成有效压力。行政权公然违法实际上显示出对民众权利的极端漠视、对民众压力的极端蔑视。从法治国家成长的普遍规律上看,以强大的大众传媒为武器的市民社会对政府和其他国家机关的监控始终是法治的有效支撑力量和成长机制。这实际上是关系到一个国家民主程度的根本性问题,也是一个国家法治程度高低的重要标志。在法治比较完备的西方发达国家,针对国家机关及其工作人员的社会监督机制是健全而有力的。新闻记者有"无冕之王"之称,而大众传播媒介所体现的社会舆论则被认为是国家体系之外的"第四权力",对国家行政机关的监督力并不亚于议会和法院。在如此有力的社会监督之下,国家行政机关以及国家公务员自然要小心翼翼,甚至形成政府的自由裁量权越大,它越需要谨慎从事,否则将更容易招致批评。相比之下,在我国对政府的社会压力的形成还存在很大的制度性障碍。新闻媒介的独立性很差,信访、举报等其他既有民意渠道在根本上未能形成对政府违法的压力机制,相反还极大地挫伤了民众的热情和信心,因此,行政权脱离民众监控是我国法治进一步发展必须要解决的一大痼疾。

5. 公务人员守法自律的精神境界亟待提高。虽然法治离不开强制,但一个国家将法治的基本依靠力量建立在强制的基础上,尤其是要花大力气对行政机关及其工作人员进行法律强制,这只能说明法治还不是一个基本的事实。在一个法治国家,违法无论如何是一种例外,公职人员违法首先是一种极失体面的事情,追究法律责任自不待言,更必然的是违法人员的公开谢罪、道义忏悔。这即便从违法者个人来说不排除虚假做秀的表演成分,但是,对于社会整体来说,它却集中地反映了法治作为一种意识形态,构成法治国家人们的最基本的道义尊严。从这个意义上讲,在我国不论是民众还是国家机关工作人员,距离法治状态的守法自律精神境界还有相当大的距离,特别是国家公务员依法治精神对自身行为予以自律的水平,总的来说尚未达到西方发达国家公务员的境界。国人对于国家公职的态度,总体上讲,还保留有极深的人治状态。"靠山吃山,靠水吃水",公职的取得更多地意味着能够调动更多的资源、甚至掌控他人的命运。更严重的问题在于,现实的体制与实际状况又和这种心态每每相合。因此说,观念的东西不是天生的,对于国家公务员来说,接受法治思想无异于一场自我革命,没有一定的压力是不可能实现的。法治的启蒙阶段在我国不是已经结束,而是刚刚开始。

## 二、司法与法治

司法与法治二者有内在关联:法治为司法活动提供制度保障,司法则成为法治对抗强权、维持正义的常规形式;法治成为司法活动的价值归依,司法则将法治的精神送入百姓的日常生活。西方发达国家在拥有悠久的法治传统的同时,也拥有同样悠久的司法传统。拉德布鲁赫说:"司法使法律降临人间",[1]德沃金更感

第十八章

---

〔1〕　〔德〕拉德布鲁赫:《法学导论》,米健、朱林译,中国大百科全书出版社1997年版,第100页。

叹道:"法院是法律帝国的首都,法官是帝国的王侯"。〔1〕

（一）司法的法治意义

1. 司法通过对社会纠纷的法律化解决成为法治秩序正统性地位的最终捍卫者。表面上看,似乎司法对法律实现的意义同执法并无重大区别,其实不然。司法区别于执法的独有价值至少根源于下述两点:

（1）司法是建立在纠纷的前提上的,纠纷的广泛性、无序性、同民众生活联系的直接性,赋予了司法超越于执法的特有价值。执法是国家有计划、有范围地控制社会的手段,因而执法所面对的问题根本上要受制于行政法律的范围。同时,执法是官方操作的,这也就是"执法的主动性"以及与之相对的"司法的被动性"。殊不知,执法的官方主动性的背后正是民众的被动性或者说消极性,公正地被执了一次法,只能说是国家机关正常地履行了义务,这里面虽然也体现了民众的主体意志,但这种体现即便在正常的法治状态下也只是以立法为中介的间接体现。执法的过程对于普通民众而言,更多地只是一个配合的过程,或者说履行义务的过程。对于司法而言,不管是私法的纠纷还是公法的纠纷,根本上都起源于民众生活的自然反映,或者说起源于一种已经生活化了的社会事实。它是有待法律化的,而法律化的驱动力量恰恰在于民众自身。因此,司法消极性的本质在于民众的主动性。司法活动的开启,意味着民众对纠纷的性质已然有了一种自主性的判断,不论判断的内容是否同法律相联系,但都要求司法机关给予法律上的解决。因此诉讼本身是一种权利。不仅如此,为了胜诉,还必须积极地举证、积极地论证,积极地推动司法程序地展开。这就是说,司法根本上是民众权利的组合。所以就是在有着强烈国家主义主张的黑格尔那里,司法和警察都是市民社会内部的构成因素。这样一来,司法虽然和执法一样都是法律实现的方式与渠道,但是由于内在机制的不同,两者所释放出的法治效果却不能不说有着深刻的区别。

（2）司法和执法更为重要的区别在于,司法能够也必须将执法作为审判对象。也正是在这里,民众的权利得到了实质的贯彻,司法的价值得到了集中的展现。只有基于上述两点,我们才能说,人们通过司法所获得的既不是青天大老爷所施与的贤德恩泽,也不局限于纠纷解决所产生的个别正义,而是通过一次次权威性的法律适用,法治精神一次次经受住了来自民间和官方黑恶势力的挑战而得到了现实的确证,整个法律秩序的正统性地位得到了公开地维护。伴随着社会信任的加深,司法权威及其所仰仗和体现的法律权威得以不断高涨。

2. 司法通过对法律可诉性的制度化满足成为人权保障的最后堡垒。任何时代法律的产生,都根源于国家把社会成员的权益纠纷(权益保障)由无法状态的私力救济或大规模的社会冲突(这只是私力救济的极端化)转化为一种正统法律秩序下的制度形态予以化解。在这个意义上,司法和法律有着本源性的联系。现代法治的理论基础是人权原则。"不管是国民的权利,还是个人的权利,但凡一切权利的前提就在于时刻都准备着去主张权利。"[1]法治时代保障人权的根本要求就在于通过对国家权力的合理配置,满足人民用来有效抗制各种不法侵害、实现自身权益意志的制度需求。这样的一种制度需求集中地体现在对现代司法权力的打造上。如果说"法典就是人民自由的圣经",[2]司法则是人权的庇护神。人权原则在法治上的实现,是以法律的可诉性为最终保障的。这一方面牵涉到法律自身的可诉性程度,更重要的是实际生活中要存在接纳、展示人民权利主张的权威场所与现实渠道。司法的意义正在于它提供了民众面对纠纷和压力表达自己意志的制度途径,进而释放出"以权力制约权力"、"以权利制约权力"和"以权利制约权利"的三重效应,成为抗制恣意专横、保障人权的强大武器。一个健全的司法权力的存在,一方面能使民众通过具体运用法律收到彼此之间平衡权利、"定分止争"的权威效应;另一方面更应当完成国家体制的分立与制衡,成为民众能够运用司法审查手段有效防范国家权力恣意扩张的"定海神针"。

3. 司法作为连接国家法律与民众生活的特殊渠道,构成法律完善、法制发展的重要机制。长期以来,由于受到司法腐败的强烈刺激,我们在司法活动中的理论认识上普遍存在一种严重歪曲的反映,即在机械地理解法律确定性基础上,盲目鼓吹成文法的优越性,对法官司法过程中的主观能动性抱持一种近乎敌视的戒备态度。这实际上是在无视法律解释、推理、适用等司法活动专业性要求的情况下,把法官的违法犯罪与正当工作这样两种"风马牛不相及"的事情混为一谈。现代法治当然没有放弃对法律确定性的追求与控制,然而,伴随着职业化、理性化、自治化程度的加强,法律及其运作与一般民众的感知日益疏离,各种社会势力极力扩张自身对法律运作与效果的影响作用,最终使得司法对法律所具有的"决定意义"凸显为一个问题。如果我们承认司法是任何一个法治国家构建和捍卫法的统治空间的不可替代的力量,那么司法对法律的确证与发展就是必须应当肯定的。一方面,法律的真实面目只有经过相当数量的纠纷解决、多次反复确证才能显示出来和稳定下来;另一方面,没人再相信孟德斯鸠心目中客观清晰的法律自动售货机式的司法过程,只要对成文法的局限稍加思考,就必须承认法官的创造

〔1〕 [德]鲁道夫·冯·耶林:"为权利而斗争",胡宝海译,载梁慧星主编:《民商法论丛》第2卷,法律出版社1994年版,第13页。

〔2〕 《马克思恩格斯全集》第1卷,人民出版社1956年版,第71页。

性是法律发展的重要力量。正所谓"法官审理案件有一定的自由度是必须的,这种自由不是司法不公的根源,而且,没有这种自由,法律内在的统一就无法保证。所谓法律的'客观性',并没有存在于规则之中,而是存在于法律精神之中,需要依靠法官的主观性去把握。"[1] 从这个意义上讲,法律内容的确证与法律内容的发展何尝不是一回事情! 关键的问题在于,由于种种原因,在法律沉默不语之际,如果抛弃法官,直接的后果要么是诉诸非司法的其他手段,要么放弃任何解决办法等待立法,其结果都是牺牲对当下事件的法治化解决而放任对法的空间和权威的损伤。更何况,我们可以允许政治权威一再突破法律条文而进行有益、正当的改革,而独独对于法官充实法的力量、扩张法的权威讳莫如深,如此内在地抑制司法权力的崛起,怎能不形成遏制法治化进程的制度瓶颈?

（二）法治时代司法的属性

司法对法治的意义,决定了法治国家的司法权力应当根本区别于人治状态下的司法权力,而具备相应的权力属性。这些权力属性构成我们进一步认识司法和法治内在关联的重要方面,并成为我们在看待司法体制当中存在的问题,按照法治原则改革司法,处理司法机关同其他国家机关权力划分的关系上,应当自觉确立的基点和目标。因为,只有对我们的法治国家需要怎样的一种司法权力有一个基本的把握,我们才能够尽力创造出一种有助于这样一种司法权力存在和运作的制度空间,否则的话,很难讲我们的司法改革会将司法以及法治引向何方。

1. 法治国家司法权力第一位的属性是中立性。司法中立性既是法律面前人人平等的宪法原则在司法活动中的必然延伸,又是有效抗制司法权力异化的制度要求,其实质是司法作为一种公共制度对公民基本人权的尊重与捍卫。在亚里士多德看来,司法是实现矫正正义的活动。矫正正义和分配正义的不同即在于以平等为原则,把损害事实与公平救济作为工作的出发点和核心,矫正范围以外的、分配正义所奉行的比例原则以及由此造成的社会上的先行差别不再成为考虑的对象,任何贫富、强弱、智愚、官民、贵贱以及民族、信仰、贡献上的等级界限在统一的矫正标准上必须失去原有的意义。司法中立的矛头必须指向一切竭力操纵司法的等级和强权势力,这是司法中立的根本意义所在。从当事人及社会民众角度讲,司法中立是获得司法正义感的基本条件和重要内容;从法官角度讲,落实司法中立是建立司法权力合理运作机制、实现公正司法的基本出发点和核心,意味着司法权力的内在制约。因此,司法中立是司法获致正当性的逻辑起点和支撑力量,更是保障司法权力良性运作、有效克制司法腐败的职业机制。

2. 被动性。司法活动在整体上属于"被叫—应答"模式,它大致包含这样一

〔1〕　葛洪义:"司法活动的性质与法治",载 http://www.jcrb.com/zyw/n6/ca12491.htm.

些内容:法院的职能应严格限定在司法范围内,要从制度上保障司法与其他社会管理活动之间严格的界限划分;自始至终,法院的所有司法活动的做出,都必须以当事人的申请为前提;法官的裁判范围必须局限于当事人的诉求以及涉案事实或纠纷本身。理解这种被动性应当注意以下两个方面:①从国家权力分工制衡角度讲,法院在解决纠纷之时往往要将裁判权加诸既有的社会管理模式及管理权力之上。为保证裁判权属之纯洁,司法权力应当与其他一切权力脱离干系、保持距离。此种从他人权力场上的退却,只是为更强硬地划定自家权力范围,以便日后干净地放手使用。否则法院一则难逃自我裁判之窘,二则过多关系千丝万缕蒙覆其上,其为民众仰赖"拨乱反正"之强大权威终无从养成。②从国家和社会的关系上看,司法制度是社会自主秩序和国家法律调整之间的一个"中道"(平衡器)。司法活动根本上是公民自主性向国家公共制度领域里的延伸和使用。法律适用是伸张正义但却不是"为民做主"。为他人之纠纷适用法律是法官之公责而非私务,处断标准在于法律之容忍程度而非法官个人之处世原则。对法律范围内当事人对纠纷解决结果的选择与主张,法官必须给予充分的尊重与保障。这一方面有助于使司法过程在保障当事人自主地位的基础上,朝着平等—开放的结构、对抗—合意的方向发展,有助于当事人对裁判正当性的接受;另一方面法官对司法权的克制,实质上是对自身主观情绪、偏好、冲动的克制,从而有助于法官中立裁判立场的维护。

3. 程序性。现代司法几乎在全部行为方面对程序有着近乎同一的依赖关系,司法需要依靠程序自证其身。①程序是对决定的决定。程序要对实体结果如何产生、由谁产生甚至产生的正当理由、产生后的法律意义等等做出决定。这种程序上的决定具有独立的正义价值。一方面,如果在程序上没有一个正当的实施办法,肯定一项法律或权利的存在是没有意义的。现代法治的发展始终是以现代程序的合理化、精细化为前提的。另一方面,在程序完成之前,实体只是处在多种可能的未定状态。正所谓"审判先于事实"(Justice before Truth),[1]程序的展开正是实体排除不当干扰因素,获致逐步归结、具体确证的过程。②程序是对恣意的抗制。现代司法程序是权力分化与制衡理论在司法活动内部适用的产物。传统社会那种全方位覆盖纠纷解决的混合权力被现代程序所肢解。纠纷解决活动分化为不同的独立环节,由担负不同职能的不同角色在不同时间、空间上逐步完成。程序通过主体权限上的分化避免任何单方意志控制裁判。③程序是交涉、合意的制度化。程序负担着对各种相互对抗、交错的意见(选择)的吸纳功能,极力营造一种以法律上解决为指向的制度性妥协机制。通过法律上事实的筛选和特定证

第
十
八
章

---

〔1〕 参见[法]勒内·达维德:《当代主要法律体系》,漆竹生译,上海译文出版社1984年版,第337页。

据规则的适用,围绕在纠纷上的种种非法律因素逐渐被排除在程序之外,伴随着纠纷充分展开,达成共识与统一的合理基础也逐步强化。

4. 权威性。权威意味着对异己势力的排除能力。法治时代的司法权威首先要求一种坚强的宪政保障:对上,可以要求其他一切国家机关、政治势力对司法权力负有尊重义务,在事实上拥有抵制不当干涉的法定力量和机制;对下,拥有对抗社会黑恶势力的裁决权力和实际效果。司法的权威性虽然内在要求挟国家强制以自重,但这种强制首先要同司法活动及其最终结果的正当性相连。正当性构成权威性的终极制约力量。脱离正当性的权威性难逃以暴易暴的厄运。此外,司法的权威性需要一系列的维持与保障。要求司法机关要力求具备与其权威相吻合的基本素质,杜绝与自身权威不相称的随意、草率,以期能够时刻激起人们那种基于理性的庄严之感与诚敬之心;要求从更广泛的社会范围内寻求对司法权威的维护与协助力量。

从根本上讲,司法是法治国家的国民极可宝贵的权力,上述权力属性既是司法活动的内在要求,同时又都构成对司法权力本身的制约。我国目前的司法腐败,根本上在于司法权力未能处在一个法治化的制度框架内奉行法治化的运行机制,司法独立、自治的程度不高,严重制约了司法内在品性的释放和自律机制的养成。因此,进一步的改革司法,必然要摆脱头痛医头、脚痛医脚的盲目状态,以一个法治国家司法权力的应有状态为指针,结合中国民主、法治的具体进程,逐步完成司法权力在宪政层面的整体改造。

## 第三节　守法、法律监督与法治

### 一、守法与法治

对守法问题的思考和法律的历史一样久远。安提格涅的悲情故事既然可以被博登海默看作是实证法效力借助神话的自觉,当然也就曲折地表达了在古老神秘的自然法面前,人类遵守国家法律的困惑。终身述而不作的苏格拉底在 73 岁之年用坦然赴死的选择完成了向他深爱着的世人们的最后述说,执著地实现着毕生追求的肉体与灵魂信仰交汇的同时,也以这样一种极具震撼力量的方式在法律价值和守法义务问题领域铸造了一座千年不朽的伦理丰碑。虽然不能进行简单的褒贬比较,但是,类似"武松,好汉还是盗贼?"的问题,无疑又以更加深沉、悲壮的人生传奇叙说着另外一种完全不同的法律伦理和守法体验。无论是老庄冷峭的"盗亦有道"、韩商激烈的"一刑一赏"、孟子仁厚的"暴君放伐"、还是时隔不远的对纳粹军官和告密者守法行为的法律审判以及拉德布鲁赫断然说出的"法律的不法和超法律的法"和借助罗尔斯、德沃金之手而凸显的"公民不服从"或"善良违法"……,守法,裹挟着同法律一同走过的数千年历史当中的期盼与苦难、曲折与凝重,以一种最朴素的方式时刻不停地拷问着法律、法治的面目与方向。

从表面上看,法律的遵守是法律内在效力的逻辑延伸,是法律从无到有、从文字到事实的最后环节,实际情况绝非这么简单。完全按照规范逻辑的观点看待守法问题,实际上扭曲了人与法的关系,在规范正当、自足的假定前提下,将人的主体选择与判断从法律的运作当中剥离出去,不但无助于法律自身的成长与实现,而且一旦出现民众与法律的隔膜,就很容易助长法律的暴虐。因此,"见法不见人"的守法观念是片面的,脱离了主体内心认同的守法是虚假的、难以持久的。一方面,虽则法律一定是规范性的,是"长牙"的,但是,守法却无论如何不是法律效力的自然结果,从而在这个法律运作最后的逻辑环节上,可以爆发出推翻此前一切逻辑的破坏性力量。另一方面,虽然守法从事实上确证了法律效力的存在,但无论从动因还是从意义上都不能把守法简单地归结于法律及其效力,而只能说是人的法律评价以及决定法律评价的其他非法律的社会存在构成了守法与否的决定性力量。最一般地看,作为人的一种生活化的法律活动的守法,是社会主体依照法律规定具体实现自身利益和尊严的活动。因此,守法虽然是法律的规范化要求,是法律上的义务,但同时也是一个表征着法律和社会生活契合程度的概念。在这个意义上,守法必然是有条件的,这些条件当然指向法律自身,并且包含着从总体上监测和考验法律、法治正当程度的价值和功能。

法治的实现需要守法,但法治所需要的只能是一种基于主体权利和尊严的理性守法,从而同人治状态下无条件的奴性守法有着本质的区别。守法的普遍贯彻必然要求法治,不可能指望在专制等级特权状态下会出现社会良好的守法状态。在这个意义上,守法和法治是互为前提、彼此强化的。法治状态下理性守法的实质也就表现为社会主体基于法律价值的内心确信,通过合法行为所达致的谋求个人权益和捍卫法治精神和法治秩序、推动社会法治进程的统一。大体来说,它包含着下面两个方面:①理性守法观念从对法律价值的总体确认和对法治原则的捍卫的基础出发,要求尊重法律权威、严格遵守法律。在法治状态下,法律制度总体上具备良好的品性,成为捍卫人权和促进社会发展进步的基本依靠力量。因此,守法虽是义务,但由于受到人们内心价值判断的认同,更多地表现为自觉自愿的行为。在全社会范围内,守法被视为做人的基本素质而具有极大的普遍性。以往人治状态下超越法律的等级特权成为法律制度重点防范和打击的对象;同时,对于任何因自身过错引发的违法行为,都被认为是应当受到谴责和制裁的,违法在事实上属于绝对的例外,在观念上也处于为人所不取的境地。②理性守法观念在尊重法律权威的同时,始终保有对恶法的警惕、批判和抵抗权利。理性守法绝对不是对一切法律无条件的服从,它在肯认守法的一般义务的同时,保留对恶法的抵抗权。肯认守法的一般义务,决定了抵抗法律不同于违法犯罪;换言之,抵抗法律不是违法犯罪意义上的反社会行为,不是蓄意颠覆现存统治和整个法律制度,而是出于良心自由和价值确信,反抗那些不正义的法律,促使法律上相应的变化。因此,作为一种表达道义观念的政治行为,抵抗恶法根源于表达自由,其目的是为了唤醒民众,进而通过法律的方式恢复作为良法之治的法治,实质上是现代法治社会必须具备的一项民主权利。既然是一种道义行为,抵抗恶法一般采取的是非暴力的方式;然而,如果必然要触犯法律的话,那么,抵抗法律将接受法律的制裁,这样不但无损于法律的权威,同时如同绝食、自焚一样,更增加了抵抗行为本身的道德力量。

　　作为一个自古专制统治深重、近代饱受列强欺凌、眼下法治尚未成熟的国家,我国国民的守法观念受到奴性守法和暴民政治的严重扭曲,理性守法精神的确立必然是极其艰难的。现实地看,国人有关守法的态度仍然保有深刻的人治残留,相当多的法律还只是依仗主体之外的强势力量运作于主体的外在物,守法也就只能大量表现为实用基础上"不触及"、"应付差使"等消极形态;而面对恶法,既有不惜损伤人格的卑俗守法,也有不惜杀人放火的恶性反映。更为甚者,种种不该有的惨重代价付出之后,却只是迅速被深不见底的既有体制和观念吸收得风平浪静,无法转化为促进社会法治化运作的力量。在法治还更多地属于善良理想的情况下,民众的实用态度是必然的,而且只要对背后沉重辛酸的生存背景稍加考虑,就无法简单地批判与指责。民众整体守法观念和行为方式上的变革必然依赖于法治的具体进程,从这个意义上讲,民众守法观念的启蒙固然迫切,但国家工作人员的严格执法更为紧要。

## 二、法律监督与法治

　　监督制度历史之久远,国人对此期望之强烈,可以算是当今典型的中国特色法律现象。这个判断包含两层含义:①当代对监督的呼吁,同中国古代监督在理念和制度上有着深刻的联系。由于古代监督根本上是人治制度下的产物,因此,对监督问题上的古今联系必须保持深刻的检讨,否则,一种建立在人治机制上的监督体制的确立,势必造成中国法治进程的混乱与退化。②纵观世界各法治国家,所谓的"法律监督",甚至"监督"概念,既不存在一个法治化的一般性定义,也不存在一种独立于其他法律制度之外的专门的制度实体形态。那么,中国人如此强调的"监督",或者"法律监督",到底应当成就为一种怎样的制度与运作,它和一般的法治原则与制度结构之间构成怎样的关系,从而即便仅仅是在中国的范围内,它也能够成为一种具有独立价值的法治制度,而并不是一种多余?

　　对监督的呼唤,源自于对法治的期盼,也就是对现实法治秩序未能有效建立,国家机关守法程度不高,权力腐败、权力滥用现象严重的传统反映。因此,这个意

第十八章

义上的监督是直接指向守法的,是呼唤一种对既有法律失灵、无效的补救措施。然而,这种传统反映显然存在一个明显的悖论:监督所依赖的仍然是法律的权威与效力,在法律本身得不到应有尊重的情况下,监督的效力又从何而来? 监督本身也是一种权力,何以保证这种权力不会像被监督的权力一样腐化? 如果法律制度本身不能发生效力,而要依附于一个监督权力的存在的话,那么,谁又来监督监督者? 这样的监督必然在理论上陷入恶循环,在实践中也不可能达到原始的预期。也正是因为如此,眼下很多法律制度本身都是含有监督含量的,但是,这些监督的效力显然是和中国法治状态的整体水平相一致的。如果细究这种传统的监督观念,不难发现这里的症结所在:①它是建立在对法律制度有效性的深刻怀疑基础上的。基于通过现有的制度运作无力解决法律效力低下的现实,从而把希望寄托在一种专司监督大权的机构之上。②它对监督赋予了极大的权力,希望出现一种凌驾于被监督对象之上的监督权威,从而收到无坚不摧的效果。很显然,这样两点内容本身都是和法治原则根本违背的。怀疑甚至放弃法律、推崇权力,希望出现更大、更好的权力来纠正现实中腐败了的权力,这种传统的监督观念,不过是以现代国家机构代替古代的清官循吏,推崇一种自上而下单项度的权力控制,根本上是人治逻辑的现代表现。

一切权力都需要控制,从这个意义上讲,监督的问题永远不在于它所表现出来的控权愿望,而在于如何控权,或者说,如何监督。很显然,上述人治逻辑指导下的监督在一定程度上也可以发挥控权的效果,甚至可以收到短时间内迅速控权的效果,这正是包括监督在内的一切人治制度久久让人怀念、神往的原因所在,但是,从根本上讲,人治最终是和权力控制格格不入的。人治思维下的监督制度,一方面监督行为严重人格化,可靠性难以保障,因此必然在监督之上再设监督,造成权力结构的"叠床架屋"式的畸形发展,各种权力犬牙交错、面目不清,权力归责与纠错机制名存实亡;另一方面,监督权力泛化的同时却无法杜绝腐化,监督者与被监督者之间要么沆瀣一气,要么势如水火,整个权力格局顿时陷入人事党争的深沟巨壑。希冀监督控制权力,而最终却导致政治集团的整体内耗,反而连基本的公务效果都不能保障。中国历代监督体系之繁密世所罕见,究其本质,不过是使得原本控制权力的制度沦变为权力争夺的残酷场所,而为皇权专制收取下之效。这些现象是今天谈论监督、控权所必需要从根本上加以整体防范的。换言之,必须对已经残留在我们法律制度之中人治型的监督制度进行彻底的法治化改造。一方面,对国家权力进行监督是法治的基本要求,监督机制及其运作是法治理想和价值体系现实化的重要体现,离开了监督机制,所谓的民主与法治都必然是有限的,甚至是虚假的。"应从法治价值观、国体与政体的高度认识监督的意义与功能,使监督成为一个国家政治体制运作的基础与出发点。"[1]另一方面,必须把监督体制整体纳入到法治及其运作体系之中,确保监督与法治在价值观念与运作机制上的统一,在具体贯彻法治原则、推进社会法治水平的基础上,逐步建立起中国法治化运作的监督体系。

监督之所以要奉行法治原则,根本上在于法治本身的控权品性。从这个意义上讲,法治是吸收监督的,这也就是当今法治国家并无中国式独立统一的监督制度与监督观念,但却有着高效、廉洁的权力运作的原因。法治的核心在于控制权力,只不过,法治化控权的基本模式表现为分权制衡基础上的程序化运作,从而和人治下的权力监督旨趣大异。"在英美法律中,很少使用监督的用语,因为无论是'superintend'还是'supervise',都具有上对下进行控制的含义,这些词既指监督,也指指挥、主管、控制。特别是在'三权分立'的理念支撑下,人们比较忌讳这种作为上位权力的监督,而习惯于使用'checks and balances'即制衡,认为制衡体现了分权、制约的原理。"[2]分权和制衡首先是一个宪政的问题,人民代表大会制度和三权分立体制存在根本不同,这就决定了我国国家机关权力关系有着自己的体系和逻辑。但是,这并不意味着人民代表大会制度同权力分立与制衡原则的决然对立;相反,只要是从法治的价值理念与控权技术角度着眼,就必须承认:权力的分立与制衡原则在我国人民代表大会制度下的吸收与强化既存在广阔的宪政空间,同时对于完善包括人大制度在内的法治国家建设更具有极为重要的意义。不管是从法治还是从监督的角度都应该看到,权力分立与制约的实质在于依托国家宪政体制,完成权力界限的划定与权力责任的明确,从而构成控权的基本条件和途径。唯此,权力监督也才能表现为各个权力主体相互之间既独立又制约的关系,包括监督权力在内的一切国家权力都具备范围明确、责任清晰的基本要求,监督权和被监督权一样都是一种有限而确定的法律权力,监督主体在履行监督权力的同时,本身受到法律和其他权力主体的监督与制约,不能代替甚至侵犯被监督主体的权力,从而根本上跳出"谁来监督监督者"的逻辑怪圈。

法治化的监督体系一方面要建立在国家权力总体上的分权制衡状态之上,保障监督权与被监督权都成为彼此制约但各自独立负责的有限权力,另一方面还需要正当程序的内在支撑。不管是对监督权还是被监督权来说,正当程序本身都具有民主控权效应和强化事务管理与决定上非人格化的制度效应,应当贯穿于法治国家一切权力的结构与运作之中。不仅如此,对于监督权力本身来说,监督权区别于被监督权的本质,在于监督权是一种程序性的权力,即对被监督权的程序控

第十八章

---

〔1〕 韩大元:"依法治国与完善监督机制的基本思路",载《法学论坛》2000年第5期。
〔2〕 张智辉:"法律监督三辨析",载《中国法学》2003年第5期。

制权和程序救济权。监督的宗旨是防止权力滥用和权力腐败,保障被监督者全面地、正当地行使权力。从这个意义上讲,监督权始终是以被监督权的存在为前提的,是保障被监督权力合法行使的辅助性权力,而不是主导性权力,更不是领导权(领导权中包含监督权,但监督权中不包含领导权)。尊重和维护监督者和被监督者各方权力的完整性是法治化监督的核心,监督者与被监督者是各自独立负责的主体,监督不能代替或干扰被监督的权力。监督应当以法律授权为界限,以法定程序为根据,准确把握程序控制和参与等基本监督手段。程序控制的运行机制是使监督转化为与被监督的权力相互关联的专项权力,同时保持监督权与被监督的权力之间的平衡,使监督既无处不在,无时不在,又不致相互干扰。注意在监督者与被监督者之间保持一定的距离,保持参与的有效性和选择性,可以防止监督失灵。[1] 正当程序的公开性、参与性、交涉性对于监督主体与被监督主体来说都是同样的有利,又同样的受控,既可以对恣意行使权力的对方进行约束,又需防止自身因恣意而受制于对方,从而保证监督体制的高效、阳光地运作。

最后必须指出的是,尽管监督直接针对的无疑是国家权力行使的合法性问题,但是在我国,监督的含义与种类却是极为广泛的。究竟在什么意义上使用"监督"这个概念,监督与法律监督之间是什么关系,什么是我们所说的"法律监督",在这些问题上,还存在着非常混乱的情况。由于在其他法治国家没有一个专门的监督或法律监督的法治化的一般概念,监督和法律监督的内涵只能结合我国法律实践进行合理的界定。

大体上说,监督概念在我国法律生活中的使用包含权利和权力两个层面。① 监督是公民的一项民主权利。从这个意义上讲,监督表现为检举、揭发、申诉、控告、游行、示威等形式,从主体上看,包括公民个人监督、社会团体监督、社会舆论监督等。②监督是一项法定的国家权力。在这个意义上的监督,目前来看,仍然处于比较复杂的状态。虽然宪法当中对所有国家机关明确使用"法律监督机关"一词的,只有国家检察机关。但我们仍然习惯使用包括国家权力机关、国家行政机关、国家审判机关和国家检察机关全部在内的"国家机关的法律监督"概念。不仅如此,中国共产党的监督也构成我国监督体系当中的一个重要组成部分。这样一来,法律监督种类的多样化就成为对上述状态的最一般的概括。必须指出,这样一种力求涵盖一切监督形式的统一的监督概念不仅是无意义的,而且,它严重遮蔽了各种监督形式在法律属性上和运作机制上的根本差异,根本不利于监督制度的发展完善。作为民主权利的监督权利,同作为法定权力的监督权力之间首先不能混同;更重要的,在国家机关范围内,监督权同领导权、决定权、甚至法律的执

第十八章

---

[1] 谢鹏程:"监督的理性",载《法制日报》2003 年 3 月 20 日。

行和适用权必须加以区分;国家机关内部自我监督同不同国家机关之间的外部监督也必须加以区分,否则为我们所极力强调的法律监督将处于不知所指的泛化状态。一方面,不加区别地滥设监督和滥用监督,不但无助于人民民主权利的实现和合法权益的保障,而且必然造成我国宪政法治建设上的严重混乱与退化。另一方面,监督权如果不能从既有权力体系当中独立出来,不能形成监督权力的专门化、集中性,因而也是有责性地行使,既有监督权力疲软的状态必然难以改观。在这一点上,我国香港的廉政公署、美国和日本的独立检察官制度、北欧的监察专员制度等具体监督权力的有效运作值得我们反思和借鉴。因此,必须针对不同的监督形式,确定相应的监督主体、监督对象、监督权限、监督程序、监督原则与机制,才有可能正确地将分权制衡和正当程序贯彻到监督体制当中,真正建立起一个一个具体的、有效的中国法治化的监督制度。

## 参考文献

1. 李林:"立法权与立法的民主化",载《清华法治论衡》(第 1 辑),清华大学出版社 2000 年版。

2. 刘旺洪:"立法社会学的几个理论问题论要",载《南京师范大学学报》(社会科学版)1996 年第 4 期。

3. 陈端洪:"立法的民主合法性与立法至上——中国立法批评",载《中外法学》1998 年第 6 期。

4. 陈兴良:"立法理念论",载《中央政法管理干部学院学报》1996 年第 1 期。

5. 冯军:"行政执法论",载李步云主编:《中国特色社会主义法制通论》,中国社会科学文献出版社 1999 年版。

6. 贺卫方:"中国司法管理制度的两个问题",载贺卫方:《司法的理念与制度》,中国政法大学出版社 1998 年版。

7. 丁以升、李清春:"公民为什么遵守法律——评析西方学者关于公民守法理由的理论"(上、下),载《法学评论》2003 年第 6 期、2004 年第 1 期。

8. 孙笑侠、冯健鹏:"监督,能否与法治兼容?——从法治立场来反思监督制度",载《中国法学》2005 年第 4 期。

## 思 考 题

1. 立法权具有怎样的民主、宪政功能?
2. 立法活动具有怎样的本质属性?
3. 我国行政法治化面临哪些问题? 怎样解决?
4. 法治国家的司法权应当具有哪些基本属性? 对我国的司法改革有何启示?
5. 什么是法治国家的守法精神?
6. 谈谈你对完善我国法律监督制度的认识。

第十八章

# 第19章

## 法制现代化与法治国家

【内容提要】

　　法制现代化表征着法律在现代社会的存在状态和变革过程,其实质是伴随着社会从传统向现代的转变,使法律制度自身更合理性。法律传统、法律移植和本土化是法制现代化研究的重要问题领域。根据动力来源上的不同,法制现代化进程可以分为内发型和外源型两种模式。法制现代化要求实行法治,建设法治国家。

【基本概念】

　　法制现代化、法治国家、内发型的法制现代化、外源型的法制现代化、传统、本土资源、有限政府

## 第一节　法制现代化概述

### 一、法制现代化的概念

　　人类是一种力图驾驭自身历史感和方向感的生物。对自公元15、16世纪以来的社会发展机制、日常生活方式以及嵌扣于此中的人的生存与意义的把握与反思,产生了"现代化"这个概念。"现代化"直接针对的是西方发达国家在近代以来所出现的前所未有的发展态势,但其着力揭示的是此中所蕴含的对于人类发展的普遍意义。由此,一个裹挟着"工业化"、"城市化"、"福利化"、"民主化"等含义在内的现代化概念,在最一般的意义上表征着,在接连而至的科学技术革命和社会革命的冲击下,各民族国家业已经历或正在进行的包括社会一切主要层面在内的整体发展与转变过程,意味着人类社会从传统向现代的转型与跃进。透过近500

余年来几近纷繁错乱的繁荣与动荡、文明与野蛮、企盼与焦虑，"现代化"的普遍意义在于，它集中地昭示了本源于人类理性的现代性，最终作为一种支柱性的力量，在不可避免地接受历史的锤炼与拷问的同时，逐渐累积、固化于现代国家的制度结构、人类的组织化交往方式以及人的本性之中，并且借此日益清晰地彰显出一个现代社会内在的品质与价值。因此，"现代化"既是一场人类历史上迄今为止最为剧烈、最为深远并且显然是无可避免的社会变革，也是一场持续高速自我复制、远未终结的社会运动。

表面上看，现代化走入人们的视野无疑是导源于与现代科学技术密切关联的经济增长对社会发展所带来的巨大的冲击力量，但是现代化绝不仅仅是社会物质生活方式的变化，而是人类社会在现代条件下从物质到精神、从制度到观念的总体变迁。因此，不管对现代化的结构性因素做怎样的归纳，法律与现代化的密切关联都是现代化过程当中的一个基本面向。作为一个最集中揭示法律与现代社会或者社会现代化进程之间关系的概念，"法制现代化"表征着法律在现代社会的存在状态和变革过程，其实质是伴随着社会从传统向现代的转变，法律制度自身的合理性化。"现代化的特殊意义在于它的动态特征以及它对人类事物影响的普遍性。……如果一定要下定义的话，那么'现代化'可以定义为：反映着人控制环境的知识亘古未有的增长，伴随着科学革命的发生，从历史上发展而来的各种体制适应迅速变化的各种功能的过程。"[1] 而在马克斯·韦伯对资本主义社会状态的著名解析之中，高度形式合理化的法律制度与西方的经济与技术、科层官僚体系一道，明确被认定为构成现代文明体系的基本要素，现代化本身则被理解为社会在各个领域内对种种传统性力量"祛魅"的"理性化"过程。[2] 法律与现代化的内在联系进而决定了法制现代化的地位与意义。在这个意义上，法制现代化就不仅仅是法律对现代化的被动回应，同样是法律制度以其独特的价值与品性作用于现代化的过程。直接作为现代社会条件下人类的一种生存方式和价值目标体现的法制现代化，构成法律自身历史运动的逻辑环节和现实机制。

**二、面对传统的法制现代化**

虽然法制现代化概念直接指向的是现代社会法律发展方向性的价值判断或者说价值取向，但是由于事物的发展必然是历史与现实，或者说阶段性与连续性的统一，因而，一旦将目光从目标性的考察转移到法律发展与历史—社会具体情境的联系上，那么，包括法制现代化在内的一切现代化问题必然都要顾及到两对

---

〔1〕　[美]C. E. 布莱克：《现代化的动力》，景跃进等译，四川人民出版社1988年版，第11页。

〔2〕　马克斯·韦伯认为："归根到底，产生资本主义的因素乃是合理的常设企业、合理的核算、合理的工艺和合理的法律，但也并非仅此而已。合理的精神，一般生活的合理化以及合理的经济道德都是必要的辅助因素。"转引自罗荣渠：《现代化新论》，北京大学出版社1993年版，第14～15页。

如影随形的分析范式:传统性与现代性、本土化与全球化。传统与本土同现代化问题之间的复杂勾连,总的来说都根源于文化对社会发展所内在具有的持续性的影响力量。这一方面制约着特定国家现代化的现实发展程度与作用机制,另一方面也在总体上决定了人类现代化在具体道路和形态上的多样化特征。

法律传统是指从传统的社会生活和法律实践中长期累积而成的,经由世代传承、演化,至今仍发生持久影响的,有关法律的观念、知识和习惯做法。世界上存在着不同的法律传统,它们反映了人类法律认识与实践上的多样化特征,并在各个民族国家法律生活中扮演着不同的角色,从而也使各个国家法制现代化的进程与样态出现差异。因此,固有法律传统同现代社会之间的联系必然构成法制现代化研究不可忽视的一个问题领域。总体上讲,虽然说世界上没有任何一个国家能够尽去其固有民族法律传统而实现法制现代化,但是,同样可以成立的是,任何传统的力量都最终要在现代性的价值评判面前确定其存在与消逝的命运;虽然说即便是现代法治化程度很高的西方发达国家也不可能是纯粹的现代性社会,但更可以判断的是,发展中国家的很多文化传统尤其是法律传统确实存在着与现代社会发展状态、现代法治观念与原则不相适应的内容。传统与现代性之间存在着复杂的关联,传统可以在现代社会内部继续发挥或大或小的作用,传统也可以向现代转化进而形成一种新的传统。但是,这些都不足以取消传统与现代对立的分析模式,更不构成固守传统抗拒现代性的理由。发展中国家、特别是受传统影响较深的国家的法制现代化历程必然是以法律传统断裂、转型为代价的。法律传统在这些国家的延续,虽然反映了一定的社会需求,但是传统在现代社会中的作用毕竟是相对的和有限的。对于这些国家而言,彻底地反传统实际是提升民族文化与促进民族发展的必然方式。任何成为传统的东西都必然包含着某种精华,但这不意味着在传统价值上的一种抽象的绝对判断。应该看到的是,传统的精华必然是在持续的社会变迁过程中逐步得以具体的确证,整个传统也就是在不断的否定当中得以维系与升华的。"反传统与尊重传统是一致的。反传统固然要否定传统,而且也是突破传统的一种形式,但它所否定掉的只是必然要被淘汰的东西。"[1]包括法律传统在内的任何传统在现代的存留与再生,也都必然是经历了现代社会发展的洗礼,从而在根本上实现了现代性的价值转换。因此,发展中国家的法律现代化进程同时也就是本国法律传统在现代的改造与重铸的历程。

本土化同传统问题有着深层的联系,二者在本质上讲都是基于一种实然性存在而释放出的力量。因而上述有关传统的分析很大程度上同样适用于本土化的问题。但是,本土化绝不完全属于传统文化的范畴,而是有着区别于传统的独立

---

〔1〕 葛洪义主编:《法理学》,中国政法大学出版社 1999 年版,第 245 页。

的问题面向。如果说传统更多地同历史在现代的传承相联系、也更多地表现为一种文化力量,那么本土化的问题则直接属于现实的范畴,同现实的经济发展水平、人口的数量和素质等问题相联系,因而具备一种物质性的力量。正是在这个意义上,法制现代化与法制本土化之间不存在根本性的对立。而且,在法律可行性的意义上,二者存在着共同的问题面向与价值诉求。尤其对于法制现代化过程中不可避免的法律移植和法制改革,必须关注社会的实际需求与承受能力,避免引发剧烈的社会动荡或者导致法律同实际生活脱节而最终形同虚设的状态。但是,必须指出的是,作为一种实然性力量,本土的状态潜在地蕴含着一种价值取向,甚至完全可能从本土中生发出同法制现代化进程相背的主张与要求。因此,所谓的本土资源或者"人民群众的创造精神"都必然要求对之进行具体的分析,而绝不自动获得引导法制发展方向的地位与意义。从尊重事实以及从实际出发的角度上讲,本土化是一个法制现代化进程当中必须重视并妥为处理的问题,但根本上讲,这是一个技术性问题。事实也罢、实际也罢,其本身的内容与意义离不开人的价值判断,更不构成抗拒发展与变革的理由。本土化并不排斥对本土的改造与引导,从实际出发也绝不意味着抱残守缺。在国家间联系日益紧密的今天,国际化与全球化同本国的发展状态一道,同样是所有国家法制现代化进程中必须要面对的实际。

### 三、法制现代化的模式

#### (一) 内发型的法制现代化

根据法制现代化的动力来源,法制现代化过程大体上可以分为两种模式:内发型的法制现代化和外源型的法制现代化。

内发型的法制现代化是指特定国家由于社会内部诸条件的成熟而导致法律制度从传统向现代的内部创新。内发型法制现代化模式以世界上最早进入法制现代化进程的英国、法国、美国等国家为典型。一般来说,内发型法制现代化国家的形成客观地具备着如下历史条件:①工业化和市场化的现代生产方式从社会内部孕育积累而成并发展壮大,从而使法制的现代转型具备了直接的经济根源;②市民社会力量强大,而国家政府权力相对有限,现代法权要求与法律规则在市民群体当中得到长久的酝酿与实行,从而法制现代化进程表现为一个自下而上、逐步变革的累积过程。对于西方法制现代化的具体进程,学术界有不同的认识,但是总体上讲,发源于罗马的罗马法和发源于英格兰的普通法在近代的转化历程都必然要上溯到西欧中世纪中后期,正如勒内·达维德所说:"随着城市与商业的复兴,社会上终于认为只有法才能保证秩序与安全……人们不再把宗教与道德同世俗秩序与法混淆在一起,承认法有其固有的作用与独立性,这种作用和独立性将是此后西方文明与观念的特征"﹝1﹞　中世纪的政教二元化的社会结构、城市和商人阶级的兴起、长达数百年的罗马法的复兴、宗教改革、启蒙运动、资产阶级革命、产业革命等则构成了西方法制现代化独特的历史文化背景。在此长久历程之中，西方法律的某些现代性因素在传统社会内部酝酿形成，并成为西方社会现代化的促进因素。因此，对于西欧社会来说，"法律不仅必定是演进的，而且必须被视为是演进的"，"法律的发展被认为具有一定的内在逻辑；变化不仅是旧对新的适应，而且也是一种变化形式的一部分。变化过程受某种规律的支配，并且至少在事后认识到，这种过程反映一种内在的需要。人们推定，在西方法律传统中，变化并不是随机发生的，而是由对过去的重新解释进行的，以便满足当时和未来的需要。法律不仅仅处于不断发展中，它有其历史，它叙述着一个经历"﹝2﹞

（二）外源型的法制现代化

外源型的法制现代化一般是在外来力量的强大作用之下，在迫切需要的社会经济政治制度变革的背景中展开的。日本以及伊斯兰法系国家是外源型法制现代化的典型。总体上讲，外源型法制现代化的形成根源于本国社会经济和法律系统的相对落后，外来力量剧烈而强大，造成社会内部法律传统的自我演进历史的中断，而面对内外压力被迫进行政治法律制度的急剧变革，从而开启了摹仿式的法制现代化历程。一般认为，外源型的法制现代化具有"被动性"、"依附性"、"反复性"的特征。总体上看，外源型的法制现代化虽然发生时迅猛激烈，但真正要同本土文化和社会的长期发展相协调，难度很大，必然还要经历一个漫长的历史时期。惟其如此，根本原因在于，外源型的法制现代化是以政治经济为中心的，是自上而下由国家政权强制启动并建构的，带有明显的工具性色彩，法制变革的合法性依据，不在法律本身，而在于它服务对象的合理性，因而法律与本土文化严重脱节。一旦它所依托的社会背景发生变化，就会激起广泛的民族主义情绪，打断这一进程。因此，对于外源型法制现代化国家来说，外来法律资源与本土文化的关系始终是法制现代化能否成功的一个关键。

# 第二节　法治国家建设

## 一、法治国家的概念

从逻辑上讲，法治与国家制度的结合，产生了"法治国家"这个概念。法治国

---

﹝1﹞　［法］勒内·达维德：《当代主要法律体系》，漆竹生译，上海译文出版社1984年版，第38页。
﹝2﹞　［美］哈罗德·J. 伯尔曼：《法律与革命——西方法律传统的形成》，贺卫方等译，中国大百科全书出版社1993年版，第19、11页。

家,就是奉行法治主义的国家形式。法治作为一种政治法律意识形态,必然要求将自身的理念与原则转化为一种国家制度从而在国家政治法律的生活中获得实现。法治向法治国家的转变与发展这个问题,在法治主义高扬、法治国家作为人类理性和政治文明的普遍追求、甚至被认为是"人类法政文明史上发展迄今最光辉的国家形式"的今天看来似乎是顺理成章、不言而喻的。但是,从西方法治与法治国家发展的实际过程来看,"法治国家"作为一个特定概念的出现,要远远晚于"法治"概念,更为要害的是,在"法治国家"理论诞生地的德国,"法治国家"最一度展示给世人的是强烈国家主义倾向的法律制度所潜伏的破坏法治的灾难性后果。这一方面历史性地表明了"法治国家"概念在控制国家权力、捍卫人权和社会正义这种法治意义上的确立,经历了一个曲折的过程;另一方面,也凸现出区别于法治概念,"法治国家"概念所着力强调的国家权力应当全面受控于以捍卫民主、人权为指向的法治原则、避免国家推行"法律暴政"的具体指向。

"法治国"出自德文 Rechtsstaat,源自 19 世纪德国自由主义政治哲学,直接将"法"和"国家"这两个词强制连接,对于传统德语来说也是一个全新的词汇。这样一个词汇,从构词法上看,在英文中历来没有直接对等的词汇。硬要翻译成"Law State"或者"Just State",既显生硬让人不知何意,同时也并不能反映德文"法治国"之原意。英文当中与之相对应的或者说具有同等地位的概念是"法的统治",即由英国法学家戴雪(Albert Venn Dicey)在 1885 年出版的《英国宪法学导论》(*An Introduction to the Study of the Law of the Constitution*,汉译《英宪精义》)当中第一次明确提出并着力阐释的"the rule of law"。德文"法治国"与英文"法的统治"同在 19世纪产生,都是古典自由主义基础上的形式法治理论,但是,这两种理论在共同主张法治的同时,在对待国家权力以及实在法的态度上却存在明显的不同,进而在英、德两国不同法治发展模式的背后,潜伏着法治观念上的深刻差异。

19 世纪的德文"法治国"概念起源于康德"国家是一群人在法律下的联合"的论断,主张通过国家实在法的制定与实施,自上而下地建构一套法制秩序,借以划定民众自由、规范国家机构权力,实现国家和社会的法制运作。作为一种古典自由主义思潮下民主、宪政理论同唯理主义国家观念的混合产物,这样一个"法治国"根本上主张的是"国家法制"而非"法治国家"。只不过,区别于古代的人治法制,它反映了古典自由主义有关天赋人权、个体自由的理想,主张国家权力之间的分工与制衡,也要求法律规定人民的自由与权利,因而,使它成为在一定程度上反映了法治价值、吸纳了宪政结构的现代国家治理形态,同封建专制等级制度有着根本的区别。但是,在法律和作为整体的国家权力,尤其是国家立法权的关系上,它明确地把法律的最终渊源归结于国家,"法治国"只是国家营造的一套实在法律制度与秩序。民众的权利与自由根本上被视作法律规定的结果,而国家则被认为天然地属于合法性领域,国家本质在于通过法律来规范人民的自由,维持法律秩序是国家的任务所在。法律在理论上是公共意志的产物,是超脱个人认知之上的共通理性,在实践上就是作为主权者的国家立法的理性和意志的产物。因此,在唯理主义思潮支撑下,既然国家及其立法可以保障人民的自由与权利,而忍受立法就是人民的绝对义务,即使他们忍无可忍。这样一来,"法治国理念强调把法律当做治理国家及课以人民服从义务的'工具',至于法律本身的'品质'是否符合宪法所追求之保障正义及人权,就失去其重要性"[1]。这样一种工具属性的"法治国"在德国的进一步的实践,日益同德国的国家统一与民族主义高度统合,最终走向极端民族主义和国家主义,在纳粹国家社会主义的集权统治中全面破产。

当然,也不能将德国 19 世纪以来的形式主义的法治国家同纳粹的极权统治画等号。如富勒所说的"法制普遍、极端败坏"的纳粹统治实际上是和德国"法治国"格格不入的。这从纳粹政府对《魏玛宪法》及其整个法律制度的全面破坏即可得到明证。真正的问题在于,积数十年精深的法律学术积累和法律制度建构的德国法治国,何以几乎是丝毫无阻碍地放任了纳粹政府对自身的蹂躏? 一种把自身效力与价值完全交付给作为"主权者的化身"、"大写的理性"的国家及其实在法律的"法治国",同全面破坏人类法治理念、极端践踏基本人权的国家行为之间究竟有着怎样的内在关联?

一般认为,德国 19 世纪"法治国"的内在缺陷根源于它是一种形式法治,而非实质法治。这个判断不错,但是,仅仅从形式法治来把握德国"法治国"是不够的。一方面,形式法治和实质法治是一切法治形态的内在冲突,它不独属于 19 世纪的德国,当时的戴雪法治理论同样是形式法治,今天的所有法治国家的法治实践都仍然存在形式法治与实质法治的纠葛,理论上如哈耶克、拉兹等坚持形式法治的思想仍然具有很强的说服力。另一方面,从德国 19 世纪"法治国"的本质与归宿上,我们可以看到:虽然形式法治和形式法治国有密切的关联,但是,形式法治国由于直接导致国家权力最终凌驾于法治之上,实在法最终凌驾于民主、人权之上,因而,它比一般的形式法治而言,更容易导致国家主义,导致国家行为对法治的合法颠覆。与此不同的是,单纯的形式法治并不自动带有任何国家主义的立场。形式法治是针对实质法治而言的,形式法治存在对社会实质正义关照不足的问题,法治的形式平等会捍卫甚至加剧实质的不平等,因此,形式法治的问题是法律形式合理性的内在问题,同国家主义破坏法治并无直接关联。这也就说明了,19 世纪英美法治虽然与德国"法治国"同属形式法治这个大的范围,但它没有产生国家颠覆法治的结果。因此,德国"法治国"与英美国家"法的统治"之间的分歧,更多

〔1〕 陈新民:《法治国家论》,台湾学林文化事业有限公司 2001 年版,第 99 页。

地根源于欧洲大陆唯理主义与英美经验主义之间的差异,更多地与德国近代民族国家形成与崛起区别于英美国家的特殊历史过程相联系。英美形式法治的背后,是长达数百年的法律与封建国王为代表的国家权力的斗争,自然正义原则沁润其中,近代以来更奉行消极自由和最小国家的政治理念,更不存在利用法律富国强兵的急切政治行为的内外压力。相反,德国则在大陆唯理主义思潮的浸润下,伴随推动民族国家迅速崛起的政治目标,出现了把法制严重国家工具化的理论和实践。因而,19 世纪德国的"法治国"概念,不能单纯从形式法治的角度上加以把握,而必须要从法治与国家权力的整体关系上予以说明。将法律视作国家政策之工具基础上的形式法治才是 19 世纪德国"法治国"的要害所在。这样的法治国显然是我们熟悉的"rule by law",而非"rule of law"。

当然,除了国家主义这一层以外,19 世纪德国"法治国"概念当中的形式性也应当成为我们检讨的对象。形式法治同法治国中的国家主义显然是有联系的,虽然说,如果作为德国法治国之大成的魏玛宪政体系能够坚持不坠的话,纳粹那种普遍败坏的法律是不可能出现的;然而,纳粹的出现本身却更有力地证明了一个单纯的形式法治是不足以捍卫自身的存在的。因此,法治国家这个概念必须,也完全可以成为法治理论与实践当中更为全面、积极的一个普适性概念。这样的法治国家概念是摒弃了德国 19 世纪法治国当中的国家主义,并将实质正义导入其中。就产生了"法治国"概念的德国而言,在历经纳粹和二战而大劫余生之后,在理论上对一种"实质意义的法治国家"有了极为深切地感受;在制度上则在《宪法》第 20 条第 3 项中明确规定:"所有国家权力都受到法律及法之拘束",大力实施违宪审查,注重分权原则与权利救济的有效运作,坚持公民的良心自由和对恶法的抵抗权。形式法治与实质法治的冲突成为西方各国法治一般性的共有问题,当代德国法治同英美法治之间已无质的区别。正如我国台湾学者陈新民先生所说:"法治国必须承继传统形式意义法治国的杰出理念,诸如最大幅度地维护人民基本权利、基于自由主义的对国家权力可能滥权的疑惧、以及确保上述两个原则所必需采行的法律保留及所衍生的信赖利益保护、溯及禁止与可预测性原则的实践等。同时必须符合国家追求整体实质正义以及将国家行为确实用法而非单纯的用法律加以束缚,使得法治国无疑地可透过违宪审查的制度,来摒斥恶法亦法,而达到'良法之治'。因此,法治国的精神已将实证的法律工具论视为下层次的执行原则"[1] 今天的法治国家概念已在根本上摆脱 19 世纪"法治国"的国家主义范围,意味着包含实质正义的法治原则在国家政治法律生活领域内的全面实现。

---

〔1〕　陈新民:《法治国家论》,台湾学林文化事业有限公司 2001 年版,第 118～119 页。

### 二、法治国家的条件

法治与法治国家是人类基于现代社会生活条件所提出的理想目标,这也就意味着它们的实现有着客观的前提条件。从历史发展的角度看,法治国家显然是人类社会现代化过程的一个产物,是在一国社会发展和内部结构变迁过程中缓慢生长起来的。如果说形式上架构完备的法律体系是为现代法治国家的建立提供了可能性的话,那么,现代政治、经济、文化条件的具备则为现代法治国家的建立提供了现实性与基础条件。法制变革固然有促进与加快社会发展的重要作用,但是,从根本上说,是现代民主政治与市场经济培育与推动了现代法治的成长与真正实现。换言之,社会政治、经济、文化条件的充分发展为法制变革提供了最恒久而可靠的原动力与保证,法制架构乃是对民主政治与市场经济建设成果的巩固。

(一)法治国家是以市场经济为经济基础和条件的

在前述"法律与经济"一章中已经阐明,法律的兴盛总是与商品经济、市场经济相关,近代以来,随着市场经济的深入发展,经济与法律的内在联系日益彰显,最终有了"市场经济必然是法治经济"的判断和要求。自给自足的自然经济和以国家权力强制安排的产品经济虽然也需要行政法、刑法等法律,但却没有也不可能导致法治国家的产生;确切地说,自然经济和产品经济恰恰是人治国家的深层原因,这也就是为什么世界上没有任何一个法治国家可能建立在自然经济或者产品经济基础之上。市场经济之所以构成法治国家赖以产生的前提基础和赖以强化的支撑力量,取决于市场经济的品性与结构同法治之间的内在联系。换言之,法治国家是市场经济在政治制度与社会治理方式上的总体表现和必然要求。市场经济是反对人身依附的平等经济,是尊重个性与自由的权利经济,是追求效率与发展的竞争经济,是打破地域分割体制分割的统一经济、甚至是打破民族国家封锁的全球化经济。同时,市场经济也存在着天然的盲目和消极因素。这样的经济形态对法律的要求就不仅仅是制度的保障和规则的预期,更要把自身追求平等、自由、权利本位、普遍竞争的价值理念注入法律制度之中,从而不仅为法治国家的建立提供了法律规则上量的积累,更重要的是,由市场经济所最终决定的文化观念和行为方式为法治国家注入了区别于人治国家的新的品格,或者说质的规定性。

(二)法治国家是以民主政治为政治基础和条件的

现代民主的基本精神在于一切权力属于人民、一切权力服务人民、一切权力受到人民的监督与制约。因此,民主政治在逻辑上必然要求法治国家,民主政治决定着法治国家的本质和发展程度,是法治国家建设真正的动力源泉。只有在一个民主精神深入人心的国度,人民才会为法律而斗争、最终为法治而斗争;也只有在一个民主原则受到尊重的国度,人的权利和尊严才会被作为法律之法,驾驭着法治的方向而使之走向具体与精微。相反,没有了民主政治,法律纵然可以繁多、纵然可以强悍,而距离真正的法治却只能是南辕北辙、渐行渐远。从这个意义上讲,能否有效扩大并落实社会主义民主政治无疑是中国法治建设最实质的问题所在。

（三）法治国家是以公民文化为文化基础和条件的

任何文化都是人的思想观念与行为方式的体现,因而,文化类型界分的实质标准应当是人,即在一个社会文化体系当中,人本身的地位与属性。现代社会成员基于自身的公民属性而具备的思想文化观念和行为方式,是与现代市场经济、民主政治和科学技术相适应的社会文化系统。就现代社会法治国家建设而言,公民文化包含以下基本方面:

1. 公民意识。公民是法治国家对社会成员的制度定位,因而公民意识首先是一种法律意识,它集中地体现了人与法的基本联系,表征着现代社会成员基于法律而获得的一种主体性与平等性的存在方式和行为方式。由此决定了,与现代法治观念相联系的公民意识同时区别于"臣民"意识和"主人"意识。臣民意识是自己做奴隶,主人意识是叫他人做奴隶。前者背离现代社会成员的主体性地位,后者背离现代社会成员的平等性价值。从事实上看,在现代法治缺失的情况下所谓的"主人意识"最终培养起来的只能是官僚的主人意识,而导致民众意识向臣民意识的复归。即便在政治理念层面上强调人民的主人地位,也必须明确:①主仆关系适用于作为整体的民众与国家政权之间的政治学范畴,而不是指向民众之间的社会关系范畴;②作为表征人民主权的政治范畴的"主人"最终必须转化为法律范畴的"公民"来予以实现。也就是说,人民主权必须转化为法定权利和法律制度才是可操作的和可以正确实现的。因此,公民意识直接指向法律上的权利义务意识。

2. 理性精神。理性是相对与感性或非理性而言的。感性或非理性内在于人的本性之中,以一种偶然性的方式作用于人及社会的存在与发展。在某些依赖于个体性天才创造的特定的社会领域或场合,感性或非理性甚至是不可或缺的,这实际上根源于理性和非理性是可以转化的,或者说,不同的时代、不同领域的理性精神本身具有不同的内容。作为公民文化内涵之一的理性精神意味着社会成员从对社会发展的矛盾运动尤其是国家—社会—个人的关系及国家政权的职能与运作的正确观念出发,依据法律主张权利履行义务,合乎理性地应对和处理公共关系和私人事务。这种理性精神对于一个社会的健康、平稳发展是极其重要的,尤其是对于政治法律领域而言,感性或非理性至少应当被看作为一种危险。历史上在政治领域的对感性文化、非理性文化的鼓吹,历来是人治主义的看家本领,最终是为专制极权统治张目。20 世纪 60 ~ 70 年代的中国之所以出现法制全面崩溃的局面,是与对领袖的"四无限"(无限热爱、无限信仰、无限忠于、无限崇拜),"相信要相信到迷信的程度、服从要服从到盲从的地步"这种浪漫和愚忠分不开的。

3. 社会契约观念。英国法史学家梅因在 19 世纪提出的"截至目前,人类历史上的一切进步归根到底是一场运动,即身份到契约的运动"这样一个命题,对人类认识现代社会产生了深刻地影响。契约原本是表征商品交换当中的经济形式和人际关系的,社会契约观念是商品契约的思想逻辑在法律、政治和社会领域上的表现。社会契约论和自然权利学说、人民主权学说以及分权制衡学说一道构成了资产阶级民主和法治理论的内在逻辑和历史起点。社会契约论在历史上粉碎了封建的等级观念和人身依附,并且从人的主体平等出发主张对包括政治统治在内的一切公共社会关系进行公开与理性地度量与规制,因而在今天继续发挥着防范政府滥用权力、约束公民依法办事的作用。尽管社会契约论所据以成立的哲学基础是历史唯心主义,其中的逻辑也很难说完全严密,但是,它所发挥的对民主和法治的支撑与促进作用是不容否定的。吸收其中的合理因素作为现代公民文化的有机构成,对于有着深厚封建人治传统的中国社会来说是极为必要的。

4. 思想自由开放观念。正如法国思想家帕斯卡尔所说:"人的全部尊严在于思想",不管是出于对人本身的尊重还是出于社会发展进步的动力和机制的考虑,任何一个现代的国度都要求高度重视社会成员在思想上的独立、自由与开放,从而保证每个人都有形成(生产)和传播(出售)思想的权利和平等机会。这些权利包括:形成和坚持某种信念和观念的权利(宪法上"良心自由"),通过演说、文学、艺术、音乐、图像、符号等沟通媒介传播和接收思想的权利,保护沉默的权利,听取别人关于政治、法律、经济、文化、历史、哲学等观点和关于事实的陈述评论的权利,获取情报的权利,采取集体行动共同表达思想的权利(如集会、游行、示威、请愿的权利)。判断思想认识正确与错误的唯一途径,在于思想的公开、自由对话基础上平等地接受社会实践的检验,从而代表科学和理性并有益于社会的思想精华才能够击败谬误和不合时代潮流的陈腐观念而坚持下来和传播开去。任何个人都无权也不可能长期垄断思想,搞舆论一律和意识形态霸权,只许自己有形成和传播思想的权利,不许别人形成、坚持和传播思想,或者把人们置于除了权威人士认定的标准思想外一无所知的状态。置身于人类知识日新月异、民族国家千帆竞发的全球化时代,不管是来自民族主义的恋旧情绪还是来自威权统治的高压控制,任何企图进行思想控制的观念和行为都必然被历史所抛弃。就政治统治和法治建设而言,思想的自由开放最能有效地传递政治信息,从而增加政治的透明度和开放性,并为舆论监督提供机会,逐步培养起公民的议政意识和参政督政能力,保证政治的民主和廉洁,保证法律活动的公正性和国务活动的合法性。

第十九章

### 三、法治国家的基本特征

一个成熟的法治国家至少应当具备下述五个方面的内容或特征:

1. 法律成为基础性和终极性的国家—社会治理方式,法律在一切权威系统中具有至高无上的地位。"法律的统治而非人的统治",是一切法治国家的首要原则。在这个层面上,法治国家意味着社会政治、经济、文化等主要社会关系纳入了法律的调整范围;法律作为社会治理最终和最基本的方式,而对社会秩序起到支柱性的作用,道德、宗教、政策等其他一切社会调整方式都必须在法律的范围内发挥作用。法律之治成为社会上下的基本共识,法治信仰普遍形成。

2. 法治之法是良法,既具备普遍性、连续性、一致性、明确性等形式品质,又充分体现民主、人权和社会正义的实质内容。从根本上讲,良法来源于人民的意志,但是,从人民意志向良法的转化是以发达的法律方法和完备的法律程序为前提的。同时,只要我们不抱持一种机械主义的法律观念,而是看到法律在实施过程中的确证与演化过程,那么,法律的良善与否就绝非仅仅是一个立法问题。实际上指望立法一次性地解决良法问题,完全是不现实的。法律的生命在于它的实现,法律的内容也是在实施中得以制度化确定的。因此,良法的形成一方面有赖于民主的立法制度和科学的立法程序,从而尽其可能地提高立法质量;另一方面更要依赖于一支高素质的法律职业者群体,从法治精神出发,在法律赋予的权力范围内,合理运用法律解释与推理技术,尽其可能地纠正立法中的不足与缺憾,确保法律的价值在实施过程中得到最大限度地释放。

3. 国家权力受到法律的有效规制,权力的异化与腐败得到根本性的控制。法治国家的本质是人民民主、人民主权的国家,所以,法治的主体是人民。人民依照宪法和法律规定,通过各种途径和形式管理国家事务,管理经济文化事业,管理社会事务,保证国家权力依法运行,各项事业依法推进。那种认为法治的主体是国家机关,人民群众是法治的对象,依法治国就是依法治民的观念是错误的。与法治的主体是人民相对应,法治的客体是国家机器和国家权力。依法治国的"国"首先是国家机器意义上的国,其次才是国度意义上的国。所以,依法治国关键是治权、治吏。古往今来,对法治的威胁和危害主要不是来自公民个人,而是来自公共权力和政府官员。有法不依、执法不严、司法不公、以权压法、以言代法,都是来自上面,来自官员;至于权钱交易,矛盾的主导方面也是掌握国家权力的官吏,而不是腰缠万贯的老板。权力的异化与腐败程度显然是检测一个国家法治真实程度最实质的指标。可以确定地说:国家权力切实受到法律的有效控制之日,便是中国法治真正建成之时。

4. 司法独立与司法权威。法治的化身是手持天平与宝剑的司法女神,而不是殚精竭虑的立法者和鞠躬尽瘁的执法者,这是因为司法领域是法治力量与反法治力量最典型、最激烈的竞技场,是法律力量有无,或者说,法治真假的最直接的试金石。把法治国家或者法律之治在操作层面上作最终极的规约与压缩,所剩下的就是法院和法官。换言之,法治的最终捍卫者,不是立法者,更不是执法者,而只能是司法者。因为法院与法官是法治原则或法治国家的最后一道防线,包括立法、执法本身对错与否在内的一切社会纠纷,在法治国家的最终解决机制是法院、法官的司法活动。一支独立、公正、权威、高效的司法职业者队伍是任何一个法治国家的柱石所在。英、美、日、德等西方法治国家甚至不惜损伤社会平等而花费巨资为全社会打造出一个作为法律正义化身的法袍贵族阶层或者说法律精英阶层。而严重存在的司法腐败正是极具刺激性地反映了法治原则在我国当下的败坏程度。法官是会说话的法律,法律及其权威是法官的职业灵魂与职业生命所在,如果果真连法官这样核心的法律职业者都不会或不敢主张法律的思维与要求,我们还能指望什么人、什么力量来使我们真诚地相信"法治国家"最终不会是一个美丽而真实的谎言? 因此,任何一个法治国家都必须高度重视司法权力的制度配置问题。一切法治国家的一个普遍特征就是确定的司法独立与权威。司法体制与司法权力的合理配置与否,绝不只是社会某一特定领域、甚至如同政府的一个内部机构的局部问题,而是应当作为关系法治国家建设成败的结构性问题来看待和把握。

5. 有限政府和社会自治。有限政府也就是宪政政府,意味着政府的一切权力均来自于宪法的授予,而不得自行推定。一个权力无所不包、随意行事的"无限政府"是极其可怕的,也是法治最大的敌人。因此,在一个法治国家,宪法必须对一切授予政府的权力,以及这些权力的分配、取得和行使方式有明确的规定,并确保政府权力(包括立法权力)的行使是在服从宪法和法律的前提下进行的;政府的权力尽管强而有力,但必须限于公民权利范围之外;司法或专门机构必须有能力对政府(包括立法机构)行为的合法性进行独立审查。与有限政府对应的,是建立在政治国家—市民社会二元互动结构下的社会自治。一个以市场为中心的平等、自由和协商的社会领域,始终是法治国家的根基所在。法治秩序在结构上就是这种市民社会同政治国家妥协的产物——社会赢得的是自主的空间,得以自由地契约和结社建构自身;国家和政府则作为社会公共领域在制度上的一种延伸,成为维护法律秩序的手段,本身不得侵入、压制或并吞社会的制度空间,否则,法治也就蜕变成赤裸裸的专制。因此,宪法必须肯定公民的基本权利和自由,排除国家的任意干预;法律应肯定公民的自由契约和结社的权利,以授权的方式调整行为;法律应确认公共领域之言论、出版、集会等政治权利和自由,以使社会有能力抵制政府的非法干预;司法机关必须为公民的权利提供有效的救济手段。

第十九章

## 参考文献

1. 公丕祥："法制现代化的分析工具",载《中国法学》2002 年第 5 期。
2. 高鸿钧："伊斯兰法系：法律现代化的艰难抉择",载《比较法研究》2001 年第 4 期。
3. 顾肃："现代法治国的基本特征和要素",载《南京大学法律评论》1999 年秋季号。
4. 卓泽渊："论法治国家",载《现代法学》2002 年第 5 期。

## 思 考 题

1. 什么是"法制现代化"？它同"法治"、"法治国家"之间是怎样的关系？
2. 法制现代化模式上内源与外发的区分对我国法制现代化有何启示？
3. 德国 19 世纪"法治国"的破产对我国建设法治国家有何警示？
4. 联系法治国家的条件和特征,谈谈我国法治国家建设的途径与措施。

第十九章

# 第六编　法的方法论 <<<

## 第 20 章
## 法的方法论概述

【内容提要】

　　法学作为一门社会科学,在一定意义上其主要在于要解决这样两个基本问题:一是法律如何得以认识;二是法律如何得以适用。其中,第一个问题是"关于法律的思考"的方法,主要关注法律是什么或不是什么、法律应该是什么或不应该是什么以及认识主体(人)能否认识一个位于主体之外的客体(法)。第二个问题是"根据法律的思考"的方法,主要关注法律如何操作和运用、法律职业者在适用法律过程中是否存在一种务必遵循的思维定式。法律科学的这两个旨趣,在方法论上形成了不同的研究取向:以研究"关于法律的思考"的方法,在我国发展为法学研究的方法,也即法学方法论;以"根据法律的思考"为内容的研究则演化为法律方法论。

【基本概念】

　　方法、方法论、法学方法、法律方法

## 第一节　方法的含义及其功能

### 一、方法与方法论

　　方法(method)一词源于希腊文 μενοδοζ,原意为"遵循某一道路",是"论述(正确)行动的途径"或"通向正确之路"。方法是任何特殊领域中实施程序的方式,即组织活动的方式和使对象协调的方式。[1] 在美国《哲学百科全书》中,方法是指某种步骤的详细说明,这些步骤是为了达到一定的目的而必须按规定顺序进行的。[2] 中文"方法"一词最早见于《墨子·天志》,原意为度量方形之法,后转意为知行的办法、门路、程序等。在现代汉语里,方法是指为了实现一定的目的,必须按一定的顺序所采取的步骤。

方法论简言之就是讨论方法的理论,是人们认识世界和改造世界的方法和理论体系。方法论是对一切科学研究具有基础、动力和桥梁作用的元理论。"在研究方法上,社会科学与自然科学均是同等的重要,必须仔细观察事实、分析事实、形成法则,以及尝试发展并且考验可以用来解释各种通则的假设。"[3] 可见,无论是自然科学还是人文社会科学,都离不开正确的方法。方法是一切科学研究获得成功的必要前提,如果没有方法论上的突破,科学研究就不会有理论的建树和创新。方法是人类获得新知识的途径和手段,是人类认识世界和改造世界能动性的表现,是认识通向真理的桥梁,是"一切理论和实践的开拓、改造、成功、发展的最基本的前提条件"。[4] 现代科学对方法论关注的空前高涨,其原因就在于方法是无处不在的,它存在于人类生存的所有领域并伴随着人类生存的始终。方法是主体和客体在不断相互影响的过程中主体采取的应对策略、手法、规则、技巧所组成的程式,它包括人类认识和评价活动的方法、生产活动的方法以及交往活动的方法。方法体现了人类主体的能动性和创造性,主体、客体、方法、实践构成了人类生存活动的全部过程和历史。

**二、方法是沟通主客体关系的桥梁**

关于方法的本质人们众说纷纭,其中代表性的观点有三个,即客观主义倾向的观点、主观主义倾向的观点和主客观相统一的观点。

1. 客观主义倾向的观点。按照客观主义者的认识,方法是人们在改造自然和认识自然过程中发现的,人不能创造、制定它,方法完全取决于人身之外的客观世界的属性和规律,它存在于外界事物的客观属性之中。比如人根据水的特点与规律发现了防涝的方法,根据物质运动的规律发现了惯性定律的规则等等。方法在这里仅限于或者说发源于客体、对象和物本身,于是推而广之,思维的方式就来源于思维的对象,受制于被认识和被思维的客观事物的属性。这种认识的可取之处在于它看到了方法或思维对客体和对象的依赖性、本源性,但却忽视了认识者自身的目的性和主体的能动性。

〔1〕 参见[美]J. M. 鲍亨斯基:《当代思维方法》,童世骏等译,上海人民出版社1987年版,第9页。

〔2〕 参见李承贵:《20世纪中国人文社会科学研究方法问题》,湖南教育出版社2001年版,第6页。

〔3〕 沙依仁等:《社会科学是什么》,世界图书出版社2006年版,第7页。

〔4〕 李志才主编:《方法论全书》第1卷,南京大学出版社2000年版,第1页。

2. 主观主义倾向的观点。主观主义者则认为,方法是主体思维的结果,它受制于人的意识和认识,作为本源的不是客观存在和对象,而是认识,存在只是意识和思维的产物。这种对方法的认识在笛卡儿的"我思,故我在"、休谟的"存在就是被感知"的命题中可以清楚地看到。比如休谟就认为,所谓因果关系不是客观事物所固有的,仅仅是我们思维中或想象中的"一种习惯性联想"。如"太阳晒"和"石头热",人们通常认为太阳晒是原因,而石头热是结果,前者有某种力量才能产生后者的结果,两者之间有一种必然的联系。可是,休谟则认为这种必然联系我们是感觉不到的,只是我们在心里形成了一种习惯,当见到太阳晒时就会联想和期待着石头热,因此才把前者叫做原因,而把后者叫做结果。[1] 这种观点与客观主义观点相反,虽然其看到和关注了主体意识和主体的能动作用,却片面地夸大了认识和思维的作用,使认识变成了对外部世界的怀疑,从而陷入了一种不可知的境地。

3. 主客观相统一的观点。主客观相统一者认为,在认识和思维领域的方法,同时受思维主体和思维客体的双向制约,是主客体相互作用的结果。其中客体可以为认识和思维提供素材和信息,而思维主体则可以对这种素材和信息进行加工、处理;这种被加工和处理过的新信息,虽然与客观存在有着内在的必然联系,但两者还是有着重大区别的,是不能等同起来的。这种观点克服了前两种的缺陷,既看到了认识和思维方法在追求真实过程中对客体和对象的依赖性,看到了方法必须要合乎客观规律的一面。同时,也看到了认识和方法还取决于思维主体、思维器官的加工和处理,关注了主体的主动性和创造性。

方法是主客体相互作用的产物,但人类具有清楚的、界限分明的主客体界限却是较晚的事情。在人类社会的早期,人们对世界的认识是处于混沌状态的,那时人类是无法把自己与客观世界区分开来的。只有当人类认识到主客体的分离并理性的划清了主体—客体关系时,才可能出现主体意识,人也从被动转为主动,从自在转为自为,成为具有体验能力和创造能力的主体。可见,"主体的能动性、创造性、主观性构成了生命的重要特征,是人类生存有效性、持续性的必要条件"。[2] 一切方法都是在人类认识世界、改造世界、人化世界的过程中形成的,这既是客观存在规律的体现,也是主观能动性的反映。如果没有客体和对象,方法就失去了其产生的依据;而如果没有主体的能动性,方法同样也成为无源之水。对此,列宁曾经有过深刻的论述,他指出:"方法虽然是工具,是主观方面的某种手

---

〔1〕 参见朱德生、李真主编:《简明欧洲哲学史》,人民出版社 1979 年版,第 136~138 页。
〔2〕 冯毓云:《文艺学与方法论》,社会科学文献出版社 2002 年版,第 5 页。

段,但方法也是对象的内在原则和灵魂"。[1] 列宁在这里着重强调,方法作为人类生存手段是在主体和客体两种原则下产生的,主体的能动性与客体和对象一样,也是方法得以产生的必要条件。

对方法产生机制的揭示,只有在主客体的相互作用和双向运动中才能加以把握。方法作为以观念形态存在的认识手段,是通过科学认识主体的活动表现出来的,它是主体把握客体的主观手段。在人们认识世界的过程中,方法处于实现主体与客体相互作用的中介地位,也只有通过方法这个中介,主体才能完成对客体的认识活动,方法是沟通主客体之间的桥梁。同时,方法又在这种认识活动中不断丰富和完善自己。黑格尔指出:"在探索的认识中,方法也就是工具,是主体方面的某个手段,主体方面通过这个手段和客体发生关系。"[2] 在科学认识的活动中,方法正是这样一种体现主观能动作用的精神手段。而且,正是这种具有能动性和创造性的主体特征,才使方法成为具有多元化和多极化的系统。比如,通常人们对同一种现象的认识方法可能会呈现出不同结论,像古希腊哲学家克塞诺芬尼所说的:"假如牛、马和狮子有手,并且能像人一样用手作画和塑像的话,它们就会各自照着自己的模样,马画出马型上帝,狮子画出狮子型的上帝了。"[3] 那么,我们就会追问,同样的客体和对象为什么会出现不同的认识结果呢? 再如,在法学领域,自古以来有许多学说和派别,研究法律现象的方法也是比比皆是,有规范的、分析的、比较的、历史的、语义的方法等等。对同一法律现象为什么可以用不同的方法进行研究呢? 这样的追问,可以让我们发现方法不仅仅只由客体决定。因为,如果方法只决定于客体和对象,对同一现象的认识就只能有一种方法,而现实却是人类存在着众多的科学方法。对方法多元化的认识,既有客观现实所具有的多样性因素,也有主体所具有的多样选择因素。而主体选择又取决于主体的生理、意识、文化等多种条件,这正是形成认识方法多元化的重要条件。因此,我们有理由认为,方法是一个开放的、多元的、兼容的体系。

### 三、方法:一种观念形态的认识工具

从认识论的角度看,方法可以被看做是认识活动的重要要素之一。在人们进行科学探索的过程中,有三个必备的条件:①认识的主体;②认识的客体;③主客体相互作用的中介——认识的工具(包括方法)。这三个相互作用而又相互影响的因素,在认识的过程中各自承担着其不可或缺的作用。

(1)认识主体有着双重的规定性和特征,即主体既是一般的社会存在物,具有

〔1〕　[俄]列宁:《哲学笔记》,人民出版社1974年版,第236~237页。
〔2〕　转引自李建珊等:《科学方法概览》,科学出版社2002年版,第5页。
〔3〕　参见北京大学哲学系外国哲学史教研室编译:《古希腊罗马哲学史》,商务印书馆1961年版,第46页。

作为一般存在物的普遍规定性,还具有知识、经验、方法、技能、价值标准等特殊的规定性。这种集普遍规定性和特殊规定性为一身的特征,使主体常常会呈现出较为复杂的状况。

(2)认识的客体或对象是客观事物中特定的一部分,是主体的认识对象和进入主体认识和实践范围的客观事物或社会现象。

(3)认识的工具是人们进行认识活动和研究活动所借助的仪器和方法、符号、语言等认识媒介。其中,作为具有目的性和能动性的认识主体,在认识主体、认识的客体、认识的工具中始终处于主动的地位。但是,这种认识主体的主动性或能动性并非是自发或孤立完成的,而是凭借认识主体在进行认识活动时所具有的创造和运用科学工具的能力辅助下完成的。

可见,认识的工具是主体从客体或认识对象中获取认识成果的手段,而认识的工具又可以划分为两种基本类型:①是物态化的认识工具,包括观察、计量、储存等各种科学仪器,它是认识工具的"硬件";②是观念形态的认识工具,也就是科学认识的方法,它是认识工具的"软件"。[1] 我们在这里所探讨的方法正是从后一种意义上而言的,也正是从这种意义上定位方法,才有人把方法论称为一门软科学。[2] 作为物质形态的工具与作为观念形态的工具(方法)之间是相互作用的。人类借助物质形态的认识工具拓宽了认识的视野,提高了认识的能力。反过来观念形态的认识工具所探索的思维进程和一般研究方法,又不断完善了物质形态的认识工具。方法也就是在这样一个过程中为科学认识和科学探索开辟了广阔的前景,使科学研究工作得以顺利进行。

## 第二节　法学方法与法律方法

### 一、关于法学方法与法律方法问题的研究状况

近年来,国内法学界关于法学(法律)方法论的研究日趋热势,但对其内容、名称及其功能等基本问题却没有达成共识。法学方法与法律方法在字面上虽一字之差,但从国内法学界对其的使用情况来看却是众说纷纭。概括起来有三种主要观点:

(1)认为法学方法也可以称为法律方法,两者是可以等同划一的。所谓"法律方法乃法律认知之根本",而且从"广义上讲,包含法学在内的一切学问,皆可谓方

---

〔1〕　李建珊等:《科学方法概览》,科学出版社 2002 年版,第 4 页。

〔2〕　软科学有管理学、智能控制、计算机软件等,与这些软科学相比,方法论被人们称为软科学的元理论。参见李志才主编:《方法论全书》第 1 卷,南京大学出版社 2000 年版,第 3 页。

法之学"。方法在这里既有"澄明"法本体之认识论意义,也有把法律与秩序相"勾连"之含义,这包含着法律解释、法律推理、法律论证、法律发现、漏洞补充、先例识别、利益衡量、理由说明等内容,法学家之使命更在于后者。[1]

(2)认为法学方法和法律方法是并列之关系,且同属于法学方法论体系中的两个方面。法学方法与法律方法的不同在于"法学方法旨在解释法律的意义世界,追求法学的真理,具有法学认识论的工具作用,其实践面向能力是较低的,它只能解释世界,而不能够直接转化为改造世界的手段。法律方法则是一种具有积极的实践指向的范畴,是'成文法向判决的转换的方法',负荷着指导法律人适用法律、生成法律结论的理论使命,并为法律人的法律活动指引方向、开辟道路"。[2] 其中,更应凸显的是法律方法而非法学方法。如此这般,才能使法学与法律实践勾连起来。

(3)认为法律方法从广义上看,它包括立法的方法、司法的方法和法律研究和教学的方法。其中法律研究和教学的方法就是人们通常所说的法学方法,法学方法属于法律方法的内容之一。而法律方法主要是"司法的方法,即法官和律师们在法律实践中适用法律时的方法,它属于狭义的法律方法"。[3]

以上三种观点各有千秋,从不同的角度分别揭示了法学方法和法律方法各自的一些显在特征。而且三种观点所具有的一个共同点就是都强调了作为技术层面的法律方法,并且认为法律方法主要是指法律职业者在实践过程中把法律与社会关系、社会秩序勾连起来的手段和技术。同时,以上这三种观点又没有能够清晰地将法学方法与法律方法划分开来,它们或把两者等同起来、或把两者视为法学方法论体系之下的两个方面、或把法学方法包含于法律方法之中。这样,就存在一些让人难以解开的疑问:①如果法学方法和法律方法可以等同起来,那么为什么还要有"法学"方法与"法律"方法之分? 或者说法学方法仅仅是法律方法在用语上的一个别称? ②既然法学方法和法律方法可以统摄在法学方法论体系中,是否还有区分法学方法和法律方法的必要? ③如果法律方法主要是指法律实践环节的程序和技术,那么它与作为认识论范畴的、追问法律本质和意义的法学研究方法是否可以并列? 作为狭义的法律方法与法学方法有无逻辑上的交错关系?

---

〔1〕 参见谢晖:"法律方法:法律认知之根本",载《法学论坛》2003 年第 1 期。
〔2〕 黄竹胜在《法律方法与法学的实践回应能力》一文中,胡玉鸿在《方法、技术与法学方法论》一文中都有相同的表述,认为法学方法论体系下可分解为两种具体的、技术的方法:一是法学研究方法,二是法律生成与适用的方法。周永坤在《法学的学科定位与法学方法》中也认为,法学方法可以分为三个层面:一是作为方法论的方法,这是方法本身的学问;二是理论研究使用的具体方法以及规范,如实证方法和价值方法;三是作为技术的法律方法。
〔3〕 参见严存生:"作为技术的法律方法",载《法学论坛》2003 年第 1 期。

第二十章

显然这些问题在我国法学界对法学方法和法律方法讨论中还没有得出满意的结论。

## 二、法学方法与法律方法的区别

"法学方法"和"法学方法论"等概念源自于德国法学界,在英美法学界并不存在同样的词汇。但目前中国学术界的主流观点将德国法学界的"法学方法论"等概念翻译为"法律方法论",大陆法学界所翻译的相关德国法学著作也以"法律方法"命名。但是台湾地区学者对相关问题的研究或者对德国相关著作的翻译中使用的则是"法学方法论"一词,如杨仁寿的《法学方法论》、黄茂荣的《法学方法与现代民法》、德国学者拉伦茨的《法学方法论》等。关于"法学方法论"与"法律方法论"的概念名词之争,[1] 国内有两种主张:一种观点认为两个概念属于同一含义;另一种观点则主张二者有很大区别。本书将两个概念在同一意义上使用,不作明显的区别与划分。

在英美法学界,以"法律方法论"命名的相关著作主要是由一些实务界的法律人撰写的,这种意义上的方法论,显然不同于德国法学界对法学的一般的科学陈述或者反思,即不属于法理学或者法哲学意义上的法学方法论。而且,关于法律方法的研究成果,英美法学界主要使用的是"法律解释"、"法律推理"、"法律思维"等概念。在欧洲,法律方法论缘起的法学背景是德国的利益法学,利益法学关注的核心就在于司法裁判的过程和法官的裁决方法。在英美法系语境中,法律方法论缘起的法学背景就是美国的现实主义法学,现实主义法学同样以法官的裁判过程作为研究对象。但是,由于二者自身都存在诸多不足,其主导地位后来被法律解释理论和法律推理理论所取代。现代法律方法是为了恢复法学的独立自主地位而在 20 世纪 50 ~ 60 年代逐渐恢复起来的。最新的研究成果主要为法律论证理论和德沃金的"整体性法理学"。前者的代表性著作如阿列克西的《法律论证理论》(1978)、麦考密克的《法律推理和法律理论》(1978)、佩策尼克的《论法律合理性》;后者如《法律帝国》等。[2]

我国台湾地区关于法律方法问题的研究较早,代表性著作如杨仁寿的《法学方法论》、黄茂荣的《法学方法与现代民法》、王泽鉴的《法律思维与民法实例》等。在我国大陆,关于法律方法论的研究早在 20 世纪 90 年代中期即已经展开,代表性著作为梁慧星先生的《民法解释学》(1995)、《裁判的方法》(2003)、陈金钊的《法治与法律方法》(2003)、舒国滢的《法学方法论问题研究》(2007)等。此外,国内

---

〔1〕 相关问题的分析,参见郑永流:"法学方法抑或法律方法",载《法哲学与法社会学论丛》第 6 卷,中国政法大学出版社 2004 年版;林来梵、郑磊:"法学方法论辩说",载《法学》2004 年第 3 期。

〔2〕 舒国滢主编:《法学方法论问题研究》,中国政法大学出版社 2007 年版,第 41 ~ 60 页。

还有两部关于法律方法论的连续出版物,即《法律方法》(陈金钊主编)和《法律思维与法律方法》(葛洪义主编)。法律方法论研究的兴起与中国的法治建设实践紧密相关。近年来,随着中国法治建设由立法中心转向司法中心,随着中国法律职业化的推行,法理学界对司法裁判过程也展开了较为有效的学术研究,司法实务界也开始注重司法实务与法学理论的结合。在此背景下,宪法学、民法学、刑法学、行政法学等,也开始了部门法法律方法论的研究。目前,法律方法论研究和关注的重点主要为法律方法论基本概念、法律解释、法律推理、法律思维、漏洞补充、利益衡量、法律论证、法律语言学、法律修辞学等。

人们之所以对法学方法和法律方法的界定各不相同,而且还造成了用名上的一些混乱,笔者以为这主要是由于这个问题自身在语义上的复杂性、在内容和功能上的重叠性以及我国法学界因袭国外及港台引进的一些法学论著中的法学术语所致。

1. 语义上的复杂性是法学方法与法律方法容易混淆的重要因素。从表述形式上看,法学方法和法律方法在词语上仅仅是一字之别,即一个是法"学"的方法、另一个是法"律"的方法。法学与法律在汉语中的日常用法就相互交错。有时两者可以等同,有时两者又泾渭分明。比如我们常说,"我是学法学专业的",也说"我是学法律专业的",在这里法学与法律就是一回事。但从严格意义上说,法学是一种理论层面的学说体系,而法律则是一种制度层面的规则体系。两者应能够区别的。但是情况却并非我们所期待的那样,对法学方法与法律方法的区分就使人们显得凌乱如麻,难以梳理。是什么原因造成这样的结果呢? 这一问题果真那么复杂吗? 对此,如果我们关注一下奥地利哲学家维特根斯坦的观点,或许会从中找出一种独辟蹊径的解答。维特根斯坦在他最著名的后期著作《哲学研究》中阐述了这样的观点,即哲学中的难点及思维中的"混乱"大多是基于语言的多义性这一实际情况所致。我们语言中的词汇之所以不明确,在于它们所出现的语境使它们的意义发生了变化。研究词的意义,目的在于让我们能够在实际生活中更好地引导自己,对语言用法的研究会让我们感到社会生活是何等的复杂,表面看似简单的问题,在寻求意义的答案时,结果通常是不确定的。按照维特根斯坦的说法,"不是语言受现实控制,而是语言实际上构成了现实。"[1] 按此理解,或许法学方法与法律方法本身的实际或现实

---

[1] 早期的维特根斯坦还相信词语的功能是指向某物,用做世界上真实事物的参照点。因此,是词汇描绘了现实。但后期的维氏却急剧地改变了他的语言观念。维特根斯坦的后期著作对哈特产生了巨大的影响。参见 [英] 韦恩·莫里森:《法理学——从古希腊到后现代》,李桂林等译,武汉大学出版社 2003 年版,第 380 ~ 382 页。另见 [德] 威廉·魏施德:《后楼梯——大哲学家的生活思考》,李贻琼译,华夏出版社 2000 年版,第 291 页。

界限是清楚的，如果人们一开始就如实地、对应地将法律方法直接称为法律技术，可能就不会出现今天这样的词语麻烦，也就避免了人们费尽心思地要将此方法与彼方法加以区别。但问题恰恰是人们没有用实际的或者可以称为"自然语言"的方式来表述法律方法，而是用一种"文化语言"对它加以定义。[1] 除维特根斯坦的语言哲学外，分析哲学中有一个重要方法——"概念置换"也许可以帮助我们解决这一困难。分析哲学家们发现，由于科学（尤其是社会科学）中，经常遇到的一个问题是一些概念没有具体明确的、事先规定好的内容，在日常应用中也比较模糊，比如"解释"、"自然规律"、"时代"等等。还有一些概念在人们的论证过程中一会儿指 A，一会儿又指 B，概念的所指游离不定。为了解决这一问题，就要用明确的概念置换模糊的概念。但在置换中要注意：①相似性，考虑需要置换的概念的各种使用习惯；②规则性，置换概念应该比被置换概念更准确；③丰富性，从多个可能的置换概念中选取最能满足理论需要的那一个；④简单性，这是一个概念使用方便的问题。[2] 如果我们用这些原则来衡量，把法律方法置换为法律技术可能更为合适。

2. 法学方法与法律方法在功能和内容上的重叠也是造成用语混乱的原因之一。法学是一门研究法律现象及其发展规律的社会科学，其研究对象既有回答法律是什么的本体性追问，以及人们对法律目的和功能的价值期待，也有解决法律实践过程中如何应用法律的程序和技术的任务，这就使方法在法学或法律科学之中具有了两种意义：一种是作为主体的人对作为客体的法律现象进行认识的思维方法，是主体与客体之间的工具。这种方法旨在从法律之外去解决人对法律的疑惑，并探索出如何走进法律之门的路径，使人对法律的解说能够科学、合理。另一种是作为法律之内的人或者主体以法律为标准判别规则与事实之间联系的方法（我们暂且称为方法）。这种意义上的方法旨在使法律在应用中能够发挥其效用，同时又在应用中不断地发现新的法律，它是法律规则与社会秩序的连结点。对方法在法学理论体系中这两种词义的辨别，可以看到后一种意义的方法也是法学研究的重要内容，似乎将其称为法学方法或者法律方法都不为过。但是，如果我们对方法的本义仔细分析就可以发现其中的不恰当。方

---

〔1〕　对"自然语言"和"文化语言"区分的思想仍然是维特根斯坦的哲学，法国学者埃得加·莫文把维特根斯坦所关注的"普通语言"称为"自然语言"，并且把它与"文化语言"相并列。以往的语言学家和逻辑学家都主张文化语言（形式语言）替代自然语言（普通语言），维氏发现了"语言游戏"的复杂性后，坚决主张必须回到普通语言才能进行思维。为此，要反对一切使普通语言处于从属地位的企图。参见［法］埃得加·莫兰：《方法：思想观念——生境、生命、习性与组织》，秦海鹰译，北京大学出版社 2002 年版，第 185～187 页。

〔2〕　参见［德］汉斯·波塞尔：《科学：什么是科学》，李文潮译，上海三联书店 2002 年版，第 26～28 页。

法的本质是人们进行认识活动工具，是主体与客体之间的中介，是构筑主客体的桥梁。法学研究的过程实际上就是主体的人与客体的法之间相互联结的过程，是人不断地对法进行认识的过程，是"对法进行认识"，其中认识的手段、方式等就构成了法学方法。它主要包括社会学、经济学、诠释学、心理学等方法，这种方法可以说属于法律认识论意义上的方法。而后一种意义上的方法就不具备前一种的特征，它只是法律规则与社会事实之间的手段，是"用法进行认识"的过程。从理论层次上说，"用法进行认识"主要突现的是应用意义，只是一种操作技术。它包括立法、司法、执法活动的各种程序和技巧，如法律清理、法律疏漏、法律推理、判决识别等。正如德国当代法学家伯恩·魏德士所说："关于法律方法的问题并非只涉及到，甚至也不是主要涉及到'法学'。在权力分立的国家，方法问题的主要对象还是法院。首先的问题是怎样和应该怎样在实践中适用法律规范。从方法思考的首要目的来看，这里涉及到的不是'法学方法论'，而是真正相互竞争的法律实践的方法。"[1] 可见，由于法学方法所解决的是何谓法律的问题，法律方法解决的是如何应用法律的问题，这就如同回答了"法律是什么"不能等同于回答了"法律如何应用"一样。这也是法学方法和法律方法二者各占地盘、隔岸相望的原因。但是，问题的困难之处不在于如何区分法学方法和法律方法，而在于二者之间的相互关联，也正是它们之间的相互关联才给人们造成了界定上的困难和混乱。当法律应用过程发现原有法律需要重新考虑时，就会出现应用的法律方法向研究的法学方法的转变。"实质上，法律应用还在造就新的法律，指向何谓正确的方法，正是这一点，体现出法学的实践品格，导致了从预设法律观向应用法律观的转变。同时，使应用法律的方法与法学方法的主要功能重合。"[2] 所以，人们将法学方法和法律方法加以等同也就是可以理解的了。但是，这样的现状并非是尽善尽美的，而且还给人们造成了诸多的不便。而要有一个相对合适的提法，那便是最好用一个能与研究的法学方法在语义上相别的术语。对此，似乎借用维特根斯坦所倡议的"普通语言"或"自然语言"来表述可能更为合适。那就是把应用中的方法依其现实或自然状况称为"法律技术"，而把研究中的方法称为"法学方法"。

3. 法学界因袭西方及港台学者对法学方法与法律方法的一些提法，也是造成在汉语中对两者难以界定的文献背景。这种影响的一个重要方面，是来自于德国当代法学家拉伦茨所著的《法学方法论》。拉伦茨在该书中通过对现代法学

---

〔1〕　［德］伯恩·魏德士：《法理学》，丁小春、吴越译，法律出版社 2003 年版，第 301 页。
〔2〕　郑永流："法律方法抑或法学方法"，载《法哲学与法社会学论丛》（第 6 卷），中国政法大学出版社 2004 年版。

方法的介绍和评论，认为追求个案的具体公正是没有效率的，也是不可能的。相反，法规范的普遍化却是我们必须采取的模式。所以，现代法学的核心就是方法，只有寻找价值判断的客观化方法，才能保证法的安定性和普遍性。在人类法律实践过程的各个环节中必然要渗入价值因素，这是法治下的人治因素。但是，如果法官仅仅依靠自己的法感或正义信念断案，就不会带来真正可靠的公正。[1] 法官只有采取循序渐进的方式，在事实判断的基础上运用价值判断，才能达到以普遍和平等原则为基础的公正。而这些方式正是通过法律的解释方法以及法律的续造方法得以完成的。而法学方法论就是要以解释学的眼光对法学进行自我反省，并挖掘出运用在法学中的方法和思考方式。另一方面，法学方法还要考量法秩序本身对法院活动的要求，确定法官在裁判中的地位和思维方法。所以，拉伦茨在他的《法学方法论》一书中分别对"现代方法上的论辩"、"法条的理论"、"案件事实的形成及其法律判断"、"法律的解释"、"法官从事法的续造的方法"等问题进行了探讨。其中，既有法学方法论中一般理论问题的分析，也有法律实践过程中运用法律的程序与技术。而且拉伦茨的分析更注重法律实践中方法的运用，并将法律实践中的方法统摄在其法学方法论的体系之中。或许是拉伦茨的看法为我们提供方法论上的启蒙，国内法学界许多人也就由此而因袭了法学方法或法学方法论的提法，把"对法进行认识"的研究方法等同于"用法进行认识"的操作方法。影响国内法学界把法学方法与法律方法混同的另一本著作，是我国台湾学者杨仁寿先生的《法学方法论》。[2]杨先生虽然在该书中也探讨了法学方法论的一般理论问题，但同拉伦茨一样，该书同样主要是从法律实践的角度去探讨方法论的实际运用。特别在"法律的解释"、"价值补充"、"漏洞补充"、"类推适用与其他法律之解释方法"等方面，杨先生都进行了充分而全面的分析。而从该书的体系看，它由"引论"、"法学认识论"、"法学发展论"、"法学实践论"、"法学构成论"五个部分构成。这样，法学方法在此也就包含了法学研究方法和法律实践方法两个方面。另外，较早翻译介绍到我国的美国著名比较法学家 H. 埃尔曼的《比较法律文化》一书，也用法律方法一词来表述法律实践中有关解决冲突的方法与司法程序，判决的制作、风格与选择等问题。所以，在随后我国法学界的法律方法热中，人们的提法和用语就不免受到了这些文献资料的影响。

---

〔1〕 拉伦茨认为："假如推论中包含有一些价值判断为基础的前提，正确的逻辑推论也不能保证结论在内容上的正当性。"[德]卡尔·拉伦茨：《法学方法论》，陈爱娥译，商务印书馆 2003 年版，引论。

〔2〕 杨仁寿先生的《法学方法论》早在 1987 年就由台湾三民书局出版，但在大陆该版本较少，故其开始影响力较小。由于 1999 年中国政法大学出版社出版了中文简体版，使其在我国法学界广为传播。

　　总之，我们认为法学方法和法律方法应该加以区分。法学方法是法学研究中具有理论指向的认识论意义上的科学方法，而法律方法则是法律适用中具有实践指向的技术手段。从这种意义上理解的法律方法，也可以称其为"法律技术"。之所以要用法律技术来界定，其理由有学者做过较为恰当的概括：[1]

　　（1）"技术"一词更能体现司法的性质与特色。司法是与职业相联系的，它是法律职业者（法官）依据规则（法律）处理问题（案件）、生产产品（判决）的活动。从词语本身的搭配规则看，与"职业"相连的"技术"而非"方法"，通常有"法律职业技术"之说，但什么是"法律职业方法"就很难理解了。所以，用多在方法论上使用的方法一词来界定司法的过程就显得过于宽泛。

　　（2）方法与技术分别代表了司法过程的不同内容。一般来讲，方法是法官对法律的认识与理解，而技术则是具体解决案件的手段和技艺；方法具有主体性，不同的法官对法律会有不同的认识，而技术则相对具有客观性和一致性，技术可以成为通行于"法官社会"的准则。技术还代表一种相对固化、稳定的行为准则，可以成为约束法官行为恣意的有效工具。

　　（3）法律技术一词早就是法学界约定俗成的用语。在权威的《牛津法律大辞典》中对法律技术的解释是："法官和律师的实践技能，以及利用和应用他们的知识决定争议或者得出其他希望结果的手段。每一法律实践的领域都有一套实践技能和方法。在决定争议中，有关的技术是：拟具诉状、取证、解释立法，以及掌握先例。"另外，在庞德的《通过法律的社会控制：法律的任务》中，以及博登海默的《法理学——法哲学及其方法》中都有对法律技术的大量论述。[2] 可见，在西方法学界法律技术的用语不仅早已有之且普遍认同之。在我国，法律技术一词也早就在学界使用，如台湾学者王泽鉴先生在《侵权行为法》一书中，就从民事侵权角度研究法律政策与法律技术的关联问题。

　　需要说明的是，大陆法系，特别是德国学者多将以实在法律的解释和法官根据实在法律如何作出裁判的方法研究，称之为法律方法论（偶尔也称之为法学方法论）。近年来，随着我国法制建设逐步由立法中心主义向司法中心主义的转变、法学理论对于司法判决形成的过程以及如何保证司法裁判的正当性的关切，"法律方法论"的概念也迅速被我国法学界所熟悉和运用。但由于该概念在德国以及我国台湾地区有时与"法学方法论"属于同义语，而我国法学理论学科又有研究和讨论法学自身研究方法论的传统，而且习惯上法学研究的方法论

〔1〕　参见胡玉鸿："方法、技术与方法论"，载《法学论坛》2003 年第 1 期。

〔2〕　E. 博登海默在《法理学——法哲学及其方法》一书中第三部分就是有关"法律技术"的论述，而且他把法律技术问题主要看作是司法程序技术以及法律推理和法律解释。

第二十章

问题，称为"法学方法论"。如此一来，概念使用和内容所指上的混乱就不可避免。不过近来越来越多的学者倾向于：把侧重法律适用方法称之为"法律方法论"，把法学研究的方法称之为"法学方法论"。

## 参考文献

1. ［德］阿·迈纳：《方法论导论》，王路译，三联书店 1991 年版。

2. ［德］马克斯·韦伯：《社会科学方法论》，杨富斌译，华夏出版社 1999 年版。

3. ［德］拉伦茨：《法学方法论》，陈爱娥译，商务印书馆 2003 年版。

4. ［英］安东尼·吉登斯：《社会学方法的新规则》，田佑中、刘江涛译，社会科学文献出版社 2003 年版。

5. 杨仁寿：《法学方法论》，中国政法大学出版社 1999 年版。

6. 胡玉鸿：《法学方法论导论》，山东人民出版社 2002 年版。

7. 李其瑞：《法学研究与方法论》，山东人民出版社 2005 年版。

## 思 考 题

1. 辨析法学方法与法律方法。
2. 如何理解作为技术的法律方法？

# 第 21 章
## 法学方法论 ◀

【内容提要】

　　法学方法论是把人们认识法律现象过程中形成的诸种研究方法或手段学说化的理论。法学方法论从理论层次上看，包含着哲学方法、一般研究方法、具体研究方法三个结构系统。法学方法论的形成不是孤立的，而是在与法学以外的其他学科之间相互渗透、相互吸收的过程中逐步完成和发展起来的。方法论已经成为法学新思想、新观点、新学派的生长点。对西方法学研究方法的历史梳理可以有很多方式，其中主要的概括方式有哲学方法中划分的主客体关系、法理学研究的对象、法理学预设的问题域等。价值方法、实证分析方法、社会学方法是当代法学研究的主要方法。

【基本概念】

　　法学方法、价值分析方法、实证分析方法、社会学方法、经济分析方法、语义分析方法、逻辑分析方法

## 第一节　法学方法论概述

### 一、法学方法论的含义

　　法学研究作为一种人们对法律现象从感性认识上升到理性认识过程中的思维活动，它本身具有人类一切认识和思维活动的共性与特性。因此，作为人对法律现象的认识活动，必然具有人类思维的一般形式和共同特征，从而使包括适用于各门学科的和各个领域的普遍方法也适用于法学研究领域。同时，又由于法学研究对象的特殊性或个性，也使这种研究活动具有其不同于其他认识对

象的思维方式或方法。法学方法论从理论层次上看，它包含着哲学方法、一般研究方法、具体研究方法三个结构系统。作为一个多层次的方法论系统，法学方法论是人们认识法律现象过程中形成的诸种研究方法或手段的学说化的理论。

哲学方法是人们认识世界、改造世界、探索世界的主客观相一致的最一般的方法，它处于方法论系统的最高层次。法学发展史上形成的各种方法都与其所奉行的哲学有关，比如经院哲学影响下的神学方法，思辨哲学影响下的辩证方法，实证哲学影响下的经验方法等。哲学方法对法学方法论形成的重要影响，表现在法学方法论的形成是与人们的世界观和在世界观影响下的法律观密不可分的。因为，人们对法律现象的认识过程离不开一定的法律观，法律观是以其自身对人们的认识方法和实践方法的指导意义而取得存在价值的。一定的法律观在人们认识法律现象的过程中，往往表现为一定的研究方法，而人们对这些方法的总结以及有关这些方法的理论则构成了法学方法论。可以说，不存在与法律观相脱离的、相分裂的、孤立的法学方法论，也没有不具备方法论意义的、纯粹的法律观。法律观与方法论之间存在着一致性，但又不是简单的同一。具有了法律观并不等于掌握了方法论，法学方法论只是运用法律观的理论。所以，尽管许多法学的派别都被一定的哲学所设定，都与某种哲学相适应。但是，法学方法有其相对的独立性，不能把它与一定的哲学等同划一。应该看到哲学方法对法学方法论的作用只是一种指导和制约的作用，哲学方法必须与法学学科相结合并加以具体化，才能成为行之有效的法学方法论。

一般研究方法是研究各门具体学科并带有一定普遍意义，适用于许多相关领域的方法。一般研究方法的特点是能够为多门学科所采用，是哲学方法与具体研究方法的中介环节。通过它既可以使低层次的具体研究方法得到扩展和深化，还可以使高层次的哲学方法得以丰富和发展。一般研究方法主要包括系统论、控制论、信息论和逻辑思维方法等，这些方法论已在法学研究中得到广泛应用。

具体研究方法是适用于某一特定学科、涉及某一具体领域的方法，如社会学方法、政治学方法、心理学方法、数学方法、生物学方法等。具体研究方法取决于这门学科研究对象的特殊性，也就是说那些方法可以运用于某一特定学科在于这门学科的内在的规定性，并非所有的方法都完全适应于该门学科。那么，这样就存在一个问题，即是否有些方法就不能作为法学的研究方法？答案应该是否定的。比如逻辑方法、价值方法、实证方法都是法学研究的主要方法，而像数学方法、生物学方法就与法学研究的对象距离甚远。但是这些与法学学科表面上关系甚远的方法也不是丝毫不能用于法学研究的，只是它不是法学研究的主要方法而已。在人类科学史上，人们曾经就把数学方法作为人类认识世界最值得信任的唯一方法。例如，伽利略就主张"在数学的领域中，人可以达到一切可能知识的顶点，这种知识不低于神圣理性的知识"。斯宾诺莎也认为，伦理学就是"一种关于道德世界的数学理论"。人们深信"数学理性是人与宇宙之间的纽带，它使我们能够自由地从一端通向另一端。数学理性是真正理解宇宙和道德秩序的钥匙"[1] 这种把数学观念和数学思维推向科学等级制中最高位置的认识直到19世纪后才被一种新的认识——生物学思想所取代。这一标志源自于达尔文《物种起源》的问世，从此，进化论思想成为一种解释世界的极富影响力和生命力的方法论。后来，英国哲学家依波利特·丹纳也曾在他的巨著《现代法国的起源》一书中，试图像研究"一只昆虫的变化"那样研究法国的变化和法国大革命的结果。当然，进化论思想对数学思想的替代，并不意味着数学方法的绝迹，实际上数学理性后来又内化为科学主义的思维和方法。在法学领域，人们也纷纷运用生物学的方法来解释法律现象，比如美国学者约翰·麦·赞恩在《法律的故事》一书中，就通过对蚂蚁这一低级昆虫的研究中使人们获得了对法律诞生过程的一些有益启示，并由此讲述了一个关于"蚂蚁的法理学"的故事。[2] 赞恩的尝试让我们再一次感受到由于客观世界的关联性，生物界与人类社会也存在着许多相通之处。对法律现象以外的自然现象和社会现象的了解，有助于我们对人类社会规则的解说与诠释。

**二、其他科学研究方法对法学方法论的影响**

法学方法论的形成并非孤立，它是在与法学以外的其他学科之间相互渗透、相互吸收的过程中逐步完成和发展起来的。

1. 各种哲学思潮对法学研究方法有着深刻的影响。从历史上看，哲学思潮从一定意义上直接造就了法学中的各种派别。比如，在社会主义国家，由于马克思主义哲学处于意识形态的主导地位，马克思主义的基本理论和世界观就成为法学家们认识、分析和研究法律现象的方法论思想，从而形成了马克思主义的辩证唯物主义法学理论体系。在西方国家中，由于理性主义、经验主义和分析哲学的影响，法学家们习惯于把自然法学、分析法学和社会法学这三大流派的研究方法，分别称之为理性的方法、分析实证的方法、社会学或社会实证的方法。可能也就是在这种意义上，考夫曼才说："法哲学是哲学的一个分支，而不是法学的子学科。——法哲学是法学家在问，哲学家在答。因此，一位训练有素的法哲学家必须兼通法学与哲学两门学问"。[3]

---

〔1〕 ［德］恩斯特·卡西尔：《人论》，甘阳译，上海译文出版社1985年版，第22页。

〔2〕 ［美］约翰·麦·赞恩：《法律的故事》，刘昕、胡凝译，江苏人民出版社1998年版，第6页以下。

〔3〕 ［德］阿图尔·考夫曼、［德］温弗里德·哈斯默尔主编：《当代法哲学和法律理论导论》，郑永流译，法律出版社2002年版，第1页。

2. 自然科学也为法学研究提供了新的理论、方法和手段。自然科学对包括法学在内的社会科学的影响是巨大的。这种影响自 20 世纪以来最为明显，尤其是 20 世纪科学技术革命以后，使自然科学奔向包括法学在内的社会科学成为一股时代潮流，也给法学研究开辟了新的研究领域。例如，在法学研究中利用自然科学理论来解释人类行为和社会系统，把系统论、控制论、信息论引入法学研究，还出现了结构功能主义、行为主义法学等法学派别。再如，科学技术还给法学研究提供了新的研究手段，法学家们可以利用计算机来对法律、政策的可行性做出评估，对各种法学研究的数据、资料进行分析、预测社会秩序的未来状态等。可见，自然科学不仅改变了人们感知、理解法律世界的方式，也开拓了人们法学研究的领域。

3. 数学方法的广泛运用对法学研究产生了广泛的影响。数学方法是研究和讨论数学的发展规律、数学的思想方法以及在数学中的发现、发明与创新等法则的一门学问。在历史上，数学曾被誉为宇宙之源和"万能法"。维也纳学派的代表人物纽拉特曾做过一个形象的比喻：洋葱头，葱头的核心部分是数学和逻辑。围绕着这一核心，各类科学学科或范畴应该如葱皮一样层层展开[1]。马克思就曾经说过："一门科学只有当它达到了能够成功地运用数学时，才算真正发展了。"[2] 翻开人类科学史，我们可以发现，无论是自然科学还是社会科学，到处都可寻觅到数学的踪影。随着社会的急剧发展，对社会现象的定性分析已经远远不能满足社会管理和社会控制的需要了，而定量分析则成为一种广泛的社会需要。数学方法对法学研究的影响，就在于它使法学家们重视对法律现象进行量的分析，注重把握事物量的规定性，使传统的注重从质的规定性方面把握和区别社会事物的定性分析与定量分析结为一体。运用定量研究和数学方法在现代法学研究乃至整个社会科学的研究中取得了显著成绩。有了定量研究，法学提供给人们的就不是一些缺乏量的规定性的概念和理论。定量研究在推动法学研究向精确化、技术化和应用化方面发展起了很大的作用。但是客观地讲，定量研究的方法也有其一定的局限性，在法学研究中也不是所有的领域都可以运用定量研究的。由于社会关系的复杂性，使很多社会问题很难进行量化研究（例如对正义、公平问题的研究），如果削足适履地量化，就会使研究走入歧途。所以，在很多情况下定量研究也只能是一种辅助的方法。从这种意义上看定量研究，也就有了许多对量化批评的学者，比如台湾地区学者吕亚力就在《政治学方法论》一书中认为：平心而论，量化与实验一样，只不过是科学方法的特

---

〔1〕 参见〔德〕汉斯·波塞尔：《科学：什么是科学》，李文潮译，上海三联书店 2002 年版，第 115 页。
〔2〕 〔法〕拉法格、〔德〕李卜克内西译：《回忆马克思》，人民出版社 1954 年版，第 8 页。

性之一，它充其量也仅是技术而已。对于适合它的学科而言，量化极有价值。但是，一种学科，并不因为使用量化的程度小，就一定不是科学。[1] 另外，从一定意义上说，定量研究仍然还是一种对现实的社会关系、法律现象进行抽象的过程，一些借助与数学概念和数学模型建立起来的法律模型，本质上还是对研究对象的抽象反映。而且由于研究对象又是处在不断地发展和流变之中的，也使这种抽象不可避免的有了局限。因此，重视定量方法并不是要把它绝对化，法学研究在许多情况下没有必要沿袭精确化的手段。那种把定量研究与定性研究对立起来的观点是不正确的，这两者之间应该互为补充、相互结合。

4. 其他社会科学与法学之间彼此渗透、移植、结合也开拓了法学研究的新思路、新方向。法学作为社会科学的一部分，它与其他社会科学之间有着研究方法的互通性。其他"社会科学在许多领域，提供给法律者一个新的和琳琅满目的工具箱"。[2] 因为，法律现象与其他社会现象之间有着千丝万缕的联系，对法律现象的研究如果是仅就法律来谈法律，那么无论如何是说不清法律的。因此，对法律现象的研究必然要涉及到其他社会现象的内容。但需要注意的是，对其他社会现象的研究又不是法学的主要任务，法学研究不可能、也没有必要对其所涉及的每一种现象都身体力行的去逐一摸索。如此，法学研究就要借助于其他社会科学的研究成果。这种借鉴之所以可能是由于法律与其他社会现象之间有着关联性与共通性，这是法律与其他社会科学在研究方法上可以相互影响、借鉴甚至移植的根据。其他社会科学的研究方法与法学方法之间的影响一般有两种情况：①一门学科的理论和方法朝着多门学科辐射、渗透，比如用社会学理论和方法来研究教育学、法学、文学等，就形成了教育社会学、法律社会学、文艺社会学等，心理学的理论和方法朝着这些学科辐射和渗透形成的教育心理学、法律心理学和文艺心理学等；②多门学科的理论和方法朝着一门学科汇聚、渗透。比如，人们用文化学、政治学、社会学等不同学科的理论和方法从不同角度研究人类学，相应地形成了文化人类学、政治人类学、社会人类学等学科。同样用人类学、教育学、社会学的理论和方法来研究法学，就形成了法律人类学、法律教育学、法律社会学等学科。

总之，法学与哲学、自然科学、数学以及其他社会科学既有着一致性、共通性，又有着相对性、特殊性。它们之间应该在恪守各自的独立品格的前提下，相互借鉴、相互渗透、相得益彰。

---

[1] 吕亚力：《政治学方法论》，台湾三民书局1980年版，第11页。
[2] ［德］阿图尔·考夫曼、温弗里德·哈斯默尔主编：《当代法哲学和法律理论导论》，郑永流译，法律出版社2002年版，第465页。

### 三、法学方法论的意义

关于法学方法论的意义和功用人们可谓是褒贬不一。德国法学家拉伦茨就曾提醒人们法学研究中存在着方法论的迷失现象。他指出，大约在一百年以前，法学家们无论在法律事件的解决方面还是在法学研究方面，根本不怀疑他们拥有适当的方法，并且确信法学方法毫不逊色于任何其他学科的方法。但在今天，任何人提出任何方法都不会获得普遍的承认，在方法上只能采取"大致可以接受"的标准，法学家对方法的信心已经丧失。[1] 魏德士也在其《法理学》一书中说："直到 20 世纪 60 年代，法学方法才走进法律课堂。更有甚者，对方法论问题的研究被认为是患了综合症。"[2] 他进一步指出，持有这种态度的不仅仅是法学门外汉，就连被人们誉为法学大师的拉德布鲁赫也在这么认为。如拉德布鲁赫就在《法学导论》一书中说："就像因自我观察而受折磨的人多数是病人一样，有理由去为本身的方法论费心忙碌的科学常常成为病态的科学，健康的人和健康的科学并不如此操心去知晓自身。"[3] 另外，在西方对法学方法论持反对态度的还有后现代法学。后现代主义者认为对于法学研究方法来说"什么都行，随心所欲"，不存在他们务必遵守的程序规则，存在的只是他们的反规则和"怀疑一切"的严格作风。美国科学哲学家法伊尔阿本德在其《反对方法：无政府主义认识论纲要》中就阐述了方法论上的无政府主义。他认为，"科学是一种本质上属于无政府主义的事业"，传统科学对方法论上的严格规定是毫无必要的。原因在于："一是我们所要研究的世界对我们来说在很大程度上还是个未知数，否则我们就没有必要去研究它，因而无必要事先将自己可能使用的方法加以限制，作茧自缚；二是现有的科学教育体系是非常不人道的，因为它为了'训练'技能与'传授'知识而不惜压制个人的独立性与创造性，其作用只能是'使人变得愚钝'。"[4] 按照法伊尔阿本德的观点，反对方法，是由于没有任何方法是万能而不变的，每一种方法到一定时候都要受到挑战。不破不立，有"立"就有"破"，科学进步就是和破坏现有的方法联系在一起的。我们应该做的是以反归纳的方式前进，发展和提出与共认的理论以及被证明的事实相矛盾的假设。

在我国，也有一些学者主张应反思以往我们对法学方法的迷信。对方法迷信的原因是多方面的，比如人们好像认为我们没能出大师、出流派以及理论法

---

〔1〕 ［德］拉伦茨：《法学方法论》，陈爱娥译，商务印书馆 2003 年版，第 19 页。

〔2〕 ［德］伯恩·魏德士：《法理学》，丁小春、吴越译，法律出版社 2003 年版，第 289 页。

〔3〕 ［德］拉德布鲁赫：《法学导论》，米健、朱林译，中国大百科全书出版社 1997 年版，第 169 页。

〔4〕 ［美］保罗·法伊尔阿本德：《反对方法：无政府主义认识论纲要》，周昌忠译，上海译文出版社 2007 年版，第 4 页。

学的滞后，都被认为是"方法"的错误，因而总在不遗余力地转向寻求新的方法。"法学研究这种迷信方法的现象，被有些学者认为是方法论的异化。方法确实在我们的生活中占据重要地位，但是如果我们把方法只置于人类生活的中心位置，就可能发生方法论取向的危机。"[1] 进而认为，法学研究确实可以借助科学的方法，但仅仅借用方法得出的结论未必就是科学的。

尽管对方法的批评或否定不乏其人，但是把对方法论的研究视为法学转向契机的观念依然成为当今潮流。"方法论在目前的发展既迅速又成功。或许可以毫不夸张地说，在我们的时代，人们研究方法论的热情是前所未有的。"[2] 人们普遍都认同，现代法律科学是建立在人们以往所有观点和方法之上的。法学的时代特征不但表现在人们获得思想的成果上，而且表现在为获得这种成果而使用的方法上。方法论已经成为法学新思想、新观点、新学派的生长点。正如德国当代法学家科殷在谈到法学方法时说："它既利用古老的、令人崇敬的、语法—逻辑学的解释，也利用社会学的和价值论的方法，从这些方法中，社会学的和价值论的方法追求一种规章的正义内涵，语法的—逻辑的解释则考虑规章的历史条件。现代的法律科学工作既求助于它所探讨的实在法规则产生的研究成果，也求助于某一种进行概括总结的系统所可能提供的帮助。"[3] 当然，人们对方法的再一次关注是经过理性化反思的，是摆脱了虚化与教条、政治化与附庸化的新方法。人们也清楚地认识到，"虽然好的方法未必出优秀成果，但是，错误的方法产生好的成果却纯属偶然。翻开科学史，科学研究的进步常常伴随方法之争与方法进步是常态，足见方法对科学研究的重要价值"[4] 尤其是针对中国法学研究的历史与现状而言，肃清阶级斗争法学在方法上的教条化、政治化和附庸化痕迹，使法学研究走向多元、开放就具有深刻的理论意义和现实意义。

1. 法学方法论是不同法律思想和法律文化之间相互沟通、相互认同的标识和手段。美国著名法学家埃尔曼在其《比较法律文化》一书的扉页上引用了霍布斯的一段格言：如果您运用理性于法律研究，或许您会有不同的看法。的确，无论是纯粹理性还是实践理性都不是包罗万象的普适方法和万古不变的真理，这从法律神秘主义（先验方法）、到法律实证主义（经验方法）、再到法律理想主义（理性方法）之间的演进，以及当今人们对包括神学在内的各种方法的依

---

〔1〕　陈金钊："法理学的研究对象与范围"，载《法学》2002 年第 2 期。

〔2〕　［美］鲍亨斯基：《当代思维方法》，童世骏等译，上海人民出版社 1987 年版，第 143 页。

〔3〕　［德］H. 科殷：《法哲学》，林荣远译，华夏出版社 2002 年版，第 232 页。

〔4〕　周永坤："法学方法理念的革新"，载胡玉鸿：《法学方法论导论》，山东人民出版社 2002 年版，序言。

旧痴迷就可以看出其中的端倪。但是，霍布斯的告诫让我们注意到，假如我们能换一种角度去看待问题，可能就会有一番新的景象，会让我们得到另一片新的理论田野。尽管当代法学研究方法的特征是多元化，但国际交往的日常化也会使人们之间的行为规则走向趋同，进而为人们之间的认识达成共识奠定了基础。法学方法正好可以为这种沟通架起一座桥梁。这样，不同的法律文化之间的隔阂也就不会因缺乏沟通的渠道而相互指责。"正是这种多样性中的统一性和统一性中的多样性构成了人类精神的财富"。[1]

2. 对法学方法论的重视还可以让我们反思我们以往对方法的极端化认识，并以一种海纳百川的胸怀和气度对待当今法学方法的多元格局。过去，我们的方法论是保守僵化的，总是认为存在唯一的、排他的方法，总想寻求一种普适的真理，缺乏对方法的不断考量和反思。在对待其他理论和方法的态度上，俨然自己永远掌握着走进真理大门的权杖，而与之不同的方法都是非科学的谬误。实际上，那是一种神魅化的方法论和世界观，而对某种方法的绝对化必然会导致思想和观念的禁锢，就会出现那种以"阶级分析方法"替代一切方法的愚昧和独断。在西方国家，德国法学家们对方法尤为重视，其原因就在于德国曾遭受过极端化的思想禁锢，而对方法和思维方式的反思可以重新让他们进行自我认知和评价。对此，魏德士指出："对历史经验的研究要求德国的法律工作者对于方法的思维模式保持特殊的、批判的警惕性，因这些方法思维模式已被证明是用来使法迎合当时权力者的任何改革愿望的、惟命是从的工具"。[2] 从这种意义上来考量方法，拉德布鲁赫早期关于"病态的法学"才会关注方法观点，似乎也有其特定意义上的道理。中国法学对方法的关注正是因为人们意识到，传统的阶级斗争法学是一种不能适应新时代的病态法学，只有对多元方法的接受和吸纳，才能使我们的法学与改革开放的时代协调一致。虽然我国"法学幼稚的状况有了显著的改变，法学正在成长起来。但是，实事求是地说，法学还不成熟，还不发达，法学之不成熟和不发达的主要表现在于它还没有形成或构建起具有共识性的研究范式"。[3]

3. 法学方法论还是法理学学科意义的显在表现。德国哲学家汉斯·波塞尔指出："从事科学研究，遇事问个为什么，不满足于古老的神话传说，而是采用一定的方法，通过一定的途径，系统性地继续提出问题，进而解决问题——这

〔1〕[法]埃德加·莫兰：《方法：思想观念——生境、生命、习性与组织》，秦海鹰译，北京大学出版社2002年版，第3页。

〔2〕[德]伯恩·魏德士：《法理学》，丁小春、吴越译，法律出版社2003年版，第294页。

〔3〕张文显：《法哲学范畴研究》，中国政法大学出版社2001年版，第367页。

就是古希腊时欧洲理性文化的诞生。"[1] 法理学常常被人们认为是研究法律基本问题的学科，它的任务是要从终极意义上来对法做出回答。但是，法理学的历史却表明法理学对法律基本问题的答案是模糊不清的。比如法律是一种命令、一种权力？是一个过程？还是一套程序？是一种思维方式？还是一种价值观？或者是一种复杂的社会现象？一种预测法院判决的能力？这些观点仍然在不断争论之中。"倘若把法理学简化为方法问题，那么法理学就有如一个领航员，尽管他拥有极好的测量工具和计算仪器，但却找不到可靠的固定坐标（无线信号发射点、灯塔和星星）来确定其立足点和目标。"[2] 实际上，法理学应该研究什么，其学科范围如何确定，这和把什么对象、资料作为法理学的研究对象有关，同时也和用什么视角和方法相连。在近代以前，西方法学被主要以自然法学为传统的二元思维所设定。近代实验科学兴起以后，法理学又一直被一种特定的哲学所统治，那就是法律实证主义。而对以往法学的反思，当代法学家们又试图超越自然法学和实证法学，并在致力于寻找综合、多元的法学研究方法。这一切都是在法学家们不断地设问，又不断地回答和反思的过程中嬗变的。因为"自从有了科学，便同时有了对科学的思考。原因其实很简单：假如没有对科学的目的与方法的反省，没有对科学提出的答案可靠性及可检验性的反思，我们便放弃了科学之所以为科学的核心内容"[3]。所以，法理学的任务及其学科意义的一个重要体现，就在于要不断地梳理和构建通往法律真理殿堂的路径，使法律认识在"方法之手"的牵引下一步一步地接近真理。

## 第二节 法学研究方法的历史演进

### 一、对西方法学研究方法历史演进的三种概括

法学研究方法的演进，从历史的角度看，是与法学的发展史同步的。这是由于法学研究方法与法学理论本身就有着不可分割的内在联系，方法不可能脱离理论，理论也离不开方法。从这种意义上说，对法学研究方法的历史回顾，也就是对法学发展史的梳理。但是，法学研究方法的历史与法学理论史有所不同的是，法学方法史主要关注的是法律认识的"途径"，而法学理论史则主要关注的是法律认识的"对象"。所以，对法学研究方法的历史回顾与反思，有助于我们整理和检视以往的法律认识路径并从中获得"如何认识法"的一些有意义

〔1〕 〔德〕汉斯·波塞尔：《科学：什么是科学》，李文潮译，上海三联书店 2002 年版，第 1 页。
〔2〕 〔德〕伯恩·魏德士：《法理学》，丁小春、吴越译，法律出版社 2003 年版，第 422 页。
〔3〕 〔德〕汉斯·波塞尔：《科学：什么是科学》，李文潮译，上海三联书店 2002 年版，中文版序言。

的启发。

对西方法学研究方法的历史梳理可以有很多方式，总体上说主要有三种。

1. 从哲学方法中划分的主客体关系入手，把法学方法概括为主观主义倾向的阶段、客观主义倾向的阶段、主客观相统一的阶段。

客观主义倾向的方法是指近代以前的西方法学，其特点是偏重于从法律之外去寻求法的真理，把法视为是一种超自然、超社会的神秘力量。客观主义倾向的方法在古希腊和古罗马时期表现为，哲学家和思想家们都把法理解为一种贯穿整个宇宙和社会的普遍法则，认为在人定法或国家法之外还有一种反映自然界的客观秩序，这种秩序具有不以时空而转移的理性或自然法。到了中世纪的神学法学家那里，则把法归结为人和社会之外的客观力量即上帝法或永恒法。可以看出，虽然西方法学的着眼点表面上是放在对法外部根源的认识，但是实际上他们对法的这种"外部把握"并非"真客观"，而只是一种表面上客观实际上主观神秘的猜测和假定，是以神秘状态表现出来的凌驾于人和社会之上的客观异己力量。

主观主义倾向的方法是指近代西方法学，其特点是从人自身和社会结构的内部解释法律现象，在思维中把握法律现象使这种认识充满着主体性特征和意志性质。主观主义倾向的方法早在古希腊时期智者学派提出的"约定论"思想中就有所体现，他们把法建立在人的认识和理解的基础之上，具有主观倾向，但那时这种方法不占有主导地位。近代以后，随着人的解放和主体意识的增强，对法律认识的主体意识也被明显的凸显出来，这主要体现在古典自然法学派的观点中。他们认为法是人的自然本性即人的理性，而不是神或者其他客观异己的力量，法通过天赋本性（善或恶）对社会和人性进行调节。法是基于人类理性的相互约定，是人的自然本性的表现和产物。

主客观相一致的方法是指在马克思主义法学产生前夕西方法学方法的特征，其特点是把法的客观属性与人的主体性结合起来，从主客观的双向过程中探索法律现象，这种认识的方法主要是以康德、费希特、黑格尔等德国古典哲学家们为代表的。在这些德国古典哲学家那里，过去的法学认识和研究（无论是客观主义还是主观主义）都偏向了两极，带有片面性，而只有把两者结合起来才能解决以往法律认识中的矛盾和分歧。他们认为，人具有两重性，即人既是理性存在物又是感性存在物。作为理性存在物的人是自由的人，人被自身的理性所支配，具有道德义务；作为感性存在物的人又要受自然和社会规律的支配，又是不自由的。同时，又由于人受物质和肉体的利益和欲望的支配而使理性产生迷惘和失误，导致自由的失落和对他人自由的妨碍，所以才要借助于法律。法律的本质是自由，只有凭借国家和法律才能使个人获得真正意义上的自由。

法律就是根据自由意志的普遍法则，使每个人的独立意志相互协调的总和。按照德国古典哲学家们的认识，法必须以外部的客观必然性即自由的普遍法则为内容，它是个人自由的客观依据。同时，法又体现着人对普遍法则的理解和运用，必须在共同认识普遍法则基础上才能达成谅解，才能限定或放弃个人自由，这样才可以实现社会的整体自由，并在整体自由中获得个人自由。

2. 按照法理学研究的对象，即应然法、实然法、社会事实的区分，相应地把西方法学研究方法划分为价值分析方法、逻辑语义方法、社会实证分析方法三个层次和阶段。

价值分析方法的理论前提是法律认识与价值之间的联系，这种方法从古希腊开始一直延续到现在，可谓是经久不衰。由于法学研究中人们永远不能回避应然法的问题，总是要给现实中的法律提出理想要求，向往一种更好的、至善的良法。这样也就使法学研究的过程始终贯穿着法学家的价值判断，尽管西方早期人们还没能严格区分或理性自觉地认识到事实与价值的界限，但那种对价值和理想的渴望却始终存在着。

逻辑语义的方法和社会实证的方法是与价值分析方法相照应的研究方法，其理论基础是分析实证哲学，这种方法从 19 世纪才开始兴起并迅速占据了法学王国的半壁河山。由于分析实证哲学作为一种经验主义方法，在面向法学研究的过程中分裂为法律实证主义的两个流派，即分析法学派和社会实证法学派。其中，分析法学派注重研究逻辑、语言的运用，强调法学要研究"词的用法"，所以在方法上表现为逻辑语义的方法。而社会实证法学派则把视点放在了对法律与社会的关系上，主张要从总体上对法律进行功能与实效的考察，倾向于法律的运行即"运行中的法律"，"他们认为这才是显示法律本性的地方，而不是在课本和其他的基本渊源中"。[1] 在方法论方面，其主要特征是要在社会背景下进行经验主义的法学研究。

3. 根据法理学预设的问题域，把法学研究方法区分为本体论阶段、认识论阶段、语言学阶段。

综观西方法学的历史，我们可以发现其实法学家们是在不厌其烦地反复对这样一些问题进行诘问和回答，即法律是什么？法律应该是什么？法律如何被认识？在这三个基本问题中，前两个问题是法律本体论问题；后一个问题是法律认识论问题。人们普遍认为在哲学发展史上，曾有过两次大转向："第一次转向把哲学研究的视角从事物本身是什么与不是什么、本身能是什么与不能是什

---

〔1〕《法理学》（最新不列颠法律袖珍读本），张万洪、风值水译，武汉大学出版社 2003 年版，第 249 页。

么，转到我们所认识的是什么与不是什么，或我们能认识什么与不能认识什么，以及何以能与不能；第二次转向则把哲学研究的视角转向我们所谈论的是什么与不是什么，或我们能谈论什么与不能谈论什么，以及何以能与不能。"[1] 从本体论到认识论，再从认识论到语言学的哲学转向也表现在法学研究方法的历史演变中。

第一个阶段是本体论取向。在这一阶段，法律认识和法学研究的主导性问题是"法律是什么"和"法律应该是什么"的问题。从古希腊起，人们就开始对这一问题进行过反复的论证，并试图为对社会现实的批评寻找一种辩护的理由，即以某种更高的自然法则来对付社会常规和现行法。从此以后，对这一问题的不同解说，构成了自然法学说和实证法学说的早期思想渊源。近代以来，古典自然法学派推动了自然法的世俗化，他们在亚里士多德和经院主义理论的基础上，构建了一种区别于中世纪和经院主义的自然法。由于古典自然法学的代表人物对自然法并非完全一致，使得这一学派在发展过程中呈现出三个不同的时期：一是文艺复兴和宗教改革时期，代表人物有格老秀斯、霍布斯、斯宾诺莎、普芬道夫等，他们主张"实施自然法的最终保障应当主要从统治者的智慧和自制中去发现"；二是英国清教改革时期，代表人物是洛克、孟德斯鸠等，他们从自由主义哲学出发，试图用分权的方法来保障自然权利并以此来对抗政府对个人权利的侵害；三是以卢梭为代表的人民主权和民主思想，自然法是人民的"公意"和大多数人的决定。[2] 尽管他们对自然法的解释有所不同，但我们可以发现，古典自然法学派不仅完成了自然法的世俗化，还在"研究方式方面完成了从人性的目的论到因果论和经验论的转变"[3]。

第二个阶段是认识论取向。这一阶段法学研究方法的主要特征是人们怎样才能认识法律，即"法律如何得以认识"的问题。近代哲学不同于古代哲学的特点是把认识放在了一种主导的地位，而推动这种认识导向的开山鼻祖是弗兰西斯·培根和笛卡尔，他们被认为是近代哲学的两位伟大的旗手。如果说培根的经验主义击中的是经院哲学中的"先验主义"，那么笛卡尔理性主义就是把经院主义中的信仰主义作为他的靶子。他们两人起到了异曲同工之效，"提出了一

---

〔1〕 刘永富：《价值哲学新视野》，中国社会科学出版社 2002 年版，第 19 页以下。

〔2〕 ［美］E. 博登海默：《法理学——法哲学及其方法》，邓正来等译，华夏出版社 1987 年版，第 37 页。

〔3〕 ［美］E. 博登海默：《法理学——法哲学及其方法》，邓正来等译，华夏出版社 1987 年版，第 35 页。

种获得可靠知识的新的方法论"〔1〕从此以后，在经验主义和理性主义影响下，西方法学呈现出经验主义的法理学和理性主义的法哲学两种路径：一是以经验主义哲学为基础的实证主义的法理学（法律实证主义）的发展；二是以理性主义哲学为基础的法律哲学的发展。

第三个阶段是法律语言学取向。这一阶段的特征是从"法律是什么"和"如何认识法律"转变为如何理解文本的语言问题。由于对法律问题的研究经历了本体论和认识论阶段后，人们发现无论是本体承诺或是认识论转向都没有能够解决"应然原理"和"实然表达"的复杂联系，而这种困扰人们法律认识的原因可能是沟通"人"与"对象"的语言问题。因为，法律作为一种文本，是由语言表达的，"一切法律规范都必须以作为'法律语言'的语句形式表达出来。可以说语言之外不存在法。只有通过语言，才能表达、记载、解释和发展法"〔2〕维特根斯坦是这场语言学转向的主要代表人物，他在后期哲学中对由柏拉图奠定的希望寻找事物共同的、一致的、本质的属性研究方法，即"对普遍性的渴望"进行了抨击。对语言的使用具有着一定的风险，而"使用语言的最大危险之一在于，一些看上去总是说着什么的词语实际上却只有感情上的力量，什么东西也没说"〔3〕为此，维特根斯坦提出要用日常语言来替代理想语言，确立一种"语言游戏"的新方法。这种方法旨在考察一个词语在某种语言游戏中的意义，辨别它的类似性和多样性。在法学研究中，维特根斯坦的日常语言分析改变了先前那种"宏大理论叙事"的各种法学努力，开辟了法学研究方法的语言学转向。英国法学家哈特被视为是成功运用语言哲学分析法律问题的杰出代表。哈特认为，先前人们对法律思考的不足或缺陷在于这样一个方向性错误——忽视法律术语的日常用法，"法学家不应在定义的脊背上建立法学理论，而应致力于分析法律、法学语言在实际生活中是怎样被使用的"〔4〕

**二、走向开放的中国法学**

中国学术尽管有悠久灿烂的历史，但在与西方文明接触之后，也显示出自身的不足和缺陷。英国哲学家罗素在对中国与欧洲的文明进行比较后认为，中国文化中的大部分内容在希腊文化中都可以找到，但是有两样中国没有：宗教与科学。中国文明到了近代，由于受到西方文化与科学的冲击，使中国人很快认识到科学知识的重要。"中国人向来重视学问，只是以前所研究的学问都是古

〔1〕〔英〕韦恩·莫里森：《法理学——从古希腊到后现代》，李桂林等译，武汉大学出版社 2003 年版，第 86 页。

〔2〕〔德〕伯恩·魏德士：《法理学》，丁小春、吴越译，法律出版社 2003 年版，第 73 页。

〔3〕〔美〕M. 鲍亨斯基：《当代思维方法》，童世骏等译，上海人民出版社 1987 年版，第 54～55 页。

〔4〕张文显：《二十世纪西方法哲学思潮研究》，法律出版社 1996 年版，第 96 页。

典文献。现在他们普遍意识到西方的知识更有用"[1]。中国古代虽有卓越的学术成就和长于辨证思维的方法论，但是却缺乏科学进步的分析方法和对研究方法的理性自觉，中西文化的碰撞"使中国学术界开始形成对研究方法的自觉意识"[2]。这种对方法的关注与其说是学术研究的结果，倒不如说是中国人追求富强的实践所致。

从鸦片战争开始到历次对外战争的失败，使中国知识界对国学与西学之关系展开了一场反思运动。清朝末年，张之洞提出"中学为体，西学为用"；严复认为中西文化各有特色，既有"体"的文化，也有"用"的文化，两者不能混同。他指出："牛有牛之体，牛有牛之用；马有马之体，马有马之用。不能牛体马用，马体牛用"[3]。所以，他认为"中学为体，西学为用"根本就行不通。他在《名学浅说》中还对中国学术的研究方法提出批评。严复认为，中国学问的方法有极大之缺陷，这主要体现在只注重玄思冥想和观念演绎，而轻视对事实的归纳和考证。他说"吾国向来为学，偏于外籀（演绎），而内籀（归纳）能事极微"[4]。再有，拘泥于言辞、思维笼统模糊也是中国学术分析方法不发达的表现。例如，他在谈到"天"这个范畴时，就认为这是一个十分模糊的概念，他说"中国所谓天字，乃名学所以歧义之名，最病思理，而起争端。以神理言上帝，以形下言之苍昊，至于无所作为而因果之形气，虽有因果而又不得言之适偶，西文各有异字，而中国常语，皆谓之天"[5]。还有，儒家学说中所谓"气"字，就有"正气"、"邪气"、"淫气"、"历气"等，出言用辞如此不精确，何谈治精深严确之科学哲学。不但"气"字如此，"心"、"天"、"道"、"仁"、"义"字，诸如次等，都是古代典籍中极为重要之立名，而意义却歧混百出[6]。在这种模糊性思维的影响下，中国古代法典都表现出法律条文的用词多歧义，缺乏明确界说的现象。所以严复在《西学门径功用》一书中提倡归纳法和实证法，认为学术研究有三个过程，即考订、贯通和试验，三者缺一不可[7]。对中国传统研究方法提出批评并力导归纳、实证方法的还有王国维。他提出要以实证史、以史考实的"二重证据法"，推崇求实、求真的实证精神。

随着西方法文化的输入，中国传统法学的研究方法开始被打破，处于封闭

---

[1]　[英] 罗素：《中国问题》，秦悦译，学林出版社 1996 年版，第 152 页。

[2]　李承贵：《20 世纪中国人文社会科学研究方法问题》，湖南教育出版社 2001 年版，第 35 页。

[3]　张岱年：《张岱年学术文化随笔》，中国青年出版社 1996 年版，第 144 页。

[4]　严复：《名学浅说》，商务印书馆 1981 年版，第 64 页。

[5]　转引自李承贵：《20 世纪中国人文社会科学研究方法问题》，湖南教育出版社 2001 年版，第 60 页。

[6]　参见郝铁川：《儒家思想与当代中国法治》，河南大学出版社 1994 年版，第 3 页。

[7]　李承贵：《20 世纪中国人文社会科学研究方法问题》，湖南教育出版社 2001 年版，第 87 页。

状态的法学研究面临着方法论上的挑战。①在西方功利主义的影响下，中国法学已有的务实倾向得到了进一步的深化，人们意识到富强之道在于要用学问解决现实的问题，而不在于在纸上研究经书。传统方法中注重整理、考释的描述性品格，开始向有现实意义的创造和阐释转化。②在科学主义及其实证精神面前，要求国人用科学的标准看待一门学问。而这就是用科学方法，即归纳、实证和演绎结合的方法来进行研究。③西学的输入使知识分化和学科分类成为一种趋势，新兴的学科诸如经济学、政治学、法学等都要求有一套自身的学理系统和研究方法。[1]

尽管中国法学在与西方法学接触之初，中国学者已经看到了中西文化及其方法的差别，希望以西方学问之长来弥补中国学问之短。但是，在中国 20 世纪的前 50 年，中国法学依旧落入了西方化的格局。"西方的法律话语和法律制度迅速取代了中国固有的法律话语和法律制度。在这样一个格局里，中国法律制度的历史叙事范式开始断裂。"[2] 这开始是民法法系的方法充斥了中国的法律学问，其中以沈家本、杨鸿烈、陈顾远等人为代表，在他们的著述中可以看到对西方法学某些观念和方法的运用。"其后，一批接受现代法律训练的学者，更加自觉援用西方法律制度的知识类型与研究方法'重构'中国古代法律制度的情形渐次突出，最终成为一种支配性或主导性的研究范式。"[3] 当然，这其中也有许多成功运用西方法学研究方法的范例，如瞿同祖先生用社会人类学的方法研究中国社会法律制度，他在 1947 年出版的《中国法律与中国社会》一书成为至今无人匹敌的经典之作。

1949 年随着新中国的建立，苏联模式的法学传统和方法成为中国法学的主导观念。在这种传统影响下，阶级分析方法被教条化为唯一科学的方法论，法学著作充满着意识形态的控制和套式化的八股现象。对一个法律问题的分析动辄引经据典，把马恩经典作家的话语作为圣经和亘古不变的东西，不引用马恩著作就不能说话，对一切与其相左的观点一概采取政治高压、扣帽子的手法，使法学研究成为套式化的教条。一直到文革十年，砸烂"公检法"和法学研究停滞。文革后，我国法学界对方法论的研究仍然是一种简单化的表现，在 20 世纪 80 ~ 90 年代之间，几乎所有的法理学教科书都把法学研究方法归纳为社会调查的方法、历史考察的方法、分析比较的方法等有限的几种方法，对其他方法仍然持有一种否定和排斥的态度。直到 20 世纪 90 年代开始，中国法学界才大胆

---

[1] 参见李承贵：《20 世纪中国人文社会科学研究方法问题》，湖南教育出版社 2001 年版，第 56 页以下。

[2] 范忠明："试说中国古代法律制度研究范式之转变"，载《北大法律评论》第 4 卷第 1 辑。

[3] 范忠明："试说中国古代法律制度研究范式之转变"，载《北大法律评论》第 4 卷第 1 辑。

地把西方三大主流法学流派的方法论引入中国。由此,在对马克思主义法学方法论进行科学认识和评价的同时,实证分析方法、社会学方法、价值方法、人类学方法、经济分析方法、文化学方法、后现代主义等都被用于法学研究,法学方法论呈现出一种本来应该具有的非意识形态化和相对独立化,并日益走向一种综合的、多元化的格局。

## 第三节 法学研究的主要方法

### 一、价值方法

在法学研究中,不同的问题域会引发人们对该问题域中所涉及的研究对象进行不同思考的方式。英国著名哲学家罗素曾经指出:"在全部哲学史中,哲学一直是由两个部分构成的:一方面是关于世界的本性(是什么)的学说,另一方面是关于最佳的生活方式(应如何)的伦理学说和政治学说(即价值学说)。"[1] 同样,人们对法律世界的探索也面临着两个方面的问题,即法律是什么和法律应如何的问题。对这两个问题的思考构成了法学研究的两大问题域——本体论和价值论,本体论是一个事实问题,而价值论则是一个评价问题。作为评价性认识的价值论,始终贯穿着评价者的主体因素,具有主体性,因而也使法学方法论中的价值方法有着自身的特点和意义。

在法学研究中运用价值方法,强调法律认识的主体性特征以及人自身的价值观念对法律的影响,不是否认在法律认识中包含有价值认识以外的事实要素,也不是贬低经验和实证方法对法学研究的重要意义。恰恰相反,承认价值观念和价值方法在法律中的作用,正是为了更好地在法学研究中建立科学有效的认识法则。尤其是长期以来我国法学研究曾忽视和回避了价值问题,没能把规范(价值)研究和实证(经验)研究结合起来。其实在法学研究中这两种方法是紧密联系的,因为"人们在进行法的实证分析时总是以一定的价值标准为前提,而法的规范分析也必须具有实证基础才有说服力"[2] 所以,恢复价值方法或规范研究在法学方法论中的地位,会使我们重新得到一片需要耕种和播种的法律园地。

1. 价值方法是法学研究和法律认识中辨别是非善恶的学术规范。法律认识

---

〔1〕 罗素认为事实与价值是两个不可调和地混杂在一起的部分构成的,"这两部分未能充分划清楚,自来是大量混乱想法的一个根源"。[英] 罗素:《西方哲学史》,何兆武、李约瑟译,商务印书馆1981年版,第395页。

〔2〕 季卫东、齐海滨:"系统论方法在法学研究中的应用及其局限",载《中国社会科学》1978年第1期。

第
二
十
一
章

的对象与数学或生物学等自然科学的对象不同，那些认识客体非人为而生，其中没有是非善恶之分。而作为法学研究对象的法律规则及其实践是人的活动的产物，其间充满着人的要求和愿望。人对它的认识结果就带有好坏判别、价值取舍以及终极意义等根据和理由的考量。比如，我们对法官和警察权力的认识，并非只是为了表明法官审判和警察命令的现实活动，更重要的是我们要搞清楚法官为什么可以判人入狱？警察为什么可以关押人？英国当代法学家阿蒂亚对此有过精彩的讨论，他认为如果我认同警察命令的唯一理由是由于他有逮捕我的物质力量，以及我反抗他会有其他警察帮忙的话，那么，警察与持枪歹徒之间的唯一区别就是他人多。显然，问题的症结出来了。我们仅仅描述法官和警察活动的现象是不够的，也不能解决我们的疑惑和问题。而对法官和警察权力的合法性与合理性的回答，才能使我们认同他们对我们所实施的权力。也就是说"只有法律或得到合法授权行为的合法性才能将警察的命令与歹徒的要求区分开来。"[1] 价值方法正是从善恶区分及伦理道德视域认识法律问题的规范。

2. 价值方法是解决"诸善权衡"和价值选择问题的学术向导。法学必然面临各种相互竞争的价值，以及对冲突中的价值进行某种倡导性的讨论。法律价值的冲突原因是多方面的，但从总体上可以概括为两个方面：①主体的原因。由于每一个个体的人对法律有着不同的价值期待、价值要求和价值满足感，这些价值因素使人们对法律目的及其实现的要求呈现出一种多元化状态。至今为止，人们对法律的各种要求形成了各种各样的目的学说，如实现神的意志、使人的个性获得最充分的发展、给每个人以应得的权益、维护社会秩序、使个人得以在社会自由活动、使最多人获得最大幸福、使公民履行其义务、维护社会制度的安全、实现平等、达到人类需求的最大满足等。[2] 不同目的预示着不同的追求和理想，它们之间会造成竞争与冲突。②社会的原因。由于社会生活的复杂性、广泛性和动态性，也使社会需要与个体需要一样呈现出多层次、多元化的状态，从而导致法律价值之间的矛盾和对立。可见，"在任何特定的时刻，我们都拥有服务于相互冲突的目的和价值的许多法律"。[3] 既然冲突不可避免，就只有寻求"诸善权衡"和解决价值冲突的合理方案，法学研究的主要目的也在于此。哈贝马斯主张："严肃的价值选择或最高层次的偏好告诉我们，总的来

---

〔1〕 [英] P. S. 阿蒂亚：《法律与现代社会》，范悦等译，辽宁大学出版社、牛津大学出版社1998年版，第153页。

〔2〕 澳大利亚法学家维拉特曼把关于法律目的的不同观点概括为以上10种。参见 [澳] 维拉特曼：《法律导引》，张智仁、周伟文译，上海人民出版社2003年版，第194页以下。

〔3〕 [英] P. S. 阿蒂亚：《法律与现代社会》，范悦等译，辽宁大学出版社、牛津大学出版社1998年版，第141页。

说什么是对我们（或对我）好的或善的。"[1] 对哪一种价值应该成为我们作出判断的基础，或者说哪一种价值具有决定作用，常常出现在一些具体的案件中，比如契约的诚信和朋友的义务、知情权与隐私权、效率与公平等。对这类问题的思考或判决不是一个喜欢或不喜欢的判断问题，但是许多法学家也都承认"价值权衡"并非总是有十分明确的答案或者有一个明确的换算公式。一般而言，这种选择与权衡将会考虑价值之间的等级，而这个等级如何排列却众说纷纭。比如，庞德就认为，无论任何时候社会整体利益都是法学家的最高目标；卡多佐却认为道德价值优于经济价值，经济价值又优于美学价值。对价值的取舍应考虑哪些是终极意义的，哪些是权宜之计或仅仅是某种价值的手段；罗尔斯则极力推崇作为公平的正义是价值位阶中的最高台阶等。尽管如此，这些分歧的观点仍然为我们在不同的时代或文化场景下做出选择提供了思考的基础。

3. 从法学研究的空间层面来看，价值方法还可以推动法学研究走向立体化。没有价值视角的法学是冷冰冰的、缺乏伦理支撑的法学。从苏格拉底提出"美德即知识"开始，人们对"善"的重视和认识程度就关系到对世界解释的完美程度。价值方法和价值判断尽管有着许多我们无法把握和证明的局限性，但是人们仍然不断在开出一系列的美德或价值的目录。之所以如此，是因为在人与法之间，不仅有人通过对法律认知而获得法律知识以求得真理的过程，同时还有法不断地向人接近并与人的美德保持一致的过程。在法学研究中，时刻把握这两个紧密联系、相互影响的过程，就会形成"人—法—真理—价值"的多种认识领域和多维方法网络，使法学研究的内容和方法更丰富、更具活力。

## 二、实证分析方法

法学研究既有追求价值认识的一面，同时也有必须服从于客观事实而进行事实认知的一面。实证分析方法正是以对法律现象进行客观认知为基础的认识方法。实证分析方法是一种通过对经验事实的观察和分析来建立和检验各种理论命题的科学研究方法。对法律现象进行实证分析是法学研究过程中必须面对的一个重要问题。以前，我们总以为实证分析方法就是要用数字说话，用实际案例来说明问题。这实际上是对实证分析方法的极大误解，从而陷入了轻视甚至无视理性思维的泥潭。科学的实证分析方法应该尊重抽象思维和理论思维；否则，就会使法学研究的成果成为一种经验材料的堆砌物，使法学的研究者变成一位坐在经验材料仓库门前的"材料狩猎神"。

法学研究的方法与法学学科的自身性质密切相关。在中世纪时期，法学和

---

〔1〕 ［德］哈贝马斯：《在事实与规范之间——关于法律与民主法治国的商谈理论》，童世骏译，三联书店 2003 年版，第 315 页。

神学就已经成为教会大学里最重要的两种学科。而那时法学的研究方法与神学是一致的，即都是以注解和阐释经典作为主要的研究方法。在经典的科学观占据主导地位的近代以来，以往的看法发生了彻底的转变，知识被人们区分为确定性的知识和想象的甚至虚假的知识两类。科学只能是具有确定性知识的自然科学，"科学（science），亦即自然科学的性质得到了清晰的界定；相形之下，与之对应的那种知识形式就不那么明确了，人们甚至在给它起一个名字上都从来没有达成一致的意见。"[1] 哲学以及包括法学在内的其他关于社会的知识被排挤出科学的殿堂。直到实证哲学兴起后，社会科学才戴着"实证面具"从神学、形而上学等解释模式中解脱出来。在这种状态下的法学研究也开始力图缩小和限制自己的势力范围，以便与确定性、普遍性和客观性的"科学"要求相一致。然而，奥斯丁、凯尔森以及哈特的努力并没有完全说服与实证相对的解释模式，反而招致人们不断地批判甚至指责。这说明任何一种方法都不能包揽一切，或者说"一门'科学'采取什么研究方法，完全取决于它所试图回答的问题"。[2]

　　而今，法学是一门社会科学，这已经是法学家们乃至整个科学界的共识。但是，由于法学所面临的问题带有复杂性，法学的研究方法也就呈现出多元化的特征。一方面，法学需要描述和分析法律规则和法律现实；另一方面，法学又要不断地反思和评价其对象。而对于前者，实证方法或者说是描述的方法就发挥了其不可替代的作用。实证分析方法与我们以上讨论的实证主义哲学不同，它们虽有联系，但也存在着根本的区别：实证分析是一种哲学思想，是对世界的理论认识，是人们从事科学研究活动的成果；而实证分析是一种研究方法，是认识工具，是获得理论认识所凭借的工具。所以，"作为一种方法，实证分析不具有实证主义哲学所固有的某些特征，也不依附于实证主义哲学所信奉的某些理念"。[3] 例如，实证主义哲学对纯思辨的研究方式加以排斥，在意识形态上有保守的特点，具有突出的自然主义倾向，把社会现象简单地归结为自然界的延续等等。而实证分析方法却既要重视经验层，也要重视抽象层，对任何数据都要进行理性把握，而且作为一种研究方法，实证分析方法无所谓激进或保守。可见，不能由于实证主义哲学以及实证主义法学在理论上有着难以解脱的困窘和缺陷，而对实证分析方法就予以全面否定。

　　实证分析方法的主要特点是通过对经验事实的观察、分析来建立和检验各

---

〔1〕　参见［美］华勒斯坦等：《开放社会科学》，刘锋译，三联书店1997年版，第7页。
〔2〕　郑戈："法学是一门社会科学吗？——试论'法律科学'的属性及其研究方法"，载《北大法律评论》第1卷第1辑。
〔3〕　参见白建军："论法律实证分析"，载《中国法学》2000年第4期。

种理论命题。它不是实证主义哲学，也不是简单地用数字说话或用案例说明问题。实证分析方法不仅强调法学研究中要如实再现法律现象的本来面目，服从于客观事实的实证分析，同时还关注规范分析或价值分析在法学研究中的意义，承认"强烈价值介入"的可能。其认为科学的研究方法既要认识到价值判断对研究问题的影响，又要不断地检验这些价值判断，使理论与实践紧密结合在一起，这样才能科学地揭示法律现象的本质与规律。因此，在法学研究中大力推行和运用实证分析方法，是法学研究服务于法治建设的必由之路。

首先，法学研究需要对以往的和现实的法律制度、法律事实进行经验性的科学整理。卡多佐曾经指出："首先是需要某些重述，这些重述从先例的荒漠中找出法律的确定性和有序性。这正是法律科学的任务。"[1] 的确，在法学形成并拥有自己的独立空间的过程中，重述或解释的方法就占据了极其重要的位置。在古罗马，法学家们对法律的解释和研究形成了一套关于法律的系统知识。中世纪晚期的罗马法复兴也是在研读、整理和注释中展开的，教会法学家和罗马法学家们"所研究的现象是宗教会议、教皇、主教和皇帝、国王、公爵、城市行政官以及其他世俗统治者所制定和颁布的判决、规则、习惯、法令以及其他法律文件，另外，也包括在《圣经》、查士丁尼的罗马法文本以及其他书面渊源中发现的材料"[2] 他们试图从那些经过观察、组织、分类和系统化的材料中获得和证明有关法律问题的新知和原则。除此之外，他们还发现和证明法律诉讼过程中的事实，强调法庭诉讼活动的事实证明。伯尔曼对中世纪法学家们的这些努力及其成果予了极高的评价，他认为"12 世纪西欧法学家的法律科学乃是近代西方科学的先驱"[3] 在现代社会，实证分析已经是法学家们常用的方法之一，例如，美国法学家波斯纳就认为，解释法律现象的经济分析理论就包含了规范和实证两个方面。伯克利加州大学的爱德华·拉宾教授也把法学研究的方法概括为"描述性的方法"和"规范性的方法"两类[4] 而对实证一面的研究，正是法律具有可操作性的前提，因为如果只生产思想而不考虑这些思想怎样才能被操作化是十分有害的。另外，从法的存在形态看，它不仅包含价值需要和理想追求，还包括经验事实，其中对经验事实这一层面的研究恰恰离不

〔1〕 ［美］本杰明·N. 卡多佐：《法律的成长　法律科学的悖论》，董炯、彭冰译，中国法制出版社2002 年版，第 4 页。

〔2〕 ［美］哈德罗·J. 伯尔曼：《法律与革命——西方法律传统的形成》，贺卫方等译，中国大百科全书出版社 1993 年版，第 184 页。

〔3〕 ［美］哈德罗·J. 伯尔曼：《法律与革命——西方法律传统的形成》，贺卫方等译，中国大百科全书出版社 1993 年版，第 183 页。

〔4〕 参见郑戈："法学是一门社会科学吗？——试论'法律科学'的属性及其研究方法"，载《北大法律评论》第 1 卷第 1 辑。

开实证分析方法。例如，对法律量的规定性进行把握时，描述、统计、分析、预测等实证方法就成为处理法律经验信息的必备工具。所谓经验事实是可以通过人们直接或间接观察而发现的确定性事实因素。在法学研究中，经验事实既有与法律制定和实施有关的一切社会事实，也有法律文本中的词语、句法和逻辑结构等事实因素。

其次，法学作为一种职业，其职业共同体的同一性特征也需要客观性法律知识的建构。古罗马时期法学家通过法律知识对立法和司法活动的影响力在神魅化时代消失了，从中世纪开始，"法律科学是受到政治的支配的：立法者可以并且经常不理睬法学家的研究成果"。[1] 科学主义兴起后，法学一度曾经被排挤出所谓的"科学"行列。到 20 世纪中叶，这种情况发生了颠倒，那种实施法律只是法官和律师这一封闭集团的事情的看法被否定了，"象牙塔里的法律家只是过去的形象"。[2] 首先在民法法系的国家中，法学家的领导地位逐渐确立，"他们理所当然地就法律知识方面的事项向法官提供指导，而且被法官欣然接受"。以至于人们将这一法系的法律称为"法学家的法"。[3] 而在英美国家中，由于法学在很大程度上是作为一种"技艺"而不是作为一种"学术"来传授的，法学与医学、商学一同被归入"职业教育"的行列，而使法学家同法官、律师都顺理成章地进入了一个"共同体"。例如，"lawyer"一词在美国就用来指代所有的法律职业者，而法学教授也算在其中，被称作"academic lawyer"。[4] 既然是一个职业群体，那么他们就需要一种共同的职业话语、职业规则和知识体系。法学家作为"职业共同体"中一员的这种职业属性，迫使他们不能仅仅在书房里做"真理"的追求者，而要从现实的经验、特定的案件和问题中概括出一种不同于"思辨"的、一般性的、技术化的知识体系。当然，在构建这一知识体系的过程中对经验性知识的强调并不是否认规范性方法的重要性，而是说法学研究不能忽视更不能离开这两种方法的结合。因为，纯粹客观性的知识是不存在的，正如华勒斯坦所指出的："如果我们所说的客观性是指绝对中立的学者再现了一个外在于他们的社会世界的话，那么我们必须指出，这种现象是根本不存在的"。[5]

---

〔1〕 ［美］哈德罗·J. 伯尔曼：《法律与革命——西方法律传统的形成》，贺卫方等译，中国大百科全书出版社 1993 年版，第 186 页。

〔2〕 ［澳］维拉特曼：《法律导引》，张智仁、周伟文译，上海人民出版社 2003 年版，第 386 页。

〔3〕 ［澳］维拉特曼：《法律导引》，张智仁、周伟文译，上海人民出版社 2003 年版，第 377 页。

〔4〕 参见郑戈："法学是一门社会科学吗？——试论'法律科学'的属性及其研究方法"，载《北大法律评论》第 1 卷第 1 辑。

〔5〕 ［美］华勒斯坦等：《开放社会科学》，刘锋译，三联书店 1997 年版，第 98 页。

最后，法学研究对象所涉及的不同问题域使实证分析方法成为多元方法体系中的重要方法之一。法学研究对象的问题层面既有本体追问和价值取向，也有制度规范和经验事实，对不同问题的回答需要借助不同的方法为工具和媒介。实证分析方法虽然解决不了经验背后的本体根据和主客体之间的价值问题，但它却是法律规范和法律实践的最好陈述者。早在 20 世纪初，拉德布鲁赫就提出："到底什么地方可以激发'自然的思维方式'，遏制将'法与国家意志相提并论'的实证主义。"[1] 在当代西方法学中，侧重价值的学派对分析法学和社会法学的指责或遏制从没有停止过，近年来试图超越实证法学与和自然法学的也大有人在。其中，有以"实然"与"应然"的制度性结合者，也有以实践理性或交往理性来链接"实然"与"应然"者，还有区分"解释"与"阐释"者，但却从没有彻底否定实然或实证方法者。尽管也有一些把实证研究等同于实证主义，并认为"实证主义差不多成了学术研讨会上的一个贬义词，很少有学者再会自称为实证论者"[2] 可是，人们依然看到许多社会科学家还默默信奉着实证的方法。究其原因，就在于实然或事实是法的存在形态，而与其相对应的实证方法则是叙述这种事实的途径。

### 三、社会学方法

社会学方法在法学研究中具有十分重要的位置，对社会学方法的运用使法学与社会学得以整合，并形成了一个新兴的边缘学科——法社会学。在法学研究进入 20 世纪后，这个领域最重大的成就可以说就是法社会学的诞生和发展。法社会学把法律放在社会事实的文件夹里加以考察，为法学研究开辟了一个前所未有的广阔空间，以至于"今天，这一领域成为社会研究最富有朝气的中心问题之一"[3]

社会学方法在法学领域中的运用还表现出它所具有的经验主义倾向，以及实证哲学对它的影响。正是法社会学的这一方法论指向，人们才把它称为"社会实证"的方法。但是，法社会学又不同于分析实证主义的法学理论，甚至它还成为对法律实证主义进行反动的一支劲旅，并试图建立一种"没有法的法学"和一个彻底摈弃"法律的新世界"。因此，对西方法学中的社会学方法的不同运用和影响要历史而全面地加以看待，尤其是它愈来愈凸显综合与多维方法取向，更使法社会学在超越传统法学研究的努力中成为一种具有理论包容性的法律

---

〔1〕 ［德］阿图尔·考夫曼：《古斯塔夫·拉德布鲁赫传——法律思想家、哲学家和民主主义者》，舒国滢译，法律出版社 2004 年版，第 132 页。

〔2〕 阮新邦："批判诠释论的理论基础"，载阮新邦等：《批判诠释论与社会研究》，上海人民出版社 1998 年版，第 6 页。

〔3〕 ［英］罗杰·科特威尔：《法律社会学导论》，潘大松等译，华夏出版社 1989 年版，第 17 页。

"解码装置"。同时，对社会学方法与哲学方法在法学研究中的运用，还要始终保持适度和理论上的谨慎。对此，哈贝马斯曾经进行过很好的概括，他认为社会学对法律问题的讨论一开始就有一种哲学不具有的"建制向度"，因为"如果不把法律看做是经验性行动系统，哲学概念就始终是空的。但是，只要法律社会学坚持一种客观化的外在眼光，对那种只有从内部才可能进入的符号向度的意义麻木不仁，社会学就会陷入相反的危险：始终是盲目的"〔1〕。

把法律现象放在社会学视窗里加以观察的必要性是毋庸置疑的，但问题是社会学的方法是多样化的，在法学研究中应用哪些方法以及如何看待这些不同的方法，就成为处理法学研究与社会学方法之关系的重要问题之一。

法国当代社会学家雷蒙·布东在《社会学方法》一书中就曾经对社会学方法的多样性问题作过透彻的分析。他认为，在历史渊源上社会学的来源有孔德、斯宾塞和马克思等人的不同理论，同时"社会学方法的多样性并非完全源于历史上的争论。这种多样性还由于社会学过去乃至现在都一直给自己提出一些逻辑特性差异极大的问题，因而导致方法上的千差万别"〔2〕。的确，在我们所接触和阅读的所有社会学著作中，我们看到社会学家们所开列的社会学方法的总表不同于其他一些人文科学的方法，尤其随着社会学的发展更使许多人认为其方法的多样性是这门科学至今尚不成熟的标志。而且，许多人还曾试图构建一种统一化的社会学方法。可在社会学方法中，是把定量方法放在优先位置或者是把定性方法放在优先位置，人们觉得好像都不甚妥当。在把社会现象做全息照片式的描述或者其中还需要抽象的理论模式的问题上，人们也是难以决断。人们这才意识到，"社会学愈发展，凡是方法统一化的试图注定要失败这一点就愈明显。——因此，社会学的多样性不是由于它自身的年轻，而是由于它的对象的多样性。也许，开始认识到这种多样性正是达到成熟的标志"〔3〕。

雷蒙·布东的提示是有道理的，法社会学所涉及的对象同样是复杂而广泛的，面对不同的观察对象其研究视角也是需要变化的。法社会学在遇到"法律是什么？"这一基础命题时，就已经显示出了这种研究的复杂性。在人类蒙昧时代把法律视为一种异己力量的认识过去以后，法律成长的故事又告诫人们法律总是与习俗、惯例和礼仪相互交叉的。可当人们认同这种对法律的历史论证时，现实法律的存在形态与国家权力的密切联系又让人们不得不正视一种作为命令形式存在的规则。在人们把法律与权力划等号时，法律的狰狞面目又让人感觉

---

〔1〕　[德]哈贝马斯：《在事实与规范之间——关于法律和民主法治国的商谈理论》，童世骏译，三联书店2003年版，第80页。

〔2〕　[法]雷蒙·布东：《社会学方法》，黄建华译，上海人民出版社1987年版，第3页。

〔3〕　[法]雷蒙·布东：《社会学方法》，黄建华译，上海人民出版社1987年版，第107页以下。

到法律就是无尽的义务与冰冷的监狱。这时，企求得到温暖的人们又回过头来，重新在理性与信仰的王国里寻找正义之法。所有的这些努力，催生了法律认识过程中的历史方法、实证方法和价值方法。可是，历史的惯性、权力的威严、精神的寄托这三者之间却又争斗不休，势均力敌。此刻，法社会学接过了这一竞赛的接力棒，从而把法学研究引向了趋向于整合以往方法的"第三条道路"，正所谓"法社会学的诞生，则提供了一种对法全方位研究的手段和方法"。[1]

对社会学方法多元特征的肯定并不意味着法社会学的研究就没有可供遵循的方法模式，现代社会学理论的多维视角并不影响用古典社会学方法去搜集那些用来进行"多维观察与综合"的材料。对这一问题的认识，我们借用美国当代著名社会学家杰弗里·亚历山大的比喻可能更能透彻地加以说明。亚历山大在其《社会学二十讲》的最后一讲中指出："社会学理论像中世纪年迈的国王一样，有着'两个躯体'。一方面它是超越的、抽象的，是对人类社会行为和秩序的基本规律的永恒探索。另一方面，这一'纯粹'的理论总是表现为另一种具体的历史形式。"[2] 在这里，对法社会学方法论的多维态度与具体方法的某些表现形式是统一的，这些相对固定的法社会学的方法模式与对它的多维诠释并不矛盾。

按照这样的思路，我们就可以把法社会学的理论与方法作为两个"躯体"暂时区分开来，并进而对理论之外的法社会学研究方法作一讨论。一般来讲，对法律现象进行社会学研究的基本内容大致可以概括为基本方法、具体方法、研究程序三个方面。

1. 基本方法。法社会学研究的基本方法是指从某个角度观察和分析法律现象时所采用的一些分析方式。这些分析方式主要有：

（1）角色分析。莎士比亚在《皆大欢喜》一剧中写到："整个世界就是个舞台，所有男男女女都只是演员：他们上场下场；每个人终其一生演了很多角色。"莎翁的语句被社会学家们用来说明地位与行为的关系。在社会学中，"角色"一词指与某种特殊的社会位置有关的行为模式。在法律生活中存在着众多的法律角色，如法官、检察官、律师、诉讼当事人等。这些不同的个体角色在诉讼活动中都代表着一套有关这一社会角色所有的行为模式，对他们的行为及其互动关系进行观察、分析和评价，是法社会学分析某种法律现象的重要角度。对法律角色的分析涉及到角色结构、角色素质、角色期待、角色差异、角色冲

---

[1] 何勤华：《西方法学史》，中国政法大学出版社 1996 年版，第 478 页。
[2] ［美］杰弗里·亚历山大：《社会学二十讲——二战以来的理论发展》，贾春增等译，华夏出版社 2000 年版，第 277 页。

突等方面。

（2）组织分析。社会组织是法社会学的一个基本的分析单位。对组织的界定十分复杂，从韦伯对行政机构的科层制的组织分析而创立的组织社会学开始，人们对"什么是组织"就有不同看法，在法国 1968 年出版的《国际社会科学大百科全书》中关于"组织"的条目就多达 46 页。[1] 例如，美国社会学家彼德·布劳认为，组织与集体或自发形成的集团不同，只有合法化的、按照正规程序成立的组织才算得上组织。但也有人认为，秘密结社、宗教团体、血缘群体也是一种强大的组织。依照组织理论，每一个法律制度都是通过法院、警察局、法人、学校、消费者协会等组织行为实现的。任何一个组织的存在都有一个结构，同时组织又与它所负担的功能是分不开的。组织的结构与功能被经典的社会学理论看作是一个问题的两个方面，也正是在这种意义上，帕森斯的理论往往被称为"结构功能主义"。所以，对法律组织的社会学研究，实际上也就是对法律组织的结构和功能进行分析。韦伯通过对"官僚科层制"的组织分析，从中得出了官僚制是一种具有高度理性化的组织机构的"理想类型"，成为组织分析的理论典范。

（3）系统分析。把社会行为看做是一个系统，在斯宾塞提出的"社会有机体说"中已经显现出其萌芽，但由于社会有机体论是从生物有机体中推论出来的，它需要在实体中考察功能的相互联系。而帕森斯的"社会系统论"则是一种可以脱离实体进行构思的系统论。在法学领域，把社会系统理论引入法社会学的研究，可以说庞德的"社会工程"是一个成功的典例。系统分析在法学研究中的运用范围是极为广泛的，作为一种制度的法律不仅横贯所有社会制度，又是整个社会制度丛中的一个功能。同时，立法、法律解释、法律适用以及司法权的确定等问题都为法律系统的功能提供了一个广阔的研究空间。

（4）比较分析。在法社会学中比较分析不同于法哲学、法解释学和比较法学的比较分析。在法社会学中比较分析的重点不在于法典、条文以及法律组织结构，而是法律据以存在的社会环境和适用过程所产生的社会效用等问题。

2. 具体方法。法社会学研究的具体方法是指在处理经验性法律事实过程中的各种实证方法。法社会学的具体方法很多，这里仅列举几种常用方法。

（1）统计方法。统计方法是指使用统计学原理和技术汇集、整理和分析各种数量资料的方法。一般来说，统计方法可以分为描述统计和推论统计两种基本类型。描述统计是指为了减少研究样本中数字的数量而运用百分比、平均数、

---

[1]　参见［法］莫里斯·迪韦尔热：《政治社会学——政治学要素》，杨祖功、王大东译，华夏出版社 1987 年版，第 159 页。

分数等可操作的方式来描述数据的方法。它可以采用矩阵图、轴形图、柱形图、圆形图等量数简化图表，使资料从一种不易辨明的细节形式简化为容易理解的摘要形式。推论统计是用样本所得的结果来推论总体的方法。一般表现为研究者对可观察的资料或样本进行归纳和概率估价，从而得出结论的一种理论或技术。在大多数情况下，研究者很少只为了描述样本而研究样本，他们最终的目的是希望对样本中的变量进行解释，发现并判断样本的总体特征。所以，也可以把描述统计和推论统计看作是研究过程的两个阶段。在法社会学中，对立法、司法和行政等权力运行以及对离婚、青少年犯罪、自杀、吸毒、卖淫等现象的社会研究都需要借助统计方法，来描述、分析和评价研究资料并总结这些样本资料的特征。在法学研究中，运用社会统计方法的成功典型很多。例如，在犯罪问题上，被称为"生物犯罪学之父"的意大利法学家切萨雷·龙勃罗梭认为，犯罪人的特殊形态与性质是与生俱来的，天生犯罪人是命中注定要犯罪的，具有不可预防性。而1913年英国学者格林的社会统计学研究结果《英国犯罪人：统计学研究》，就通过对4000名累犯的统计分析，否证了龙勃罗梭的天生犯罪人论。[1]

（2）文献方法。文献方法是一种对研究者不能直接接触的研究对象进行间接观察和搜集情报资料的方法。文献的组成有三个主要方面：私人文件（如日记、书信、遗书等）、公事文件（如庭审记录、司法档案、财务账目等）和印刷读物（如报刊、杂志、书籍等）。文献研究对已经逝去的历史状况进行研究具有不可替代的作用，尤其适合于对研究对象的纵向分析，还有资料容量大和成本低等优点；但是，文献研究也有一些缺陷。例如，文献往往带有倾向性、文献资料保存不完整以及资料大多已经过某种选择而失去客观性等。[2] 文献方法对法学研究来讲是一种颇为有效的方法，我国著名法学家瞿同祖先生的《中国法律与中国社会》一书，就是大量采用文献研究方法的结果。他对中国古代法律产生的社会背景以及"法律在社会上的实施情况，是否有效，推行的程度如何，对人民的生活有什么影响"等问题进行了卓越的研究。

（3）社会调查方法。社会调查方法是一项非常古老的研究技术。在法社会学研究中，进行社会调查的方式大体上有普查、抽样调查和个案调查等。而社会调查中所采取的技术通常有自填问卷、访谈调查和电话访问等。随着网络技术的发展，网上调查成为一项重要的调查技术和资料来源。社会调查在法学研究中的优点在于其是描述一个大样本特征的相当有效的方法，例如，市民对警

---

〔1〕 参见吴宗宪：《西方犯罪学史》，警官教育出版社1997年版，第292页。

〔2〕 〔美〕D. K. 贝利：《社会研究方法》，余炳辉等编译，浙江人民出版社1986年版，第151~152页。

察执法情况的感受、网络对青少年犯罪的影响等这样一些现象的研究，社会调查方法就有其不可替代的作用。与其他任何方法既有优点也有缺点一样，社会调查问卷的标准化要求常常带有研究者的倾向而很少适合受访者的生活情景和实际状况。而且由于事先设计问卷的不可撤换，如果出现新变量时会导致研究过程缺乏弹性或灵活性。最后，在社会学方法中，通常认为问卷回收率是体现研究效果的核心。问卷回收率达到 50% ~ 70% 为最佳，但对此研究者无确实把握加以控制；如果回收率仅为 10%，那这项调查将因不具有代表性而前功尽弃。

　　3. 研究程序。法社会学的研究不仅有一套可遵循的方法和技术，在运用这些方法的过程中，研究者还需按照一定的步骤分阶段的完成研究任务。虽然这种研究的过程是复杂多样的，但通常其所经历的基本阶段却是大致相同的。这些基本阶段是：①选择课题与提出假设；②设计研究方案；③搜集资料；④整理与分析资料；⑤解释结果和检验假说。[1] 对此，我们将以迪尔凯姆的自杀研究为范例，说明这些不同阶段是如何开始并达到最终结果的。人为什么会自杀？在迪尔凯姆之前，人们对这个问题的回答通常是理财失败、感情困扰、羞耻或其他个人问题等。但迪尔凯姆则试图发现社会环境对自杀的影响，于是他选择了"自杀"作为研究课题。他还发现在许多国家每一年度的自杀率基本上是相同的，但在炎热的季节自杀率会升高，这引导他提出了第一个假设：温度与自杀有关。可是，经过对不同国家自杀率的对比，他却发现中纬度国家的自杀率最高，所以温度的假设不成立。迪尔凯姆重新调整了研究方案，经过对新资料的搜集，他又发现政治动荡时期自杀率会上扬，这个观察使他又提出了另一个假设：自杀与"社会均衡的破坏"有关。针对这个一般性假设，迪尔凯姆所搜集的资料表明新教地区比天主教地区的自杀率高。尤其是对不同国家和地区资料的整理显示，在新教徒最多的德国南部自杀率最高，而天主教徒较多的意大利则低于德国 10 倍。迪尔凯姆把他在宗教上的发现与政治动荡时期结合起来加以分析后指出：许多自杀都是失范的产物，或者是社会不稳定或不整合的一种反映。迪尔凯姆在研究过程中不断地运用各种方法测试他的结论，证实了结论的正确性。迪尔凯姆的经典研究不仅为自杀问题的研究提供了新概念——"失范性自杀"，而且还为社会科学增加了"失范"这个词汇。[2]

---

〔1〕　参见［美］D. K. 贝利:《社会研究方法》，余炳辉等编译，浙江人民出版社 1986 年版，第 1 页。

〔2〕　参见［美］艾尔·巴比:《社会研究方法》（上卷），邱泽奇译，华夏出版社 2000 年版，第 407 ~ 409 页。

第二十一章

## 参考文献

1. 李其瑞：《法学研究与方法论》，山东人民出版社 2005 年版。

2. 胡玉鸿：《法学方法论导论》，山东人民出版社 2002 年版。

3. 白建军："论法律实证分析"，载《中国法学》2000 年第 4 期。

4. 钱弘道："法律的经济分析方法评判"，载《法制与社会发展》2005 年第 3 期。

## 思考题

1. 如何认识法学方法论的意义？

2. 试述西方法学研究方法的历史演进。

3. 如何看待法学研究中事实与价值的关系？

4. 试述价值方法的法学意义。

5. 实证分析方法对法学研究的意义有哪些？

▶ 第 *22* 章
*法 律 方 法* ◀

**【内容提要】**

法律人因共同的法治事业而形成一个职业共同体，这个事业需要特定的方法，即法律方法。法律方法是法律职业者在特定法律制度内发现及适用有关法律规则和原则，并据此解决具体法律纠纷或争议问题的方法之总和。本章在论述法律方法论的概念、特征的基础上，进一步分析了法律发现、法律解释、法律论证、法律推理等具体法律方法的问题。

**【基本概念】**

法律方法、法律思维、法律发现、法律解释、法律理解、字面解释、限制解释、扩充解释、文义解释、历史解释、体系解释、目的解释、法律论证、漏洞补充、价值衡量（利益衡量）、法律教义学、法律推理、形式推理、演绎推理、归纳推理、类比推理、实质推理

## 第一节 法律方法概述

法律方法研究是近年国内法学学习和研究的热点之一。法律方法之所以引起人们的普遍关注，从大的背景上来说，是中国的法治建设出现了一种转向，那就是，由法治启蒙走向法治的贯彻、落实与实践。从微观层面上讲，是中国的司法改革、法律职业化建设在法学领域里的一种反映。从司法的本质要求来看，是司法公正的内在要求。而司法公正的实现，离不开法律职业者专业知识的积累，离不开法律职业者法律方法水平的提升。

第二十二章

### 一、法律方法的概念

在论述法律方法问题时，一种观点认为，根本不存在一种区别于常人的方法。必须承认，法律不可能脱离社会，法律是社会中的法律，法律职业者也应当具有正常人的思维方式、处理问题的方法。但是，法律毕竟是一个相对独立存在的体系。法律职业者还存在一种有别于常人的、处理专业问题的职业方法，这就是法律方法。

在法学语境中，法学方法与法律方法是两个近似的词。可能是由于翻译上的原因或者理解上的不同，中西方学者在两个词的使用上有着不同的取向。西方学者认为，法学方法本身就包含法律方法、对法律方法的外向性的哲学研究以及法学研究方法三部分理论。在大陆法系中，一般认为，法学方法论包括法律解释与法律适用，与法律解释是同义语。具体包括两部分：①法律适用与解释的方法。这个层面上讲的方法，具有技术性、实践性的特点，属于形而下的范畴。②是涉及法律适用和解释的有关哲学理论问题，具有较强的思辨性、抽象性，属于法的形而上的范畴。可以看出，在西方，似乎对于法律方法和法学方法两个词是混用的。

但是在中国的语境下，一般都将两个词区别开来：一般所说的法学方法，指的是法学研究中具有理论指向意义的、认识论意义上的科学方法，也即通常所说的法学研究方法；法律方法一般指的是，站在维护法治的立场上，根据法律分析事实，解决纠纷的方法，或者说，是将成文法向判决转换的方法。[1] 应当说明的是，关于法律方法问题，大陆法系学者经常使用的是"法律解释"一词或者"法学方法"一词，而英美法系中经常使用的是"法律推理"一词。

法律方法是司法实践理性的体现，依据法律方法进行司法裁判，有助于提高司法裁判的合法性，提高司法裁判的效率，维护司法公正，有助于增强判决的说服力，维护法制的尊严，有助于维护司法判决的权威，使生效的判决更容易得到民众的自觉履行。从根本上来说，法律方法是法律职业者进行法律活动的职业理性基础。

### 二、法律方法之间的逻辑关联

关于法律方法的范围，国内学者之间说法不一。如陈金钊教授认为包括：①法律思维方式；②法律运用的各种技巧；③一般法律方法，主要包括法律发现、法律推理、法律解释、价值衡量、漏洞补充、法律论证方法等。梁慧星教授则认为，方法本身不限于裁判的方法，还包括庭审的方法、裁判文书的写作方法等。我们认为，关于法律方法，主要就是指事实认定的方法、解释法律的

---

〔1〕 陈金钊：《法治与法律方法》，山东人民出版社 2003 年版，第 198 页。

方法以及适用法律的方法等。大致可以划分为两部分：①法律事实的认定方法；②法律的解释和适用方法。其主要包括：法律发现、法律解释、法律思维、法律推理、法律论证、法律教义学方法、漏洞补充方法以及价值衡量方法等。其中，法律思维和法律教义学主要指的是司法过程中的一种思维观念。而司法过程中的法律发现、法律推理、法律解释、价值衡量、漏洞补充以及法律论证方法等方法，每种方法都有其适用场景，而且这些具体的法律方法之间还存在着一定的逻辑递进关系。[1]

（一）法律发现

此处法律发现指的是针对个案的法律方法。法官和律师在处理个案时，大部分情形下，并不可能找到与个案完全吻合的现成法律，成文法中不可能包含针对个案的详细法律规定，而只可能是普遍的规范。而共性的法律与个案的结合，必须借助于法官主观性、能动性的发挥。面对个案事实，哪怕是进行简单的部门法识别、法规识别，也是进行法律发现。

法官发现法律，会呈现三种结果：①明确的法律；②模糊的法律；③法律的空缺。面对明确的法律，法官可以把其作为法律推理的大前提，并与事实结合，作出判决；面对模糊不清的法律，则需要进行法律解释；而当法律存在空缺结构时，则须进行法律漏洞补充。

（二）法律推理

此处的法律推理属于根据法律进行的三段论形式逻辑推理，而不包括有的学者所说的实质法律推理，即指的是依据法律规定为大前提、法律事实作为小前提，进行的三段论推理过程。三段论法律推理主要是一种形式推理，它的重要作用就在于解决判决的合法性问题。前述的法律实质推理，仅仅只是为了做法律推理大前提的论证。

但是，由于法律推理主要关心的是形式推理的合理性问题，所以推理的结果就不可避免的具有机械性问题，推理的结果就可能违背实质正义。这就要求借助实质公正来克服法律推理的不足。通常认为，法律解释、法律论证、法律漏洞补充以及价值衡量是克服法律推理形式化的有效工具。

（三）法律解释

法律解释是针对法律本身和事实的法律意义不清楚时使用的方法。法律解释要受到法律文本的限制。法律解释蕴涵了法律发展的内在机理，同时保证了法律的连续性、稳定性和可预测性。通过解释，我们可以在规则与事实之间架起桥梁，克服规则与事实之间的张力。

---

〔1〕 本节的内容主要参阅了陈金钊：《法治与法律方法》，山东人民出版社 2003 年版，第 197~227 页。

当然，法律解释可能是为了解决规则的明确性问题，是为了建构法律推理的大前提问题，是为法律论证提供比较与鉴别的答案。另外，法律解释可能还是填补法律漏洞的方法之一。

（四）漏洞补充

漏洞补充是法律规则存在空白时使用的方法。由于法律不可能是逻辑上完美无缺、体系自足的，因此，法律的空缺与漏洞就是不可避免的。法律的漏洞补充有的学者也称之为法律的序造。"漏洞"一词指的是法律的不圆满性。法律漏洞分为开放的法律漏洞与隐藏的法律漏洞、自始的法律漏洞与嗣后的法律漏洞。法律漏洞补充是指关于某一法律问题，法律应当作出规定，但是未做规定，在此情形下，法官通过扩张或者限缩解释、法律类推、利益衡量、判例补充等方法填补法律漏洞，进而做出判决。通常认为，填补开放的法律漏洞的方法就是类推适用。法官判决需要填补法律漏洞，而填补法律漏洞则需要法官进行自由裁量，并可能借助于非正式法律渊源进行漏洞填充，但是这种漏洞填充也需要进行法律论证。

（五）法律论证

法律推理结论的正确性主要依赖于法律推理前提的正确性，而前提的正确性必须借助于法律论证的方法。法律论证的主要任务就是论证作为法律推理前提的法律规定的合法性与合理性。法律论证是保障法律推理结论正确性的保障。法律论证一方面可以阐明法律推理背后的原则、政策与原理，另一方面可以解决现行法律中的模糊与空缺部分。此外，法律论证还有判决结论进行说理的作用。即便是经过法律解释与漏洞补充所确立的针对个案的规范，法官也需要进行详细的论证；否则，法律推理的大前提就会受到质疑。可见，法律论证实际上是法律推理不可缺少的环节。当然，法律论证首先是合法性论证，其次是合理性论证，最后是运用自然法学所倡导的理性对所论证的法律进行修正，以免法律僵化与机械，从而达到公平的结果。

（六）价值衡量

价值衡量是法律方法中的最高境界，是对法律价值目标进行权衡后才使用的方法。可以作为法律目标的价值很多，如公平、正义、自由、民主、人权、安全、秩序、效率等。因此，个案中必须进行价值衡量。

但是由于价值衡量具有很大的不确定性，所以，价值衡量的方法运用必须受到限制。一般来说，只有当合法与合理出现严重的冲突时，才能使用法律价值衡量的方法对成文法进行修改。并且，运用价值衡量方法时应当进行法律论证。法律的价值衡量方法如果运用得当，则会收到较好的效果；但是，由于此种方法的运用增大了法律的不可预测性，所以，对该种方法的使用必须慎之又慎。

当然，不同学者对于法律方法之间关系的认识并不相同。一般来说，如果按照司法方法的运用顺序来排列，应当是：事实探知、法律发现、法律推理、自由裁量、法律论证等。因为，在司法过程中，需要法官首先查明事实，接着寻找法律根据，然后运用法律推理，将作为法律推理大前提的法律规范运用于具体案件，进一步推导出案件的处理结论。但是在一些疑难案件中，还需要对法律做出解释，以解决事实与规范不能涵摄的情形。并且，如果法律存在漏洞时，还需要运用漏洞补充方法补足法律推理的大前提。当法律规范存在冲突时，还需要法官运用价值衡量的方法进行选择。除此之外，可能还需要法官运用法律论证技术，对作为法律推理大前提的法律规范的正当性、合法性问题进行具体分析与详尽论证，以达到判决书说理的目的，增强判决书的说服力。但是，任何方法的运用都应当受到一定限制，方法的运用不能违背法律的基本价值和目的。

需要说明的是，有些概念是存在于欧洲大陆法学界的概念。如"法律教义学"概念，主要是德国学者拉伦茨、考夫曼等经常使用的词。通常所说的教义学，意指"从某些未加检验就被当做真实的前提出发"来思考问题。法律教义学与法哲学的区别主要在于：①从研究对象上来看，法教义学关注的重点在于部门法规范，而法哲学研究的重点在于法的本体论、认识论、方法论；②从立场上来看，法教义学的研究秉持价值中立的立场，它以一种假定为前提即假定法律规范是正确的为前提，而法哲学的研究则往往超越实在法，对现行法律持价值批判的态度。[1]

第二节　法律思维与法律职业化

### 一、法律思维的概念与特征

（一）法律思维的概念

随着法制建设的深入和司法改革的推进以及法律方法论问题研究的兴起，国内学者开始对法律思维问题进行关注。法律思维问题是国内法理学研究领域的一个新问题，当然，也是法律方法研究中的重要问题。

不同人观察、思考世界的方式是有所差异的，原因在于不同的人具有不同的知识结构、不同的专业语言和不同的学科"前见"，以及由此形成的思维定势和认识事物的方式。法律职业者的思维首先和大众思维有所不同。通常来讲，

---

〔1〕　陈兴良主编：《刑法方法论研究》，清华大学出版社 2006 年版，第 3～5 页。

普通人具有的思维是一种"自然理性"，而法律人具有的则是法律职业者的思维，这种思维只有经过长期的专业、理性的训练才能获得。法律思维也不同于道德思维、哲学思维、政治家的思维或经济学家的思维。道德思维主要讲求的是义务与责任，哲学思维讲求的是绝对化的抽象，政治家讲求的是在掌握多种信息的基础上进行综合权衡，经济学关注的是效率。而法律职业者讲求的是在特定的法律规范、时空内实现法律内的正义。

虽然如此，但是如何认识"法律思维"这一术语，学者们是有较大分歧的。如有的学者从法治理念的背景给"法律思维"的定义是，按照法律的规范、原则、精神、逻辑来观察、分析和解决社会问题的思维方式；有的学者从法律职业者的角度，认为法律思维是运用法律基础理论、专业术语、专业逻辑分析、判断、认识和处理问题的过程。与行政思维相比较，法律职业者的思维具有中立性、被动性、独立性、形式性和单一性。也有学者从比较法学的视角，从分析两大法系的传统以及解决问题的差异中界定法律思维。

法律思维主要包括哪些内容？不同学者有不同认识，但一般包括以下内容：①准确理解和掌握法律概念的能力。法律概念往往是对社会生活事实进行概括以后形成的范畴，当概念一旦形成，就有其特定含义。所以准确理解和掌握法律概念，就是正确理解法律的前提。②法律推理能力。即运用法律概念、知识、原理，基于事实和法律，在法律价值的引导下，对当事人的权利义务进行裁决。③进行法律论证的能力。律师出庭和法官进行判决，最核心的不是给出一个最终的法律选择或裁决，而是对自己的选择或裁决给出一个法律上的理由，进行说理或论证，以沟通事实与法律、法律与价值，达到当事人之间的沟通与理解。

（二）法律思维的特征

（1）法律思维首先是一种规范性思维。思考法律问题首先的直接依据是法律规范，即法律思维是一种"根据法律的思维"，从这点上来讲，它和我们的日常思维具有很大不同。依据法律规范进行分析的目的是为了对诉讼双方的权利义务进行裁决，所以法律思维必然是以权利义务为分析线索来处理法律问题。

（2）法律思维是一种程序性思维。法律思维强调处理法律纠纷的步骤、方式、方法、手续，所以它有别于道德思维。而且强调程序公正优于实体公正，更关心法律程序之内的正义。

（3）法律思维是一种维护法治的思维。即强调严格依法办事，通过各种法律方法与手段维护法律制度的权威，那种破坏法治、消解法治、规避法律的思维都不符合法律思维的要求。

（4）普遍性优于特殊性，即要求法律面前人人平等，处理法律案件时要做到类似情况类似处理。

（5）合法性优于客观性，形式合理性优于实质合理性，理由优于结论。受证据规则的制约，对法律事实的认定不可能完全符合"客观"，但必须做到合法。并且，只能做到形式合理性，不可能完全符合实质合理性，否则就可能做出违背法治的判决。在处理法律案件时，仅仅给出一个判决结果是不够的，还必须进行说理，给出判决的依据与理由，这是保障判决合法性的关键。

（6）法律思维必须符合逻辑。这里讲的逻辑主要是指三段论逻辑，即法律判决的结论必须是依据推理的方式能够合逻辑地得出的；换句话说，法律思维不能与人们的日常逻辑思维明显违背，否则判决就缺少了说服力。[1]

对学习法律专业的人来讲，具备法律思维是非常重要的。那么，法科学生如何培养自己的法律思维？笔者认为，法科学生应当估到：①系统学习法律知识，明确现行法律体系、基本法律的内容，熟悉各种权利与义务和法律救济程序；②遵循法律价值，进行法律解释与法律论证；③依据法律规定，合乎事理地做出预防法律纠纷的方案，并合乎事理的处理已然发生的法律纠纷，以建立一个公平、合理的社会秩序；④运用法律语言进行思维。法律语言与法律思维紧密相关，所以日常学习中必须学会使用法言法语。因为语言主宰着我们的思维活动，只有借助于法律语言，我们才能形成正确的法律判断和推理能力。此外，了解社会，具备社会常识，积极投身法律实践，积累经验，对法律思维的形成也是必不可少的。

**二、法律职业**

在中国古代，大致是不存在"法律职业"这个概念的，"'职业'这个概念也并不是描述一个清晰的社会现象的术语"[2]。学者一般认为，狭义的法律职业者主要包括法官、律师、检察官，广义上则还可以包括从事相关法律工作的人，如立法者、行政执法者、法学教育与研究者等。如果把法律职业者按照其从事的具体工作进一步分类，则可以分为：应用类法律职业者如法官、律师、检察官以及立法人员、公证员等；学术类法律职业者即法学教学研究者，如教授、法学研究人员；辅助类法律职业者如书记员、法律助理、司法行政人员等，他们主要从事的是辅助法官、律师和检察官的工作。

法律职业是公共的职业，法律职业者肩负着社会的使命，以维护社会公正、实现社会正义为目标。其次，法律职业是正式职业，法律职业需要特定的法律程序的构建，并且，法律职业者的从业须具备特定的资格与条件。法律职业是

〔1〕　参见谢晖、陈金钊：《法理学》，高等教育出版社2005年版，第346页；郑成良："法律思维是一种职业的思考方式"、孙笑侠："法律人思维的逻辑"，载葛洪义主编：《法律方法与法律思维》（第1辑），中国政法大学出版社2002年版。

〔2〕　[英] 罗杰·科特威尔：《法律社会学导论》，潘大松等译，华夏出版社1989年版，第236页。

专门职业，即并非任何人都可以具备从业的知识。法律职业还是一种精英职业，只有社会中的优秀人员才能够胜任该职业。法律职业是精英职业，强调从业者既应当是法律的技术精英，还应当是社会道义方面的精英。法律职业是一种精神职业。人类社会的实践活动分为精神实践活动与物质实践活动，法律职业者是以精神产品的输出为使命的。法律职业者以法律这种精神思维的结晶作为工作的依据，工作的方式主要就是进行精神思维活动，并且工作的成果也属于精神产品，如法律意见书、合同书等。基于上述理解，学者们对于法律职业的含义界定如下：法律职业者是根据国家法律设立的、为了社会公共利益服务的、由接受过专门法律知识和技能训练的社会精英所担任的、从事作为精神现象的法律生产和运行活动的职业类型。[1]

### 三、法律职业化

法律职业化意味着，法律职业者在以下方面应当具有同质性：职业语言、职业知识、职业思维、职业技术、职业信仰、职业伦理道德。法律职业化应当是法律职业者的职业理性、职业思维、职业技能与职业伦理等方面的统一。一般认为法律职业化的范围与特征是：

1. 专业化。专业化是社会分工的产物，社会分工与专业化是社会发展的必然产物。在法律发展的早期，由于社会生活比较简单，执法、司法人员可以根据普遍习惯来判断是非，解决纠纷，甚至只要靠丰富的生活实践经验和阅历基本就可以胜任执法、司法角色。所以，古代的执法、司法人员未接受过系统的专业训练似乎没有太大问题。但是，随着社会分工的加速，社会生活的日益复杂化，以及人们之间交往频度的增加，尤其是在市场经济下，社会分工成为了社会发展的必然。法律职业的专门化是社会发展的需要。法律活动的专门化意味着从事法律事务人员的专业化、职业化。

法律职业者的专业化意味着法官、律师以及检察官都是"以法律为业"的。以法律为业意味着法律职业者的从业基础是法律规定。尽管法律本身的表现形态可能是法典或者是判例等不同的渊源，但是，法律职业者必须尊重与信守法律，是法律职业者的基本要求。[2]

法律职业者的专业化还意味着从业人员具有系统完备的法律专业知识。法律职业与其他专门职业一样，都是以专门的知识和技能作为自己的力量源泉的群体。由于拥有专门的知识和技能，就使得专门职业者能够做普通人无法胜任而又必须面对的事。其表现在，法律职业如律师能够为人们妥善地安排法律事

---

〔1〕 谢晖、陈金钊：《法理学》，高等教育出版社 2005 年版，第 308～311 页。

〔2〕 谢晖、陈金钊：《法理学》，高等教育出版社 2005 年版，第 315～316 页。

务，帮助人们行使和保护权利，使之免遭侵犯。

法律专业知识主要包括两部分：①关于法律规则的知识，即规则的理解与掌握；②关于法律原理的理解与掌握。二者不可偏废。因为司法裁判活动主要是"根据法律的思考"，所以对于法条的准确掌握不可缺少。但是另一方面，法律职业者必须具备法学理论知识，因为规则可能被立法者随时修改。何况规则本身可能是有缺陷或者漏洞的，这就需要法律职业者通过掌握具有普适性的法学原理以适应法律规则的发展变化，或者借以弥补法律的漏洞。当然，法律职业由于掌握的是法律领域的专门知识和技能而有别于其他专门职业，但是，这种知识和技能的专门性，都使它们有别于其他普通职业。而且，法律职业所需要的专门知识和技能的获得，也是长期学习和训练的结果。诚如英国法官科克所言："法律是一门艺术，在一个人能够获得对它的认识之前，需要长期的学习和实践。"随着社会生活趋于复杂多样，对从事法律职业所需要的学习和训练要求，也越来越高。

2. 严格的准入条件。法律职业与医生职业一样，是一个具有限制性、垄断性的职业，未经过专门训练，未掌握特殊的技能、伦理与资格证书的人不得进入这个行业。

3. 职业自治。法律职业者肩负着实现社会公平、正义的使命，但是，这种使命是通过一定的职业工作来完成的。并且，完成工作是以获取一定物质利益与精神需求为直接目的的。所以，法律职业者不可避免地会形成了一个利益共同体。但是，法律职业者对于物质或者精神利益的追求必须是以法律职业者的合法工作为前提的。[1] 除此之外，作为一个整体，法律职业者都负有维护职业声誉的需求。所以，法律职业者又是以近似的价值追求凝聚而成的共同体。这样的共同体建立以后，必须进行自我约束与提高，以维护整个职业的存续。所以，法律职业者必须通过一定的组织或者制度，形成职业自治。法律职业者的职业自治包含两层含义：①强调法律职业者的业务自治。任何人，无论行政官员、社会团体或者个人，或者是新闻媒体、社会大众，都不得非法干预司法事务。②建立了较为完备的职业组织，以维护职业同体的共同利益。职业自治意味着法律职业者实行自我管理。法律职业与其他专门职业一样，是一个自主、自律的职业群体。在现代社会，大凡专门职业，都会实行程度不同的自我管理，并拥有各种重要的自主、自律手段。诸如确定职业准入的条件、制定职业伦理规则、规定收费标准、进行纪律惩戒等，都应该在不同程度上属于法律等专门职业自主决定的范围。法律等专门职业的自我管理，首先是社会分工的结果，

---

[1]　谢晖、陈金钊：《法理学》，高等教育出版社 2005 年版，第 316～317 页。

是专业特性的要求。对于专业领域的事项，只有通过专业内部的同行评议，通过专业从事者的自主判断，才能保证有适当的安排和处理。[1]

4. 特有的思维方式。法律职业者应当具备不同于大众、不同于哲学家、经济学家、道德伦理学家的思维方式，形成自己的职业理性思维，如思维的形式合理性。法官是运用法律理性来进行判案的，而法律理性是一种不同于民众普通理性的职业理性。法律职业化的另一大特点在于法律的形式化、非大众化。法律职业者尊重的是形式理性、程序正义而非实质理性。法律专业化的一大特点就在于法律人的思维方式的独特性，再如程序性思维、保守的倾向、缜密的逻辑思维、非此即彼的裁断等。

5. 特有的职业语言。法律职业化的一个重要特征就在于法律职业者共享一套符号体系，即法言法语，可见法律职业者是一个符号的共同体。法律职业者运用的语言主要是逻辑语言而非修辞语言，逻辑语言要求客观、准确而非追求生动形象。法律职业者运用自己的语言来表达日常生活问题，所以，表现出与非法律职业者之间的差别性与距离感，形成了一个符号的共同体。

6. 特有的职业技术、技能，法律职业化强调执业者具备独特而又专业的技能，而不仅仅是空洞的说教。而职业技能的获得，源于发达的职业教育；并且强调这种技能应当是在系统法学教育的基础上，通过不断的实践而习得的。法律职业的技术属于专门化的技术，广义上，包括：①与当事人的沟通与谈判技术，如律师与当事人之间关于代理事项的委托中双方关于案件事实的沟通技术、关于代理或者辩护等事项的合同委托等事项中双方的谈判与沟通技术等。②法律的解释与推理技术，解释的技术既包括对于规则与原则的解释，也包括对于法律事实的解释，甚至还包括对于法律事实与法律规范关系的解释等。此外，法律的论证技术，判决书的说理技术、诉辩交易技术、法律发现技术、漏洞补充技术等，都应当掌握。③法律程序的运用技术，如诉讼地的选择、案由选择，反诉的展开等技术。④证据的获取与运用技术。如何种证据是重要证据的判断，如何合法并有效地获取证据的技术、证据的归纳与整理技术、证据取舍的技术等。⑤法庭辩论技术。⑥合同、代理词、法律调查意见、非诉讼法律文书、判决书的制作等法律文书的制作技术等。

7. 特有的职业伦理。每一种职业都强调自己的职业伦理。离开职业伦理，法律职业者追求的个案公正与社会正义就会荡然无存。法律职业伦理奠定在一个共同的利益群体基础上。法律职业伦理与其他职业伦理具有相同之处，如都讲求诚实信用，敬业、精业、勤业等。

---

[1]　张志铭："法治社会中的法律职业"，载《人民法院报》2001 年 11 月 23 日。

## 第三节 法律事实认定与司法活动过程

### 一、法律与事实的区别

法律适用的首要步骤就是认定法律事实，法律事实是进行裁判活动的逻辑起点。事实与法律的区别在英美法系中又被称作"区别技术"。所谓区别技术是指，对含有先例的判决中的事实和法律问题与现在审理案件中的事实和法律问题加以比较的过程与方法，通过这种方法，可以了解两者之间有什么异同以及异同的程度。[1]

应当承认，在很多情况下，事实与法律的确存在着较为明确的区分。[2] 法律与事实的区别常常出现在分析法律案例之中。一般说来，事实问题是指事情的真实情况，强调事情的真实性，而法律问题主要是指国家制定或者认可的行为规则。在普通法法系国家，凡是委托给陪审团（如果有的话）或由法院代替陪审团决定的事项，则是事实问题，或者说，依据证据及其推论裁决的事项是事实问题；凡是法院或法官有权决定的事项便是法律问题，留待主诉法官裁决的事项是法律问题。但在大陆法系国家，事实问题与法律问题都是由法官来认定与裁量的。在许多情况下，事实问题与法律（规范）经常交织在一起，在很多时候很难将之加以区分。但是，从法律推理的角度来看，它们毕竟是法律推理中的不同前提，对事实的认定和对事实与法律的关系的认识以及二者结合以后释放出的法律意义的阐释是不同的法律问题。区别二者的困难在于许多学者经常想要找到"纯事实与纯法律"，而要找到这种纯粹的区分在很多情况下是难以做到的，所以这种区分是相对的。如果从相对的角度来看，对法律与事实加以区分不仅是必要的而且是可能的，这种相对区分还具有非常重大的实践意义。"法律事实与法律规范之区隔，是一种与司法三段论相呼应的法律分类"。[3]

---

〔1〕 王在魁：《法官自由裁量权研究》，法律出版社 2006 年版，第 99 页。

〔2〕 在很多案件中要区别事实与法律是困难的，最好的表达是案件兼具事实与法律。那么为什么律师们还力求在法律与事实之间加以区别？显然不是为纯哲学与纯理论的原因，而是因为它们有不同的实践功能。法律与事实的精确区别问题更多是靠提炼出来的而不是抽象出来的。在中世纪的英国司法中，法官决定法律问题而陪审团决定事实问题。……但法官运用法律引导事实，……当事实一旦明确，法官仅仅是总结证据、提醒什么是重要的及证人的表现。……法官仅可以反对陪审团不合情理的或不正当的有罪认定，……并且必须相信陪审团是刑事审判制度中的重要组成部分，事实问题最后必须交由陪审团决定，由他们裁决"有罪"或"无罪"。从功能上看，事实与法律的区别反映了专业化法官与业余陪审团的区别。参阅 John H. Farrar and Anthory M. Dugdale, *Introduction to Legal Method*, London, Sweet & Maxwell, 1984, pp. 49~51.

〔3〕 朱庆育：《意思表示解释理论》，中国政法大学出版社 2004 年版，第 6 页。

### 二、法律事实的认定与证据规则

认定案件事实的关键在于证据，但证据的收集和运用不能自发进行，而需要有关当事人的积极举证，也需要法官的依法认定。证据在事实认定过程中扮演着主要的角色，除此之外，相关证据规则如司法认知、事实自认、事实推定等对事实认定也起着不可或缺的作用。证据最基本的含义就是证明的根据或凭据，诉讼证据是证据的一种，具有证据的一般特征，但同时又是法律明确规定了的证据。狭义的证据从内容与实质上讲，是证明案件真实情况的事实；从形式与来源上看，必须具备法定的形式与来源；从证明过程上看，是必须经过查证属实的才可以作为定案根据的证据。

在庭审过程中，原被告之间应当庭进行质证，法官在听取双方当事人质证意见的基础上对证据的真假、证据的证明力、证明对象以及证明的程度做出认定与判断。法官对证据进行判断，要判断什么问题？应当从哪几个方面入手？概而言之，应当解决以下三个方面的冲突问题：

1. 合法性冲突与事实的认定。证据的合法性，是指"按照法律的规定，可以用来在诉讼中作为证据使用、作为事实认定的根据的资格"，"是指证据的形式和证据的取得方法合乎法律的要求，而不涉及证据的内容"[1] 不合法的证据，不能作为证据使用，不具有证明力。但合法的证据不等于都是真实的，法官审查证据的第二步就是审查其真实性。

2. 真实性冲突与事实的认定。进行证据的真实性判断，主要是为鉴别与排除虚假的证据，包括假证、伪证、收买证人、篡改的证据、涂改的证据等。如何判断证据的真实性，最高人民法院在《关于行政诉讼证据若干问题的规定》中原则性地提出，法庭应当根据案件的具体情况，从以下几个方面审查证据的真实性：证据形成的原因，发现证据时的客观环境，证据是否为原件、原物，复制件、复制品与原件、原物是否相符，提供证据的人或者证人与当事人是否有利害关系，影响证据真实性的其他因素。

3. 证据的关联性与事实的认定。证据的关联性是指证据必须与待证的案件事实之间有实质、内在的联系，即证据应当能够证明待证的案件事实的一部分或全部。证据与案件相关联的方式可能多种多样，可能是直接关联或间接关联、必然关联与偶然关联、肯定性关联与否定性关联等。证据可能证明的是与案件相关的时间、地点、条件、方法、手段、年龄、主体能力、动机、状态、意思表示的真实性、行为后果、损害事实、伤残程度、事实是否为当事人所为等，

---

[1] 梁慧星：《裁判的方法》，法律出版社 2003 年版，第 12 页；另可参见最高人民法院《关于民事诉讼证据的若干规定》第 5 条。

也可能证明的是事实与案件之间的因果关系。证据与案件的联系越紧密则证据的证明力越强。证据可能证明某一案件事实的存在或不存在，即证据能够证实或证伪事实。法官认定证据与案件之间的关联性，首先应当排除与案件无关联的证据，再审查证据与案件之间的紧密联系程度，证据能够证明哪一方面或哪几方面的事实，是否能够单独证明案件事实，有没有截然相对立的证据，依据双方的证据得出的结论截然相反时，何者的证据与案件联系更为紧密。

证据在事实认定过程中扮演着主要的角色；除此之外，相关证据规则如司法认知、事实自认、事实推定等对事实认定也起着不可或缺的作用。至于证明责任分配规则，其作用主要不在于认定事实，而在于事实不能认定时解决法律责任的分担问题。

### 三、事实认定的思维特点

在事实认定过程中，法官的思维特点呈现为以下特点：

（1）信息的选择性。提交法院处理的纠纷中，并非任何事实都需要法官去查明。而且，提交给法庭的证据资料，并非都符合证据法的规定。所以，法官必须对相关证据进行取舍，排除无关证据、非法证据。

（2）认定事实须遵守程序。包括庭前证据的开示，庭审调查，以及法官自由心证的公开等，都应当遵守相关法律程序。

（3）过程的重复性。从思维的过程来看，法官认定事实，决不可能一次完成，而必然是反复进行的。

（4）方法的综合性。法官运用证据认定事实，可能会综合运用分析、对比，印证、辨认、鉴定、排除以及推理等方法。但是，仅仅掌握理论还不够，还需要在大量的司法实践中积累经验。

（5）内心确信。[1] 法官认定事实时，须对原被告双方的证据证明力的大小进行分析与判断。但这种判断并不必然是对于事实达到了百分之百的确信，而是达到了证据规则的要求。例如，民事案件中，当证据的证明力符合优势证据原则时，就可以认定事实；而在刑事案件中，则需要排除合理怀疑。

### 四、司法活动过程

以个案的诉讼过程来考察司法活动展开的先后顺序，则可以看出司法活动大致可以分为以下几个阶段。

#### （一）起诉、审查与受理

起诉是司法活动正式展开的前提与组成部分。司法机构接到当事人的起诉后，会展开审查，以确定该诉讼是否符合法律规定，是否应当受理。司法机构

---

[1] 王纳新：《法官的思维》，法律出版社 2005 年版，第 120 ~ 122 页。

决定予以受理一件案件，就正式启动了一项司法程序；并通过向对方当事人送达起诉状副本或者传票等法律文书，为诉讼活动的继续展开奠定基础。

（二）查明案件事实

司法判决的三段论逻辑推理虽然是从大前提、小前提到结论，但是司法实践中，法官首先着手解决的却是小前提即法律事实，不解决小前提就无法进入法律问题，更无法得出法律推理的结论。司法实践中，事实不可能自动完整且无矛盾地呈现于律师或法官面前，法官也不可能根据自己亲眼所见、亲耳所听或亲身所感来裁定案件事实的真伪，也不是凭空认定事实，而是依据程序法规定的证明方法与证明手段来查明事实。

（三）法律规范的选择

在查明案件事实以后，就需要法官选择正确的法律规范。法官对法律规范的选择必须以具体的案件事实为基础，根据事实的法律性质，确定该法律事实是由哪一部门法调整的，再具体确定该事实是由哪一具体法律规范来调整的。在选择法律规范时，司法人员应当注意使用国家正式出版物上公布的法律文本，审查该法律文件是否被修改、废止，还应当注意其效力范围。

在选择法律规范时，应特别注意法条竞合问题。因为对同一法律事实可能会有数个法条对之进行规范，即一个法律事实同时符合数个法律条文的构成要件。法条竞合包括多种情形，不同的法条竞合，法律选择方法也不相同。①法条的重合，即事实虽然受数个法条调整，但法律后果相同，所以适用哪一个条文与规范法律效果并无差别。②并存的法条竞合，即在法律后果不同的情形下，如果一个法律条文并不排斥其他法律条文的适用，法律后果之间可以并存，则法律条文应当并用，如侵权中的赔偿损失与赔礼道歉并用。③择一的竞合，即不同法律条文的法律后果在性质上不可以并存，一条文排斥另一条文的适用，如违约与侵权，则应择一进行归责。前两种情形较为容易处理，对第三种竞合，进行法条选择时，应遵守以下规则：对不同位阶的法条，上位法优于下位法；对位阶相同的法条，应按照新法优于旧法、特别法优于普通法进行法条选择。[1]

（四）归责与裁判

司法裁判是司法活动的最后阶段。所谓裁判是指依据案件事实与法律规范，确定当事人是否应当承担法律责任、承担何种法律责任或享有何种法律权利。

---

〔1〕　参见黄茂荣：《法学方法与现代民法》，中国政法大学出版社2001年版，第168～180页；郭卫华主编：《"找法"与"造法"——法官适用法律的方法》，法律出版社2005年版，第126页。不过，刑事案件与民事案件处理法条竞合的原则不完全相同，刑事案件中处理法条竞合问题的原则是：特别法优于普通法、全部法吸收部分法、实害法吸收危险犯法、重法优于轻法。参阅最高人民法院刑事审判第一庭：《刑事审判参考》2000年第5辑，法律出版社2000年版，第29页。

归责首先要解决责任归属问题，其次是解决责任范围问题。

责任归属要解决的问题是责任主体或者说谁负有责任的问题。判定责任归属应遵循如下思维原则：

（1）根据事实判定谁的行为与既存损害事实之间有因果关系。一般而言，如果没有因果关系，便没有要求此人承担责任的理由。

（2）行为人是否违反法定或约定义务，只有违反此义务才有要求此人承担责任的理由。

（3）行为人是否有承担责任的能力。

（4）行为人是否具有主观过错。在考察这四个要件的基础上，归责须遵守以下原理：一般来说，过错责任原则是最一般的归责原则，当然还有无过错责任、公平责任原则等。不过，刑事案件中的过错与民事案件中的过错内容并不一致，刑事案件之中故意或过失对归责来说影响很大，而民事案件中，只要当事人有过失存在，就可以成为追究当事人责任的理由，甚至可以说，民事案件中当事人是否有过错对归责来说影响并不大。

判定责任范围要解决的是责任人的责任大小问题。总体来说，判定责任范围的原则是"责任范围与过错相一致"。刑事案件中要考察的是主观上的故意或过失大小、故意的内容是什么，从而根据故意或过失的内容与损害之间的对应度确定责任。在民事案件之中，也需要判定侵权人或违约人过错的大小，受害人或第三人是否有过错以及过错大小等因素来判定责任的大小。

每一个案件诉诸法院前后，都需要律师与法官将导致矛盾的主要事实或具有标志意义的事实提炼出来，"使其成为关键的法律事实，引导出核心的法律问题"。在裁判中，法官也应当对与本案主要事实相关的法律条文做出选择理由的说明，若可能产生矛盾，则应进行解释，从而沟通事实与法律，进行判决。

总体来看，不同案件中有不同的归责原则，民法中的归责原则弹性最大也最为复杂。同时应当看到，某些法律事实也可能导致法律责任的免除，即"免责"，如时效免责、不诉免责、自首与立功、补救免责、协议免责、自助免责、人道主义免责等。

司法裁判的最后结果是形成正式的、书面的法律文件，如判决书、决定书。这种法律文件一旦生效，就具有法律约束力，当事人必须遵守该判决或裁定。该法律文书非经法律程序，不得改变。

（五）文书送达与执行

司法机关在作出判决或裁定以后，必须及时将法律文书送达相关当事人。送达是法律文书生效的前提，是当事人了解法院判决或裁定结果的唯一方式，是当事人知悉其权利义务的途径，也是法院的判决结果得以实现的前提，更是法律由纸面上的规定变为现实的法律秩序的前提。

当事人接到生效的法律文书以后，应当及时履行判决或裁定。当事人若不及时履行判决，则对方当事人可以向人民法院申请强制执行。当然，司法活动全部过程必须接受人民法院与人民检察院的监督，以及社会各团体、组织和公民的监督。

## 第四节　法律解释

### 一、法律解释的概念

法律在适用的时候，通常都需要解释。所谓解释，就是阐明法律的意义。作为适用于具体事件的一个步骤，法律解释是指一定的人或组织对于法律规定含义的说明。法律解释既是人们法律实践的组成部分，又是法律实施的一个重要前提。法官在依据法律作出一项司法决定之前，需要正确确定法律的含义；律师在向当事人提供法律服务时，要向当事人说明法律规定的含义；对于公民来说，在日常生活中要正确开展工作，参与市场经营，合理有序地安排生活，也需要对法律有正确的理解。

法律解释一词属于传统理论法学的最基本概念之一，但学者们对于该词语并没有达成完全一致的看法，依据学者的考察，法律解释一词有九种含义之多。这一词语之所以产生如此多的分歧，是因为法律解释概念涉及到以下几个方面的内容与分歧：①解释主体包括立法者、司法者、法学家、公民、社团等；②解释对象包括法律文本、制定法、法律条文、法律规范、法律、法规等；③解释的功能包括说明法律，完善、补充法律，适用法律，解释法律的意义等；④解释的场景包括法律适用、法律实施、具体解释、抽象解释、事后解释、事先解释等。从上述分析中可以看出许多学者把法律解释等同于解释法律，混同了一些基本概念，而实质上二者是不同的。

法律解释与解释法律二者既有联系又有区别。联系主要在于：两者都以法律为对象；都是对于法律的说明性行为；都是一种理解的逻辑行为。二者的区别主要在于：两者的性质不同，解释法律是一种学理行为或一般人的理解行为，而法律解释是一种（官方）法律行为；解释法律的主体是学者或者一般人，而法律解释的主体是官方；解释法律的对象是古今中外一切正式法律和非正式法律，而法律解释的对象只能是现实的并且是正在生效的国家正式法律；从解释方法上看，解释法律的方法是发散性的，可以运用历史学、文化学、社会学、政治学、规范学甚至自然科学，但是法律解释的方法主要采用的是逻辑学、语法学、法律解释技巧学等；两者的目的也不同，解释法律的最终目的在于探究法律的有关意义，而法律解释的最终目的在于使人们更好地理解、运用或健全法律，维护现行的法律秩序；从功能上看，解释法律一般不具有正式效力，而法律解释则具有正式效力。

与一般解释相比，法律解释有以下几个特征：

（1）法律解释的对象是法律规定和它的附随情况。法律规定或法律条文是法律解释所要面对的文本，法律解释的任务是通过研究法律文本及其附随情况，探求它们表现出来的法律意旨。

（2）法律解释与具体案件紧密相关。法律解释往往是由待处理的案件所引起的。法律规定是针对一般情形的，一般规定在大多数情形下是比较清楚的，人们只有在将某个法律条文适用于特定的案件事实遇到理解困难时，才会发生需要解释的情况。法律解释需要将解释条文与案件事实结合起来进行，法律解释的主要任务，就是要确定某一法律规定对某一特定的法律事实是否有意义，也就是要对与待处理的案件事实相关的法律进行解释。

（3）法律解释具有一定价值取向性，即法律解释不单单是一个解释词语含义的过程，还是一个价值判断和价值选择的过程，因为人们创造并实施法律总是服务于一定的目的的，而所有的目的又总是以法律价值为基础的，所以法律的目的和价值就是法律解释所要探求的法律意旨。在法律解释的实践中法律的价值一般体现为公平原则和诚实信用原则。

（4）法律解释受解释学循环的制约。解释学循环是解释学的一个中心问题，它是指整体只有通过理解特定的部分才能得到理解；而要对部分作出理解就只能通过理解整体。在法律解释中，解释者要理解法律的每一个用语、条文和规定，必须以理解相关的法律制度；而要理解相关的法律制度、法律和法律整体，就需要理解单个的用语、条文和制度。解释学循环的特点，旨在要求人们在进行法律解释时，应当避免孤立地理解法律或断章取义地解释条文。

**二、法律解释的种类**

法律解释的种类很多，从不同角度有不同的分类：

1. 正式解释与非正式解释。按照法律解释的主体和解释的效力的不同，可将法律解释分为正式法律解释与非正式法律解释。所谓正式法律解释，通常也叫法定解释，是指由特定国家机关、官员或其他有解释权的人对于法律做出的具有法律上约束力的解释。正式法律解释一般又称为有权解释，根据解释的国家机关的不同，又可以分为立法解释、司法解释、行政解释。有权做出解释的机关、官员，通常是由法律规定或历史传统所决定的。非正式解释也称为学理解释，一般是由学者或其他个人及组织对于法律规定所做出的学术性或常识性的解释。这种解释不具有法律约束力，不过非正式解释对于法学研究、法学教育、法制宣传、法律实施以及法律发展都具有重要意义。

2. 字面解释、限制解释、扩充解释。这是按照解释尺度的不同对法律解释作的分类。限制解释是指当法律的字面含义显然比立法者的原意为广时，做出的比字面含义为窄的解释。扩充解释，是指当法律的字面含义显然比立法者的原意为窄时，做出的比字面含义为广的解释。例如在我国北方地区曾发生过一个著名的"公鸡案"，案情是一个3岁小孩逗公鸡玩，没想到这个公鸡有啄人的毛病，一下子把小孩的眼球啄掉了。受害人依据《民法通则》第127条起诉要求公鸡主人赔偿。该条规定："饲养的动物造成他人损害的，动物饲养人或者管理人应当承担民事责任；由于受害人的过错造成损害的，动物饲养人或者管理人不承担民事责任"。本案的受害人只有3岁，谈不上什么过错，但是法官最后判决公鸡的主人与受害人分担责任，并没有判决公鸡主人承担全部责任。在本案判决中，法官就考虑到虽然受害人谈不上什么过失，但是受害人的监护人却有过失，所以法官采取了扩张解释的方法，将监护人的过失通过扩张解释包括到"受害人过失"之中，减轻了被告人的责任。字面解释，是指严格按照法律条文字面的通常含义解释法律，既不扩大也不缩小。

### 三、法律解释的意义

法律解释的意义也可以说是法律解释的必要性。法律解释在法律实施与法律发展中具有重要的意义。

（1）法律的生命在于理解、解释和应用。法律被立法者创造出来以后，其生命力与人的理解紧密相关，法律要想获得生命力就不能拒绝理解和解释。法律的任务决定了它必须与所欲调整的行为结合，而这一结合的过程就是主体的理解与解释的过程。

（2）法律具有概括性和抽象性的特点，因此需要通过法律解释，化抽象为具体，化概括为特定。任何法律都是针对一般的人、一般的事而制定的，所以必然具有抽象性与概括性，但这种抽象和概括又不可能对所有生动复杂的社会现实作出全面具体规定，无法准确预见到事件和行为发生的具体情况。这样在将概括性的规定适用于具体情况时，必然会产生不同的理解。为了统一正确地适用法律，就需要对法律的含义作出正确的解释。可以说法律解释就是从法律规定到法律实施的中间桥梁。

（3）由于人们认识能力、认识水平和知识结构的差别，也由于人们的利益和动机的差别，因此会对同一法律规定产生不同理解，特别是对于法律中的一些专门术语存在不同的理解，这就需要通过法律解释说明法律规定的含义。

（4）由于立法可能存在缺陷，需要通过法律解释改正、弥补法律规定的种种不足。立法的不完善可能在于法律规定模糊不清，法律规定之间相矛盾，法律应作规定而未作规定导致法律漏洞或空缺。种种缺陷的存在，直接导致了法律适用的障碍，这需要通过解释来弥补、消除法律规定的不足。

（5）通过法律解释可以缓和法律的稳定性与社会发展之间的张力和矛盾。法律一旦制定，在较长时间内就必须相对稳定，法律不可能随时修改；但社会的发展却是千变万化的。这就必然产生法律与现实之间的不适应。法律解释是解决这种不适应的重要手段。通过解释，既不用立法机关修改法律，又达到了有效调整社会生活的目的，尤其是在社会大规模发生变迁的过程中，通过解释就能够调和这种稳定与发展之间的矛盾。

**四、法律解释的目标**

法律解释的对象，不仅包括作为文本的成文法律，还包括经过解释主体选择、并与成文法相关的事实，包括事件与行为。显然，无论是解释文本，还是事实，都是正确理解与适用法律的前提。然而，怎样的解释是正确的？法律解释中存在唯一正解吗？怎样的解释才能求得解释中的唯一正解？通过对文本或事实的解释要达到什么样的目标？"解释者通过法律解释所要探求和阐明的法律意旨"[1] 是什么？究竟应当是立法者的主观意旨，还是存在于法律文本中的客观意思？围绕这些问题，在法律解释学上有主观说与客观说的对立。

（一）法律解释的主观说

主观说认为，法律解释的目标在于"探求历史上立法者事实上的意思，亦即立法者的看法、企图与价值观"[2]。主观说的理由在于：①立法行为是立法者的意思行为，立法者通过立法表示他们的看法和企图，借助法律实现所追求的社会目的，所以在进行法律解释时应展现其目的；②立法者的意思是一种可以借助立法文献加以探知的历史事实，执法机关可以借助被探知的意思去审判或作出决定，从而实现法的安定性与确定性；③主观说认为法律只能由立法机关制定，执法机关应当依据法律裁判或决定，立法者的意思在法律适用中应起决定性的作用，这样才符合权力分立的原则。很显然，主观说体现和维护了三权分立的政治法律哲学原理，强调法律适用应体现立法原意，无疑具有较大的正当性。

然而，如何寻求立法者的原意，何谓立法者的原意，在认识上还存在以下三种分歧：①语意原意说，即认为立法者的意旨与法律语词本身的含义是一致的，解释者只能从语词本身来寻找立法原意，而不能寻找立法史料或其他资料；②历史原意说，认为立法意旨不能局限于法律语词，还必须借助于各种法律史

_____

〔1〕　沈宗灵主编：《法理学》，北京大学出版社 2000 年版，第 432 页。
〔2〕　黄茂荣：《法学方法与现代民法》，中国政法大学出版社 2001 年版，第 265 页。

料、立法准备材料，从而把握存在于法律背后的政治、社会、经济的目的；③理性原意说，即解释者要进行"想象性重构"即要想立法者之所想，以重构立法者的理性意图。

主观说理论存在的问题在于：

（1）立法者的意思没有人能看透它、认识它，立法者团体意思也不存在。

（2）主观说也不一定能够提高法的安定性，因为法律存在历史性，过去的价值判断也不一定适合当下的具体情况。

（3）按照传统的三权分立原则，虽然立法机关享有立法的优先权，但是法院对于立法未明确、未具体的部分也享有具体化、个别化的权利。这是因为，立法活动所创设的法律与现实生活中的法律运用会存在隔阂，而弥合这种隔阂是审判人员的任务。

（4）主观说强调了"作为制度的法"，而忽视了"作为中介的法"[1]。从审判权的角度来看，立法机关所创设的成文法不过是一批权威性资料，是法律的来源，是法官赖以发现法律的地方，而不是针对具体案件的个别规范，不能作为个案判决的直接理论依据，即还不是"审判规范"，而只是一种"书面上的静态的法律规范"。

（5）立法者意图也不可能完整无误地通过法律语言将其表达出来，语言也并非精密的表意工具。

（6）解释者对文本的理解见仁见智，立法者作为文本的作者，其创作的文本会被不同"读者"（解释者）作出不同的理解。

（7）想象性重构理论试图跨越立法者与解释者之间的距离，但是，要达到"重构的目标"，需要解释者与立法者分享相同或近似的经验才成为可能的想象性重构过程，总之，需要解释者与立法者之间存在文化的同质性。而要达到这种同质性，几乎只是一种浪漫的理解，因为解释者与立法者之间很难分享相同的经验。

（二）法律解释的客观说

文本一经制定，作者便已隐去。基于这样的认识，产生了法律解释的客观说。客观说认为，法律从颁布时起，便有了它自己的意旨，法律解释的目标就是探求这个内在于法律的意旨，即法律的理性目的。客观说的立论依据在于：

（1）法律自颁布时起，即与立法者脱离关系，成为一种客观存在。立法者

---

[1] 董皞先生在其《司法解释论》的导论中，篇首便指出司法解释在沟通立法与司法之间，连接法律与法律适用之间发挥者桥梁沟通作用。参见董皞：《司法解释论》，中国政法大学出版社1999年版，导论。

于立法时赋予法律的意义、观念及期待并不具有拘束力，有拘束力的只是内在于法律的合理要求与目的。法律解释者的任务是在法律条文的若干可能语意中选择最合理的解释。

（2）法律与立法者的意思并不是一回事。这是因为，作为审理案件依据的法律规范并非是立法条文的简单照抄照搬，而是法官等职业群体依据个案事实，针对具体案件所"生成"的审判规范。而这种审判规范的生成需要法官运用法律方法去具体创设。法官面对规范时会遇到三种情况：①法律明晰、模糊或空缺，对明晰的法律，法官只需直接适用；②对模糊的法律，需要法官阐释；③法律存在空缺时，需要法官来弥补漏洞。从审判规范生成的过程来看，它是法官、律师、检察官、当事人、证人共同参与下而形成的个别规范，虽然这种个别规范的形成也离不开立法者的意旨，但已不完全等同于立法者的意旨。

（3）法律是以文字形式表达的语言，而语言经过历史性流变与共时性流变后，会演化出自身含义。

（4）坚持客观说可以提高法的安定性，因为客观说立足现实，通过文意等解释方法实现法律解释补充或创造法律的功能（将模糊的解释清楚，弥补法律的漏洞），从而提高法律的确定性。

而质疑与反对客观说的观点主要有：①法律条文只是法律存在的形式，离开立法者之立法目的与价值判断，它将毫无意义。②客观说以文义方法为准，然而由于文义是复杂的、变动的，故而客观说的主张缺乏依据。③语言存在一定的模糊性，这是由于语言存在着哈特所说的空缺结构，即语词存在着核心地带和边缘地带，越趋向边缘，语义越不确定；语词还存在着波斯纳所说的"内部含糊"和"外部含糊"（内部含糊指法律用语产生歧义；外部含糊即由于语境的变化而使原本清楚的法律用语变得模糊）；还由于语义本身存在着索绪尔所说的历时性流变和共时性流变，所以法律并非逻辑自足，没有漏洞。④轻视立法者意志，可能导致法律意旨的根本改变，故而无法提供法律安定性与可预测性。

法律解释的主观说与客观说各执一端。一些学者认为法律解释的目标在于探求法律规范的意旨，这种观点实际上主张把法律解释的主客观二者结合起来，是使用多种解释方法进行程序性思考的结果。

**五、法律解释的方法**

法律解释的方法是解释者在进行法律解释时为了达到解释的目标所使用的方法。法律解释的方法大体上包括文义解释、历史解释、体系解释、目的解释等几种方法。

**（一）文义解释**

文义解释也称为语法解释，是指从法律的字面意义来确定法条的字面含义的方法。文义解释的依据就在于法律是由语言文字表达的。一般来说包括以下几种具体方法：①根据日常语言文字的含义来确定法律的含义。日常语言是大众进行思想交流的工具，立法者在制定法律的时候，一般要考虑本民族的语言习惯，根据语法规则表述法律要求，尽可能使法律清楚、明确，所以在进行法律解释时，应根据语法规则，以法律语词的最常用、最自然、最明显的含义来解释法律。②掌握法律专业术语的特定含义。法律专业术语是法律工作者之间进行交流或在法律文件中表达特定事物、概念的语言，其含义不同于日常语言，而具有独特的含义，如法人、不动产、正当防卫等，对这类术语的解释一般先由立法者进行解释。③根据特定语境确定法律的字面含义，即对有些词语，只有放在特定的语境或上下文中，才可能确定其含义。

（二）历史解释

历史解释是指通过研究有关立法的历史资料或从新旧法律的对比中了解法律的含义。有关立法的历史资料包括：关于制定法律的提案说明，关于审议法律草案的说明，关于讨论、通过法律草案的记录和其他有关文献等。进行历史解释的目的在于探求某一法律概念被接纳到法律中的背景以及立法者的价值与立法初衷等，如关于《铁路法》第 13 条的解释。我国《铁路法》是 1990 年 9 月 7 日颁布的，此后不久，山西太原铁路局在它管辖线路的客车上实行有偿供水，一杯白开水两角钱，在旅客中引起很大反响。这个事情反映到铁道部，铁道部要求纠正，但太原铁路局搬出铁路法，说有偿供水符合铁路法的规定。《铁路法》第 13 条规定：铁路运输企业应当采取有效措施做好旅客运输服务工作，"提供饮用开水"。太原铁路局认为依据文义，"提供"开水并没有排除"有偿提供"。后来，铁道部针对第 13 条发布解释文件，指出铁路法从起草开始直到最后通过，第 13 条规定的"提供饮用开水"的含义都是"无偿提供"饮用开水，并无"有偿提供"的意思，这就是一项成功的历史解释。

（三）体系解释

体系解释也称为逻辑解释、系统解释，是指将被解释的法律条文放在它所在的编、章、节、条、项以及该法律条文前后的关联中甚至整部法律中乃至整个法律体系中，将被解释的法条与其他法条连接起来进行解释，确定它的意义、内容和适用范围、构成要件和法律效果的解释方法。体系解释的依据在于，法律是由许多概念、原则、制度构成的，但这些概念、原则、制度不是杂乱无章的堆砌，而是依据一定逻辑关系构成的完整体系，整个法律条文之间均存在某种逻辑关联。在解释时，首先应当综合考虑条文之间的关系；还应考虑法律条文含义的一致性。当法律体系中对同一事项出现两个以上的矛盾解释时，应当运用法条竞合的规则解决解释之间的矛盾，即高位阶法优于低位阶法，特别法优于普通法，后法优于前法等。

### （四）目的解释

目的解释是指依据某一特定的法律目的来解释法律。在此所指的目的不仅是指法律在最初制定时的目的，还包括当前社会的法律需求；既可以指整部法律的目的，也可以指个别法条、个别制度的目的。有些法律在制定时明确在法律中载明其目的，而有些则以宪法原则或基本原则的方式表现出来，如人权、平等、诚实信用等。为了确定法律的目的，解释者需要考虑比法律条文本身更为广泛的因素，如政治、经济、文化、社会情势、公共政策、各种利益等。与前几种法律解释方法相比，目的解释方法赋予解释者更大的自由解释空间，解释者不必拘泥于条文的字面含义。

上述的各种解释方法，一般来说优先使用的是字义解释方法，最后使用的是目的解释方法，但往往又是综合使用的。除了以上解释方法外，还有当然解释、反对解释、合宪性解释、比较解释、社会学解释等方法。

### 六、当代中国的法律解释体制

法律解释体制是指正式法律解释的权限划分。目前我国的法律解释权限划分主要是依据1982年宪法和1981年全国人大常委会《关于加强法律解释工作的决议》建立的，目前我国形成了以全国人大常委会为主体的各机关分工配合的法律解释体制。

### （一）全国人大常委会的解释

全国人大常委会的解释也叫立法解释，包括对宪法的解释和对基本法律与非基本法律的解释两部分。凡是关于法律条文本身需要进一步明确界限或补充规定的，由全国人大常委会进行解释或用法律加以补充规定。立法解释的主要任务是：①对法律实施中产生的疑问进行阐明。②适应社会发展需要，赋予法律规定以新含义。③解决法律冲突以及司法解释之间的冲突，但法律出现冲突而运用法条竞合规则又不能解决冲突时，就需要全国人大常委会进行释法；另外，如果最高人民检察院和最高人民法院作出的司法解释相冲突，应当由全国人大常委会作出最终解释。

由全国人大常委会负责解释宪法和法律，表明全国人大常委会在我国法律解释体制中占据主体地位。此外，全国人大常委会法制工作委员会和常委会办公厅对各地各部门提出问题的答复，虽然不是正式的法定解释，但对正确理解和适用法律具有积极作用。

### （二）最高国家司法机关的解释

最高国家司法机关的解释也叫司法解释，是指由最高国家司法机关在适用法律的过程中对具体应用法律问题所作的解释。司法解释又分为审判解释和检

第二十二章

察解释。审判解释是指由最高人民法院对人民法院在审判过程中具体应用法律问题的解释。审判解释只能由最高人民法院作出，地方各级人民法院没有审判解释权。检察解释是指最高人民检察院对人民检察机关在检察工作中具体应用法律问题所作的解释。检察解释只能由最高人民检察院作出，地方各级人民检察院无权进行检察解释。实践中，如果就同一问题，审判解释与检察解释存在矛盾，则应报请全国人大常委会解释或决定。另外，为了提高工作效率，最高审判机关和最高检察机关为了更好地配合工作，有时采取联合解释的形式，共同发布司法解释。在我国，最高司法机关承担着数量众多的司法解释，这是由其地位决定的。

司法解释的作用具体体现在以下几个方面：①对因法律规定不够具体而使理解和执行有困难的问题进行解释，将概括的规定具体化；如对刑法中的"情节较重"、"造成严重后果"、"情节恶劣"、"数量较大"等具体化以便于操作。②通过法律解释使法律适应新的情况，适应社会发展。③对适用法律中的疑问进行统一解释。④对各级各类法院之间应该依据法律规定相互配合审理案件、确定管辖以及如何操作问题进行解释。⑤通过解释弥补立法之不足。由于种种原因，法律之间存在着法律空缺、立法不配套、法律可操作性差等问题，这就需要通过解释弥补漏洞与空缺，解决法律之间的矛盾，使法律细化，具有可操作性。

（三）最高行政机关的解释

最高行政机关的解释也叫行政解释，是指由国务院及其主管部门对有关法律和法规的解释。它包括两种情况：①对不属于审判或检察工作中的其他法律问题如何具体应用所作的解释；②国务院及其各主管部门在行使职权时对自己所制定的法规进行的解释。有权进行行政解释的机关是制定行政法规的国务院及制定行政规章的各部委。从理论上讲，由于行政机关是执法机关，由执法机关对自己作出的法规进行解释，不符合权力分立的要求。因此，全国人大常委会应当加强对行政解释的监督。

（四）地方政权机关的解释

地方政权机关的解释包括：①对地方性法规条文本身进一步明确界限和作补充规定的，由制定地方性法规的地方国家权力机关的常设机关进行解释；②对地方性法规如何运用问题由地方国家行政机关所进行的解释。地方国家政权机关的解释具有如下特点：①只有法定机关即有权制定地方性法规的国家机关及其执行机关才有解释权；②解释只能在本地区所管辖范围内发生效力；③解释必须符合宪法、法律、行政法规和其他国家政策，否则无效；④地方国家机关无权解释宪法、法律和行政法规等规范性文件。

## 第五节　法律推理

**一、法律推理的概念**

推理是一种思维活动，相近的词还包括推论、推断等。在《现代汉语词典》中，"推理"一词包括以下含义：①由一个或几个已知判断（前提）推出新判断（结论）的过程；②论证，即运用论据来证明推理真实性的过程。在法律语境下，一般说的推理是指由已知判断推出结论的过程。

法律推理是现代法学特别是法理学关注和研究的基本问题和法律方法问题。在我国关于法律推理的研究，大致有两种思路：一种是来自法学界的研究，学者们讲求运用法言法语，注重法律思维方式，关于法律推理的观点主要来自于欧美法学；另一种思路来自于哲学界和逻辑学界。他们对于法律推理的研究运用的是数学式的符号和逻辑学思维方式，关于法律推理的观点大多是逻辑学原理的运用。

关于法律推理，一般是在两种意义使用的：一种是利用演绎推理中的涵摄特点把法律作为大前提，事实作为小前提，法官根据大前提与小前提之间的逻辑涵摄关系进行推理，这种推理理论是维护论证法治的理论；另一种是利用法律推理中的论证、争辩过程，把论证、衡量过程视为实质法律推理。

许多法学教材所说的法律推理是指从一个或几个已知法律判断（如法律规则、法律原则、法律事实）得出某种法律结论的思维活动，大体上是运用逻辑推理解决法律问题的过程。正确、有效的法律推理有助于推进法律思维的科学化、合理化和增强法院判决的说服力。

**二、法律推理的特点**

与一般推理相比，法律推理有以下几个特点：①法律推理受现行法律的约束。现行法律是法律推理的前提，在我国，宪法、法律、行政法规、地方性法规都是法律推理的前提，在缺乏明确法律的情况下，法律原则、政策、法理等非正式法律渊源都可能成为法律推理的前提。②法律推理是一种寻求正当性证明的推理。法律推理不同于自然科学推理，自然科学研究中的推理是寻找和发现真相和真理的过程，但在法学领域内，由于法律是一种社会规范，其内容是对人的行为的许可、禁止与允许，所以法律推理主要是为规范人的行为是否正确或妥当提供正当理由，因此法律推理所要回答的问题主要是行为是否合法、是否正当、是否有权利或义务、是否负有法律责任等。③法律推理的结果涉及到当事人的利害关系。④法律推理具有逻辑性，法律推理总体来说不能违背逻辑规律和推理要求。⑤法律推理需将法律规范与法律事实结合起来，推理具有直接效力性。

### 三、法律推理观

由于不同的学派对于法律推理的性质、方法、地位、作用的看法不同，所以形成了不同的法律推理观，主要包括四种。

1. 形式主义法学的法律推理观。形式主义法学的基本观点是：法律是内容完备的、意义明确的体系，法律自身不存在漏洞或空缺，任何一个案件在法律中都可以找到充足的判决依据，法官只需依据法律就可以明白无误地得出判决结论。法官审判案件就是进行形式逻辑的推理，即从法律大前提、事实小前提中得出判决结论。法官的推理过程是严格按照形式逻辑进行的，避免任何个人的价值判断。这种推理观虽然反映了人们对法律的确定性、稳定性和司法、行政行为的可预测性的要求，但是由于它过分理想，不符合现实而遭到了人们的批判。

2. 自由法学的法律推理观。自由法学与概念法学的分歧在于，概念法学认为法律推理的唯一法律渊源是成文法特别是法典，但自由法学认为法律渊源除了成文法之外，还包括社会生活中实际存在的"活的法"或"自由法"；概念法学强调法律体系具有逻辑自足性，否定法官的造法功能；而自由法学认为法律存在漏洞与空缺，承认法官有造法功能；概念法学认为法律适用是一种纯粹的逻辑活动，法官无需进行价值判断；而自由法学认为法学是一种具有高度价值判断的学问。所以，自由法学认为法官判断案件的过程并不是一种纯粹的逻辑操作过程，而是包含利益衡量、目的考量、价值判断等因素在内的复杂的思维推理过程。

3. 现实主义法学的法律推理观。现实主义法学的主要代表人物是美国的卢埃林、弗兰克。现实主义法学质疑法律的确定性和有效性，也怀疑法院认定事实的可靠性，即存在事实不确定和规则不确定的观点。既然事实和规则都不确定，也就在很大程度上否定了形式法律推理在司法实践中的可能性。在现实主义法学看来，法律推理很大程度上是在法官的个性、偏好、情绪、政治因素影响下得出来的。

4. 实用主义法律推理观。实用主义法律推理观的代表人物是美国的霍姆斯、波斯纳。实用主义法学的批判也是针对形式主义法学的，实用主义法学并不完全否定三段论逻辑推理的价值，但是在此基础上指出，三段论逻辑推理的作用是有限的，它只能解决简单案件，而不能解决疑难案件。要有效解决疑难案件，就必须借助于实践推理的方法。实践推理的方法并不是一种单一的方法，也不是一组有联系的方法，而是包括内省、类比、惯例、记忆、经验、直觉归纳等方法的决定过程。

通过以上的分析我们可以看出，法律推理实际上主要是形式推理与实质推理结合的过程，它不可能只是三段论逻辑的简单运用，至少三段论推理不是法律推理的全部。法律推理不可能只是形式的演绎，而同时可能是包含推理主体的主观价值的思维决策过程。

### 四、法律推理的分类

大致来看，学者们将法律推理分为形式推理与实质推理两类。形式推理主要包括演绎推理、归纳推理与类比推理；实质推理又称为辩证推理或实践推理等。

沈宗灵先生对形式推理和实质推理作了详细区分，认为形式推理一般就是形式逻辑推理，它关注的是推理的形式，而实质推理关注的是推理的内容；形式推理一般只适用于简单案件而实质推理可适用于复杂案件；形式推理是一种形式逻辑思维，要求推理结果的确定性、稳定性和可预测性，但容易产生实质上的谬误；实质推理是非形式的推理，它要求依据一定价值进行判断，具有一定灵活性和实质合理性，但也为法官留下了滥用权力的空隙。一般说来，适用实质推理有五种情形：①法律规定的实质内容模糊不清，推理不能拘泥于文字，对法律内容、精神和价值观进行解释；②出现法律空缺；③法律本身可能有抵触；④指有两种以上可供法官或执法者选择适用的条款；⑤出现了合法与合理之间的矛盾。实质推理的方法主要包括：解释法律的精神；提出修改或推翻新判例；通过衡平来补充；根据公正、正义、公平的法律伦理意识做出判断；根据习惯、法理做出判断；根据国家、政策或法律的一般原则做出决定。

应当说，形式法律推理与实质法律推理都有其合理性，我们不能只停留在形式主义的法律推理理想上，但是也不能过分夸大实质推理的贡献，否则就可能给法治带来威胁。

### 五、法律推理方法

（一）形式推理

形式推理主要包括演绎推理、归纳推理和类比推理。

（1）演绎推理。演绎推理即是从法律推理的大前提即法律规范，小前提即法律事实，推出结论即判决结果。它源于逻辑学上基本的演绎推理思维，即从一般到特殊的推理。其推理模式如：所有的人都会死（大前提），苏格拉底是人（小前提），所以苏格拉底会死（结论）。应当说，实践当中有相当一部分案件是依据演绎推理的推理形式来处理的。

（2）归纳推理。归纳推理是从特殊到一般的推理。运用归纳推理的典型是判例法制度中的推理。其方法是将当前案件事实与以前类似案件事实加以区别比对，并从这些事实中归纳出一个比较抽象的法律规则或法律原则以运用于待处理的案件。在中国，由于理论上不承认判例法制度，所以归纳推理的运用也较少。但是判例在中国的作用正日益得到人们的重视，最高人民法院经常公布一些典型案例以供下级人民法院参考，表明我国实际上存在着一定的归纳推理的法律推理方式。

（3）类比推理。类比推理又叫类推，英文为"analogy"。类比推理在逻辑学中属于形式逻辑的范畴，它与演绎推理和归纳推理相对。归纳推理是从特殊到一般的推理，演绎推理是从一般到特殊的推理，而类比推理是从"特殊到特殊"的推理方法，即已知事物和未知事物在某些方面具有相似性，然后再从已知事物的特征中推出另一个未知事物也具有同样的特征。从逻辑学上看，类比逻辑推理是一种高度或然性的方法。进行类比推理的前提是事物之间存在一致性与差异性、统一性与多样性，如果没有一致性和统一性，事物之间就没有办法进行比较和类推。

无论在大陆法系或英美法系，都将类比推理作为法官所享有的权利。在英美法系中，类比推理在形式上表现为先例的直接约束力，从表面上看似乎是从案例到案例的类推，但本质上归根结底还是普通法规则和原则的运用。类比推理需要法律人寻找案件之间的"关系相似性"。[1] 在大陆法系中，类比推理一般被简称为"类推"。类比推理的法律方法论意义在于：案件在无法可依而又必须作出裁判的情形下，法官可以根据法律规定的精神或原则进行比照适用。

在中国古代，立法和司法实践中都包含着丰富的类比推理思想，都将类推看作一项可以弥补法律具体条文规定不足的法律技术。如《尚书·吕刑》中最早提出"上下比罪"，《荀子·大略》中则记载"有法者依法行，无法者以类举"。在秦汉时判决建立起了"比附援引"的制度。类推方法贯穿于整个封建社会的刑法典之中。新中国成立初期，由于打击犯罪的需要，刑事法律中建立了类推制度。如1979年《刑法》第79条规定，本法分则没有明文规定的犯罪，可以比照本法分则最相类似的条文定罪判刑，但是应报请最高人民法院核准。1997年10月1日起实施的新《刑法》第3条规定法律没有明文规定为犯罪的，不得定罪处罚，类推方法在刑法上被禁止。但是类推适用却在民商法等法律部门中有一定程度的运用。

在古希腊，类比最初是作为数学术语而使用的，在古罗马的司法实践中就有较详细的类推方法运用的记载。近现代以来，在大陆法系国家，人们对类比推理的认识经历了一些变化：最初被作为任意解释法律的工具，后来遭到禁止，再后来又被人们重新认识和发挥作用。类推之所以再次受到重视，是因为类比推理具有弥补法律规定不足和维护法律秩序安定的价值。大陆法系的各个国家

---

〔1〕　林来梵、郑磊："法学方法论辩说"，载《法学》2004年第2期。

在立法中都有类推性质的法律规定。司法实践中各国法院也通过运用类比推理的方式，判决了许多法律没有规定的案例。在英美法系国家，许多学者认为法律推理的核心技术就是类比推理，英美法系的许多法官都运用类比推理的方式发展了原有的法律规定，进行了开拓性的制度创新。

概括而言，在英美法系和大陆法系中的类比推理存在以下几个共同点：两者都承认类比推理是一项重要的司法技术，但不仅仅是单纯的逻辑推理，其中都涉及到价值因素的选择；两者都在不同程度上肯定司法造法功能；对于类比推理的结果都持一种警惕态度，都注重扬弃形式理性，吸收实践理性的合理要素。

类推制度的发展历史表明，类推本身的司法造法功能不断受到限制，范围逐步缩小。总体而言，现代刑法都强调罪刑法定，禁止类推；同时也必须看到，类比推理是弥补法律漏洞不可或缺的手段，它不可能消失。类比推理之所以会存在的原因在于：①同等情况同等对待的正义原则的要求。拉丁古语云：同一理由、同一法律；类似事项，类似判决。这是法律赖以生存的根本，也是法律的稳定性、连续性的要求。②法律漏洞的存在。主要问题是，对具体案件，法律没有明文规定等。③案件的相似性，即案件存在着类似于维特根斯坦所说的"家族相似"。④在于法官自由裁量权的存在。在此讲的自由裁量权是指，发现法律漏洞以后，法官运用自己手中的裁量权，通过造法维护法律秩序的安宁。

类比推理具有以下功能：有助于实现个案正义；弥补法律漏洞；调和法律秩序的安定与正义之间的矛盾。在法律没有明确规定时，法官通过类比推理，从形式上看似乎是破坏了法律安定，但是保障和维护了个案正义。类比推理的负面效用在于类推得出的结果是或然性的，并不能保证推理结果的绝对公正，另外还容易造成司法权对于立法权的侵蚀。因此，对于类推制度的运用需作一定限制，即只有在制定法出现漏洞时，法律没有明文规定时，才能运用类比推理解决个案纠纷。另外，刑法中应禁止类推。

类推技术的运用需要较高的制度条件，包括：优秀的法官；对判决书进行说理和公示；判例制度的建立；法律职业共同体的形成等。

（二）实质推理

有的学者也称实质推理为辩证推理，即它并不关注推理的形式是否正确，而关注推理的实质内容如何确定以及结果的公正。以违章停车为例，一个城市的道路交通法规定，凡在交通管理当局明令禁止停车的地点停车，罚款5元。按照形式推理，其大前提就是违章停车应处以罚款5元；小前提是某甲违章停车的事实；结论（裁决）是甲违章停车被罚款5元。但是如果出现另一情形，如某乙同样是在禁止停车的地点停车，但停车原因却是由于他心脏病突然发作而被迫停车，在此情形下，执法者如何处理？显然，如果按照形式推理，就会得出对乙作出处罚的决定，但这显然不符合人们的正义要求，因为乙停车是迫于不可抗力。因此，在此情形下，执法者应当运用实质推理对乙的行为进行评价才符合法律精神。

　　一般来说，疑难案件中需要运用实质推理。具体来讲包括以下几种情况：①法律规定本身的含义模糊，如正当、公共利益、善良风俗等；②法律规定之间存在冲突，需要做出选择；③合法与合理之间的矛盾，即依据法律判决后，出现判决结果与法律正义的剧烈冲突。从各国法治实践看，主要通过以下几种方法进行实质推理：通过司法机关对法律的目的和精神进行解释；提出新判例或修改、推翻前判例；通过衡平法来补充普通法；根据正义公平意识和伦理观念做出判决；根据习惯或法理判决；根据国家政策或法律的一般原则判决。[1]法律的实质推理其实是注重从法律的价值尤其是从正义的角度来推理法律问题，意在弥补与克服形式推理的不足。

## 参考文献

　　1.〔德〕罗伯特·阿列克西：《法律论证理论——作为法律证立理论的理性论辩理论》，舒国滢译，中国法制出版社 2002 年版。

　　2.〔德〕拉伦茨：《法学方法论》，陈爱娥译，商务印书馆 2003 年版。

　　3.〔德〕卡尔·恩吉施：《法律思维导论》，郑永流译，法律出版社 2004 年版。

　　4.〔美〕列维：《法律推理引论》，庄重译，中国政法大学出版社 2002 年版。

　　5.〔美〕卡多佐：《司法过程的性质》，苏力译，商务印书馆 1998 年版。

　　6.〔英〕尼尔·麦考密克：《法律推理与法律理论》，姜峰译，法律出版社 2005 年版。

　　7. 梁慧星：《民法解释学》，中国政法大学出版社 1994 年版。

　　8. 张志铭：《法律解释操作分析》，中国政法大学出版社 1999 年版。

　　9. 梁治平主编：《法律解释问题》，法律出版社 1998 年版。

## 思考题

　　1. 简要分析法律发现的含义。

　　2. 司法中发现法律的情形主要有哪些？

　　3. 法律为什么需要解释？

　　4. 如何理解各种法律解释方法之间的关系？

　　5. 试析法律论证的目标。

　　6. 简析类比推理在法律适用中的地位和作用。

---

〔1〕 沈宗灵：《法理学》，北京大学出版社 2000 年版，第 447～448 页。

# 附录：法理学知识结构图

## 一、绪论

1. 法理学的概念 {
法学
法理学
法哲学
法律教义学
法社会学
比较法学
}

2. 法理学的研究对象 {
法、法律
应然法、实然法
}

3. 法理学与其他法学的关系—理论法学与应用法学

4. 法理学的意义

## 二、本体论

1. "法"的词源和词义 {
中文的"法"、"灋"、律、法律
西文中古希腊的 Themis，Dike，nomos；古罗马拉丁文的 jus，lex，leg；英文的 Law；法文的 Driot，Loi；德文的 Recht，Gesetz；意大利文的 Diritto，legge；西班牙文的 Derecho，ley；俄文的 Право，Закои
词义：正义、权利、法则
}

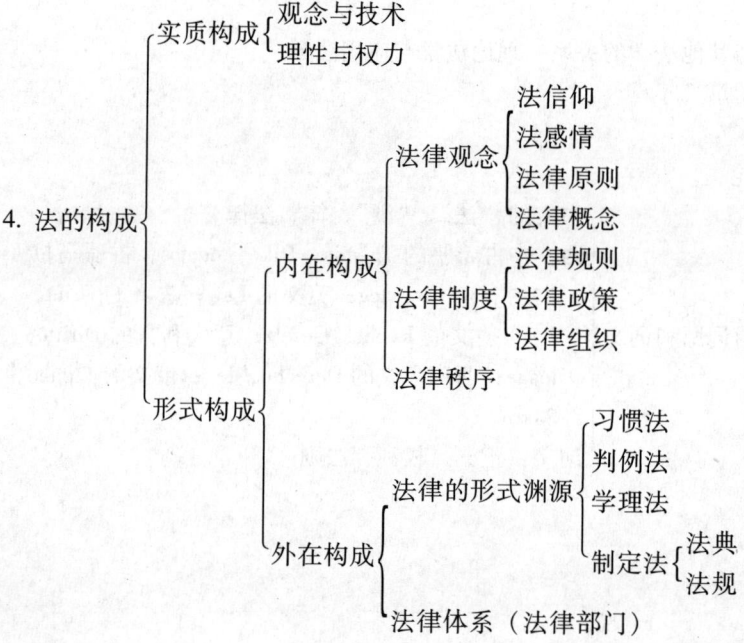

2. 法的本质与现象
- 本质
- 现象
  - 真相
  - 假象
- 法律现象
  - 法律意识
  - 法律行为
  - 法律制度
  - 法律秩序
- 法律的本质
- 实践理性
- 意志

3. 法的基本属性
- 普遍性与特殊性
- 阶级性与社会性
- 实体性与程序性
- 确定性与非确定性

4. 法的构成
- 实质构成
  - 观念与技术
  - 理性与权力
- 形式构成
  - 内在构成
    - 法律观念
      - 法信仰
      - 法感情
      - 法律原则
      - 法律概念
    - 法律制度
      - 法律规则
      - 法律政策
      - 法律组织
    - 法律秩序
  - 外在构成
    - 法律的形式渊源
      - 习惯法
      - 判例法
      - 学理法
      - 制定法
        - 法典
        - 法规
    - 法律体系（法律部门）

5. 法的种类
- 根本法（宪法）、基本法和单行法
- 公法与私法
- 国家法、超国家法和亚国家法（民间法）
- 实体法与程序法
- 衡平法与普通法
- 固有法与移植法
- 国内法与国际法
- 成文法（制定法）与非成文法（自然法或习惯法）

6. 法与利益、规律
- 利益的概念和种类
- 规律与规则、规范

7. 法的发展
- 法的起源与消亡
- 法产生和发展的规律
- 法发展的机制
  - 拟制
  - 衡平
  - 立法
  - 继承与移植
- 法系
  - 大陆法系
  - 普通法系
- 法律全球性化

## 三、价值论

1. 价值的一般概念
- 价值与事实
- 价值观念
- 价值评价
- 价值目标
- 价值准则
- 价值取向

2. 法的价值概念
- 法的理念
- 法的作用或功能
- 法的目的或任务

3. 法的实然价值或法的作用 {
　法的规范作用
　法的社会作用
　法律作用的局限性
　法的漏洞
　法的二重性
　法的功能异化

4. 法追求的价值目标 {
　秩序
　效益
　自由
　人权
　正义

5. 实在法评价 {
　价值评价与事实评价
　合法性评价
　合道德性评价
　良法与恶法

## 四、社会论

1. 社会及其构成 {
　自然环境、社会制度、社会意识形态和人的活动
　社会交往、社会规范、社会权力
　经济基础、上层建筑

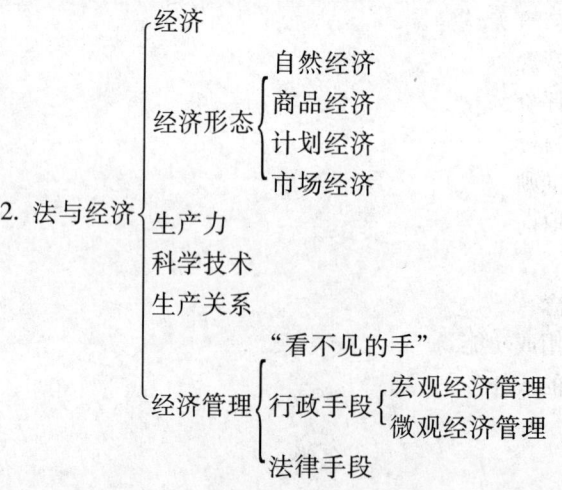

2. 法与经济 {
　经济
　经济形态 {
　　自然经济
　　商品经济
　　计划经济
　　市场经济
　生产力
　科学技术
　生产关系
　经济管理 {
　　"看不见的手"
　　行政手段 {
　　　宏观经济管理
　　　微观经济管理
　　法律手段

3. 法与政治 ⎰ 政治<br>政治意识（观念）<br>政治制度<br>政治信仰<br>政治权威<br>政治权力<br>政治组织<br>国家<br>政党<br>执政党<br>政策

4. 法与道德 ⎰ 道德<br>伦理<br>道德观念<br>道德规范<br>道德修养<br>道德境界<br>道德情操<br>法律的道德性<br>道德的法律化<br>道德的法律强制

5. 法与宗教 ⎰ 宗教<br>宗教信仰<br>宗教仪式<br>宗教戒律<br>巫术<br>封建迷信<br>神判<br>宗教信仰自由

## 五、范畴论

1. 语言与范畴，职业语言，法律的基本范畴及其体系

第二十二章

2. 法律事实与法律关系
- 事实
- 客观事实
- 主观事实
- 制度性事实
- 法律事件
- 法律行为
- 法律关系
- 法律证据

3. 法律主体与法律客体
- 法律主体
  - 自然人
  - 法人
  - 机关法人
  - 事业法人
  - 社团法人
- 主体资格
  - 权利能力
  - 行为能力
- 法律客体
  - 财物
  - 行为
  - 智力成果

4. 法律权利与法律义务
- 权利
- 义务

5. 法律责任与法律制裁
- 法律责任
  - 刑事责任
  - 民事责任
  - 行政责任
  - 违宪责任
- 法律制裁
  - 刑事制裁
  - 民事制裁
  - 行政制裁
  - 违宪制裁
- 归责
- 免责

### 六、法治论

1. 法治的一般概念 { 社会治理 { 人治 / 法治 / 良治 } / 法治观念、法治原则 / 形式法治、实质法治

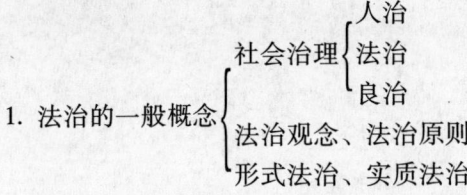

2. 法律的运行 { 立法 / 施法 { 执法 / 司法 / 守法 / 法律监督 }

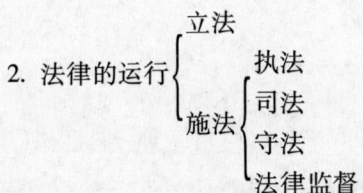

3. 法制现代化 { 法治国家 / 有限政府 / 法制现代化类型 { 内发型的法制现代化 / 外源型的法制现代化 } / 法律传统 / 法的本土资源 }

### 七、方法论

1. 方法、方法论、法学方法、法律方法

2. 法学方法 { 法学方法 / 价值分析方法 / 实证分析方法 / 社会学方法 / 经济分析方法 / 语义分析方法 / 逻辑分析方法 }

第二十二章

3. 法律方法
├─ 法律思维
├─ 法律发现
├─ 法律解释
│  ├─ 字面解释
│  ├─ 限制解释
│  ├─ 扩充解释
│  ├─ 文义解释
│  ├─ 历史解释
│  ├─ 体系解释
│  └─ 目的解释
├─ 法律论证
├─ 漏洞补充
├─ 价值衡量（利益衡量）
└─ 法律推理
   ├─ 形式推理
   ├─ 演绎推理
   ├─ 归纳推理
   ├─ 类比推理
   └─ 实质推理

**图书在版编目（CIP）数据**

法理学 / 严存生主编． —北京：中国政法大学出版社，2009.9
ISBN 978-7-5620-3566-4

Ⅰ.法...　Ⅱ.严...　Ⅲ.法理学 - 高等学校 - 教材　Ⅳ.D90

中国版本图书馆CIP数据核字(2009)第155136号

---

出版发行　中国政法大学出版社

经　　销　全国各地新华书店

承　　印　固安华明印业有限公司

---

720mm×960mm　　16开本　　23印张　　400千字
2009年9月第1版　　2016年1月第5次印刷
ISBN 978-7-5620-3566-4/D•3526
定　价: 32.00元

---

社　　址　　北京市海淀区西土城路25号

电　　话　　(010)58908435(编辑部)　58908325(发行)　58908334(邮购)

通信地址　　北京100088信箱8034分箱　　邮政编码 100088

电子信箱　　fada.jc@sohu.com(编辑部)

网　　址　　http://www.cuplpress.com(网络实名: 中国政法大学出版社)